Kapitalismus als Religion

Ab|eger 5

(= copyrights Bd. 9)

... besser stilvoll abgelegt als pompös beerdigt.

Dirk Baecker (Hg.)

Kapitalismus als Religion

Mit Beiträgen von

Dirk Baecker · Walter Benjamin
Norbert Bolz · Christoph Deutschmann
Werner Hamacher · Anselm Haverkamp
Birger P. Priddat · William Rasch
Mikhail Ryklin · Joachim von Soosten
Uwe Steiner

Kulturverlag Kadmos Berlin

Bibliografische Information der Deutschen Nationalbibliothek

Die Deutsche Nationalbibliothek verzeichnet diese Publikation in der Deutschen Nationalbibliografie; detaillierte bibliografische Daten sind im Internet über <http://dnb.d-nb.de> abrufbar

(Erstveröffentlichung: Kulturverlag Kadmos, Juli 2003, zweite Auflage 2004, dritte Auflage 2009, vierte Auflage 2019)

Internet: www.kv-kadmos.com
Umschlaggestaltung: Wolfram Burckhardt
Gestaltung und Satz: Readymade, Berlin
Druck: booksfactory
Printed in EU
ISBN 978-3-86599-054-9

Inhalt

Einleitung

Dirk Baecker

Die Frage danach, ob der Kapitalismus als eine Religion zu verstehen sei, trifft gegenwärtig auf eine Situation, in der man kaum zögern wird, sie umstandslos zu bejahen. Seit die sozialistische Alternative nicht mehr verfügbar ist und damit die Form der Gesellschaft nicht mehr Gegenstand einer ideologisch begründeten politischen Entscheidung ist, glaubt diese Gesellschaft an den Kapitalismus. Sie glaubt, daß er ihr Schicksal ist. Und sie glaubt, daß er die einzige Chance ist, ihr Schicksal zu gestalten. Die Gesellschaft fühlt sich im Kapitalismus zu Hause, wie sie sich früher mit jenen Geistern und Göttern zu Hause fühlte, die man zwar anrufen, zu denen man beten und denen man opfern konnte, deren Launen und Ratschluß jedoch trotz allem überraschend und letztlich unerforschlich blieben.

Auch im Umgang mit der Religion ist sich die gegenwärtige Gesellschaft erstaunlich sicher. Kaum jemand glaubt, daß die Religion tatsächlich jemals Geschichte werden könnte. Statt dessen versteht sich die Gesellschaft als eine durch und durch aufgeklärte und in diesem Sinne säkularisierte Gesellschaft, in der die Religion ihren festen Platz hat. Man weist den maximalen Ansprüchen der Religion ihren relativen, um nicht zu sagen minimalen Ort zu, als sei das eine mit dem anderen tatsächlich zu vereinbaren. Man behandelt die Religion genauso wie die Politik, die Erziehung, die Wissenschaft, die Kunst, das Recht und nicht zuletzt die Wirtschaft, die ebenfalls lernen mußten, ihre in ihren Augen unverhandelbaren Ansprüche zum Gegenstand impliziter und expliziter Verhandlungen zu machen.

Verblüffend ist an dieser Situation vor allem, daß sie keinerlei Aufklärungsansprüche, keine Ideologiekritik, keine Psychoanalyse des Unbewußten mehr auf den Plan ruft, sondern als treffende Beschreibung der Komplexität der Gesellschaft hingenommen wird. In fast fröhlicher Unbekümmertheit akzeptiert man die Vielfalt der Gesellschaft. Vergessen scheint jener noch so kulturkritische Tonfall der Postmoderne, der aus der Vielfalt auf Beliebigkeit schloß und die Beliebigkeit als Mangel an Struktur verstand. Die Unbekümmertheit heute resultiert daraus, daß niemand mehr den Anspruch erhebt, das Ganze verstehen und ordnen zu können. Und damit verschwindet jener Streit um die Wahrheit, der gerade die professionellen Beobachter dieser Gesellschaft, Intellektuelle zumal, so lange in seinem Griff hatte. Umgekehrt ist diese Unbekümmertheit, die noch vor kurzem als verantwortungslos und frivol gegolten hätte, mit einem nur um so schärferen Bewußtsein des hohen Grades an Strukturiertheit, der diese Gesellschaft auszeichnet, verbunden. Man geht nicht mehr davon aus, daß beliebig ist, was geschieht oder nicht geschieht, sondern davon, daß es in jedem Fall unvorhersehbar und unberechenbar ist, gerade weil die Strukturen der Gesellschaft komplex und auf eine unkalkulierbare Weise sowohl hochgradig irritierbar als auch über alle Maßen robust sind.

Man nimmt zur Kenntnis, daß die Strukturen dieser Gesellschaft mit einem gleichsam unbewaffneten Auge, das heißt ohne einen Apparat theoriegeleiteter und theoriegeleitet modifizierbarer Vorannahmen, weder erkannt noch beobachtet werden können. Und man nimmt zur Kenntnis, daß diese Strukturen weder definieren, welche Ereignisse möglich sind, noch in der Lage sind, diese Ereignisse aus gleichsam eigenem Antrieb heraus zu produzieren. Das ist die eigentliche Enttäuschung, unter der die großen Theorien der zweiten Hälfte des vergangenen Jahrhunderts – der Existentialismus, die Kritische Theorie, der Strukturalismus, der Poststrukturalismus und die Systemtheorie – zu leiden haben: Die Ordnung der Welt in das Sein und das Nichts, das Rohe und das Gekochte, das System und die Lebenswelt, die Struktur und das Spiel, die Interaktion, die Organisation und die Gesellschaft macht in jedem dieser Fälle nur darum Sinn, so hat man den Eindruck, um die Ereignisse, die sich an diese Ordnung *nicht* halten, um so genauer beobachten zu können. Von »Strukturen« ist dann nur noch in jenem Sinne zu reden, in dem irgend etwas festhält, mit welchem Typ von Ereignissen man es bisher in der Regel zu tun hatte, um sich mit Abweichungen zu beschäftigen, die jedoch nicht als Fehler, Irrläufer, Ausnahmen oder gar Korruptionen, sondern als Hinweise auf bisher unbekannte Regeln betrachtet werden. Kaum hat man diese neuen Regeln entdeckt, stellt man fest, daß auch sie Strukturen im genannten Sinne sind: Versucht man sich auf sie zu berufen, werden sie unzuverlässig.

Wenn die Dinge eindeutig werden, ist bereits etwas schiefgegangen. Die Geschichten, die wir uns erzählen, leben davon, daß wir andere Möglichkeiten, dieselbe Geschichte zu erzählen, ausblenden. Die Verbindungen, die wir zueinander aufnehmen, die Herrschafts-, Liebes- und Arbeitsverhältnisse, die wir miteinander eingehen, dokumentieren nur, daß wir es nicht geschafft haben, die Ambivalenz aufrechtzuerhalten, die ein viel genaueres Bild der Situation darstellte. Die Systeme, auf die wir uns einlassen, machen nur deutlich, daß wir sonst nicht weiterwüßten. All dies heißt jedoch umgekehrt, daß wir nur an Dingen, an Geschichten, an Verhältnissen und an Systemen interessiert sind, denen ihre Fragilität, ihre Reinterpretierbarkeit, ihr Traum, den sie nicht realisieren, und die Effizienz, die sie immer wieder knapp verfehlen, auf den nur dann lebendigen Leib geschrieben sind.

Es mag sein, daß Walter Benjamin das Fragment, das der Anlaß der Überlegungen dieses Bandes ist, genau deswegen nicht publiziert, sondern statt dessen nie aufgehört hat, an seinem »Passagenwerk« zu arbeiten, das in jeder Hinsicht die Uneindeutigkeit aufweist, die für uns der einzig mögliche Spiegel unserer Gesellschaft ist. Im »Passagenwerk« werden Dinge kategorisiert, Geschichten erzählt, Literaturen kommentiert und Kommentare gelesen, als ginge es nur darum zu zeigen, wie aus Dingen Geschichten, aus Geschichten Literaturen und aus Kommentaren Dinge werden können, die nichts anderes zu tun haben, als an diesem Bäumchen-Wechsle-Dich-Spiel die Strukturen einer Wirklichkeit zu offenbaren, die uns mit jeder ihrer Beschreibungen aufs neue an der Nase herumführt.

Das Fragment über den Kapitalismus als Religion mußte geschrieben werden, um nicht zuletzt für seinen Autor sinnfällig werden zu lassen, daß daran genau deswegen nichts stimmt, weil alles daran stimmt.

Der bislang für Geistes- wie für Sozialwissenschaften typische Umgang mit einer Paradoxie dieser Art besteht darin, mit den Mitteln der Methode, das heißt mit argumentativen und empirischen Mitteln an dem Versuch zu arbeiten, eine Entscheidung zwischen den beiden Optionen herbeizuführen. Den in diesem Band abgedruckten Beiträgen sind diese methodischen Absichten nicht fremd. Das heißt, es geht auch hier um die

Frage, ob Benjamin recht hat oder nicht. Zugleich optiert jedoch jeder der Beiträge auch für die Möglichkeit, zu sagen, daß er recht und unrecht zugleich hat. Es geht um Differenzierungen, die die Dinge in einem anderen Licht zu sehen erlauben. Vor allem jedoch geht es allen Beiträgen darum, das Fragment Benjamins und den in diesem Fragment skizzierten Verdacht, daß der Kapitalismus eine Religion ist, als eine Konstruktion zu würdigen, die bestimmte Dinge sichtbar macht und andere unsichtbar werden läßt.

Mit dieser Wendung läßt man die Frage nach Recht und Unrecht, Wahrheit oder Unwahrheit hinter sich. Statt dessen geht es um die Entwicklung eines philologisch, soziologisch, ökonomisch und philosophisch begründeten Einfallsreichtums, der die Hypothese allein an ihrer Reichweite mißt, allein daran also, welche Phänomene sie zu beschreiben, zu kontextualisieren und insofern auch zu erklären vermag und welche nicht. Die Frage, ob der Kapitalismus eine Religion sei, wird gleichsam allenfalls nebenbei entschieden, weil die Fragen danach, was denn unter einem »Kapitalismus«, einer »Religion«, unter einer »Gesellschaft«, die sowohl für den Kapitalismus als auch für die Religion der Rahmen ist, oder unter einem »Gott«, der, totgesagt, sich nicht in die Karten schauen läßt, zu verstehen sei, beim Versuch der Entscheidung der Ausgangsfrage ein immer größeres Gewicht gewinnen.

Schaut man von außen auf solche wissenschaftlichen Bemühungen, glaubt man nur erkennen zu können, daß sich hier Leute, die es besser wissen müßten, ihrer Verantwortung entziehen, Stellung zu nehmen und Aussagen zu treffen. Läßt man sich hingegen auf die wissenschaftlichen Bemühungen aus einer Binnenperspektive ein, etwa als forschender Leser, entdeckt man, daß die Dinge mit wachsender Unentschiedenheit immer klarer werden, soll heißen: ihre komplexe Struktur im eben genannten Sinne erkennbar werden lassen.

Gerade wenn der Kapitalismus laut Benjamin darin Religion ist, daß er wie diese in eine Schuld verwickelt, aus der man sich nur um den Preis ihrer Anerkennung, also nie, befreien kann, wird sich dies aus der Forscherperspektive letztlich in den Satz übersetzen lassen, daß der Kapitalismus wie die Religion »Gesellschaft« sind in jenem überwunden geglaubten Sinne, daß jeder Spielraum in der Gesellschaft nur um den Preis der Anerkennung ihrer Vorgaben zu gewinnen ist. Die Aufklärung und jede Wissenschaft davor und danach waren immer wieder übermütig genug, eine Gleichsetzung zwischen erkannten und überwundenen Verhältnissen, zwischen Einsicht und Befreiung, vorzunehmen. Die These, daß der Kapitalismus eine Religion ist, erinnert daran, daß dies nicht so ist und nie so war.

Das Unterfangen, auf das wir uns jetzt einlassen und in das wir uns eingelassen sehen, besteht darin, uns immer weiter zu verwickeln. Der Versuch, aus der Vogelperspektive eine Übersicht zu gewinnen, weicht dem Versuch, im Labyrinth ein Gedächtnis zu entwickeln – nicht um doch noch den Ausgang zu finden, sondern um hier und da die Entscheidung treffen zu können, mit wem man es weiterhin zu tun haben, welche Dinge man noch einmal und in der Kombination mit anderen erleben und an welchen Stellen man eine neue Abzweigung riskieren möchte.

Unsere Schuld besteht darin, daß wir mit jedem unserer Schritte Ressourcen in Anspruch nehmen, die nicht die unseren sind. Religion heißt, diese Schuld in einen Dienst an diesen Ressourcen zu verwandeln. Wenn der Kapitalismus darin besteht, den Schuldendienst mit der Ausbeutung der einen und der Gewinnsteigerung der anderen in ein asymmetrisches Verhältnis kippen zu lassen, dann ist er eine exklusive und exkludierende Religion, die ihrem Gott unterstellt, daß er nur für die Auserwählten ein Herz und einen Sinn hat. Dieser Kapitalismus, seine Priester, seine Götter und seine Opfer sind unter uns. Benjamin vermutete, daß auch diesem Kapitalismus der Versuch nicht abzusprechen ist, die eigene Verstrickung zu sprengen. Letztlich scheint Benjamin jedoch wesentlich mehr an einer anderen Form des Kapitalismus interessiert gewesen zu sein, die die Asymmetrie zwischen Ausbeutung und Mehrwertsteigerung nicht zuläßt, sondern sich als wirtschaftender Umgang mit knappen Ressourcen versteht. Darüber kann man, weil dies zu nah an liberalen Ideologien liegt, nicht offen sprechen. Aber es wäre der Kapitalismus und es wäre die Religion, von denen das »Passagenwerk« ein ganz anderes Zeugnis ablegt als das Fragment, das hier im Zentrum des Interesses steht.

Wenn der Kapitalismus eine Religion ist, wird es für die Gesellschaft schwierig, die alte Unterscheidung zwischen Geld und Geist aufrechtzuerhalten. Darin liegt vermutlich die wichtigste Provokation von Max Webers Entdeckung der Herkunft des Kapitalismus aus der protestantischen Ethik. Walter Benjamin baut auf dieser Entdeckung auf. Wenn der Kapitalismus eine Religion ist, dann hat er in jenem Sinne Geist, als daß ihm das Bewußtsein einer Transzendenz, einer Undurchschaubarkeit, einer Unberechenbarkeit eingeschrieben ist. Dann ist er jedoch alles andere als das Ergebnis einer bloß egoistisch materialistischen Einstellung zum Diesseits des Lebens, die man lange Zeit mit dem Stichwort »Geld« assoziiert hat. Denn dann ist das Geld selbst ein Teil jener jede Immanenz der Verhältnisse überschreitenden Bewegung, die die Unverfügbarkeit der Voraussetzungen unserer eigenen Existenz bezeichnet.

Wer Geld sagt, sagt Geist. Und wer Kapitalismus sagt, sagt Religion. Denn in beiden Fällen geht es um gesellschaftliche Phänomene, die die gute alte bürgerliche und ihrerseits sehr religiöse Hoffnung, man könne das eine Reich vom anderen unterscheiden, ein Diesseits vom Jenseits, ein irdisches Reich von einem göttlichen Reich, ein Reich der Notwendigkeit von einem Reich der Freiheit, nicht mehr teilen. Wir leben in einer einzigen Welt, die sich allerdings, darin besteht die Herausforderung an die Theorien der Geistes-, Kultur- und Sozialwissenschaften, nicht auf den Nenner einer Einheit bringen läßt. Einheiten wie die des Kapitalismus, der Religion, des Geistes und des Geldes gibt es nur auf der Ebene einer differentiellen und polykontexturalen Welt, die in der Differenz der aufeinander bezogenen und sich voneinander abwendenden, aber grundsätzlich gleichzeitigen und zeitgenössischen Perspektiven konstituiert ist.

Deswegen besteht weder eine Hoffnung darauf, des Kapitalismus habhaft zu werden, indem man ihn der alten und durchaus kraftvollen Verfahren der Religionskritik unterzieht, noch die Hoffnung darauf, die von der Religion enttäuschten Heilserwartungen nun statt dessen auf den Kapitalismus und seine Aussicht auf wirtschaftlichen Erfolg zu konzentrieren. Walter Benjamins Formel vom Kapitalismus als Religion stellt fest, daß beide Hoffnungen zu spät kommen, und konfrontiert uns statt dessen mit einem Gott, der selbst »ins Menschenschicksal einbezogen ist« (Benjamin). Wir werden den Kapitalismus nicht loswerden, weil es sich bei ihm um nichts anderes handelt als um den immer wieder neu unternommenen Versuch, aus Situationen Gewinne zu ziehen (ein »Kapital«), die sich in anderen Situationen produktiv einsetzen lassen. Und wir werden keine Erlösung finden, weil niemand außer uns selbst da ist, der sie uns gewähren könnte.

Bei Benjamins Fragment handelt es sich um eine späte Form der Höhlenmalerei: Wir entdecken sie bei unseren Erkundungen des Labyrinths, müssen jedoch vorsichtig darauf achten, sie nicht durch das Licht zu zerstören, mit dem wir sie beleuchten.

Kapitalismus als Religion

Walter Benjamin

Im Kapitalismus ist eine Religion zu erblicken, d.h. der Kapitalismus dient essentiell der Befriedigung derselben Sorgen, Qualen, Unruhen, auf die ehemals die so genannten Religionen Antwort gaben. Der Nachweis dieser religiösen Struktur des Kapitalismus, nicht nur, wie Weber meint, als eines religiös bedingten Gebildes, sondern als einer essentiell religiösen Erscheinung, würde heute noch auf den Abweg einer maßlosen Universalpolemik führen. Wir können das Netz in dem wir stehen nicht zuziehn. Später wird dies jedoch überblickt werden.

Drei Züge jedoch sind schon der Gegenwart an dieser religiösen Struktur des Kapitalismus erkennbar. Erstens ist der Kapitalismus eine reine Kultreligion, vielleicht die extremste, die es je gegeben hat. Es hat in ihm alles nur unmittelbar mit Beziehung auf den Kultus Bedeutung, er kennt keine spezielle Dogmatik, keine Theologie. Der Utilitarismus gewinnt unter diesem Gesichtspunkt seine religiöse Färbung. Mit dieser Konkretion des Kultus hängt ein zweiter Zug des Kapitalismus zusammen: die permanente Dauer des Kultus. Der Kapitalismus ist die Zelebrierung eines Kultes sans [t]rêve et sans merci*. Es gibt da keinen »Wochentag«⟨,⟩ keinen Tag der nicht Festtag in dem fürchterlichen Sinne der Entfaltung allen sakralen Pompes⟨,⟩ der äußersten Anspannung des Verehrenden wäre. Dieser Kultus ist zum dritten verschuldend. Der Kapitalismus ist vermutlich der erste Fall eines nicht entsühnenden, sondern verschuldenden Kultus. Hierin steht dieses Religionssystem im Sturz einer ungeheuren Bewegung. Ein ungeheures Schuldbewußtsein das sich nicht zu entsühnen weiß, greift zum Kultus,

* Die Lesart »sans [t]rêve et sans merci« statt der Lesart »sans rêve et sans merci«, die die Herausgeber der Suhrkamp-Ausgabe gewählt haben, entspricht einem Vorschlag von Uwe Steiner. »Sans trêve et sans merci« – ohne Waffenruhe und ohne Gnade. Vgl. auch S. 285 Anm. 25.

um in ihm diese Schuld nicht zu sühnen, sondern universal zu machen, dem Bewußtsein sie einzuhämmern und endlich und
101 vor allem den | Gott selbst in diese Schuld einzubegreifen⟨,⟩ um endlich ihn selbst an der Entsühnung zu interessieren. Diese ist hier also nicht im Kultus selbst zu erwarten, noch auch in der Reformation dieser Religion, die an etwas Sicheres in ihr sich müßte halten können, noch in der Absage an sie. Es liegt im Wesen dieser religiösen Bewegung, welche der Kapitalismus ist⟨,⟩ das Aushalten bis ans Ende⟨,⟩ bis an die endliche völlige Verschuldung Gottes, den erreichten Weltzustand der Verzweiflung auf die gerade noch *gehofft* wird. Darin liegt das historisch Unerhörte des Kapitalismus, daß Religion nicht mehr Reform des Seins sondern dessen Zertrümmerung ist. Die Ausweitung der Verzweiflung zum religiösen Weltzustand aus dem die Heilung zu erwarten sei. Gottes Transzendenz ist gefallen. Aber er ist nicht tot, er ist ins Menschenschicksal einbezogen. Dieser Durchgang des Planeten Mensch durch das Haus der Verzweiflung in der absoluten Einsamkeit seiner Bahn ist das Ethos das Nietzsche bestimmt. Dieser Mensch ist der Übermensch, der erste der die kapitalistische Religion erkennend zu erfüllen beginnt. Ihr vierter Zug ist, daß ihr Gott verheimlicht werden muß, erst im Zenith seiner Verschuldung angesprochen werden darf. Der Kultus wird vor einer ungereiften Gottheit zelebriert, jede Vorstellung, jeder Gedanke an sie verletzt das Geheimnis ihrer Reife.

Die Freudsche Theorie gehört auch zur Priesterherrschaft von diesem Kult. Sie ist ganz kapitalistisch gedacht. Das Verdrängte, die sündige Vorstellung, ist aus tiefster, noch zu durchleuchtender Analogie das Kapital, welches die Hölle des Unbewußten verzinst.

Der Typus des kapitalistischen religiösen Denkens findet sich großartig in der Philosophie Nietzsches ausgesprochen. Der Gedanke des Übermenschen verlegt den apokalyptischen »Sprung« nicht in die Umkehr, Sühne, Reinigung, Buße, sondern in die scheinbar stetige, in der letzten Spanne aber sprengende, diskontinuierliche Steigerung. Daher sind Steigerung und Entwicklung im Sinne des »non facit saltum« unvereinbar. Der Übermensch ist der ohne Umkehr angelangte, der durch den Himmel durchgewachsne, historische Mensch. Diese Sprengung des Himmels durch gesteigerte Menschhaftigkeit, die religiös (auch für Nietzsche) Verschuldung ist und bleibt⟨,⟩ hat Nietzsche
102 pr⟨ä⟩judiziert. Und ähnlich Marx: der nicht umkehrende Kapi-

talismus | wird mit Zins und Zinseszins, als welche Funktion der *Schuld* (siehe die dämonische Zweideutigkeit dieses Begriffs) sind, Sozialismus. Kapitalismus ist eine Religion aus bloßem Kult, ohne Dogma.

Der Kapitalismus hat sich – wie nicht allein am Calvinismus, sondern auch an den übrigen orthodoxen christlichen Richtungen zu erweisen sein muß – auf dem Christentum parasitär im Abendland entwickelt, dergestalt, daß zuletzt im wesentlichen seine Geschichte die seines Parasiten, des Kapitalismus ist.

Vergleich zwischen den Heiligenbildern verschiedner Religionen einerseits und den Banknoten verschiedner Staaten andererseits. Der Geist, der aus der Ornamentik der Banknoten spricht.

Kapitalismus und Recht. Heidnischer Charakter des Rechts Sorel Réflexions sur la violence p 262

Überwindung des Kapitalismus durch Wanderung Unger Politik und Metaphysik S 44

Fuchs: Struktur der kapitalistischen Gesellschaft o.ä.

Max Weber: Ges. Aufsätze zur Religionssoziologie 2 Bd 1919/20

Ernst Troeltsch: Die Soziallehren der chr. Kirchen und Gruppen (Ges. W. I 1912)

Siehe vor allem die Schönbergsche Literaturangabe unter II

Landauer: Aufruf zum Sozialismus p 144

Die Sorgen: eine Geisteskrankheit, die der kapitalistischen Epoche eignet. Geistige (nicht materielle) Ausweglosigkeit in Armut, Vaganten- Bettel- Mönchtum. Ein Zustand der so ausweglos ist, ist verschuldend. Die »Sorgen« sind der Index dieses Schuldbewußtseins von Ausweglosigkeit. »Sorgen« entstehen in der Angst gemeinschaftsmäßiger, nicht individuell-materieller Ausweglosigkeit.

Das Christentum zur Reformationszeit hat nicht das Aufkommen des Kapitalismus begünstigt, sondern es hat sich in den Kapitalismus umgewandelt.

Methodisch wäre zunächst zu untersuchen, welche Verbindungen mit dem Mythos je im Laufe der Geschichte das Geld eingegangen ist, bis es aus dem Christentum soviel mythische Elemente an sich ziehen konnte, um den eignen Mythos zu konstituieren.

Wergeld / Thesaurus der guten Werke / Gehalt der dem *Priester* geschuldet wird⟨.⟩ Plutos als Gott des Reichtums

Adam Müller: Reden über die Beredsamkeit 1816 S 56ff |

103 Zusammenhang des Dogmas von der auflösenden, uns in dieser Eigenschaft zugleich erlösenden und tötenden Natur des Wissens, mit dem Kapitalismus: die Bilanz als das erlösende und erledigende Wissen.

Es trägt zur Erkenntnis des Kapitalismus als einer Religion bei, sich zu vergegenwärtigen, daß das ursprüngliche Heidentum sicherlich zu allernächst die Religion nicht als ein »höheres« »moralisches« Interesse, sondern als das unmittelbarste praktische gefaßt hat, daß es sich mit andern Worten ebensowenig wie der heutige Kapitalismus über seine »ideale« oder »transzendente« Natur im klaren gewesen ist, vielmehr im irreligiösen oder andersgläubigen Individuum seiner Gemeinschaft genau in dem Sinne ein untrügliches Mitglied derselben sah, wie das heutige Bürgertum in seinen nicht erwerbenden Angehörigen. ⟨fr. 74⟩

Anmerkung

Geschrieben um 1921. Erst postum publiziert. Wiederabgedruckt mit freundlicher Erlaubnis des Verlags aus: Walter Benjamin, Gesammelte Schriften, hrsg. von Rolf Tiedemann und Hermann Schweppenhäuser, Band VI, Frankfurt am Main: Suhrkamp 1985, S. 100-103 (= Fragmente vermischten Inhalts. Zur Geschichtsphilosophie, Historik und Politik).

»Geist der Ornamentik«, Ideogrammatik des Geldes:

Allegorien bürgerlicher Zivilreligion auf Banknoten des 19. und 20. Jahrhunderts

Birger P. Priddat

Walter Benjamin macht in seinem Fragment ›Kapitalismus als Religion‹ eine Anmerkung: »Vergleich zwischen Heiligenbildern verschiedener Religionen einerseits und den Banknoten verschiedener Staaten andererseits. Der Geist, der aus der Ornamentik der Banknoten spricht« (Benjamin 1985, S. 102).
Es lohnt sich bereits, nur das ›andererseits‹ zu betrachten: die Ideogrammatik der bürgerlichen Banknoten des 19. und beginnenden 20. Jahrhunderts. Wir lernen eine Zivilreligion kennen, antikisch verkleidet, eigentümlich industriefern, die den Exzeß der Wirtschaft in der Industrialisierung durch eine polytheistische Figurinenmannschaft be- und ent-geistern hilft. Das polytheistische Theater wird nicht zufällig auf den Banknoten entfaltet und eben nicht auf den Münzen, deren Ikonographie längst finalisiert war.[1]

Denn nicht die Erfindung, aber der sich massenhaft verbreitende Einsatz der Banknoten – anstelle von ›echtem‹, nämlich von intrinsisch-wertigem Metallgeld – war selbst das Zeichen der Extension der Wirtschaft. Die Akkumulation des Kapitals expandiert und neue Formen des Geldes werden eingesetzt, deren Wert nur noch partiell durch Metallwerte, dafür bereits durch das Versprechen auf Wachstum, auf *regaining of values*, gedeckt ist. So ist die ›Ornamentik‹ der Banknoten nicht nur eine Legitimationszeichnung des jungen Kapitalismus, sondern das Geld in Form von ›Schein‹ muß selber mit Geistern aufgeladen werden, die das Glück sind, die Fruchtbarkeit, der Wohlstand, junge Frauen allemal, Mütter- und Segensgöttinnen etc.

Geld soll fruchtbar sein, ›geldheckend‹, wie Marx es kommentierte[2]. Der Schein bekommt einen aufgedruckten, sichtbaren Schutzgeist, eine Beruhigungsfigur, die tief in die Fruchtbarkeitsmythologie des bildungsbürgerlich gehobenen, antiken

Geistesschatzes eintaucht – als ob die *Querelle des anciens et des modernes* im 19. Jahrhundert an Versöhnung erinnert und damit beendet werden müsse. Die Schutzgeister der beginnenden Industrialisierung verkleiden sich als geschichtsvertraute Antikenfiguren; der Schock der Moderne wird durch ein Puppentheater mit Idolen der alten Welt ausgestattet (so z.B. auf dem 50-Gulden-Schein der Herzoglich-Nassauischen Landesbank von 1845, auf dessen Vorderseite acht verschiedene Götterbilder eingraviert sind. Zeus, Athene, Hermes sind erkennbar; Demeter wahrscheinlich; die andere Göttin wie drei weitere Götter bleiben einem Betrachter des 21. Jahrhunderts unkenntlich. Immerhin eine erhebliche Götterballung, wie sie auf Banknoten doch eher selten ist).

Doch dieses Alte-/Neue-Welt-Spiel hat eine besondere Funktion: Gegen die im 19. Jahrhundert noch unabsehbare Dynamik der industriellen Revolution, die sich hinter dem Schein des Geldes abspielt, *spricht die Ideogrammatik der Banknoten der bürgerlichen Banken im pastoralen Ton von der Beherrschbarkeit der Welt durch unschuldige Handelsgötter*. Die Verniedlichung hat Beschwörungsfunktion.

Wo so viele Götter aufgefahren werden, ist der Schutz, den man sich erhofft, ein Zeichen von Gefahr, zumindest von Gefährdung. Die Banknoten des 19. Jahrhunderts sind Ausstellungstafeln der industriekapitalistischen Zivilreligion. Neben der Unterbringung legalistischer Textanteile werden Kupfer- und Stahlstecher damit beauftragt, eine Aura zu entwickeln, in der das neue Geld geheiligt erscheint. Der christliche Gott kann mit dieser Profanität nicht behelligt werden. Also treten Ersatzgötter *in pluralis* auf, Aspektengötter, die in ihrem Heidentum das Geld durchaus bevölkern dürfen. Monotheistische Tabus bleiben deshalb unverletzt.

Notengeld ist im 19. Jahrhundert experimentelles Geld, auch wenn es sich etabliert. Für die Händler und Gewerbetreibenden bald ein vollständiges Substitut der Gold- und Silberwährungen, bleibt bei der Bevölkerung immer noch ein Mißtrauen gegen die Devaluation, die das Papiergeld weiterhin bedroht. Denn die Banknote hat keinen eigenen oder intrinsischen Wert; sie flößt kein Vertrauen ein: Man kann sie nicht wegen ihres Metallwertes ›verkaufen‹. Potentiell bleibt sie für die Menschen wertlos. Sie hat zugeschriebenen Wert. Aber wer schreibt zu, und wer kontrolliert die Banken? Abschläge für Banknoten waren zwar nicht die Regel, aber häufig, wenn das Wertpotential der Noten unklar wurde. Mit dem Konkurs von Banken wurde deren Geld vollständig entwertet.

Die Allegorik der Banknoten orientierte sich an antikischen Mustern: Fortuna (mit dem Füllhorn): als Glücksgöttin, aber auch als Göttin der Fruchtbarkeit (z.B. auf der 100-Milreis-Note Brasiliens aus der Mitte des 19. Jahrhunderts [Pick Abb. 25]*, auf der spanischen 200 Reales Note des Banco de Bilbao von 1859 [Pick Abb. 29], auf der 50 Gulden Note der Badischen Bank von 1871 [Pick Abb. 39], auf den 5 Pounds der National Bank of South Africa des Oranje Freistaates von 1916 [Pick Abb. 77], auf der 100.000 Kronen Note der Österreichisch-Ungarischen Bank von 1922 [Pick Abb. 89] etc.). Auch wenn den anderen Frauengestalten in antikischen Gewändern keine Fortuna-Charakteristik zugeordnet ist, sind sie als Frauen sui generis Fruchtbarkeitsgestalten – in der Gestalt einer modernisierten Demeter z.B. mit einer Garbe Ähren in der Hand (auf der 5 Peso-Note des Banco Espanol Filipino von 1908 z.B. [Pick Abb. 65]). Selbst dann, wenn nur ein Frauengesicht auftaucht – z.B. auf den 100 Mark der Sächsischen Bank von 1874 [Pick Abb. 42] –, sind alle anderen Attribute ko-präsent, annotiert durch den Blumenkranz im Haar der Dame, der rechts ein Hermes beigesellt ist, neckischerweise mit einem Bündel Banknoten in der Hand.

Die Fruchtbarkeit pur sehen wir auf der 10-Taler-Note der Anhalt-Dessauischen-Landesbank vom 1. 6. 1855: Mit einem Palmwedel bewehrt sitzt in der Mitte der Rückseite eine Fruchtbarkeitsgöttin, von drei Putten umstellt, die durchaus ihre Kinder sein könnten. Eine Putte trägt ein Füllhorn, eine andere hockt nieder und liest ein Buch, eine dritte hält eine doppeltürmige Kirche in der Hand. Dahinter drängen sich links viele Segelschiffe, rechts Garben ausgereiften Korns. Neben der lesenden und der kirchenhochhaltenden Putte stehen ein Globus und ein abgelegter Hermesstab. Zwischen Handel und Ackerbau mehren sich die Menschen: eine zivilisatorische Idylle des beginnenden Kapitalismus – unter Vermeidung seiner Wahrnehmung.

Die ersten europäischen Banknoten – 17. und 18. Jahrhundert – waren noch nüchtern, meist reine Textversionen, ab und

---

* Siehe den Abbildungsteil am Ende des Beitrages.

zu mit den Adelswappen der ausgebenden Fürsten versehen (aber auch in den protestantischen Niederlanden, deren Staatspapiergeld [Muntbiljet] über 20 Gulden von 1846 absolut bilderlosen Text darbietet [Pick Abb. 23] – calvinistisch pur; ähnlich die braunschweigischen und bremischen Noten; nicht zuletzt auch die Noten der Bank of England, wenn auch links oben immer mit einer kleinen Fruchtbarkeitsgöttinnenvignette versehen. Auffällig ist nur die Miniaturisierung des Bildes, relativ zum Textanteil).

Die Mode der antiken Figurendarstellungen kam über die französischen Assignaten (z.B. der Assignat über 2000 Franc von 1794 [Pick Abb. 13]) auf und wurde dann – nur als eines von unzähligen Beispielen – von der 10 Gulden-Note der Bayrischen Hypotheken- und Wechsel-Bank von 1836 aufgenommen [Pick Abb. 21]. Die Figurinen haben keine Attribute, sie sind Abbildungen von Göttinnen unspezifischer Art, weil sie neben dem einen Gott keine Götter sein dürfen, sondern nur als mythische Figuren, Geister und körperlose Wesen dargestellt sein dürfen. Sie werden zwar auch als Schutz-Geister abgebildet, dennoch ist unklar, wogegen sie schützen sollen. Doch ändert sich das bald, als die Industrialisierung einsetzt. Der Schutzfaktor wird gesteigert.

Die 4-Dollar-Note der Colonial Bank of Canada von 1859 [Pick Abb. 28] zeigt, neben einem mittig gesetzten Porträt der englischen Königin Viktoria, links eine Athene, die eine Waage hochhält, als Gerechtigkeitsgöttin. Dagegen ist auf der 200-Reales-Note des Banco de Bilbao von 1859 [Pick Abb. 29] eine hybride Göttin plaziert, die auf einem Pier drapiert ist (im Hintergrund ein Handelssegler) und einen Stab des Hermes in der Hand hält, gleichsam vom Gott des Handels ausgeliehen. So spart man eine zweite Figur, um dennoch zwei Götter in einem zu haben. Das Motiv war beliebt: vgl. die 100-Franc-Note des ›Unabhängigen Kongostaates‹ von 1896 [Pick Abb. 54], aber auch den Reichskassenschein über 50 Mark der deutschen Reichsschuldenverwaltung von 1899 [Pick Abb. 56].

Auf dem Reichskassenschein wird das Motiv insoweit variiert, als auf dem Pier noch ein Pflug steht. Man durfte die agrarischen Adelsinteressen nicht beiseite schieben (jedenfalls nicht im preußisch dominierten Deutschen Reich). Wie zufällig steht auf dem Pier auch noch eine deutsche Eiche, an die sich die zur Germania mutierte Göttin lehnt; ein Reichsschild ist an den Baum gehängt, und zwischen seinen Ästen ist ein Teppich gespannt. Germania sitzt in einem offenen Hermelinmantel auf einer adlerverzierten Steinbank und hält rechts ihre Hand auf ein liegendes Schwert, links einen Palmwedel hoch: Krieg und Frieden. Sie ist von einer hybriden Fruchtbarkeits-/Handelsgöttin zur Repräsentantin der Gerechtigkeit aufgestiegen. Das ist Staatsideogrammatik, nicht mehr nur bloße Handelssymbolik.

Der Reichskassenschein ist keine Banknote, sondern ein Staatspapier. Das bürgerliche Fruchtbarkeitsideal wandelt sich in ein staatliches Hoheitszeichen, die pastorale Idylle in eine wagnerianisch inszenierte Machtkonstellation mit martialischem Personal, das dennoch fraulich bleibt. Mutter Erde und Jüngling Handel werden streitbare Matronen. Sichtlich haben die Stahlstecher und ihre Auftraggeber deutsche Theater- und Opernaufführungen gesehen; der Germanenkult schlägt ein[3].

Auf der 50-Mark-Note von 1882 hatten wir dieselbe Figur, aber noch nicht auf einem Pier, damals zusätzlich mit Hermesstab und Sanduhr versehen. Die 1882 in Erscheinung tretende Göttin war eindeutig keine Germania, sondern beflügelt, eher noch eine der Hybrid-Varianten. Das Schwert fehlt. Noch war sich die reichsdeutsche »Zivilreligionsabteilung« nicht klar darüber, was sie dominieren lassen will: Auf dem Vorgängerschein von 1874, dem ersten deutschen Reichsgeld in Mark, schwebt links ein Ackerbauernengel, rechts hingegen eine Art Athene, beflügelt und bewaffnet, im Panzerhemd und mit Helm. Der Krieg war gerade vorüber. Die Germania von 1899 hingegen scheint ein synthetisches Wesen zu sein, das die bewaffnete Athene von 1874 mit der unbewaffneten Hermes/Dike-Hybride von 1882 zusammenlegt. Allein der Bauernengel von 1874 verschwindet 1882 bzw. legt seine Objekte erst wieder auf den Pier von 1899, ohne noch *in persona* aufzutreten. Das ist das einzige Zeichen der Industrialisierung, vorsichtigst *via negationis* dargereicht.

Der 5-Mark-Schein [Abb. 9a] von 1904 verstärkt das hochsynthetische Motiv von 1899: Germania trägt jetzt bereits die Kaiserkrone und hält einen Turnierspeer in der Hand, während eine Putte vor ihr, auf einer Seekiste sitzend, eine Taube fliegen läßt, wohl gegen England, denn das Ganze spielt sich wieder auf einem Pier ab, der drapiert ist mit Ackerfrüchten, Zahnrad, Werkzeug und Handelsgut. Der Pier ist eine Insignie des Welthandels. Der Pflug von 1899 fehlt inzwischen (das Verschwinden der Agrarzeichen bezeichnet ebenfalls die Industrialisierung), dafür schiebt sich der Bugdrachenkopf eines Wikingerschiffes in die Wasserfläche: Kaiser Wilhelms Kriegsmarine in der Inszenierung einer Wagneroper. Mit diesem Schein hat die Staatsmacht die Idyllen okkupiert, die vordem durch eine Pastorale des Handels und der *cultura* des Ackerwesens belebt wurden. Währte der Frieden schon zu lange?

Auf dem 100 Mark von 1908 [Abb. 11a] sind die Drachenboote in die kaiserliche Seekriegsflotte transformiert, die Germania wieder, nun rechts drapiert, in eine Kriegsgöttin, in voller Bewaffnung. Die Wagneroper ist aufgerüstet.

Die Hybridisierung fängt bereits früher an, z.B. auf der Rückseite der 100-Thaler-Note der Danziger Privat-Actien-Bank von 1867 [Pick Abb. 36]. Wir sind in die Handelsgeldwelt bürgerlicher Banken zurückgekehrt. Wir sehen ein Arrangement von vier Figuren, in deren Mitte aufrecht eine Göttin mit den Insignien des Meeresgottes sitzt. Hinter ihr ein junger Hermes, links und rechts zwei halb liegende Göttinnen, die umgekippte Urnen neben sich liegen haben, aus denen die Weichsel und die Ostsee fließen. Das Szenarium wird links im Hintergrund durch ein Gebäude der Stadt Danzig, rechts durch einen Teil des Hafens ergänzt (hochmodern neben dem obligatorischen Segler ein Dampfschiff; der Hafen selbst als Zeichen des Welthandels). Die Hauptgöttin sitzt auf einer seegerecht verpackten Ladung, zu ihren Füßen Kanonenrohre und Gußrohlinge. Im Vordergrund der Szene lagern eine weitere Seekiste, ein Anker, dazwischen Geldsäcke und -kisten sowie eingerollte Dokumente. Das Bild ist eine fast vollständige Darstellung der Zivilreligion eines Handelsstaates, ein Modellaltar: Stadt, Land, Fluß, See plus Waren und Geld, gehütet von Fluß- und Meeresgöttinnen – gleichsam ein Handels-Ernte-Idyll.

Der junge Hermes steht im Halbschatten der Naturgöttinnen; nur in ihrem Schutz kann er seine Handelswege laufen. Auf die erhofften Ergebnisse, *a lot of money* (vorne im Bild leger ausgeschüttet), wird schamhaft mit einem Schriftband hingewiesen, das den Schriftzug ›Danziger Privat-Actien-Bank‹ trägt. Damit zeichnet sich die Bank selbst als Hort des Geldes aus, die gebildeten Bürger daran erinnernd, daß manche griechischen Tempel Bankaufgaben erledigten.

Die Szene auf der 50-Gulden-Note der Badischen Bank von 1871 [Pick Abb. 39] zeigt zwei Altäre: einen agrarischen und einen industriellen. Links sitzt Fortuna mit dem Füllhorn, das die Früchte des Landes hervorquellen läßt, dahinter ist noch ein Weinstock zu sehen. Eine Putte trägt Bauernwerkzeug, eine andere nur das Schild mit der 50. Rechts unten wieder eine Putte, die die anderen 50 trägt, darüber eine Germania, die ein Stück Erz hochhält, begleitet von einer Putte, die einen Eisenhammer umfaßt; im Hintergrund ist ein eisernes Zahnrad angelehnt. Hier ist ein Zentralmotiv abgebildet, das in verschiedensten Varianten wiederholt wurde (z.B. auf den 100-Thaler-Scheinen der Rostocker Bank von 1866 [wiederholt auf der 100 Mark-Ausgabe von 1874]; auf den 20 Thalern der Provinzial-Actien-Bank der Provinz Posen von 1857, den 100 Thalern der Leipziger Bank von 1860, den 100 Mark der Mitteldeutschen Creditbank zu Meiningen von 1875, den 2 Gulden der königlichen Staatshauptkasse von Württemberg von 1849, um nur altdeutsche Scheine zu erwähnen).

Nicht selten ist die Abbildung von zwei Figuren wie auf den 10-Thaler-Scheinen der kurfürstlich-hessischen Direktion der Haupt-Staats-Kasse von 1855 zu Cassel, die links eine merkantile, Hermes imitierende, rechts eine Architektenputte zeigen. Weder Frau noch Mann, sind die Putten androgyne Zwerge, die auf die unausgereiften Verhältnisse hindeuten, weil sie hier nicht den Stadt/Land-Unterschied repräsentieren, sondern den von Handel und Handwerk/Wissenschaft. Dieser Doppelaltar weicht hierin vom Grundmuster ab, bleibt aber auch sonst atypisch und weist auf eine Binnendifferenzierung der bürgerlichen Gesellschaft hin, die anfängt, auf einen agrarischen Herkunftsbezug zu verzichten. *Very modern at those times.*

Die modernste Konstellation allerdings bietet der 1-Boliviano-Schein des ›Banco de la Nacion Boliviana‹, der nach dem Mai 1911 herausgegeben wurde: ein auf einem *Elektromotor* sitzender Hermes [Abb. 19a]. Diese Zusammenstellung von *Handel und Industrie* ist selten, obwohl man sie eigentlich in der Hoch-Zeit der Industrialisierung wie selbstverständlich erwarten würde. Doch ist auch dieses Bild nur ein indirekter Verweis: Der Elektromotor ist zwar ein modernes Industrieerzeugnis, hier jedoch als Handelsware abgebildet, wenn auch die sitzende Position des Hermes darauf hindeuten mag, daß wir es mit einer Allegorie der Beschleunigung des Transports zu tun haben könnten.

Auf der 500-Peso-Note von 1903 des ›Banco del Estado de Chihuahua‹ [Pick Abb. 60] sehen wir eine weitere Variante des älteren Prospektes der bürgerlichen Zivilreligion: links wieder der agrarische Altar (Fruchtbarkeitsgöttin mit Früchtekorb und Sense), rechts hingegen eine Frau, die einer Putte aus einem großen aufgeschlagenen Buch vorliest; zu ihren Füßen drapiert sind ein Globus und ein Rechenbrett. Das ist eine Doppeldarstellung, die sowohl die Handelsallegorik wie die der Wissenschaft umspannt. Die Dichotomie Handel/Ackerbau wird in die Trias Handel/Ackerbau/Wissenschaft transformiert. Das ist, nüchtern betrachtet, nichts weiter als das soziale Arsenal des platonischen ›Staates‹ (und seiner ›Nomoi‹); es fehlt nur das Militär.

Auch die französische 100-Franc-Note der Banque de France von 1917 [Pick Abb. 78] arbeitet mit der Doppelallegorie: links die agrarische Allegorie, rechts die des Handels. Eindeutige Industriebezüge fehlen allerdings. Das ändert sich gewaltig auf der 5000-Franc-Note derselben Bank von 1918 (die allerdings erst 1938 ausgegeben wurde) [Pick Abb. 79a]: Auf der Vorderseite sitzt links ein Metallarbeiter (in Lederschürze und mit Hammer), neben ihm die beliebte hybride Handelsgöttin, rechts steht eine Putte mit einer Waage in der Hand vor einem industriell gefertigten modernen Pflug, dahinter sehen wir chemische und andere Industrieinstrumente. Soweit der eher traditionelle Teil dieses – modernen – Zivilreligionsaltars. Auffällig ist die gleichzeitige Darstellung von Göttern und Menschen auf einer Note: der Metallarbeiter (ohne hephaistische Züge) und die Handelsgöttin.

Die Rückseite [Pick Abb. 79b] ist noch interessanter, weil sie die Vorderseite in einem gewissen Sinne kommentiert. Links sitzt der Gießer von der Vorderseite, nur ohne Kappe, in einer florentinisch anmutenden offenen Säulenveranda (im Hintergrund Paris, und zwar eine Seine-Szene mit Frachtkahn), und versucht, fast resigniert, die halbnackte strahlende Göttin mit den verbundenen Augen (Dike)[4] zu halten. Sie aber will entfliehen, während eine Putte dabei zuschaut. Rechts sitzt ein pythagorasähnlich verkleideter Wissenschaftler und sinniert in der Pose des Rodinschen Denkers, mit einem großen Zeichenbrett in der rechten Hand. Vor ihm ein riesiger Globus und verstreut liegende Dokumente und Bücher. Ihm schaut, von ganz rechts, ein Bauernjunge ungläubig zu, eine Sense umgekehrt in der Hand. Auch hier öffnet sich die antikische Götterwelt den Menschen: Zum einem versteht ›das Land‹ die moderne Wissenschaft nicht, zum anderen wendet sich die Gerechtigkeit von den Arbeitern ab. Die einzige Allegorie der sozialen Frage, die sich – meiner Kenntnis nach – auf Banknoten findet.

Doch ist diese Banknote nicht nur die reichste Darstellung dieses Genres, sondern zugleich auch ihr Totenbild: Die Götter fliehen, danach ebbt die Allegorik ab. Wir finden sie dann nur noch vereinzelt (z.B. auf dem Geld der jungen Bundesrepublik, die nach den Zerstörungen des Zweiten Weltkriegs durch Beschwörung der alten Banknotengeister- und Göttertruppe symbolisch den Anschluß an ihre alte Erwerbskraft finden will[5]).

Auf der 1000-Pesetas-Note des ›Banco de Espana‹ von 1907 [Pick Abb. 63] – wir kommen zurück auf die Zentraltopik der Zivilreligion – sind beide Altäre in einen geschmolzen: Die thronende Göttin trägt den Stab des Hermes, links sind Industrieerzeugnisse drapiert, rechts ein Amboß, Ackergeräte sowie Früchte des Feldes (ebenso auch auf der 5-Pfund-Note der ›National Bank‹ für den Oranje-Freistaat von 1916). Was die spanische Bank sparsam integriert, wird auf einer Note der ›Commercial Bank of Scotland‹ zu einer großen Szene mit 14 Figuren und einem Pferd entfaltet. Die Industriewaren dominieren in der Drapage, nur in der Mitte werden Blumen und Früchte gereicht. Das Pferd ist ›neutral‹, sowohl dem Ackerbau wie dem Handelstransport zuzuordnen. Die linke sitzende Göttin hält ein nautisches Instrument in der Hand, rechts ist zudem eine Geldkiste geöffnet.

Um 1900 kommt Dike mehr ins Spiel, auch Athene, mit der Waage des Rechtes in der erhobenen Hand. Was in der Frühzeit der Papiergeldemission – auch hier finden wir vereinzelt Athene-Figurinen (z.B. auf der 10-Taler-Note der Geraer Bank vom 15.1.1856) – als Gewährleistungssymbol zu deuten ist dafür, daß es beim Papiergeld mit rechten Dingen zugehe –, hat später zivilisatorische Bedeutung: Dike bzw. Athene stehen für Tauschgerechtigkeit bzw. für die Prosperität, die in geordneten Zivilgesellschaften möglich sein soll. Es sind Zeichen für den Sieg des Papiergeldes, dessen Wertqualität sich allgemein durchgesetzt hat. Das Geld feiert sich selbst: »Ich bin wertstabil, an mir verlierst du nichts, jeder akzeptiert mich. Ich bin rechtmäßig.«

Diese 10-Taler-Note zeigt auf ihrer Rückseite das übliche Duo: eine Ackergöttin und eine Arbeitsgöttin, diesmal eine, die Flachs spinnt. Neu ist eine dritte Figurine: eine über beiden schwebende Dike, die Gerechtigkeit walten läßt, indem sie beiden Untergöttinnen Lorbeerkränze übers Haupt hält. Stadt und Land – versöhnt. Die Banknoten sind ideelle Papiere, die eigenartig utopische Darstellungen transportieren. Dike versöhnt, was ahnungsweise unversöhnbar ist.

Im Laufe der Zeit wechselt das Personal: Die »Zweifaltigkeit« der Altäre bleibt erhalten, aber die Industrieseite übernehmen Männer. So z.B. auf dem 10-Gulden-Schein der ›Nederlandse Bank‹ von 1925: Rechts steht Fortuna, die ihr Füllhorn hinten an die Wand gelehnt hat, um ihren rechten Arm zum Gruß zu heben. Links steht, in derselben Pose nach rechts gewandt, ein Schmied mit Amboß und Hammer. Zwischen beiden befindet sich ein frei gehängtes Flügelpaar mit einer Sanduhr in der Mitte. Fortuna ist noch Göttin, der Schmied vielleicht Hephaistos, aber vielleicht auch nur einfach ein Schmied.

Ähnlich mit neuem Personal bestückt tritt die 50-Zloty-Note der ›Bank Polski‹ von 1929 in Erscheinung [Pick Abb. 104]: links eine menschliche Bäuerin ohne Göttinnenattribute, dafür mit einem Bauernrock; rechts hingegen Hermes persönlich, zwischen Anker und Zahnrad aufgestellt. Die allegorische Grundkonstellation bleibt erhalten, aber alles ist vertauscht: Es gibt keine Göttinnen mehr, die im 19. Jahrhundert fast das einzige allegorische Personal stellten. Die Göttinnen werden zu Göttern oder Menschen. Im 20. Jahrhundert hat die bürgerliche Zivilreligion ausgespielt.

Die Verwendung von Symbolen auf Geldscheinen hat also mehrere Schritte durchlaufen, die als einzelne Schichten des allegorischen Geschehens freizulegen wären:

- während auf den ersten Scheinen, den französischen Assignaten z.B., die Fruchtbarkeits- und Glücksaspekte dominieren – als abstrakte Reichtumsallegorien –, nimmt
- zum Ende des 19. Jahrhunderts die Stadt/Land-Topik zu, repräsentiert durch Agrar- und Handelsaltäre.

Hierein paßt die Dike/Athene-Allegorik: Proportionierungs figuren, die gerechte Verhältnisse inmitten der Änderungen suggerieren.

Zwar wird die Industrie durch spezifische Güter (meistens eiserne Zahnräder) symbolisiert, tritt aber niemals als eigenständige Zivilreligionsfigur auf. Es sind immer Handelsgöttinnen oder Hybride (selten nur Hermes selbst). *Die Religion der Banknoten ist eine Handelsreligion, keine Industriereligion.* Tritt einmal ein Industriearbeiter auf – wie beim französischen

5000-Franc-Schein –, ist er ein Mensch, kein Gott. Wir haben es dominant mit einer Allegorik merkantiler Zivilität zu tun.[6]

Die Allegorik beginnt auszusterben, als sie allmählich das Göttinnenpersonal gegen Menschen auswechselt. Der Realismus menschlicher Figuren hat keine Idealität mehr; er wird einseitig und profan. Neben den immer schon parallel beliebten Herrscherinsignien und -bildern beginnt man auf die Historie zurückzugreifen und Personen mit historischer Berühmtheit abzubilden. An die Stelle der allegorischen Religion tritt das kollektive Gedächtnis der Gesellschaften – gleichsam ein humanistisch getarnter Wechsel zum Animismus der Ahnenverehrung.

Im Grunde tragen die Banknoten Symbolmuster, die auch in den entwickelten Handelsstaaten im 17. und 18. Jahrhundert hätten Geltung bekommen können. Einzig das Zahnrad aus Eisen oder Stahl weist auf die Industrialisierung hin, manchmal auch ein Dampfschiff oder, wie häufig auf US-amerikanischen Noten der Zeit, eine Dampflokomotive. Hermes, öfter aber seine hybriden Transmutationen in Göttinnengestalt, dominiert. So auch auf dem 20-Thaler-Schein der Lübeckischen Credit- und Versicherungsbank: links der junge Hermes mit allen Insignien, rechts sein Pendant, mit einem Ruder als Matrose ausstaffiert. Eine neckische Allegorie des Verhältnisses von Kapital und Arbeit, auf gleicher Augenhöhe übrigens. Oben schwebt ein Adler, der von rechts (der Arbeit) nach links (zum Handelskapital) eine Sternenkugel trägt. *Ad astra per laboram?*

Walter Benjamins Hinweis ist ungenau: *Nicht der Kapitalismus wird ornamentiert, sondern der Handel.* Für die Repräsentation des ›Kapitalismus‹ ist die Symbolik unvollständig; vollständig und genau allerdings ist sie für die Funktion des Papiergeldes, das ausschließlich für Handelstransaktionen erfunden und eingesetzt wurde.

Die Geldscheine sind zivilreligiöse Lotteriescheine, die dem, der sie verwendet, bekunden, daß er an einem großen Prosperitätsspiel teilnimmt, geschützt und forciert durch eine Mannschaft verschiedener Götter und Göttinnen. Erstaunlich ist der Einsatz des antikischen Personals; man findet keine moderne Gestalt, keine eigene Konstruktion (erst im 20. Jahrhundert nehmen die Menschen auf den Bildern der Scheine zu). Man versichert sich gleichsam des abendländischen Repertoires, um das, was man so revolutionär oder zumindest mächtig in die Welt setzt, durch Erinnerung an bekannte Vorgänge aus dem

Kulturvorrat zu verschleiern, ein Phänomen, das man noch nicht so ganz versteht, nämlich den neuen Kapitalismus.

Als Schutzgötter sind die Götter Figurinen des Selbstschutzes, den man, indem man Geld nimmt und ausgibt, erbittet: ›Mach' mich durchaus reich, aber störe meine Gewohnheiten nicht.‹ Nachdem aber deutlich wurde, daß der Kapitalismus die Gewohnheiten stört, verschwanden die Götter von den Geldscheinen; sie hatten versagt. Die Gebete waren nicht erhört worden. Von jetzt an werden die Motive beliebig: Zahlen, Texte, Menschen, manchmal noch Erinnerungsbeschwörungen an die Schutzgeisterzeit, als Remakes im 20. Jahrhundert, jedoch schnell wieder aufgegeben.

Es ist, nebenbei gesagt, interessant, daß die Zivilreligion des Banknotenwesens eine Praxis des Götterberührens einführte: Mit jeder Transaktion faßte man den Schein an, berührte die Götter, deren Kraft sich auf diese Weise übertragen mochte und vielleicht dazu ermunterte, weiterhin tätig zu bleiben. Das erinnert an katholische Praktiken der Heiligenverehrung (der sich – allerdings nur einige – protestantische Emittenten durch Abbildungsverweigerung entzogen). Man darf annehmen, daß diese Religionspraxis die Akzeptanz des Papiergeldes durchaus förderte.

Die Geisterzeit im 19. Jahrhundert war Beschwörungszeit: Die allegorische Verwendung antikischer Symbolwelten half dabei, den Kapitalismus in ein Gespenst zu verwandeln. Die meisten Bilder sind Idyllen: *no movement, no power*, sondern stilles Ruhen, Beschauen der Früchte, Zeigen der Produkte. Das Notengeld bekommt den Flair des Anstrengungslosen, zugleich den Charakter eines Messeprospektes, auf dem symbolisch Güterpotentiale vorgezeigt werden: eine Form der Selbstanzeige des Handelsstaates, der sich auf dem Geld in Form einer Annonce abbildet, was in der Dike/Athene-Topik potenziert wird.

Die Dominanz der Handelssymbolik und das fast völlige Fehlen einer Industrie-Ideogrammatik auf den Banknoten (anders z.T. auf den Aktien des 19. Jahrhunderts[7]) hat noch einen anderen Bezugsrahmen: eine Friedens- oder Ordnungstopik. Industrie war gewalttätig, vor allem sozial gewalttätig. Die friedliche Handelssymbolik ließ den Traum des allgemeinen Glücks zu: *bonum commune*, an dem alle partizipieren. Deshalb ist Fortunas Füllhorn das zentrale Gerät: Glück durch Ausschüttung. Dort, wo es fehlt, ist die Allegorik ›realistischer‹, aber die

Abwesenheit des Gerätes fällt kaum auf, da die Göttermütter-Figurinen die Fruchtbarkeit dann selbst darstellen.

Indem man das Geld in der Hand hat, auf dem die Ausschüttungsgeräte abgebildet sind, ist man bereits beteiligt, hat einen Anrechtsschein. Die Banknoten zeigen die Ideogrammatik des *shareholders*. Wenn man hinzunimmt, daß die arbeitende Bevölkerung selten Geldscheine erhielt, sondern mit Münzgeld beschieden wurde, müssen wir die Banknoten des 19. Jahrhunderts in der Semantik der Zeit als »Klassengeld« einordnen, das Insider-Club-Symbolik verwendet. Wer Scheine erhalten konnte, war an einem eigenen Spiel beteiligt, das die Fortuna-Allegorie (oder die schlichteren Fruchtbarkeitsbilder) selbstbezüglich zum Ausdruck brachte: ›*Mit diesem Schein hast du bereits Anrecht auf einen Teil des Füllhorns, mit mehr Scheinen ein noch größeres. Handele, sei selber fruchtbar!*‹

Die Scheine waren allegorische Maximen. Aber zugleich zeigten sie, daß es nicht auf die eigenen Anstrengungen ankommt. Banknoten waren Schuldscheine (der Bank an den Besitzer). Das Schuldverhältnis verweist nicht auf die eigene, sondern auf die Arbeit der anderen. Notengeld vermittelt – im Gegensatz zum Metallgeld mit Eigenwert – allgemeine Produktivität, vernetzte Beziehungen und Abhängigkeiten.

Es ist sui generis soziales Geld ohne Eigenwert. Seine Vermögensqualität ist durch die Wertschöpfungsagilität des Netzwerks bestimmt, innerhalb dessen es gilt. Es ist Transaktionsmedium, kein Anlagevermögen. Seine Funktion macht es zu ›schnellem Geld‹, das zirkulieren muß. Höbe man es als Schatz auf, ginge man ein Risiko ein, da seine Gültigkeit von der Qualität der Bank, von ihrer Liquidität, von der Qualität ihres Kreditmanagements etc. abhängt.

Deshalb ist Fortuna – wie auch alle anderen Frauen-/Mutter-/Fruchtbarkeitsgestalten – eine legitime Figur: Anknüpfend an die Fruchtbarkeitsmythologien der Antike thematisieren sie die allgemeine Fruchtbarkeit, nicht die individuellen Anstrengungen. Reichtum als Handelsblüte bleibt ein florales Mysterium, das man anbeten und an das man glauben muß. Arbeit ist nur ein Medium der Annäherung an das Glück, das letztlich aus einem stilisierten Widderhorn kommt.

Woher kommen Widderhörner?

Benjamin weist auf die Parallele ›verschiedene Religionen/verschiedene Staaten‹ hin. Doch diese Analogie trägt nicht. Die antikische Figurinensymbolik wird staatsunspezifisch eingesetzt. Die einzige Auffälligkeit – einige bilderlose Banknoten – bleibt marginal. Selbst die pragmatischen Amerikaner schwelgen in antiken Frauendarstellungen (wie sie auch ihre Maschinen mit antikischem Dekor versahen, z.B. Druckmaschinen mit gußeisernen korinthischen Säulen etc.). Der Kapitalismus gebiert keine unterschiedliche Ornamentik, wie Benjamin suggeriert, sondern nur eine zivilreligiöse Bilderwelt, innerhalb derer Variationen blühen. Vielleicht waren ihm Abbildungen der ›Bank of England‹ vor Augen, die seit dem 18. Jahrhundert ein immer gleiches, nüchternes, fast bilderloses Generalmotiv boten (übrigens bis 1945 durchgehend): fast nur Text, aber immer mit einer kleinen Vignette links oben, die natürlich eine Fruchtbarkeitsgöttin thronen ließ.

Im 21. Jahrhundert darf man neue Beobachtungen äußern. Die Frauengöttinnen sind meistens nackt, wenn auch um die Scham drapiert. Alle haben Stäbe in der Hand: Hermesstäbe, Speere oder Tierhörner (wenn man das Füllhorn umgedreht anblickt). Im prüden 19. Jahrhundert sind die bürgerlichen Banknoten fast schon pornographisch. Die antikische Inszenierung erlaubt klassische Symbole für die Sexualität, die das Geld darstellt. Die Ideogrammatik ist deutlicher als die Semantik der Zeit es je erlaubt haben könnte.

So bleiben die Bilder der Nacktheit als Unschuld, zugleich aber auch als Repräsentanten der Fruchtbarkeit. Darstellungen der Fruchtbarkeit als Zeugungsakt fehlen – aber nicht nur aus Prüderie, sondern auch mit einer gewissen Logik: Die wahren Zeugungsakte vollziehen die Besitzer der Banknoten, nicht das personale Inventar ihrer Bilderwelten. Sie sind lediglich disponiert: nackt und zeugungsbereit. Damit sind sie Zeichen der Erzeugung von Wert und Mehrwert: wenn man das Geld ausgibt, um zu kaufen, um zu investieren, um ökonomische Fruchtbarkeit zu erzeugen.

Die Zivilreligion, die in der Welt der Banknoten aufscheint, ist radikal: Sie gilt nur für die, die Geld haben. Wer scheinlos ist, hat keine Götter mehr. Die Logik ist einfach: Geld schützt in dem Maße, in dem man es hat, sonst nicht.

Die Logik ist so trivial wie wirkungsvoll. Das quantitative Element des Geldes wird transportiert a) durch die Menge an Göttern auf den Scheinen und b) durch die Menge an Scheinen, die man hat. Die Schutzgötterschar vervielfältigt sich durch viel Geld. Nun ist es nicht so, daß die hohen Notenwerte mehr Götterlein auf dem Papier aufweisen als die niedrigen; vielmehr brauchen die *professionals*, die ständig mit hohen Notenwerten zu tun haben, weniger zivilreligiöse Zutat als die, die täglich mit niedrigen Notenwerten handeln. Psychologisch gesehen sind sie die betreuungsaufwendigeren. Die Zivilreligion ist absolut nicht-transzendent. Wer viel Geld hat, hat auch viele Götter. Doch sind die Geldgötter recht machtlose Gestalten: sie sind Kinder des Erfolgs und nicht ihn hervorbringend – auch wenn sie den umgekehrten Effekt suggerieren mögen. Mit Mißerfolgen verschwinden sie.

In einer Zeit, in der Buchgeld noch marginal war, ist Reichtum auch ein Zeichen von Götterverdichtung. Ideogrammatisch wird Reichtum gesegnet. Den Glück- wie Einkommenslosen aber fliehen die Götter.

Die Banknoten zeigen die ›nackte Wahrheit‹, ohne aber letztlich zu wissen, wovon genau sie reden. Denn die Ideogrammatik formiert die Sprache einer Illusion, Schein des Scheines. Es ist eine Schutzsprache. Das Geld suggeriert Entschuldung. Die Schulden, die es erzeugt, sind soziale. Die Illusion, durch mehr Geld weniger Schulden sozialer Art zu haben, bleibt denen, die Geld haben. Es gehört zur Pragmatik der Ideogrammatik, daß die, die kein Geld haben, auch nicht durch Bilder daran erinnert werden, beruhigt sein zu dürfen.

Unter dieser Betrachtungsweise ist Armut bilder- wie götterlos. Hier muß dann der andere einspringen, ein Gott, von dem wir uns kein Bild machen sollen – weder auf Münzen, noch auf Banknoten, noch überhaupt. Wo kein Geld ist, sind auch keine Götter mehr: beginnt hier des Barmherzigen Reich? Das ist nun theologisch recht dürftig, jedoch auch nur ein Hinweis auf die Konnotation des Banknotengeldes: nämlich der immer höheren Notenwerte, die immer schon, nun auch noch verbunden mit heidnischer Religion, als das gefährliche Erbe des Maßlosen begriffen und eingegrenzt wurde.

So besänftigend, auf einfache Fruchtbarkeiten weisend, die Götterschar erscheinen mag, so ist sie doch auch das Personal der Hybris, der Pleonexie, der Habsucht etc. In den Pastoralen des Götter-Hirtenlebens, das die Idyllen der Banknoten zeigen, verbirgt sich in unabsichtlicher Ironie die Anmaßung der Hybris, viele Götter wären mehr und mächtiger als einer.

So wie man auf den Händler- und Banknoten des 19. Jahrhunderts nicht an den strengen Gott Abrahams erinnern will, sondern auf unschuldigere Szenarien ausweicht, die aber dennoch Götterlandschaften sind, so ist die pastorale Besetzung die (bewußte, unbewußte?) Ablenkung vom strafenden Christengott, der den Handel an der Grenze zur Habsucht sieht. Man sucht sich (ist das illegitim?) eben die Götter, die man für das Geschäft braucht. Es müssen dann Götter sein, die die Geldgeschäfte segnen und schützen.

Ist dann kein Geld mehr da, sind die Schutzgeister auch aus dem Haus. Dann erst wird die Schuld sichtbar, von der Benjamin redet: Sind die Götter erst mit dem Geld entwertet, bleibt die Schuld bei den Menschen. Doch das ist ein anderes Thema.[8]

Literatur

Benjamin, W. (1985): Kapitalismus als Religion, in: Derselbe, Gesammelte Schriften VI, hg. v. Tiedemann, R. und Schweppenhäuser, H., Frankfurt a.M., S. 100-103

Pick, A. (1980): Altes Papiergeld, Dortmund: Harenberg Kommunikation

Pick, A./Rixen, J.-U. (1998): Papiergeld Spezialkatalog. Deutschland, Regenstauf: Gietl

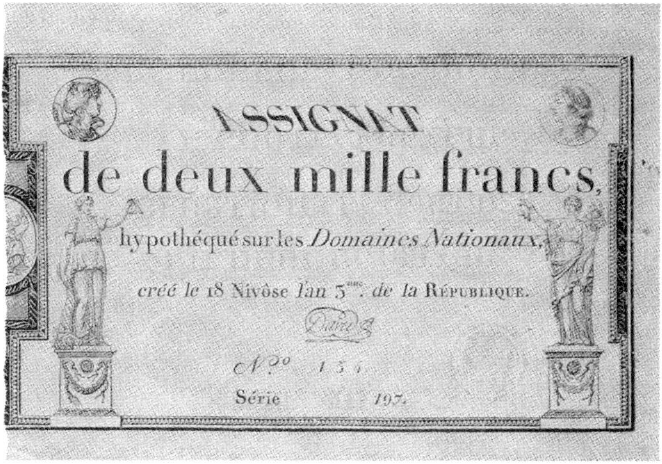

Abbildung 1 [Pick 13]

Abbildung 2 [Pick 21]

Abbildung 3 [Pick 23]

Abbildung 4 [Pick 25]

Abbildung 5 [Pick 28]

Abbildung 6
[Pick 29]

Abbildung 6a
[Pick 36]

Abbildung 7
[Pick 39]

Abbildung 8
[Pick 42

Abbildung 9
[Pick 54]

Abbildung 9a

Abbildung 10
[Pick 56]

Abbildung 11
[Pick 60]

Abbildung 11a

Abbildung 12 [Pick 63]

Abbildung 13 [Pick 65]

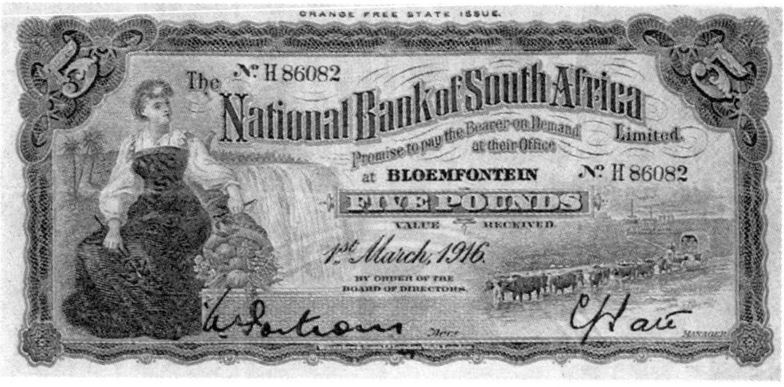

Abbildung 14 [Pick 77]

Abbildung 15 [Pick 78]

Abbildung 16 [Pick 79a]

Abbildung 17 [Pick 79b]

Abbildung 18
[Pick 89]

Abbildung 19
[Pick 104]

Abbildung 19a

Die Grenzen des Kapitalismus

Kapitalismus, Religion und Politik in Benjamins Fragment »Kapitalismus als Religion«‹

Uwe Steiner

I.

Bereits in ihrem ersten Abschnitt gibt Benjamins fragmentarische Notiz über den *Kapitalismus als Religion* sich als eine Fortführung von Überlegungen zu erkennen, die Max Weber in seinen Studien über die *Protestantische Ethik und den Geist des Kapitalismus* angestellt hatte. In diesen Studien, so Weber in der Vorbemerkung zu den *Gesammelten Aufsätzen zur Religionssoziologie*, die in den Jahren 1920-23 dreibändig erschienen, sei es ihm darum gegangen, dem Problem der »Bedingtheit der Entstehung der ›Wirtschaftsgesinnung‹: des ›Ethos‹ einer Wirtschaftsform, durch bestimmte religiöse Glaubensinhalte, und zwar am Beispiel der Zusammenhänge des modernen Wirtschaftsethos mit der rationalen Ethik des asketischen Protestantismus«, näherzukommen.[1] In Benjamins Sicht hat Weber demnach den Kapitalismus als ein religiös bedingtes Gebilde betrachtet. Demgegenüber geht es ihm selbst um den Nachweis einer »religiösen Struktur des Kapitalismus«, also darum, den Kapitalismus als eine »essentiell religiöse Erscheinung« zu begreifen (GS VI, 100).[2] Es spricht einiges dafür, daß für diese kritische Inversion der Religionssoziologie Webers niemand anders als Weber selbst das entscheidende Stichwort gab.

In seiner im vorletzten Kriegsjahr vor Studenten in München gehaltenen Rede über die *Wissenschaft als Beruf*, die 1919 im Druck erschien, hat Weber seiner jungen akademischen Zuhörerschaft ein wenig freundliches Bild der Gegenwart entworfen. Wer sich in dieser Zeit zur Wissenschaft berufen fühle, habe nicht nur mit Blick auf die materiellen Unwägbarkeiten einer Privatdozentur und dem Hasard der Berufungsverfahren ein schweres Los gezogen. Neben diesen wenig erquicklichen äußeren Bedingungen der Entscheidung für den Beruf des Gelehrten habe sich der Wissenschaftler heutzutage damit abzufinden, daß er grundsätzlich keine Antworten auf letzte Fragen geben könne. Das in der Rede geradezu beschworene, unentrinnbare »Schicksal unserer Zeit« sei es, am Ende der »Entzauberung der Welt« zu stehen. An die Stelle letzter und sublimster Werte, die als Folge der fortschreitenden Rationalisierung und Intellektualisierung aus der Öffentlichkeit zurückgetreten seien, sei ein prinzipiell unentscheidbarer ewiger Kampf unterschiedlicher Wertordnungen getreten. Unversehens verleiht der Redner der modernen Welt des wissenschaftlich-technischen Fortschritts religiös-mythische Züge: Der Konflikt der Wertordnungen sei dem antiken Polytheismus, die Moderne der »alten, noch nicht von ihren Göttern und Dämonen entzauberten Welt[3]« vergleichbar. Letztlich mündet die Entzauberung der Welt, die im Zeitalter der Aufklärung ihren Siegeszug angetreten hatte, in Webers Darstellung in deren Wiederverzauberung. Denn wie über den plastischen Göttern des Olymp waltet auch über den gesichtslosen Mächten der Moderne die unentrinnbare Macht des Schicksals. In Webers eigenen Worten: »Der großartige Rationalismus der ethisch-methodischen Lebensführung, der aus jeder religiösen Prophetie quillt, hatte diese Vielgötterei entthront zugunsten des ›Einen, das not tut‹ – und hatte dann, angesichts der Realitäten des äußeren Lebens, sich zu jenen Kompromissen und Relativierungen genötigt gesehen, die wir aus der Geschichte des Christentums kennen. Heute aber ist es religiöser ›Alltag‹. Die alten vielen Götter, entzaubert und daher in Gestalt unpersönlicher Mächte, entsteigen ihren Gräbern, streben nach Gewalt über unser Leben und beginnen untereinander wieder ihren ewigen Kampf«.[4]

Mag auch der ewige Kampf der Götter Weber nur als ein Bild für den Grundsachverhalt des modernen Lebens dienen, und »unbildlich gesprochen: die Unvereinbarkeit und also die Unaustragbarkeit des Kampfes der letzten überhaupt *möglichen* Standpunkte zum Leben, die Notwendigkeit also: zwischen ihnen sich zu *entscheiden*«, ausdrücken,[5] so wird er nicht müde, eben dies als ein Schicksal zu beschwören, das den modernen Alltag beherrscht. Mögen die heidnischen Götter bildhaft gemeint sein, der von ihnen ausgehende Zwang ist es nicht. Unentrinnbar unterwirft er sich den Alltag, ihn in einen ›religiösen

Alltag‹ verwandelnd. Schwäche sei es, »dem Schicksal der Zeit nicht in sein ernstes Angesicht blicken zu können«; »männlich« hingegen, es zu ertragen und der Hoffnung zugunsten der Forderung des Tages zu entsagen. Diese Forderung aber sei schlicht und einfach, »wenn jeder den Dämon findet und ihm gehorcht, der *seines* Lebens Fäden hält«.[6]

Mit diesen Worten zieht Weber die Konsequenz aus dem Befund, zu dem er in seinen religionssoziologischen Studien gekommen war. Sieht er doch in der »pathetischen Unmenschlichkeit« des Calvinismus den großen religionshistorischen »Prozeß der *Entzauberung* der Welt« vorerst zu seinem Abschluß kommen.[7] An die Stelle des in seinen Grundlagen erschütterten Vertrauens in die magisch-sakramentale Heilsmacht der Kirche war eine Lehre getreten, die das Heil von der Bewährung des Glaubens im weltlichen Berufsleben, von der »innerweltlichen Askese«, abhängig machte. Von hier aus war es nur noch ein Schritt, bis sich der ursprünglich religiös motivierte Utilitarismus, der Gelderwerb als Selbstzweck *ad maiorem Dei gloriam*, von seinen religiösen Wurzeln emanzipierte. Auf diese Weise sei die rationale Lebensführung, und mit ihr ein wesentlicher Bestandteil des modernen Kapitalismus und der von ihm geprägte Alltag des modernen Menschen, aus dem Geist der christlichen Askese geboren. Aus der selbstgewählten Askese der protestantischen Sekten habe das »Verhängnis ein stahlhartes Gehäuse« werden lassen. »Indem die Askese die Welt umzubauen und in der Welt sich auszuwirken unternahm, gewannen die äußeren Güter dieser Welt zunehmende und schließlich unentrinnbare Macht über die Menschen, wie niemals zuvor in der Geschichte. Heute ist ihr Geist – ob endgültig, wer weiß es? – aus diesem Gehäuse entwichen. Der siegreiche Kapitalismus jedenfalls bedarf, seit er auf mechanischer Grundlage ruht, dieser Stütze nicht mehr«.[8]

In Benjamins Fragment ist Webers Rede von der »schicksalsvollsten Macht unsres modernen Lebens: dem *Kapitalismus*«,[9] in den religiösen Klartext rückübersetzt. Max Weber beim Wort nehmend, will es den Kapitalismus seiner Struktur nach als eine essentiell religiöse Erscheinung beschreiben. Wenn er dabei erklärt, den »Abweg einer maßlosen Universalpolemik« (GS VI, 100) vermeiden zu wollen, macht er sich eine wichtige Prämisse der Religionssoziologie Webers zu eigen: Das Fragment wendet das Verfahren der beschreibenden, sich jeder Wertung enthaltenden Soziologie auf Webers eigene Gegenwartsdiagnose an.

Für Weber eröffnete erst das Wissen um die historische Abkunft und also die religiöse Bedingtheit des kapitalistischen Wirtschaftsethos die Einsicht in dessen vielfach irrationale Erscheinungsweisen und Auswirkungen auf unseren Alltag. Auch wenn der Kapitalismus sich heute von diesen alten Stützen emanzipiert habe, gebe die asketische Praxis des ursprünglich religiös motivierten Gelderwerbs dennoch den Blick auf die Strukturen frei, die den kapitalistischen Alltag noch heute unausweichlich beherrschen: »Die kapitalistische Wirtschaftsordnung braucht diese Hingabe an den ›Beruf‹ des Geldverdienens: sie ist eine Art des Sichverhaltens zu den äußeren Gütern, welche jener Struktur so sehr adäquat, so sehr mit den Bedingungen des Sieges im ökonomischen Daseinskampfe verknüpft ist, daß von einem notwendigen Zusammenhange jener ›chrematistischen‹ Lebensführung mit irgendeiner einheitlichen ›Weltanschauung‹ *heute* in der Tat gar keine Rede mehr sein kann«.[10] Es ist dieser von jeder speziellen Ideologie und erst recht von jeder religiösen Überzeugung freie, als reiner Zwang zur Anpassung und Unterwerfung unter das Bestehende sich äußernde Grundzug der Moderne, dem Weber die Attribute mythischen Zwangs verleiht und den er als ein irreversibles Schicksal begreift.

Im Zeichen dieser ihm attestierten mythischen Zwangsmacht aber meint Benjamin den modernen Kapitalismus als eine auf den Kult reduzierte Religion angemessener beschreiben zu können. Die Grundzüge dieser Religion entwirft er am Leitfaden des Begriffs der Schuld. Zunächst jedoch ergibt sich ihm die religiöse Natur des Kapitalismus aus dem Umstand, daß er »essentiell der Befriedigung derselben Sorgen, Qualen, Unruhen [dient], auf die ehemals die so genannten Religionen Antwort gaben« (GS VI, 100). Diesen Gedanken erläutert er gegen Ende des Fragments: Zur Erkenntnis des Kapitalismus als einer Religion trage bei, sich zu vergegenwärtigen, »daß das ursprüngliche Heidentum sicherlich zu allernächst die Religion nicht als ein ›höheres‹ ›moralisches‹ Interesse, sondern als das unmittelbarste praktische gefaßt hat, daß es sich mit anderen Worten ebensowenig wie der heutige Kapitalismus über seine ›ideale‹ oder ›transzendente‹ Natur im klaren gewesen ist« (GS VI, 103).

Auch mit diesen Überlegungen bewegt sich Benjamin durchaus in den Bahnen, die Max Weber in seiner Religionssoziologie vorgezeichnet hat. Sofern diese nicht nach dem ›Wesen‹ der Religion fragt, sondern die Bedingungen und Wirkungen einer bestimmten Art von Gemeinschaftshandeln zu verstehen sucht, gilt ihr religiös oder magisch motiviertes Handeln als »in seinem urwüchsigen Bestande, *diesseitig* ausgerichtet«. Ferner beschreibt Weber dieses Handeln gerade in seiner urwüchsigen Gestalt als ein »mindestens relativ rationales Handeln [...] nach Erfahrungsregeln«. Dementsprechend sei es »gar nicht aus dem Kreise des alltäglichen Zweckhandelns auszusondern, zumal auch seine Zwecke selbst überwiegend ökonomische sind«.[11] Diese fundamentale Bestimmung verliert ihre Gültigkeit auch im Prozeß des Übergangs von der Magie zur Religion nicht. Vielmehr sind auch die integralen Elemente des Gottesdienstes – Gebet und Opfer – für Weber magischen Ursprungs. Zwar führten steigende Vorstellungen von der Macht eines Gottes zum Überwiegen nicht-magischer Motive. Ein übermächtiger Gott könne nicht mehr magisch gezwungen werden, sondern ihm dürfe man sich nur mit Bitten oder Geschenken nahen. »Alles aber, was diese Motive dem einfachen ›Zauber‹ gegenüber neu hinzubringen, sind zunächst ebenso nüchterne rationale Elemente wie die Motive des Zauberns selbst. ›Do ut des‹ ist der durchgehende Grundzug. Dieser Charakter haftet der Alltags- und Massenreligiosität aller Zeiten und Völker und auch allen Religionen an. Abwendung ›diesseitigen‹ äußerlichen Uebels und Zuwendung ›diesseitiger‹ äußerlicher Vorteile ist der Inhalt aller normalen ›Gebete‹, auch der allerjenseitigsten Religionen«.[12] Zur irrationalen Macht schlechthin sei die Religion erst als Folge einer Entwicklung geworden, an deren Anfang ihr eigener Anspruch stand, die Realitäten des Lebens systematisch-praktisch zu rationalisieren. Je rationalisierter aber die Welt in ihrer äußeren Organisation wurde, »desto unweltlicher, allem geformten Leben fremder« begann das zu werden, »was den spezifischen Inhalt des Religiösen ausmachte. Und nicht etwa nur das theoretische Denken, welches die Welt entzauberte, sondern gerade der Versuch der religiösen Ethik, sie praktisch ethisch zu rationalisieren, führte in diese Bahn«.[13]

II.

Den Kapitalismus als Religion zu beschreiben, heißt, den Blick auf jene praktisch-magische Rationalität zurückzulenken, in der religiöses und ökonomisches Handeln ursprünglich einander strukturell ähnlich sind, bevor das Stigma des Irrationalen, das der Religion in der Moderne anhaftet, diesen Zusammenhang verdeckte. Deutlicher noch als der Webersche Begriff der Rationalität vermag der doppelsinnige Begriff der Schuld, den Benjamin ins Zentrum seines Fragments stellt, diese Struktur zu erhellen. In seinem Fragment ist er der Auffassung des Kapitalismus als einer reinen Kultreligion ursprünglich zugeordnet: »Ein ungeheures Schuldbewußtsein das sich nicht zu entsühnen weiß, greift zum Kultus, um in ihm diese Schuld nicht zu sühnen, sondern universal zu machen« (GS VI, 100). Die »dämonische Doppeldeutigkeit« (GS VI, 102) des Begriffs der Schuld, der das Fragment seine entscheidende Intuition verdankt, führt eine Reihe von Stichworten vor Augen, die Benjamin selbst in seinem Text allerdings unkommentiert gelassen hat.

Benjamins Notiz (GS VI, 102) entsprechend, erscheint Faust in der Maske des Pluto/Plutus in der »Mummenschanz«-Szene im Teil II von Goethes Drama als »des Reichtums Gott«[14]. Nicht zufällig aber versetzt der gegen Ende seines Auftritts Schrecken verbreitende Feuerzauber den kaiserlichen Betrachter in »glühende Sphäre, / Es schien mir fast als ob ich Pluto wäre« (Vers 5990). Auf diese Weise macht der Kaiser, dem der Auftritt des vermummten Plutus den unterirdischen »Fürst[en] von tausend Salamandern« (Vers 6002) ins Gedächtnis ruft, die Probe auf das mythologische Wissen des durch Benjamin Hederich wohlunterrichteten Autors. In Hederichs *Gründlichem mythologischen Lexikon* wird der lateinische Name des Gottes, Pluto, auf das griechische Wort für Reichtum, πλούτος, zurückgeführt. Der Artikel stellt ihn aber nicht nur als den Gott »des in der Erde verborgen liegenden Reichthums« vor, sondern auch als den »Gott der Hölle«.[15] In der doppeldeutigen Maske des Pluto wird Faust zum Schöpfer des Papiergeldes und muß sich von Mephistopheles gelegentlich vorhalten lassen: »Machst frevelhaft am Ende neue Schulden, / Denkst Helenen so leicht hervorzurufen / Wie das Papiergespenst der Gulden« (Verse 6196 ff.). Gespenstisches Eigenleben entfaltet der Geld*schein*, weil in ihm der Schein für das Wesen selbst genommen wird. Anstatt in ihm das Mittel zu sehen, Reichtum überhaupt erst zu schaffen, meint der Kaiser, mit dem Geld bereits in dessen Besitz zu sein. So vermehrt er mit dem Geld nur die Schulden, für die es ursprünglich stand. Das Papiergeld entfaltet sein gespenstisch-teuflisches Wesen bei Goethe nicht nur im *Faust*.[16]

Auch in einem Aphorismus der *Wanderjahre* wird das Kreditwesen, »die Lebhaftigkeit des Handels, das Durchrauschen des Papiergelds, das Anschwellen der Schulden, um Schulden zu bezahlen«, als eine subversive, die sittliche Integrität des Menschen bedrohende Macht ins Auge gefaßt.[17]

Mit den Stichworten »Wergeld« und »Thesaurus der guten Werke« (GS VI, 102) erinnert Benjamins Fragment den zugleich ökonomischen und sakral-rechtlichen Komplex von Vorstellungen, mit denen Schuld und Geld seit Urzeiten verbunden sind. »Geld« leitet sich etymologisch von »gelten« her, das im *Deutschen Wörterbuch* als »wert sein, gültig sein«, eigentlich aber als »entrichten, bezahlen« erläutert wird. »Gelten« und »Geld« bezeichnen »ursprünglich eine schuldige leistung, besonders gegenleistung. zuerst ohne zweifel eine schuldige leistung an die gottheit, ein opfer mit dem man sich von einer schuld loskaufte oder eine gunst zu erwerben gedachte«. So läßt sich »kelt« als Bezeichnung für heidnischen Gottesdienst nachweisen, von wo aus »es aber auch auf den christlichen gottesdienst mit übernommen ward«.[18] Belegstellen weisen die Bedeutung von »Geld« als Bezeichnung für den Kultus nach, ja sogar für »die verehrte gottheit selbst«, die Götzenverehrung und das Götzenbild.[19] Von dem religiösen Gebrauch von »Geld« und »gelten« leitet das *Deutsche Wörterbuch* den Gebrauch im Rechtsleben her und sieht diesen Zusammenhang durch das Wergeld wahrscheinlich gemacht.[20] »Wergeld« bedeutet die »geldbusze für die tötung oder verletzung eines menschen [...] zur abwendung der blutrache«. Es wurde, wie der Artikel betont, ursprünglich nicht als Strafe aufgefaßt, sondern stellte einen Vergleich dar, »eine busze für die ehrverletzung an der sippe des getöteten«. Als später an die öffentliche Gewalt zu zahlende Strafgebühr lebte das Wergeld zunächst übertragen im geistlichen Bereich fort, wo es als Ablaß jedoch nicht über Ansätze hinauskam.[21]

Eine ähnliche Bedeutungsspanne durchmißt der Begriff der Schuld. Als Verbalabstraktum zu »sollen« bedeutet der Begriff ›Schuld‹, lebendig nur in den früheren Perioden der deutschen Sprache, »etwas, was man soll oder schuldig ist«. In der »neuern Sprache« finde sich die Verwendung auf einen speziellen Fall eingeschränkt, nämlich »auf die verpflichtung zu einer geldzahlung«. Von hier aus vollziehe sich der »übergang zu der jetzt gewöhnlichen bedeutung von schuld ›culpa‹, ein begangenes unrecht, das wieder gut gemacht, gesühnt werden musz«. Diese Ausdrucksweise entspreche der altgermanischen Rechtsanschauung, derzufolge eine Übertretung durch Zahlung eines Wergeldes oder durch eine Buße ausgeglichen werden könne, »ebenso aber auch der kirchenlehre, die für jede sünde eine satisfactio operis« verlange. In diesem Sinne sei Schuld in kirchlicher Redeweise heimisch und stehe gern in Verbindung mit Sünde, »doch ist dabei der nebenbegriff der drückenden verpflichtung zu einer sühne noch im sprachbewußtsein lebendig«.[22]

In seiner *Philosophie des Geldes* hat Georg Simmel am Beispiel der Geldstrafe – ausgehend vom Wergeld und sich vage auf die etymologischen Befunde berufend – dargelegt, wie die Vorstellung vom Wert eines Menschen sich im Wechselspiel materieller und ideeller Wertungen bildet.[23] Sollte in Simmel einer der Stichwortgeber des Fragments zu vermuten sein, so ist ihm Benjamin nicht widerspruchslos gefolgt. Ist es Simmels Anliegen, den Weg zu verfolgen, der vom Archaisch-Kultischen zu den funktionalen Differenzierungen der Moderne führt, so stößt Benjamin in der modernen Kultur allerorten auf Male, an denen sie sich ihren archaischen Ursprüngen verhaftet zeigt. Im Geldwesen hatte Simmel den Reflex einer ambivalenten Freiheit in der Moderne dechiffriert, die sich ihm als eine »Freiheit von etwas, aber nicht Freiheit zu etwas« erwies.[24] Umgekehrt enthüllt sich Benjamin der genuin unfreie, kultische Charakter der kapitalistischen Geldwirtschaft dadurch, daß er sie durch den ursprünglichen Zusammenhang von Geld und Schuld geprägt sieht, in dessen Zeichen sich die moderne Ökonomie dem archaischen Muster der Vergeltung unterwirft.

Die Merkmale, in denen dieser kultische Charakter sich ihm manifestiert: das Fehlen einer Dogmatik, die permanente Dauer des Kultes, die kultische Universalisierung der Schuld sowie schließlich die Verheimlichung Gottes,[25] betonen auf je unterschiedliche Weise und mit im einzelnen unterschiedlichen Konsequenzen die Unterwerfung unter einen schicksalhaften Zwang. Als ganz im Bann dieses Zwangs stehend, begreift das Fragment die theoretischen Entwürfe von Nietzsche, Freud und Marx. Der »Priesterherrschaft« des Kapitalismus sind diese Lehren deshalb zuzurechnen, weil sie ihn als Kultreligion »erkennend erfüllen« (GS VI, 101), wie Benjamins eigentümliche Formulierung lautet.

Max Weber hatte den Priestern aufgrund ihrer Bindung an den Kultusbetrieb einen maßgeblichen Anteil bei der Rationalisierung der metaphysischen Vorstellungen und der Ausbildung einer spezifisch religiösen Ethik zugesprochen.[26] Sie sind es, die im Prozeß der Entstehung der Religionen den Göttern Gestalt geben. Erst durch den Kult, erst durch das kontinuierliche Tun, das eine Dauergemeinschaft einer abstrakten Vorstellung göttlicher Mächte widmet, erhalten diese Mächte schließlich anthropomorph-göttliche Gestalt. »Ist einmal die Kontinuierlichkeit der Göttergestalten gesichert, so kann das Denken der berufsmäßig mit ihnen Befaßten sich mit der systematisierenden Ordnung dieser Vorstellungsgebiete beschäftigen«.[27] Daß Benjamin die drei genannten Theoretiker nicht, wie es zumindest ebenso nahe gelegen hätte, als Propheten, sondern als Priester bezeichnet, könnte also in seiner auch hier sich bestätigenden, inversen Lesart der Religionssoziologie Webers einen naheliegenden Grund haben. »Ganz kapitalistisch gedacht« (GS VI, 101) erweisen sich ihm ihre Theorien darin, daß sie die religiöse Struktur des Kapitalismus mimetisch abbilden. Darin, daß sie in die immanente Logik ihres Gegenstandes eindringen und diese mit äußerster Konsequenz zu Ende denken, liegt zugleich auch ihr diagnostischer Wert.

Die strukturelle Affinität der Freudschen Theorie zum Kapitalismus zeigt sich Benjamin darin, daß die Psychoanalyse das »Verdrängte, die sündige Vorstellung«, implizit dem Kapital gleichsetze, »welches die Hölle des Unbewußten verzinst« (GS VI, 101). Freud hatte die Lehre von der Verdrängung als den »Grundpfeiler« bezeichnet, »auf dem das Gebäude der Psychoanalyse ruht«.[28] Daß die Psychoanalyse den seelischen Apparat in metapsychologischer Perspektive einem ›ökonomischen‹ Gesichtspunkt unterwirft und die Verdrängung als die ›Ersparung‹ einer Unlust definiert,[29] dürfte in Benjamin einen aufmerksamen Leser gefunden haben. Darüber hinaus aber hat Freud in seinen kulturtheoretischen Schriften bekanntlich die Urschuld des Vatermordes an den Anfang der psychoanalytisch rekonstruierten Geschichte der Menschheit gestellt. Ihm zufolge sind die Anfänge von Religion, Sittlichkeit, Gesellschaft und Kunst in einem irreversiblen und zugleich »schöpferische[n] Schuldbewußtsein« zu suchen,[30] das die unzerstörbare Erinnerung an jenes prähistorische Verbrechen begleitet. Vor diesem Hintergrund begreift Freud die Religion als eine mehr oder weniger rationale Form der Beschwichtigung dieses brennenden Schuldgefühls, in dem die Menschheit sich mit der Wiederkehr des Verdrängten auseinandersetzt. Mit Jacob Taubes läßt sich Freuds »just-so story« über den Ursprung der Kultur und seine Erklärung des Unbehagens, das der moderne Mensch an ihr empfindet, als die radikalste Reformulierung der Lehre von der Erbsünde seit Augustinus und Paulus lesen.[31] Auf diese Weise affirmiert und radikalisiert Freuds Verständnis der Moderne jenes irreversible Moment der Schuld, in deren kultischem Bann Benjamin den Kapitalismus stehen sieht.

Zwischen der psychoanalytischen Kulturanthropologie und Nietzsches Spätphilosophie, die Benjamins Fragment in einem Atemzug nennt, hat Freud selbst eine unmittelbare Verbindung hergestellt. Ausdrücklich verlieh er der übermächtigen Vaterfigur, die seine Theorie an den Anfang der Menschheitsgeschichte stellt, die Züge des Übermenschen, »den Nietzsche erst von der Zukunft erwartete«. Daß Benjamin diese Textstelle bekannt war, ist wahrscheinlich.[32] Ebenso dürfte ihm die Stelle aus der *Genealogie der Moral* vertraut gewesen sein, in der Nietzsche die bisherigen Genealogen der Moral fragt, ob sie sich haben träumen lassen, »dass zum Beispiel jener moralische Hauptbegriff der ›Schuld‹ seine Herkunft aus dem sehr materiellen Begriff der ›Schulden‹ genommen hat?«[33] Nietzsches Verkündigung vom Tod Gottes jedenfalls liest Benjamin als das Eingeständnis einer ungeheuren Schuld, die die philosophische Konzeption des Übermenschen im Innersten motiviert. Dem Menschen, der seine transzendente Ausrichtung in sich zu überwinden sucht, zeichnet Nietzsches Spätphilosophie den Weg der Hybris vor. Nicht demütige Umkehr, nicht Metanoia, ist die Parole des neuen Evangeliums, das Nietzsche durch seinen Propheten Zarathustra verkündet, sondern Steigerung, Hybris: »Der Übermensch«, so Benjamins Resümee, »ist der ohne Umkehr angelangte, der durch den Himmel durchgewachsne, historische Mensch«. Der Übermensch hat die Schuld nicht gesühnt, sondern heroisch auf sich genommen. Nietzsche begreife »diese Sprengung des Himmels durch gesteigerte Menschhaftigkeit« als Verschuldung (GS VI, 101). Auf diese Weise dechiffriert Benjamin im tragischen Heroismus des Zarathustra, dem Nietzsche selbst religiöse Weihen verleiht, die radikalste und großartigste Erfüllung der religiösen Essenz des Kapitalismus, die in der Schuld und ihrer unabsehbaren Fortzeugung zum Ausdruck kommt.

Ebenso wie bei Nietzsche sieht Benjamin auch bei Marx den Gedanken der Steigerung und Entwicklung über die religiösen Motive der »Umkehr, Sühne, Reinigung, Buße« dominieren. Auf diese Weise verharrt auch sein Denken im Bann des kapitalistischen Kultes der Schuld und der Schulden. Bei Marx werde »der nicht umkehrende Kapitalismus [...] mit Zins und Zinseszins, als welche Funktion der *Schuld* [...] sind, Sozialismus« (GS VI, 101 f.). In der Tat stellt das *Kommunistische Manifest* den Sozialismus gleichsam als Erben des Kapitalismus dar. Nicht nur, daß Marx die moderne bürgerliche Gesellschaft mit dem »Hexenmeister« vergleicht, »der die unterirdischen Gewalten nicht mehr zu beherrschen vermag, die er heraufbeschwor«.[34] Als »willenloser und widerstandsloser Träger« des industriellen Fortschritts produziert die Bourgeoisie nach seiner Überzeugung mit ebenso schicksalhafter Dynamik »ihren eigenen Totengräber. Ihr Untergang und der Sieg des Proletariats sind gleich unvermeidlich«.[35]

Bereits für Max Weber war der Sozialismus ganz und gar vom Geist des Kapitalismus erfüllt. Im Zeichen des okzidentalen Rationalismus betrachtete er Kapitalismus und Sozialismus als Zwillingsbrüder. Weil sie keine rationale Arbeitsorganisation kannte, habe die Welt »außerhalb des modernen Okzidents auch keinen rationalen Sozialismus gekannt«. Wie vor ihm schon Tönnies und Simmel sah Weber in einer den Kapitalismus womöglich ablösenden sozialistischen Gesellschaft eine gesteigerte Form der Rationalisierung.[36] Ebenso wie Weber den Sozialismus weniger als Alternative denn als rationale Konsequenz des Kapitalismus begriff, so sieht ihn Benjamins Fragment »ohne Umkehr« aus dem Kapitalismus hervorgehen und erkennt in ihm eine Fortsetzung, wenn nicht des Kapitalismus, so doch der Religion, als die das Fragment den Kapitalismus zu betrachten lehrt.

III.

Wenn für Weber die okzidentale Rationalität den Sozialismus mit dem von ihm vermeintlich überwundenen Kapitalismus schicksalhaft verband, so ist es der dämonisch zweideutige Begriff der Schuld, der in Benjamins Fragment diesen Zusammenhang stiftet. Aber anders als Weber scheint Benjamin mit der Offenlegung und Benennung dieses Zusammenhangs als eines schicksalhaften den Bann nicht bekräftigen, sondern ihn durchbrechen zu wollen. Der Nachweis einer religiösen Struktur des Kapitalismus würde noch heute auf den Abweg einer Universalpolemik führen. »Wir können das Netz in dem wir stehen nicht zuziehn. Später wird dies jedoch überblickt werden«, hatte es gleich zu Beginn des Fragments geheißen (GS VI, 100). Für Benjamin gibt es demnach zuversichtlich eine Zukunft jenseits des Kapitalismus.

Benjamin gibt keine nähere Erklärung dafür, warum es ihm aus heutiger Sicht abwegig erscheint, die für ihn offenkundig religiösen Züge des Kapitalismus polemisch zu bestreiten. Jedoch könnte sich doch wohl nur eine religiöse Überzeugung durch die Zentralthese des Fragments provoziert fühlen. Wenn Benjamin eine demnach anzunehmende, religiös motivierte Universalpolemik als einen Abweg zurückweist, dann vermutlich in der Überzeugung, daß die Beschreibung des Kapitalismus als Religion gar kein religiöses Problem aufwirft. Das wäre ein Mißverständnis – wenn nicht des Kapitalismus, so ganz sicher der Religion. Polemik ist ein Bedürfnis nach Abgrenzung, das Nähe zur Voraussetzung hat. Die Rechtmäßigkeit, den Kapitalismus als »eine« Religion zu betrachten, hatte das Fragment aus der Beobachtung abgeleitet, daß er sich derselben Bedürfnisstruktur verdanke wie die »so genannten Religionen« Demnach würde eine Religion, die sich als Religion vom Kapitalismus provoziert sieht, nur diese fundamentale Gemeinsamkeit bekräftigen und damit letztlich im Bann dessen verbleiben, wogegen sie sich polemisch abzugrenzen trachtet. Erst zu einem späteren Zeitpunkt werde es möglich sein, diesen Zusammenhang zu übersehen. Es bleibt offen, ob dieser künftige Standpunkt der Standpunkt einer ›wahren‹ Religion wäre. Gesagt wird über ihn lediglich, daß er zwar anzunehmen, aber gegenwärtig nicht einzunehmen ist. Er ist ausschließlich und hinreichend durch seinen absoluten Gegensatz zum Bestehenden definiert. Ebenso wie diese Abgrenzung formal bleibt, geht es Benjamin mit seiner Beschreibung des Kapitalismus als Religion nicht um ein Verständnis seines Wesens, sondern seiner Struktur. Die unaufhaltsame Dynamik, die der Kapitalismus entfaltet, findet in den Untergangsvisionen der Apokalypse zwar reiches Anschauungsmaterial, aber keinen religiösen Sinn. Deshalb macht es auch keinen Sinn, ihm theologisch entgegenzutreten. Nicht mit religiöser Polemik, sondern einzig mit revolutionärer Politik ist dem Kapitalismus auf seinem eigenen Terrain zu begegnen. Daß Benjamins Überlegungen in diese Richtung zielen, läßt sich aus den Lektürehinweisen erschließen, die den Übergang von dem ausformulierten ersten Teil des Fragments zu den bruchstückhaften Notizen bilden, die die Aufzeichnung beschließen.

Die Möglichkeit einer »Überwindung des Kapitalismus« wird dort explizit unter Berufung auf Erich Unger und seine Theorie einer metaphysischen Volksgründung durch den Exodus aus dem Kapitalismus ins Auge gefaßt, die den alttestamentarischen Gründungsmythos Israels aktualisiert. Während Unger in seiner von Benjamin auch bei anderer Gelegenheit zitierten Schrift das Prinzip der Völkerwanderung zur Überwindung des Kapitalismus in der Überzeugung geltend macht, daß »der Sturmlauf gegen das kapitalistische System [...] *am Orte seiner Geltung*« ewig vergeblich sein müsse,[37] stehen die Namen Georges Sorel und Gustav Landauer für die Bereitschaft, den Kapitalismus an Ort und Stelle zu bekämpfen. Neben biographischen Zeugnissen belegt insbesondere der ungefähr gleichzeitig mit dem Fragment entstandene Aufsatz *Zur Kritik der Gewalt,* in dem Benjamin sich ebenfalls auf Sorels *Réflexions sur la violence* beruft, seine Sympathien für den Anarchismus. Im Kontext des Fragments dürfte neben der unversöhnlichen Ablehnung der bestehenden bürgerlich-kapitalistischen Gesellschaftsordnung zusätzlich die anarchistische Kritik am Marxismus, namentlich am Primat der Ökonomie und am Stellenwert des Staates bei Marx und seinen Epigonen, ins Gewicht fallen. Sorels Schrift ist selbst ein Produkt der Krise des Marxismus um die Jahrhundertwende, die in Deutschland im Revisionismus-Streit unter neukantianischem Einfluß die Klärung des Verhältnisses von Klassenkampf und Ökonomie, von normativen Grundlagen und ökonomischen Rahmenbedingungen, auf die Tagesordnung rückte.[38]

Landauers *Aufruf zum Sozialismus*, auf den das Fragment verweist, ist ein vehementer Angriff auf den »absonderliche[n] und komische[n] Wissenschaftsaberglauben« des Marxismus, der eine Droge sei, die der Professor Karl Marx »in seinem Labor ertüftelt« habe.[39] In Landauers Sicht enthüllt sich der marxistische »Kapitalsozialismus« als eine »papierne Blüte am geliebten Dornstrauch des Kapitalismus«.[40] Was Marx für Sozialismusähnlichkeit hielt, »war nichts als die Organisation des Produktionsbetriebs, die die technischen Erfordernisse der Dampfmaschine innerhalb des Kapitalismus herbeiführte.

[...] Alte Weiber prophezeien aus dem Kaffeesatz, Karl Marx prophezeite aus dem Dampf«.[41] Die drei Formen der Zentralisation, in denen Marx den Übergang zum Sozialismus sich vorbereiten sah: die technische Zentralisation des Betriebes, die wirtschaftliche des Geld- und Kreditwesens und schließlich die bürokratische des Staates, sind für Landauer, den Schüler Pierre-Joseph Proudhons, ebenso viele Abwege von *dem* Sozialismus, der nicht notwendig kommen *muß*, sondern nach dem Willen derer, die ihn schaffen *wollen*, kommen *soll*. Für die mit diesem Sozialismus verbundene Rückkehr zum Prinzip der Gegenseitigkeit, zur sozialistischen Tauschwirtschaft, erkennt Landauer im Geld das entscheidende Hindernis. Fritz Mauthner habe in seinem *Wörterbuch der Philosophie* gezeigt, heißt es an der Stelle, auf die Benjamins Seitenangabe verweist, daß »das Wort ›Gott‹ ursprünglich identisch ist mit ›Götze‹, und daß beides der ›Gegossene‹ heißt. Gott ist ein von den Menschen gemachtes Erzeugnis, das Leben gewinnt, das Leben der Menschen an sich zieht und schließlich mächtiger wird als all die Menschheit. Der einzig Gegossene, der einzige Götze, der einzige Gott, den die Menschen je leibhaft zustande gebracht haben, ist das Geld. Das Geld ist künstlich und ist lebendig, das Geld zeugt Geld und Geld und Geld, das Geld hat alle Kräfte der Welt. Wer aber sieht nicht, wer aber sieht heute noch immer nicht, daß das Geld, daß der Gott nichts anderes ist, als der aus dem Menschen herausgetretene und zum lebendigen Ding, zum Unding gewordene Geist ist, daß er der zum Wahnsinn gewordene Sinn unseres Lebens ist?« (GS VI, 144) So sehr zu bezweifeln ist, daß Benjamin Landauers Glaube an die Erneuerung der Menschheit durch deren Wiederanschluß an die Natur teilte, so unbestreitbar fand er im *Aufruf zum Sozialismus* jenes Stichwort, dessen Gegenteil er in Nietzsches Philosophie des Übermenschen ins Zentrum gerückt sah: »Sozialismus«, heißt es bei Landauer, »ist Umkehr«.[42]

Unter Berufung auf die *Réflexions sur la violence* notiert Benjamins Fragment die Stichwörter: »Kapitalismus und Recht. Heidnischer Charakter des Rechts« (GS VI, 102). In der Passage, auf die sich die Seitenangabe im Fragment bezieht, referiert Sorel, wie in der klassischen bürgerlichen Ökonomie die Auffassung entstand, die kapitalistische Produktionsweise gehorche Naturgesetzen. Dieser Eindruck eines quasi naturwüchsigen Kapitalismus konnte laut Sorel dadurch entstehen, daß die ursprünglich gewaltsamen Eingriffe der Staatsmacht bei der Durchsetzung der neuen Produktionsordnung sich im Laufe der Zeit erübrigten und in Vergessenheit gerieten. Durch die Vermischung ökonomischer und politischer Macht habe der Kapitalismus sich zu einer Stufe vervollkommnet, auf der er es, von Ausnahmefällen abgesehen, nicht mehr nötig habe, die Macht des Staates anzurufen. Auch wenn die Ökonomen heute die Achtung der ökonomischen Naturgesetze nicht mehr auf die Achtung vor der Natur gründen, so meinen sie rückblickend doch einen steten Fortschritt (*progrès*) konstatieren zu können, an dessen Ende das kapitalistische System stehe und an dem gemessen jede Rückkehr zum Vergangenen als ein Anschlag gegen die Wissenschaft, das Recht und die Menschenwürde erscheine. Denn wie die ökonomische Wissenschaft habe auch das Recht im Kapitalismus seine einfachste, sicherste und schönste Form erreicht, da ja »das Recht der Schuldverhältnisse jeden fortgeschrittenen Kapitalismus« beherrsche.[43]

Vor dem Hintergrund seiner Herleitung aus einer mit schicksalhafter Macht ausgestatteten Natur und seiner Verknüpfung mit dem Schuldbegriff enthüllt das Recht in Benjamins Lektüre Sorels seinen »heidnischen Charakter«. Aber für Sorel ergibt sich aus der Einsicht in die Konstitutionsbedingungen des bürgerlichen Staates zugleich die Strategie seiner Zerstörung. Es sei ein Irrtum zu glauben, das Proletariat könne die Macht ebenso erringen, wie das Bürgertum sie errungen habe. Ziel einer proletarischen Revolution könne nicht ein sozialistischer Staat sein, der den bürgerlichen Staat ersetze. Sorel hält Marx zwar zugute, die Verquickung von ökonomischer Produktivkraft und politischer Macht in der Entwicklung der bürgerlich-kapitalistischen Gesellschaft aufgedeckt zu haben. Er habe sich jedoch allzu zurückhaltend über die Organisation des Proletariats geäußert. Diese Unzulänglichkeit habe zur Folge gehabt, »daß der Marxismus von seinem wahren Wesen abirrte«, an das Sorel mit seiner Lehre vom Mythos des proletarischen Generalstreiks anknüpfen möchte.[44] Mit diesem Einwand versucht Sorel, eine von ihm offengelegte, empfindliche Lücke im Werk von Marx zu schließen. Zu den Hauptlehrstücken des revolutionären Syndikalismus gehört die Unterscheidung zwischen der Macht (*force*) und der Gewalt (*violence*). Während die Macht auf Autorität ziele und einen automatischen Gehorsam zu verwirklichen suche, gehe es der Gewalt gerade darum, mit der Autorität zugleich auch die Grundlagen des Staatsaberglaubens und erst recht die Illusion eines nur als Selbstwiderspruch denkbaren sozialistischen Staates zu zerstören.[45]

Ganz im Sinne dieser grundlegenden Unterscheidung fundiert Sorel die Idee des Generalstreiks in der Idee der Katastrophe. So vollkommen soll der Bruch des Sozialismus mit dem Kapitalismus sein, daß der Übergang als eine »Katastrophe« aufzufassen sei, »deren Prozeß sich der Beschreibung entzieht«.[46] Entsprechend begreift Sorel den Generalstreik in Anlehnung an Vico und unter Berufung auf Bergson als einen Mythos. Die »Sprache reicht unmöglich aus«, um jene Selffulfilling Prophecy in Gang zu setzen, als die Sorel den proletarischen Generalstreik konzipiert. Vielmehr müsse man »Gesamtheiten von Bildern aufrufen, die imstande sind, *als Ganzes* (en bloc) *und durch bloße Intuition* vor jeder durchdachten Analyse die Masse der Gesinnungen hervorzurufen, welche den verschiedenen Kundgebungen des vom Sozialismus gegen die moderne Gesellschaft begonnenen Krieges entsprechen«.[47] Wie der Mythos den Logos der Sprache aufkündigt, so zerstört der proletarische Generalstreik die Logik, die im bürgerlichen Staat Recht und Schuld an die Schulden bindet. Die Enttabuisierung der Gewalt im Mythos des Generalstreiks geht einher mit der Forderung nach einer neuen Moral, in der der Bann der Schuld gebrochen wäre. Ebenso wie die Bilder des Mythos sich der Sprache entziehen, so hängen die Grundsätze und Überzeugungen dieser künftigen Moral für Sorel »keineswegs von Vernunfterwägungen«[48] ab. Sie ist nicht probabilistischen, sondern heroisch-kriegerischen Ursprungs. Die Moral der Zukunft werde den »Charakter der Erhabenheit«[49] aufweisen. Auf diese Weise werde sichergestellt, daß »innerhalb der vollkommenen Zerstörung der Institutionen und der Sitten etwas Machtvolles, Neues und Unversehrtes« übrigbleibe, nämlich »die durch die Idee des Generalstreiks erleuchtete Gewalt«. Ihr verdanke der Sozialismus »die hohen moralischen Werte, durch die er der modernen Welt das Heil bringt«.[50]

Es ist hier nicht der Ort, die grundlegende Bedeutung dieser Überlegungen für Benjamins Begriff des Politischen im einzelnen zu verfolgen. Allein daß ein sich hier abzeichnender, spezifischer Begriff des Politischen Benjamin eine Alternative zum Abweg der Universalpolemik eröffnet, ist festzuhalten. In seinen Bemühungen um ein Verständnis dessen, was das

Politische sei, bezeugt sich ein in seinen frühen Schriften zu beobachtendes, grundsätzliches Bemühen, durch eine Abgrenzung unterschiedlicher ›Ordnungen‹ die Geltung tradierter Begriffe und die in ihnen nicht zuletzt sprachlich kodifizierten Bereiche des Denkens und der Wirklichkeit zu überprüfen. Dies und nicht etwa etymologisches Interesse liegt dem Versuch zugrunde, »die alten Worte Schicksal und Charakter aus der terminologischen Fron zu befreien und ihres ursprünglichen Lebens im deutschen Sprachgeiste aktual habhaft zu werden«,[51] den Benjamin in einem diesen beiden ›Worten‹ gewidmeten Aufsatz unternahm. Wenn denn nach Max Webers resignierter Einsicht der Kapitalismus das ›Schicksal‹ unserer Epoche ist, dann erkundet Benjamins Aufsatz, welches sprachliche Leben unter der verkrusteten Oberfläche des Schicksalsbegriffs sich philosophischer Einsicht eröffnet. Eine Ordnung, so lautet sein Befund in dem ungefähr gleichzeitig mit dem Fragment entstandenen Essay, »deren einzige konstitutive Begriffe Unglück und Schuld sind und innerhalb deren es keine denkbare Straße der Befreiung gibt (denn soweit etwas Schicksal ist, ist es Unglück und Schuld), eine solche Ordnung kann nicht religiös sein«. Sie bezeuge vielmehr eine »dämonische Existenzstufe der Menschen«, die im Recht Gestalt angenommen habe (vgl. GS II/1, 174).

Die Ordnung des Rechts, in der die Menschen ihre Beziehungen untereinander und zu den Göttern regeln, ist in einem Akt sich fortzeugender Gewalt gegründet Diesen Gedanken verfolgt Benjamin in der um die Jahreswende 1920/21, also ebenfalls in zeitlicher Nähe zu dem Fragment über den *Kapitalismus als Religion* niedergeschriebenen *Kritik der Gewalt*: »Wie der Ausgang, so verweist auch der Ursprung eines jeden Vertrages auf Gewalt« (GS II/1, 190). Dieser mythischen Rechtsgewalt gegenüber faßt Benjamin in der *Kritik der Gewalt* im Anschluß an Sorel »eine Gewalt anderer Art« (GS II/1, 198) ins Auge. Letztlich beruht die Legitimität revolutionärer Gewalt für ihn darauf, daß sie die bestehende, auf Rechtsgewalt beruhende Ordnung in einem Akt zerstört, in dem sich eine andere, von jeglicher Rechtsgewalt freie Art von Gewalt manifestiert. Diese der mythischen Rechtsetzung entgegengesetzte Gewalt hat für Benjamin ihr Urbild in der Gerechtigkeit als dem Prinzip aller göttlichen Zwecksetzung (vgl. GS II/1, 198). Durch die revolutionäre Gewalt als »höchste[r] Manifestation reiner Gewalt durch den Menschen« würde ein »neue[s] geschichtliche[s] Zeitalter«

begründet (GS II/1, 202). Dieses Zeitalter trüge nicht länger die Züge einer auf das Recht, sondern einer auf die Gerechtigkeit gegründeten Gemeinschaft. Die prekäre Frage jedoch, ob es sich in einem bestimmten historischen Augenblick tatsächlich um eine solche Manifestation handelt – »die Entscheidung, wann reine Gewalt in einem bestimmten Falle wirklich war« (GS II/1, 203) –, überantwortet der Aufsatz abschließend einem *non liquet*.[52]

IV.

Einmal mehr versucht Benjamin in der *Kritik der Gewalt*, den Geltungsbereich bestimmter ›Ordnungen‹: des Rechts, der Politik und der Religion, voneinander abzugrenzen, die ihre Konturen allein durch den Akt der Grenzziehung, durch wechselseitigen Ausschluß, gewinnen. Innerhalb dieses sich nur schemenhaft abzeichnenden Gedankengradnetzes hätte man den Stellenwert des Schuldbegriffs zu bestimmen, den das Fragment über den *Kapitalismus als Religion* in der Auseinandersetzung mit Max Weber in sein Zentrum rückt. Demnach läßt sich der Kapitalismus als eine Religion beschreiben und gleichsam auf den strukturell verwandten Begriff bringen – eine Religion allerdings, die dem mythischen Gesetz des Schicksals untersteht und damit für Benjamin der dämonischen Ordnung des Rechts zuzurechnen wäre. In Arbeiten, die im Umkreis des Fragments entstanden sind, stellt Benjamin dieser Ordnung auf gleicher Ebene die Politik entgegen. Das Verständnis dieser beiden durchweg diesseitigen Ordnungen erschließt sich maßgeblich durch ihre Abgrenzung gegen ein ihnen scharf entgegengesetztes Ordnungsgefüge, das Benjamin als religiös und moralisch bezeichnet.

Wenn Benjamin sich in den Jahren, in denen das Fragment entstanden ist, mit dem Plan einer größeren Arbeit über Politik trug, dürfte die Problematik dieses Vorhabens nicht zuletzt in der Einordnung des Begriffs des Politischen in das skizzierte Koordinatensystem bestanden haben. Davon legt das bei seiner Publikation aus dem Nachlaß Benjamins von Adorno so betitelte *Theologisch-Politische Fragment* Zeugnis ab. In *Schicksal und Charakter* hatte es geheißen, daß »Glück und Seligkeit« ebenso aus der dämonischen Sphäre des Rechts und Schicksals herausführen »wie die Unschuld« (vgl. GS II/1, 174). Im *Theo-*

logisch-Politischen Fragment wird die »Idee des Glücks« zur zentralen Koordinate der »Ordnung des Profanen« und damit einer Ordnung, deren Geltungsbereich sich aus ihrer Abgrenzung gegen »das Messianische« erschließt. Das Profane an der Idee des Glücks auszurichten aber heißt für Benjamin zugleich, den Gedanken des Gottesreiches aus dieser Ordnung auszugrenzen. Deshalb hat die Theokratie für ihn »keinen politischen sondern allein einen religiösen Sinn« (GS II/,1, 203). Als von der Theologie abgegrenzter Bereich aber bleibt die Politik gleichwohl auf die Theologie bezogen. Eben deshalb nennt Benjamin ihren Geltungsbereich ›profan‹. Im Gedankengefüge der »mystischen Geschichtsauffassung« (GS II/1, 203), die das *Theologisch-Politische Fragment* darlegt, ist alles Irdische letztlich allein um den Preis seines Untergangs mit dem Gottesreich verbunden. Das Ziel der Politik sei Glück; ihre Methode aber habe »Nihilismus zu heißen« (GS II/1, 204). Sofern sich Politik Ziele setzt, hat sie diese auf die Ordnung des Profanen zu beschränken. Indem sich Politik auf das Profane beschränkt, sind ihre Zielsetzungen, jenseits des ihren Geltungsbereich begrenzenden Horizonts, letztlich nichtig.

Die Wurzeln dieser Auffassung lassen sich bis in die frühesten Schriften Benjamins zurückverfolgen, in denen der Schüler Gustav Wynekens sich emphatisch zu einer »streng dualistischen Lebensauffassung« bekennt.[53] Damit ist zugleich die Position bezeichnet, die im *Dialog über die Religiosität der Gegenwart* von 1912/13 unter Berufung auf die praktische Philosophie Kants die eigene Überzeugung des Zwanzigjährigen wiedergibt. Der Dialogpartner erweist sich demgegenüber als Anhänger des Monismus, einer auf die Lehren Gustav Theodor Fechners gegründeten, pantheistischen Weltanschauung, die um die Jahrhundertwende einen nicht zu unterschätzenden Einfluß auf das geistige Leben im Wilhelminischen Deutschland ausübte. Dieser dezidiert modernen Weltsicht, die Religion und Metaphysik durch Wissenschaft und technischen Fortschritt ersetzt und im Glauben an die Perfektibilität der Welt eine Art Ersatzreligion findet, setzt der Dialog die »Ehrlichkeit des Dualismus« (GS II/1, 32) entgegen. Ebenso wie später gegenüber dem ›Kapitalismus als Religion‹ verzichtet Benjamin auch hier auf eine polemische Denunziation des Monismus als, wie man sagen könnte: ›Religion des Kapitalismus‹. Im *Dialog* versteht Benjamin unter Religion »die Erkenntnis unserer Pflichten als göttlicher Gebote« und verbleibt mit dieser Definition wie Kant, auf den er sich beruft, durchaus in den Grenzen »philosophischer Moral«.[54] Die sittliche Gemeinschaft, der er als künftiger auch in anderen Frühschriften durchweg religiöse Attribute verleiht, hat die individuelle Erfahrung sittlicher Autonomie, den »Dualismus von Pflicht und Person« (GS II/1, 32), wie es im *Dialog* gelegentlich heißt, zur unabdingbaren Voraussetzung. Religion entstehe im eigenen Inneren, das sich aus Not ein Ziel setze, und erschöpfe sich nicht im Vertrauen auf die Evolution oder in der Entwicklung eines pantheistischen Lebensgefühls. Ob die religiös überhöhte Idee der Gemeinschaft jemals anders als in der Form innerer Erfahrung einzelner Gestalt gewinnen kann und soll, muß vor diesem Hintergrund bezweifelt werden. Als »Gleichnis, als Abbild eines höchsten, metaphysischen, Standes der Geschichte« (GS II/1, 75), wie es in einer anderen frühen Schrift heißt, wird diese Idee der Gegenwart als Regulativ und Gradmesser ihrer eigenen Vorläufigkeit vor Augen gerückt.

Die dualistische Grundhaltung betonend, nennt Benjamin in seinem Aufsatz über den *Moralunterricht* aus dem Jahre 1913 den sittlichen Willen »motivfrei«. Mit diesem Terminus beschreibt er die Einsicht, daß wir in »keiner einzelnen empirischen Beeinflussung die Gewähr [haben], wirklich den sittlichen Willen als solchen zu treffen« (GS II/1, 49). In die gleiche Richtung zielt der Begriff des ›bestimmenden Wissens‹, über das es in einer Notiz heißt, es könne als Gegenstand einer Überzeugung »nicht in Motivzusammenhänge eintreten«. Es könne den Wissenden »nur ausdruckslos nicht ausdrücklich, nicht motivartig bestimmen« (GS VI, 61). Einer Freundin erläutert Benjamin diesen Gedanken brieflich dahingehend, daß kein Mensch da, wo er frei sei, von einem fremden Willen beeinflußt werden könne noch dürfe. Jede gute Tat sei nur das Symbol der Freiheit dessen, der sie wirkte: »Taten, Reden[,] Zeitschriften ändern keines Menschen Willen, nur sein Verhalten, seine Einsicht u.s.f. (Das ist aber im Sittlichen ganz gleichgiltig)«.[55] Scheint demnach moralische Erziehung prinzipiell zum Scheitern verurteilt, so bietet dem auf seine Zeit als Schüler des Landerziehungsheims Haubinda zurückblickenden Studenten das Erlebnis der Gemeinschaft die Gewähr einer »Gestaltwerdung des Sittlichen«, die als ein religiöser Prozeß jedoch jeder näheren Analyse widerstrebe (vgl. GS II/1, 50). Dieses auffallende Bemühen, die Sphäre des Sittlich-Religiösen allenfalls negativ zu bestimmen, beherrscht im Grunde noch den vor diesem Hintergrund nicht mehr überraschenden, anarchistischen Grundton des *Theologisch-Politischen Fragments*.

So entscheidend der Dualismus für Benjamin als Denkvoraussetzung ist, so wenig hat er sich doch mit ihm abgefunden. An seinem Versuch, in der Auseinandersetzung mit Kant einen neuen, um die Dimension des Metaphysischen erweiterten Begriff der Erfahrung zu gewinnen, wäre das im einzelnen zu zeigen. In die gleiche Richtung, nämlich in die des Versuchs, den Dualismus sprachphilosophisch zu überwinden, weist das in seinem Aufsatz *Über Sprache überhaupt und über die Sprache des Menschen* entwickelte magische Sprachverständnis. Dieser Auffassung zufolge besteht das Wesen der Sprache darin, daß sie »un-*mittel*-bar« ist. Sprache dürfe nicht zum Mittel der Herbeiführung einer Tat herabgewürdigt werden. Vielmehr sei die Beziehung zwischen Erkenntnis und Tat magisch-unmittelbar zu denken. Der magische Funke zwischen Wort und bewegender Tat springe da über, wo das Wort versage.[56] Nicht das sprachphilosophische Konzept selbst ist hier von Interesse, sondern die Gedankenfigur, die ihm zugrunde liegt. In einem Aphorismus der *Einbahnstraße* hat Benjamin diesem Gedanken bildhaften Ausdruck gegeben. Wenn wir eine Wahrsagerin aufsuchen, um sie nach der Zukunft zu fragen, so seine Überlegung, begehen wir Verrat an den Vorzeichen, Ahnungen und Signalen, die Tag und Nacht wie Wellenstöße durch unseren Körper pulsen: »Sie deuten oder nutzen, das ist die Frage. Beides ist unvereinbar. Feigheit und Trägheit raten das eine, Nüchternheit und Freiheit das andere.« Geistesgegenwart ist der Schlüsselbegriff, um den es Benjamin nicht nur in diesem kleinen Text geht. Am Ende des Aphorismus gewinnt er anschauliche Gestalt: »Der Tag liegt jeden Morgen wie ein frisches Hemd auf unserm Bett; dies unvergleichlich feine, unvergleichlich dichte Gewebe reinlicher Weissagung sitzt uns wie angegossen. Das Glück der nächsten vierundzwanzig Stunden hängt daran, daß wir es im Erwachen aufzugreifen wissen.« (GS IV/1, 142)

In Sorels Mythos des Generalstreiks dürfte Benjamin eine Entsprechung dieses Grundgedankens *in politicis* gesehen haben. Wenn Sorel seine Idee eines politischen Mythos als eine regulative Idee im Sinne der neukantianischen Uminterpretationen marxistischer Grundbegriffe im Umkreis des Revisionismus verstanden hat,[57] dann dient sie ihm jedoch nicht als Ausdruck der Hoffnung, die Kluft zwischen kapitalistischem Sein und sozialistischem Sollen auf dem Wege beharrlicher parlamentarischer Reformarbeit schließen zu können. Als politischer Mythos fungiert der Generalstreik wie ein Kurzschluß, mit dem die Kluft zwischen Sein und Sollen visionär überbrückt wird und mit dem der Gedanke in der revolutionären Tat seine unmittelbare Erfüllung findet. In der Vision der finalen Katastrophe imaginiert Sorel jene erhabene Gewalt, die allein der apokalyptischen Dynamik des dem Weltzustand der Verzweiflung zutreibenden Kapitalismus Einhalt gebieten könnte. *Nemo contra deum nisi deus ipse*[58]: Dem Kapitalismus als Religion vermag nur eine Politik des Mythos zu begegnen, die, ohne religiös motiviert zu sein, ein Pathos mobilisiert, das geeignet ist, den perennierenden Kult der Schuld und der Schulden zu durchbrechen.

Benjamin hat im Unterschied etwa zu Georg Lukács und Ernst Bloch nicht lange genug gelebt, um sich über die Faszination, die Sorel auf sein Denken zweifelsohne ausgeübt hat, im Lichte der historischen Ereignisse Rechenschaft abzulegen. Die Spuren dieser Faszination, der eine eigenwillige Nietzsche-Rezeption ebenso wie die Vertrautheit mit den für Sorel höchst bedeutenden Schriften Bergsons den Boden bereitet haben, sind in seinen Schriften nicht zu übersehen. Nicht zufällig beschreibt Benjamin die »kopernikanische Wendung in der geschichtlichen Anschauung«, mit der er der Politik den Primat über die Geschichte sichern möchte, als einen Vorgang des Erwachens (vgl. GS V/1, 491). Nicht nur in seinen frühen Schriften hat er sich für diese zwischen Pragmatismus und Spontaneismus – wenn nicht gar Dezisionismus – eigentümlich schillernde Konzeption jedoch überraschend auf Goethe berufen. Die Überzeugung, daß Handeln – im Unterschied zu Erkenntnis und Wissen – Unschuld sei, belegen ihm Zeilen aus einem *Divan*-Gedicht.[59] In dem Essay *Moskau*, der die nicht zuletzt politische Summe seines Aufenthaltes in der Sowjetunion im Jahre 1928 zieht, schimmert hinter dem Ratschlag, sich nicht an Hand von Fakten, sondern durch eine Entscheidung ein Bild der Lage zu machen, die Goethesche Maxime durch, derzufolge »alles Faktische schon Theorie« ist.[60] Der Goethe, auf den Benjamin sich beruft, ist in entscheidenden Details durch die Brille Georg Simmels gesehen und trägt deshalb nicht zufällig nietzscheanische Züge. In seinem von Benjamin sehr geschätzten Goethe-Buch, das 1913 in erster Auflage erschien, hat Simmel die Goethesche Apotheose der

Tätigkeit, die Neigung, das »Handeln als solches [...] an Stelle der Problematik bloß gedanklicher Entscheidungen« treten zu lassen, als einen Versuch gewertet, die prinzipiell dualistischen Grundelemente der Lebenshaltung Goethes in Einklang zu bringen. Ohne seine Bedenken gegen eine »Forderung des Tages« zu verbergen, bei der unklar bleibe, auf welche Wertungen sie sich berufe, beschreibt Simmel Goethes Auffassung dieser Forderung als eine Tätigkeit, »in deren Pulsschlag ihr jeweils nächstes Ziel vorgezeichnet« sei. Letztlich sei es Goethes Überzeugung von der naturhaften Harmonie des Daseins, die es ihm nicht nötig erscheinen lasse, »daß Ziele von weiter Ferne her das Sollen des einzelnen Augenblicks bestimmten«.[61]

Wenn auch Parallelen zu Benjamins Überlegungen unmittelbar einsichtig sind, so muß gerade deshalb seine kritische Auseinandersetzung mit Goethe um so ernster genommen werden. In dem Essay über die *Wahlverwandtschaften* gipfelt sie in dem Einspruch gegen die Goethesche Idolatrie der Natur, also gegen jenes Vertrauen auf die naturhafte Harmonie des Daseins, in dem Simmel den letzten Grund von Goethes Weltanschauung erkannt hatte. Dieser Überzeugung macht Benjamin explizit den Vorwurf, daß sie Goethe der Möglichkeit beraube, »Grenzen zu ziehen«. Exemplarisch zeige das Fragment über *Die Natur*, zu dem der Dichter sich noch im Alter bekannt habe, daß in seiner Weltbetrachtung das Chaos herrsche. Denn darein münde zuletzt das Leben des Mythos, »welches ohne Herrscher oder Grenzen sich selbst als die einzige Macht im Bereiche des Seienden« einsetze (vgl. GS II/1, 149).

Die messianische Natur, von der im *Theologisch-Politischen Fragment* die Rede ist, steht dieser von Benjamins Warte aus ›heidnisch‹ zu nennenden Natur Goethes diametral entgegen. Was die letztere Benjamin bedenklich erscheinen läßt, ist nicht so sehr ihre Diesseitigkeit, sondern ihre begriffliche Ausdehnung ins Grenzenlos-Monströse. Bedrohlich und schicksalhaft erscheint diese Natur, Angst und Schuld erzeugt sie, eben weil sie keine Grenzen kennt, durch keine Grenzen bestimmt ist. Auf diese Weise aber verlieren die mit ihr in Verbindung gebrachten Begriffe ihren Sinn. Wo es keine Grenzen gibt, gibt es auch keine Übertretung; der Unschuldige ist immer auch schuldig, die Schuld allgegenwärtig. Auf diese Weise wird bereits das Leben als solches zur Schuld. »Soviel heidnische Religionen, soviel Schuldbegriffe«, heißt es in einer bruchstückhaften Notiz.

Schuldig sei »stets irgendwie das Leben, die Strafe an ihm der Tod«. Sexualität und Geld würden unter dieser Voraussetzung zu natürlichen Formen der Schuld: die Sexualität trägt Schuld »an Genuß und an der Erzeugung des Lebens«, das Geld »an der bloßen Möglichkeit zu existieren«. Diesen von ihm als natürlich bezeichneten Formen der Schuld stellt Benjamin in der Notiz die abwägend als jüdisch bezeichnete Auffassung entgegen, der zufolge »nicht das Leben, sondern allein der handelnde Mensch [...] schuldig werden« könne, schuldig im Sinne von »sittliche[r] Schuld« (vgl. GS VI, 56). Andererseits kennt er auch eine natürliche Unschuld, die ihrerseits wohl nicht mit sittlicher Unschuld gleichzusetzen ist, sondern einer Ordnung angehört, in der nicht moralische, sondern politische Kategorien zuständig sind. Als profane Ordnung hat sie sich, wie es das *Theologisch-Politische Fragment* fordert, »aufzurichten an der Idee des Glücks« (vgl. GS II/1, 203). So gibt es für Benjamin »nur ein religiöses, kein politisches Martyrium. Im Bereich der Politik ist vielmehr für den Tätigen die Wahrung des eignen Lebens und dessen seiner Freunde eine unerläßliche Maxime« (GS VI, 63 f.). Das heißt aber doch wohl, daß auch in dieser Notiz der Bereich des Politischen letztlich in seiner Eigenart und Differenz zum Religiösen bestimmt ist.

Die Beziehung dieser Ordnungen aufeinander, die das *Theologisch-Politische Fragment* zu einem der wesentlichen Lehrstücke der Geschichtsphilosophie erhebt, bleibt im konkreten Fall unbestimmt oder im Zeichen eines politischen Nihilismus eben letztlich negativ bestimmt. Es spricht einiges dafür, daß diese Unbestimmtheit durchaus Methode hat. Sich um keinen Preis mit einem Prinzip zu solidarisieren, ohne auch nur eines abzuweisen – am Beispiel Johann Peter Hebels, der »wie alle wirklichen Moralisten« Kasuist sei, hat Benjamin die Entscheidung »von Fall zu Fall«, die »moralische Improvisation« als die Tugend des Gerechten gepriesen (vgl. GS III, 205). Wie ließe sich die damit umschriebene Haltung prägnanter auszudrücken als in der Formel, zu der er sich selbst *in politicis* ausdrücklich bekannt hat, nämlich »immer radikal, niemals konsequent in den wichtigsten Dingen zu verfahren«?[62]

Vor dem Hintergrund einer bei Benjamin sich nur schemenhaft abzeichnenden Lehre von den Ordnungen ist das *Theologisch-Politische Fragment* zu lesen. Unter der Voraussetzung einer Begrenzung religiöser Ansprüche wird das Glück zur zentralen Kategorie der irdischen Bestimmung des Menschen. Damit ist keineswegs gesagt, daß sich dessen Bestimmung darin erschöpft. Vielmehr ermöglicht erst die Abtrennung der Ordnung des Theologischen, sie zur Ordnung des Profanen und damit nicht zuletzt eben zur Politik in ein spannungsvolles Verhältnis zu setzen. Die Abgrenzung eines von moralischen und religiösen Ansprüchen freien, im spezifischen Sinne politischen Raums, dessen Zentralkoordinate das Glück ist, ist keineswegs gering zu schätzen. Es ist ja nicht grundsätzlich auszuschließen, daß der verlorengegangene, großangelegte Aufsatz über den *wahren Politiker* seine entscheidende Inspiration ebenso einer inversen Lektüre von Webers *Politik als Beruf* verdankte, wie das Fragment über den *Kapitalismus als Religion* eine entsprechende Lektüre der *Religionssoziologischen Aufsätze* zur Voraussetzung hatte.

Liest man vor dem Hintergrund dieses Gedankenspiels den Eingangssatz des Fragments noch einmal, dann käme es entscheidend darauf an, die Befriedigung diesseitiger Bedürfnisse von der Politik und nicht vom Kapitalismus als Religion zu erwarten. Das aber heißt von einer Politik in Benjamins spezifischem Verständnis, nämlich von einer Politik, die ihren diesseitigen Gestaltungsraum bis an seine Grenzen erkundet und ausschöpft, im Wissen darum, daß Politik eben Grenzen hat, jenseits derer sie nichts vermag – weshalb ihre Methode, wie es abschließend im *Theologisch-Politischen Fragment* heißt, »Nihilismus zu heißen hat« (GS II/1, 204).

Die Grenze definiert die Hegelsche Logik als die »Vermittlung, wodurch Etwas und Anderes *sowohl ist* als *nicht ist*«.[63] Das schlechthin Begrenzte ist eben deshalb das Endliche: »Etwas mit seiner immanenten Grenze gesetzt als der Widerspruch seiner selbst, durch den es über sich hinausgewiesen und getrieben wird, ist das *Endliche*.« Daß aber das Endliche absolut sei, so Hegel, werde sich »irgendeine Philosophie oder Ansicht oder der Verstand nicht aufbürden lassen wollen«.[64] Im Wissen darum sich dennoch auf das Endliche einzulassen, scheint die im strengen Sinne politische Botschaft des Fragments zu sein, von der allein Benjamin sich die Überwindung des Kapitalismus erhofft, der sich solange als Religion darzustellen vermag, wie seine Grenzen nicht erkannt sind.

Der Topos der Utopie. Kommunismus als Religion

Mikhail Ryklin

Schon im Titel von Walter Benjamins Fragment »Kapitalismus als Religion« deutet sich ein neuer Blick auf das Phänomen Kapitalismus an, doch wird das Neue daran nicht auf einen Schlag sichtbar, sondern, wie bei Benjamin üblich, erst nach und nach entwickelt; es wird aus einzelnen Formulierungen, aus der Anhäufung von Details und vergleichsweise konkreten Beobachtungen zusammengesetzt.

Erstens, so merkt Benjamin an, beschränke sich der Kapitalismus als Religion ausschließlich auf kultische Handlungen; er besitze keine Dogmatik und habe keine Theologie. Zweitens kenne dieser Kult keine zeitlichen Pausen; er dauere ununterbrochen an, »sans trêve et sans merci«.[1] Drittens bestehe die Einzigartigkeit der kapitalistischen Religiosität darin, daß sie keine »Entsühnung« verheiße, sondern in denen, die diesem Kult ergeben seien, ein stetig anwachsendes Schuldbewußtsein hervorrufe – ein Schuldbewußtsein, das letzten Endes allumfassend werden solle. Der Kapitalismus sei »der erste Fall eines nicht entsühnenden, sondern verschuldenden Kultus«[2]. Hier nehme das riesenhafte, mit nichts anderem vergleichbare Schuldbewußtsein selbst Kultform an. Die Schuld sei derart groß, daß sie nie und nimmer wieder gutzumachen sei. Das Schuldgefühl werde nicht nur dem menschlichen Bewußtsein »eingehämmert«, sondern infiziere auf lange Sicht auch Gott selbst. Und erst in diesem Stadium verschmelze Gott dann mit jener Religion reiner Kulthaftigkeit, als die Benjamin den Kapitalismus beschreibt. Paradoxerweise aber verbinde sich mit dem Zustand äußerster Verzweiflung noch eine gewisse Hoffnung.

Der Kapitalismus sei historisch präzedenzlos, weil er, wie Benjamin meint, mit Religion schon nicht mehr eine »Reform des Seins« assoziiere, sondern dessen »Zertrümmerung« in kleinste Teile.[3] Eine göttliche Transzendenz gebe es nicht mehr; allein, Gott sei merkwürdigerweise nicht tot, sondern »ins

Menschenschicksal einbezogen«[4]. Als erster habe das Nietzsche begriffen, der nicht gezögert habe, seiner Figur des Übermenschen die Erfüllung der Gebote des neuen religiösen Kultes aufzubürden. Der Übermensch wird nötig, weil Gott mit dem Schuldbewußtsein infiziert ist oder, was dasselbe ist, weil Gott das »Menschenschicksal« übernommen hat.

Der vierte Zug des Kapitalismus als Religion ist nach Benjamin folgender: Da Gott »verheimlicht« werde, könne er nur »im Zenith seiner Verschuldung [im ökonomischen wie im ethischen Sinne, MR] angesprochen werden«[5], d.h. in der Hypostase des Übermenschen. Nietzsche »sprenge« mithilfe der »gesteigerten Menschhaftigkeit« des Übermenschen den Himmel und schließe jede Erlösung, jeden Freikauf von der Schuld aus.

Und jetzt macht Benjamin wie von ungefähr den entscheidenden Gedankenschritt: Im Westen komme der Kapitalismus einem Parasiten gleich; er sei dem Baum des Christentums so fest aufgepfropft, daß die gesamte Geschichte des Christentums zur Geschichte von dessen Parasiten, des Kapitalismus, gerate. Es gebe keine vom Kapitalismus unabhängige Geschichte des Christentums! Eine revolutionäre These, oder etwa nicht?

»Methodisch wäre zunächst zu untersuchen, welche Verbindungen mit dem Mythos das Geld im Laufe der Geschichte jeweils eingegangen ist, bis es aus dem Christentum soviel mythische Elemente an sich ziehen konnte, um den eigenen Mythos zu konstituieren.«[6] Aufschlußreich wäre es, die Heiligendarstellungen unterschiedlicher Konfessionen mit den Abbildungen auf Banknoten verschiedener Länder zu vergleichen, um entscheiden zu können, welcher »Geist« mit den jeweiligen Ornamenten einhergehe. Die Originalität von Benjamins Ansatz liegt also, wie wir sehen, darin, daß er im Unterschied zu Max Weber den Kapitalismus nicht mit Religion als etwas aus der Vergangenheit Überkommenem verbindet, das sich in einem neuen Klima lediglich weiterentwickelte (beispielsweise zur protestantischen Ethik), dabei aber seinen früheren dogmatisch-theologischen Kern bewahrte. Nein, Benjamin hält den *Kapitalismus selbst für Religion.* Schon für sich genommen sei der Kapitalismus eine Religion, ein Kult ohne Dogmatik und Theologie.

Wir haben es mit einer radikal immanenten Spielart von Religion zu tun. Von Anfang an verurteilt sie unweigerlich alle Versuche, den Kapitalismus von innen heraus zu überwinden, zum Scheitern – wer auch immer diesen Versuch unternehme: seien es Nietzsche, Freud (die Psychoanalyse erklärt Benjamin geradezu zur Quintessenz des Kapitalismus; die Verdrängung begreife sie in Analogie zum Kapital und schlage aus der »Hölle des Unbewußten« Gewinn) oder selbst Marx. Die selbstgemachten Religionen dieser großen Männer verfügten nur scheinbar über ein vom Kapitalismus unabhängiges utopisches Potential; in Wirklichkeit aber seien sie bloß divergente Facetten ein- und derselben Religion. In ihrem Streben nach Überwindung begriffen sie, so Benjamin, nicht, daß das, was sie sich zu überwinden anschickten, von Anfang an religiöser Natur war. Und aus diesem Grund hätten sie da einen Ausgang gesehen, wo es einzig und allein einen weiteren Eingang gegeben habe – in ein und dieselbe Kathedrale der kapitalistischen Religion.

Dabei war sich Benjamin natürlich bewußt, daß im Jahr 1917 in Rußland ein Ereignis stattgefunden hatte, das für sich reklamierte, einen alternativen Gegenentwurf zum Kapitalismus als Religion zu erproben, dessen Selbstimmanenz aufzubrechen und ihn von außen angehen zu können. Dieses Ereignis war die Oktoberrevolution. Sie gerierte sich als Erlösung von dem, was die Schuld nur von innen anwachsen ließ. Sie opponierte gegen die grundsätzliche Unerlösbarkeit der bürgerlichen Ordnung und rekonstruierte das Transzendente mittels Terror.

Schon vor seiner Abreise nach Moskau hatte Benjamin nicht nur vom Hörensagen Informationen über das Ereignis ›Revolution‹. In Italien hatte er Asja Lazis, die »Revolutionärin aus Riga«, kennengelernt, die ihm nicht nur von der Revolution erzählte; sie war selbst eine Vertreterin der revolutionären Kultur. An ihr faszinierte Benjamin jenes neue Transzendente, das sie für ihn ausstrahlte. Er verliebte sich in sie, weil er in ihr einen Ausweg aus der unerträglichen Immanenz einer Religion sah, die nichts als ihren eigenen Kult kennt.

Überhaupt ist das Thema der Unerträglichkeit des Kapitalismus eines der am weitest verbreiteten. Es kehrt sogar bei solchen Autoren wieder, die sich, wie Hannah Arendt und François Furet, als Totalitarismuskritiker einen Namen gemacht haben. Die Annahme, daß die »Wirklichkeit«, in deren Namen man spricht, unerträglich sei, bildet den wesentlichen inneren Widerspruch, der all ihre Texte durchzieht. Die Immanenzkriterien, die Benjamin in seinem Fragment »Kapitalismus als Religion« formuliert, sind so tief angesiedelt, daß die Möglichkeit eines Auswegs von Anfang an verstellt ist. Merkwürdigerweise aber glaubte Benjamin vor Antritt seiner Pilgerfahrt nach Moskau stärker an einen solchen Ausweg als nach seiner Rückkehr.

In Moskau erkennt er allmählich, unter Schmerzen und zunächst nur verschwommen, daß seine Position mit diesem neuen Transzendenten, das die Oktoberrevolution ausstrahlt, nicht vereinbar ist. Es bezaubert und erschreckt ihn zugleich. Benjamin reist nicht allein mit dem Ziel in die Hauptstadt der proletarischen Revolution, um der geliebten Frau näher zu sein und seinen Essay »Moskau« für die Zeitschrift »Die Kreatur« zu schreiben – nein, er bietet seine Mitwirkung an, er hofft, Westeuropakorrespondent einer Moskauer Zeitung werden zu können. Wie sich aber herausstellt, kauft man dort Arbeitskraft nicht isoliert, sondern gleich die ganze menschliche Existenz mit Haut und Haaren – das Recht auf eigenständige Meinungsbildung inbegriffen. Es gelingt Benjamin im Epizentrum der Weltrevolution nicht, in eine Tauschbeziehung einzutreten. Er soll sich vielmehr der neuen Art Transzendenz total und restlos zum Opfer bringen. Dazu aber ist er, im Unterschied zu Asja Lazis und Bernhard Reich, nicht imstande. In einer Notiz vom 9. Januar 1927 lesen wir: »Weitere Erwägung: in die Partei gehen? Entscheidende Vorzüge: feste Position, ein, wenn auch nur virtuelles Mandat. Organisierter, garantierter Kontakt mit Menschen. Dagegen steht: Kommunist in einem Staate zu sein, wo das Proletariat herrscht, bedeutet die völlig Preisgabe der privaten Unabhängigkeit. Man tritt die Aufgabe, das eigene Leben zu organisieren sozusagen an die Partei ab.«[7] Der deutsche »Weggefährte«[8] schätzt ein offizielles Mandat doch wieder nicht so hoch ein, daß er bereit wäre, darum der »privaten Unabhängigkeit« zu entsagen und zum ideologischen Arbeiter der Partei zu werden. Von der Warte der von ihm in »Kapitalismus als Religion« eingeführten Immanenzregel her betrachtet ist »private Unabhängigkeit« nicht mehr als eine Fiktion, eine der diversen Formen globaler Unterjochung und Fesselung durch Schuld. In der Zitadelle des revolutionären Transzendenten aber, in der diese Worte geschrieben werden, ist die Möglichkeit, seine Arbeitskraft zu verkaufen, ohne dadurch in völlige Abhängigkeit von der Partei zu geraten, ein wesentlicher Wert, auf den zu verzichten Benjamin nicht bereit ist.

Einerseits sieht er, daß viele Grundfesten der kapitalistischen Religion in Moskau, wenn nicht zur Gänze zerstört, so doch erschüttert sind. Vor allem springt ihm an den Moskauern das ganz andersartige, nicht-europäische Zeitgefühl ins Auge. In der revolutionären Metropole wäre die Zeit nicht mehr die wichtigste Ware überhaupt, abstrakter noch als Geld. Es frappiert ihn, daß eine banale Aussage wie »Zeit ist Geld« im Lande der Bolschewiken von einer Autorität wie Lenin approbiert werden müsse. »Ich glaube, so viele Uhrmacher wie in Moskau gibt es in keiner Stadt. Das ist um so seltsamer, als die Leute hier nicht viel Aufhebens von der Zeit machen. Es wird aber wohl historische Gründe haben.«[9] Auf Moskaus Straßen gebe es keine Menschen in Eile; nichts finde zur vorher angesetzten Zeit statt. (»Der russische Fatalismus« wird so »sehr schnell begreiflich«, bemerkt Benjamin in einer Notiz vom 18. Dezember 1926.[10]) Und auch das Geld spiele in Moskau keine entscheidende Rolle; jedenfalls finde keine Umkodierung von Geld in Macht statt. Wer über mehr Geld verfüge – die »Nepp-Männer« –, habe nicht nur keine Macht, sondern werde von unverhohlener Verachtung verfolgt. Das gesamte Erscheinungsbild der Nepp-Männer wäre ein Grund zu ihrer Erniedrigung; die kleinste Wendung der Revolutionspolitik könne für sie fatale Folgen haben. »Der Nep ist auf der einen Seite konzessioniert, auf der andern doch nur im Staatsinteresse zugelassen. Einem Umschwung in der Finanzpolitik, ja auch nur einer vorübergehenden offiziellen Demonstration, kann jeder Nep-Mann fristlos zum Opfer fallen. [...] Solche Bürger stellen das Gegenstück zum heroischen Kriegskommunismus, den heroischen Nepp.«[11] Wenn Macht einmal in Geld umtauschbar werden sollte, in der Formulierung des Reisenden »der Schwarzmarkt der Macht« eröffnet werde, dann würde der Kommunismus untergehen.

Auch das Privatleben der Moskauer Bevölkerung findet Benjamin nur rudimentär erhalten. Die Zimmer seien ganz zufällig mit Gegenständen möbliert, die aus vorrevolutionären Einrichtungen überdauert hätten; neben den Überresten bürgerlichen Komforts gähne proletarische Unbehaustheit. Das wirkliche Leben der Mehrheit der Einwohner Moskaus spiele sich in öffentlichen Räumen ab, in Büros, am Arbeitsplatz oder auf Versammlungen. Frühere Privatwohnungen seien zu sogenannten Kommunalwohnungen für mehrere Familien gleichzeitig umfunktioniert worden. Benjamin vergleicht sie nicht von ungefähr mit einem »Lazarett nach der letzten Musterung« [...] »In diesen Räumen, welche aussehen wie ein Lazarett nach der letzten Musterung, halten die Menschen das Leben aus, weil sie durch ihre Lebensweise ihnen entfremdet sind. Ihr Aufenthalt ist das Büro, der Klub, die Straße.«[12]

Einerseits begeistern Benjamin die aufgezählten Voraussetzungen des revolutionären Kults – das »asiatische« Verhältnis zur Zeit, die Nicht-Umkodierbarkeit von Macht in Geld und das Absterben des Privatlebens als der gesuchte Ausweg aus der Ausweglosigkeit einer Religion ohne Erlösung, andererseits erzeugen sie bei ihm Müdigkeit und regelmäßig wiederkehrende Depressionen. Im Stadtbild sind Anzeichen eines neuen Kultes unverkennbar – eine kultische Verehrung von Lenindarstellungen, dazu ein Kult von Landkarten, »roter Ecken« sowie von Wandkalendern, mittels derer die politische Indoktrinierung der sowjetischen Menschen stattfinde. Die Dogmatik des neuen, atheistischen Kultes richte sich gegen den Kapitalismus und gründe auf der Entlarvung seines ausbeuterischen Wesens. Was aber die Genealogie dieses neuen Kultes betrifft, hegt Benjamin weitergehende Zweifel: Marx hatte vorhergesagt, daß der Kapitalismus an seinen eigenen Widersprüchen zugrunde gehen würde, wobei das erst auf seiner höchstentwickelten Stufe geschehen werde. Warum aber, so fragt sich Walter Benjamin in Moskau auf Schritt und Tritt, ist diese Prophezeiung dann ausgerechnet in Rußland in Erfüllung gegangen, das bis dahin nur marginal vom Kapitalismus betroffen war? Ist der Kommunismus dann nicht bloß ein russischer Sonderweg, der unweigerlich zu demselben Kapitalismus wie im Westen führt? Und ist dann die Revolutionsdogmatik nicht bloß eine Übergangsphase auf dem Weg zum reinen Kult, wie er im Fragment »Kapitalismus als Religion« beschrieben ist?

In seinem »Moskauer Tagebuch« weigert sich Benjamin beharrlich, dem revolutionären Rußland eine Diagnose zu stellen; schließlich sei der Übergang noch nicht abgeschlossen und selbst die Richtung, welche die Entwicklung nehmen werde, unklar. Ja, der Kapitalismus sei hier wirklich und wahrhaftig untergraben, aber es sei ja nicht schwierig, etwas zu zerstören, das nur in unterentwickelter Form existiert habe. Dazu habe die Aufhebung der kapitalistischen Verbote keineswegs ein Vakuum hervorgebracht, sondern eine ganze Fülle von anderen, zum Teil nicht weniger rigiden Verboten. Den Revolutionären selbst – Reich, Lazis, Gnedin, Knorin, Panski und anderen Helden aus Benjamins »Moskauer Tagebuch« – scheint es, daß die Verinnerlichung der Verbote Resultat ihrer freien Entscheidung sei, der aufmerksame ausländische Beobachter aber sieht die Fiktivität dieser Entscheidung in ihrem ganzen Ausmaß. Er durchschaut die Vorprogrammiertheit der revolutionären Selbstgerechtigkeit und der Kompromißlosigkeit gegenüber den Klassenfeinden. Nicht anders als die Verbote der kapitalistischen Religion bestehen auch diese Regeln lange vor jeder individuellen Entscheidung; sie sind dem neuen Machtfeld immanent. Und Benjamin weiß nur allzugut, daß er selbst nur das revolutionäre »Mandat« annehmen müßte, um gleichfalls seiner Entscheidungsfreiheit (seiner »privaten Unabhängigkeit«) verlustig zu gehen. So wird nach und nach klar, daß die Rolle des freien geistig Schaffenden, der seine Arbeitskraft auf dem intellektuellen Markt verkauft – bei aller Fiktivität dieses Warentauschs *innerhalb* der kapitalistischen Wirtschaftsordnung –, der Rolle des ideologischen Parteiarbeiters vorzuziehen ist, auch wenn diese nicht zum Tausch »erniedrigt«, sondern mit einem Schlag gleich alles auf einmal enteignet.

Daraus folgt, daß für Benjamin ein Ausweg aus dem Kapitalismus als einer Gottesreligion ohne Transzendentes sehr wohl möglich ist; dieser Ausweg gewinnt Kontur im revolutionären Transzendenten ohne Gott. Allein, bei diesem Ausweg gibt es für den Autor Benjamin selbst keinen Ausweg. Seinen Platz nimmt die Partei ein, und dieser Platz steht nicht zur Disposition. Die Partei hat nicht vor, ihn mit irgend jemandem zu teilen.

Die Sowjetmenschen seien, bemerkt Benjamin, nicht einsam; sie kommunizierten unaufhörlich und hätten an vielzähligen Kollektiven teil. Doch ist auch die neue kollektive Form von Identität genausowenig Resultat einer freien Entscheidung wie die Einsamkeit des bürgerlichen Individuums. Kommunismus als Religion gewährt seinen Parteigängern keine Schlupflöcher, er läßt nicht einmal solche fiktiven, wenn man »Kapitalismus als Religion« glauben darf, Auswege zu wie Marxismus, Psychoanalyse oder Nietzsches Philosophie des Übermenschen. Da sich der Kommunismus zur universalen Lösung aller Probleme erklärt, fehlt in ihm naturgemäß die bloße Denkmöglichkeit, es könne auch eine andere Lösung geben. Wird im Rahmen der kapitalistischen Religion Gott als unendlich unterjochtes

Wesen auch noch nach seinem Tod weiter verehrt, so bleibt dem Kommunismus gar nichts anderes übrig, als seine neuen Formen kollektiven Zusammenlebens zu sakrieren. Ja, der Kapitalismus kann überwunden werden, doch nicht im Punkt seiner echten Immanenz, von der in »Kapitalismus als Religion« die Rede ist.

Das in der Sowjetunion siegreiche kollektivistische Prinzip dominierte in Rußland auch schon vor der Revolution. Schließlich ist es für Benjamin noch zehn Jahre nach der Revolution offensichtlich, daß Rußland ein Land der Bauern und Moskau eine »improvisierte Großstadt« ist[13], ein Stadt-Dorf, in dem Grund und Boden nichts kosten und daß sich das russische Verhältnis zur Zeit vom europäischen schon lange vor der Oktoberrevolution radikal unterschieden hatte. Der Kapitalismus war dort überwunden worden, wo es ihn im Grunde gar nicht gegeben hatte, doch das ist wahrlich ein schwacher Trost für einen Intellektuellen, der im Kapitalismus vor allem anderen eine Religion sah, die mit dem Christentum nicht bloß koexistierte, sondern es sich unterworfen und seinen Zielen dienstbar gemacht hatte. Anders als viele seiner Zeitgenossen projizierte Benjamin seine Hoffnungen auf die Überwindung des zugleich Unüberwindlichen und Unerträglichen (des Kapitalismus als Religion) nicht direkt und unmittelbar auf Moskau, die Sowjetunion und den Kommunismus. In seinem Fall war der Projektionsmechanismus hochkomplex: In Moskau (nicht aber in Berlin und *insbesondere nicht nach dem Jahr 1933*) verstand er das Ereignis Oktoberrevolution nicht in erster Linie als Überwindung des Kapitalismus – was sie natürlich selbst für sich in Anspruch nahm –, sondern als das Andere des Kapitalismus, ein Anderes, das in den Augen der äußeren Welt einen gescheiterten Überwindungsversuch darstellte. Eben dieser reinen Andersheit Rußlands gelten die lyrischsten Seiten des »Moskauer Tagebuchs«.

Nichts Lyrisches finden wir natürlich in Benjamins Texten über den Nationalsozialismus, der Kapitalismus und Kommunismus zu zwei Gesichtern ein und derselben Sache erklärte und ihre radikale Überwindung projektierte. Die Identität von Kapitalismus und Kommunismus sah der Nationalsozialismus bekanntlich in der Figur des Juden personifiziert, der von dieser Logik zum objektiven Feind gestempelt wurde. Im »Moskauer Tagebuch« bildet die Sowjetunion für Benjamin kein *Anderes* des Kapitalismus, wofür sie selbst sich ausgibt, wohl aber ein *anderes* – in weniger emphatischem Sinne. Die Sowjetunion stellt für Benjamin vielmehr den Vorposten der bäuerlichen Kultur dar, die auf eine ihr eigene, originelle Weise bestrebt ist, sich der weltweiten Zivilisation anzuschließen und diese *zu diesem Zweck* radikal-revolutionär herausfordert. Was der Berliner Philosoph in Moskau zu sehen bekommt, ähnelt in keiner Weise dem nach Marxschem Rezept überwundenen Kapitalismus (darüber hinaus glaubte Benjamin, wie aus »Kapitalismus als Religion« hervorgeht, nicht an dieses Rezept). Benjamin hat ein Gebilde vor sich, das auf originär eigene Wurzeln zurückgeht. Moskau sei nur von der Fassadenseite her gesehen überhaupt eine Stadt: »Tritt man durch irgend eine der großen Torfahrten – oft sind sie durch schmiedeeiserne Gitter verschließbar, aber ich habe nie eines versperrt gefunden – dann steht man am Beginn einer geräumigen Siedlung, die oft so breit und ausladend angelegt ist, als ob der Raum in dieser Stadt nichts kostet.«[14] An anderer Stelle spricht er vom Dorfcharakter Moskaus: »Was vom Dorfe in Moskau steckt, das tritt in den Vorstadtstraßen plötzlich ganz unverkleidet, deutlich und unbedingt heraus. Es gibt auch vielleicht keine Stadt, in der die riesenhaften Plätze so dörflich gestaltlos und immer wie vom schlechten Wetter tauendem Schnee oder Regen aufgelöst daliegen.«[15] Warum die proletarische Revolution gerade hier, in diesem Stadt-Dorf stattgefunden hat, ist genauso unbegreiflich wie die Frage, warum sich Kafkas große Bürokraten in einem ländlich aussehenden »Schloß« (im gleichnamigen Roman), auf Speichern oder an anderen höchst ungeeigneten Orten aufhalten. Das von ihnen wie von der Revolution gleichermaßen ausgehende transzendente Prinzip aber duldet nicht den geringsten Zweifel an seinem Wahrheitsanspruch.

Benjamins radikaler Immanenz-Ansatz läßt ihm keine Chance, Kapitalismus oder Kommunismus eine Diagnose zu stellen. Marx, Freud, Nietzsche und Weber hatten, jeder auf seine Weise, geglaubt, daß das Geistprinzip sich als etwas relativ Selbständiges über die Infrastruktur erheben könne; daß es nicht von ihr determiniert sei, sondern sie determiniere. Wenn aber der Kapitalismus schon an sich eine Religion ist, dann ist das Christentum (und um so mehr alle von ihm abgeleiteten intellektuellen Konstrukte) nicht mehr als sein Instrument. Benjamin läßt zwischen Basis und Geist nicht die geringste Lücke, in die sich das Ideale einklinken könnte. So finden wir anstelle fertiger Antworten immer nur willkürlich auseinanderlaufende Ketten verschiedenartiger Symptome vor. Innerhalb einer dieser Serien, die vom äußeren, westeuropäischen Standpunkt aus und insbesondere angesichts der nationalsozialistischen Bedrohung wesentlich erscheint, stellt die Oktoberrevolution ein Ereignis von weltumspannender historischer Bedeutung dar – ein Ereignis, welches das Verhältnis zu Geld und Zeit radikal verändert, den Alltag entprivatisiert usw. Mit dieser Symptomkette geht ein bestimmter historischer Optimismus einher, der bei Benjamin allerdings nie die Dimensionen eines Glaubens an die Revolution erreicht. Von Berlin aus begeistern ihn einige Erzeugnisse der sowjetischen Revolutionskultur aufgrund ihrer Antibürgerlichkeit – Gogols »Revisor« in der Inszenierung von Meyerhold, Eisensteins »Panzerkreuzer Potemkin« oder Gladkovs Roman »Zement«. Das aber ändert seine zutiefst skeptische Haltung gegenüber der Autonomie der geistigen Sphäre nicht. Innerhalb einer anderen Kette von Symptomen, die im »Moskauer Tagebuch« beschrieben, aber nicht zur Weiterverbreitung bestimmt sind, hat die »Große Revolution« für Benjamin in einem »Dorf« stattgefunden, das nur am Rande von der bürgerlichen Zivilisation tangiert gewesen sei und *eben deswegen, aus historischer Naivität heraus*, den Anspruch erhebe, das Unüberwindliche zur überwinden, den geschlossenen Raum des Kapitalismus als einer Religion zu überschreiten.

In Moskau erleidet der Autor der »Einbahnstraße« einen Anfall von »Sammelmanie«, der nach seinem eigenen Eingeständnis an Wahnsinn grenzt. Wie im Fieberwahn erwirbt er aus Lehm gemachtes Spielzeug aus Vjatka[16], chinesische Papierfischchen, lackierte Schatullen, Christbaumschmuck usw. Einerseits hilft ihm das, die ihn umgebende Entfremdung zu überwinden und um sich herum eine vertraute Umgebung zu schaffen. Andererseits dient es dazu, ihn beständig an den rätselhaften Umstand zu erinnern, daß die Hauptstadt der Weltrevolution zugleich die Hauptstadt des Weltbauerntums ist.

Der Glaube von Lazis, Reich, Gnedin und anderen an die Revolution ist in Benjamins Augen nur ein weiteres Symptom, dessen eigentliche Ursache nicht klar zutage liegt. Deswegen beginnt er selbständig andere Symptome der kommunistischen Religion zu analysieren, die für die Revolutionäre selbst unsichtbar sind. Vor allem verweist er auf die Angst und auf die geradezu kafkaeske Vorsicht, die in Moskau jede Äußerung einer von der Partei nicht sanktionierten Meinung begleitet. Er begreift, daß die Enteignung sich nicht allein auf den Bereich des Materiellen beschränkt, sondern viel weiter gegangen ist, daß sie den Bereich des geistigen Lebens erfaßt hat. Die Beziehung der Träger der neuen Kultur zu ihrem inneren Leben nehme instrumentellen Charakter an; es werde der höheren Instanz der Partei untergeordnet, die vor Benjamins Augen die letzten Risse kittet und die Überreste des Trotzkismus ausmerzt. Die Revolutionäre bemerkten gar nicht, wie grandios das von ihnen gebrachte Opfer sei; für den Autor des »Tagebuchs« aber stellt sich die Spontaneität und Unkontrolliertheit des geistigen Lebens der einen großen enteignenden Instanz als Bedingung für sein eigenes Bestehen auf dem intellektuellen Markt, für sein »Incognito unter den bürgerlichen Autoren«[17], dar. Diplomatisch nennt er die Angst »Vorsicht« und registriert ihre vielfältigen Erscheinungsformen. Bei der Vorstellung des »Revisors« in Meyerholds Inszenierung wird nur spärlich applaudiert, weil in der »Pravda« eine negative Rezension dieser Inszenierung erschienen war und niemand den Mut besitzt, die Begeisterung zu zeigen, welche »diese Augenweide« verdient. In Benjamins Aufzeichnung vom 19. Dezember 1926 lesen wir: »Im Theater war der Beifall spärlich und vielleicht geht auch das mehr auf die offizielle Losung zurück als auf den ursprünglichen Eindruck des Publikums. [...] Aber dergleichen hängt wohl zusammen mit der allgemeinen Vorsicht bei öffentlicher Meinungsäußerung, die hier herrscht.«[18] Statt einer eigenen Meinung werde oft eine allgemein anerkannte, durch die Partei approbierte Ansicht geäußert. Im nachrevolutionären Moskau erkennt Benjamin »die durchdringende Politisierung des Lebens«[19], und die Vorsicht ist der offensichtlichste Ausdruck dafür. Wenn du willst, daß man dich in der UdSSR ernst nimmt, so warnt Benjamins innere Stimme ihn, dann mußt du deine Gedanken zensieren, dir versagen, öffentlich Fragen zu reflektieren, auf die es noch keine offizielle Antwort gibt – oder eine, die deinen Ansichten widerspricht. Intellektuelle Spontaneität steht im revolutionären Klima unter Strafe. Und so vergleicht Benjamin Moskau mit der Goldgräberstadt Klondyke, wo die kostbare Substanz der Macht ausgewaschen wird.[20] Bisweilen langweilt diese Tätigkeit die Goldsucher zu Tode, bisweilen flößt sie ihnen einen ganz ungerechtfertigten Optimismus ein.

So sieht unser Reisender ein, daß er in das Epizentrum einer neuen intramundanen Religion mit ureigenem Kult (den Lenin-Darstellungen), eigener Dogmatik (dem Marxismus und seiner Interpretation durch die Partei) und Theologie (dem Kommunismus) geraten ist. Auch registriert er, daß sich die Postulate des neuen Glaubens – im Gegensatz zur rein kultischen kapitalistischen Religion ohne Erlösungsaussicht – erst im Werden befinden, daß sie sich schnell und unvorhersagbar wandeln. Die Opferpriester dieser Religion sind von einer unreflektierten Angst beherrscht, die sie zwingt, sich im intellektuellen Bereich instinktiv zu verhalten, so als ob es rein um Naturgesetzmäßigkeiten ginge. Gut möglich, gesteht Benjamin ein, daß sich für ihn vorderhand hinter dem umfassenden Pathos der Revolution noch unklare Besonderheiten des lokalen Kontextes verbergen.

Anders gesagt: Der Kapitalismus als Religion läßt sich mit dem Kommunismus als Religion schwerlich vergleichen. Während der erstere längst etabliert ist, befindet sich letzterer erst im Werden und wird zudem von einer auseinanderstrebenden Symptomfolge beherrscht. Das Immanenzgesetz des neuen Glaubens ist bislang noch unklar; deswegen nennen seine Anhänger ihre Dogmatik Wissenschaft und ihre Theologie Ideologie. Auch der Kapitalismus als Religion verknüpft seinen Gott mit dem grundsätzlichen Fehlen einer Erlösungsaussicht und wachsender Schuld und ersetzt die Theologie durch ökonomische Vernunft. So ist der Gegensatz der beiden Religionen, der alten und der neuen, deswegen produktiv, weil die neue Religion die zentralen Momente der alten wiederholt. Die Oktoberrevolution habe sich selbst als Erlösung; sie könne die unaufhörlich wachsende Schuld in ein erfülltes Versprechen verwandeln. Doch hat diese Erlösung den Kapitalismus nicht nur am Gipfelpunkt seiner Unterjochung durch Schuld in ökonomischer und ethischer Hinsicht nicht getroffen, sondern wurde vielmehr erst dadurch möglich, daß die Unterjochung minimal war und in der Zukunft weiter reproduziert werden konnte. Diese Form von Erlösung kann sich laut Benjamin sehr wohl noch in Schuld verwandeln.

Wie der Kapitalismus dem Transzendenten eine Absage erteilt, ohne aufzuhören, sich formal auf Gott zu beziehen und ihn so zu seinem *Kronzeugen* macht, proklamiert auf vergleichbare Weise der Kommunismus offen seinen Bruch mit Gott, saugt dabei aber das transzendente Prinzip in maximaler Verdichtung auf. Dem revolutionären Transzendenten ohne Gott steht der kapitalistische Gott ohne Transzendentes gegenüber, und eben in der Spiegelbildlichkeit dieser Opposition, die ja eine *Form von Identität* ist, begründet die Revolution ihren Anspruch, den Kapitalismus ein für allemal zu überwinden. Das »Moskauer Tagebuch« läßt keinen Zweifel daran aufkommen, daß das Transzendente ohne Gott über kein geringeres Versklavungspotential verfügt als der einer endlosen Schuld unterworfene Gott ohne Transzendentes. Der neue Kollektivismus fordert ebenfalls seine Opfer. Benjamin sieht klar, daß die »Nepp-Männer« dem Tode geweiht sind, daß sie ganz von den Launen des Staates abhängig sind. Durch Lazis und Reich weiß er von den Einschränkungen, die den avantgardistischen Experimenten im Bereich der Kunst auferlegt werden, und von den Trotzkisten-Verfolgungen (er nimmt einmal auch an einer Abendveranstaltung teil, die der Trotzkist Llelewitsch vor seiner Abreise in die Verbannung organisiert). Die Träger des Revolutionskultes stehen jederzeit bereit, sich der »Nepp-Männer« und der Konterrevolutionäre zu entledigen. Auf seine ökonomische Formel wird dieser Kult erst einige Jahre nach Benjamins Rußlandreise gebracht; es ist das Ergebnis des zweiten Großereignisses der sowjetischen Geschichte: der Kollektivierung.

Einige Schlußfolgerungen: In einem Brief an Jula Radt-Cohn vom 25. Dezember 1926 resümiert Benjamin seine in Moskau gemachten Erfahrungen folgendermaßen: »Bewerten kann ich das alles nicht. [...] Und es ist völlig unabsehbar, was dabei in Rußland zunächst herauskommen wird. Vielleicht eine wirkliche sozialistische Gemeinschaft, vielleicht etwas ganz anderes. Der Kampf, der darüber entscheidet, ist ununterbrochen im Gange.«[21] Benjamin schloß also 1926 nicht aus, daß in der UdSSR »eine wirkliche sozialistische Gemeinschaft« errichtet werden könnte – bei aller Rätselhaftigkeit dieser Formulierung, die er nirgends auflöst. Andererseits sah er auch die Möglichkeit, daß »etwas ganz anderes« geschehen könnte, worunter er vermutlich eine zickzackförmige Rückkehr des Kommunismus zu seinem spiegelbildlichen Gegenteil, d.h. zum Kapitalismus, im Auge hatte. Doch die bald darauf erfolgte Machtergreifung der Nationalsozialisten in Deutschland, die ihrerseits die Wesensidentität der beiden miteinander konkurrierenden Gesellschaftssysteme behaupteten, brachte ihn von diesem Gedankengang ab und zwang ihn, den Kommunismus nun nicht mehr der Demokratie, sondern dem Faschismus gegenüberzustellen, was ganz im

Geist der Zeit lag. Aus Nietzsches Übermensch wurde in der Sowjetunion der Parteiführer, der in der Unvorhersehbarkeit seines Verhaltens an Kafkas Gott gemahnte. In Benjamins Kafka-Arbeit fehlt jeder Verweis auf seine Moskauer Erfahrung, obwohl sich ihm doch die Analogie geradezu aufgedrängt haben müßte! Der Grund dafür ist sicherlich darin zu suchen, daß man nicht *gleichzeitig* den Kommunismus als Alternative zum Faschismus sehen *und* die traumatischsten Seiten des Revolutionskultes offenlegen konnte. Zudem begann sich der Kommunismus in diesem Moment Sozialismus zu nennen; er erteilte einem Kompromiß mit dem Kapitalismus, wie er noch in den 20er Jahren in der Figur des »Nepp-Mannes« verkörpert gewesen war, endgültig eine Absage. Und für den unbeteiligten Beobachter wurde er noch durchsichtiger.

Was aber war geschehen? War eine »wirkliche sozialistische Gemeinschaft« oder »etwas ganz anderes« entstanden? Als die sozialistische Gesellschaft nach dem endgültigen Sieg Stalins ihr eigentliches Gesetz gewonnen hatte, war diese Gesellschaft bereits eine ganz andere. Den »wissenschaftlichen« Vorhersagen der Marxisten ähnelte sie kaum noch, aber auch einer kapitalistischen Gesellschaft nicht mehr. In mancherlei Hinsicht erinnerte sie an das Dritte Reich, aber nicht in dem Maße, wie es die Anhänger der Totalitarismus-Theorie glauben machen wollten. In anderer Hinsicht – völlige Zerstörung der Bürgergesellschaft, unaufhörlicher Terror auf eigenem Gebiet, Enteignung des »Kulakentums« und Planwirtschaft – war sie einzig in ihrer Art. Benjamin konnte den Nationalsozialismus natürlich nicht so distanziert betrachten wie den Kommunismus; schließlich hatte jener sein Leben auf dieselbe Art radikal verändert, wie der etablierte Sozialismus das Leben der Mehrheit der Helden aus seinem »Moskauer Tagebuch« verändert hatte. Fast alle fielen sie dem stalinistischen Terror zum Opfer, der ihnen zudem noch, dank ihres vorangegangenen Glaubens an die Revolution, als nicht mehr denn ein dummer Fehler erscheinen wollte. Zu dem Zeitpunkt, als Walter Benjamin in Port-Bou an der französisch-spanischen Grenze Selbstmord verübte, waren Lazis, Reich und Gnedin Repressionen ausgesetzt, Llelewitsch, Knorin und Radek ermordet. Die eigentliche kommunistische Religion der 30er Jahre sollte, wie sich herausstellte, der Große Terror werden, und beileibe nicht jene große Wahrheit, welche die Träumer der Welt hatten verkünden wollen. Nach vielerlei

Verwandlungen näherte sich die Gesellschaft des siegreichen Sozialismus – die aber natürlich keine »wirklich sozialistische Gemeinschaft« im Sinne Benjamins war – dem Kapitalismus an, nachdem der erste Annäherungsversuch gescheitert war. Was in der Zukunft allerdings erfolgreichere Annäherungsversuche nicht ausschloß. 75 Jahre nach Abfassung des »Moskauer Tagebuchs« erscheint der Sozialismus längst nicht mehr als mit dem Kapitalismus gänzlich unvereinbar, sondern als Übergangslösung, die von den Widersprüchen innerhalb des Kapitalismus selbst hervorgebracht wurde. Durch seine Wandlungsfähigkeit, unter anderem auch die in eine sozialistische Richtung, erwies sich der Kapitalismus als das längerlebige und lebensfähigere Gebilde. Seine Selbstimmanenz aber ist im Zuge dessen nur noch mehr gewachsen. Und eben deshalb ist Benjamins Fragment heute so aktuell wie nie zuvor.

Aus dem Russischen von Dirk Uffelmann

Schuldgeschichte

Benjamins Skizze »Kapitalismus als Religion«

Werner Hamacher

Wechselwirtschaft Geschichte. – Da Geschichte nicht als Begebenheitskette aus mechanischer Kausalität gedacht werden kann, muß sie in einem Zusammenhang zwischen Geschehnissen liegen, der mindestens zwei Ansprüchen genügt: er muß Freiheit und also Bestimmungsoffenheit zulassen, und er muß dennoch an bestimmten Geschehnissen und in einer bestimmten Form ihrer Verbindung aufweisbar sein. Geschichtlich können nur solche Zusammenhänge heißen und als geschichtlich nur solche erkannt werden, in denen ihre Bestimmung durch Zwang oder Zufall aussetzt und einer irgendwie anders bestimmten Kausalität Platz macht. Die Zeitstruktur der Geschichte muß sich also zum einen durch eine distinkte Verbindung ihrer Elemente, zum anderen durch die Auflösung all derjenigen Verbindungen auszeichnen, die diesen Elementen nicht zur Unabhängigkeit verhelfen.

Ein Zeitverband, der diesen widerstreitenden Anforderungen offenbar nicht genügt, wird in einem der ältesten abendländischen philosophischen Texte als Zeit der Schuld charakterisiert. Im Satz des Anaximander (von etwa 500 v. Chr.), den Simplikios (um 530 n. Chr.) in seinem Kommentar zur »Physik« des Aristoteles überliefert, werden Herkunft und Ende aller Dinge dem Gesetz der Notwendigkeit unterstellt (katà tò kreón); denn – so erklärt das Fragment nach der Übersetzung, die Nietzsche in seiner Abhandlung »Die Philosophie im tragischen Zeitalter der Griechen« (1873) davon gibt – *sie müssen Buße zahlen und für ihre Ungerechtigkeit gerichtet werden, gemäß der Ordnung der Zeit* (katà tèn tou chrónou táxin). Die Anordnung der Zeit gebietet nach Auskunft dieses Satzes die Entstehung und den Untergang aller Dinge, und gebietet sie gemäß dem Gesetz der Verschuldung und Strafe derart, daß Entstehung (génesis) Verschuldung (adikía) ist und durch Untergang gesühnt werden muß. Zeit, und genauer: ihre *táxis*, die Zeitsetzung, wird im Satz des Anaximander als Ordnung von Verschuldung und

Vergeltung gedacht. Sie ist die Zeit der Ökonomie in dem Sinn, daß sie Zeit eines Gesetzes – und zwar eines für alles Seiende geltenden Gesetzes, einer *táxis*, einer Satzung, Aufstellung und Anordnung – ist, nach der die unvermeidliche Verschuldung ebenso unvermeidlich durch eine ihr äquivalente Buße abgetragen wird. Der strenge Zusammenhang von Schuld und Buße wird durch ihre prinzipielle Gleichwertigkeit gesichert. Demnach ist hier Zeit als der Doppelprozeß von Entstehen und Vergehen gedacht, in dem das Entstehen vom Vergehen und also die Zeit von der Zeit selbst getilgt wird.

Zeit ist im Spruch des Anaximander aber nicht nur der Doppelprozeß von Entstehen und Vergehen, sie ist als *táxis* das gemeinsame und im Wechsel beständig bleibende Medium der konträren und doch äquivalenten Bewegungen des Entstehens und Vergehens. Sie ist die Zeit des quid pro quo dessen, was in ihr entsteht und vergeht. Ihr Maß ist eine Gerechtigkeit, die sich als *táxis* und damit als Setzung und Gesetz alles dessen, was wird und verschwindet, als Gesetz der *physis* und ihres Untergangs, als onto-ökonomisches Gesetz darstellt. Weil diese taxiologische Ordnung der Zeit ausnahmslos jeden Bereich der Natur und der Menschenwelt unter das Gesetz der Substitution stellt, können in ihr ethische, juristische und ökonomische Begriffe einander ersetzen. Die ethische Dimension der Gerechtigkeit, die als Ordnung der Zeit umschrieben wird, verschränkt sich mit der juristischen der Satzung und beide definieren sich nach dem Kalkül einer *Wechselwirtschaft in einem gleichbleibenden Haushalt der Natur.*[1] Von einer Ethik der Zeit kann also nur darum die Rede sein, weil diese Ethik, juridifiziert und ökonomisiert, bereits dem Schema des Wechsels, des Tausches, der Äquivalenz von Schuld und Vergeltung untersteht. Die Zeit der Geschichte, die ethische Zeit, ist im Satz des Anaximander als ökonomische, als Normzeit von Verschuldung und Sühne gedeutet. Was in die

---

[1] So Heidegger in seinem »Satz des Anaximander« (»Holzwege«, Frankfurt: Klostermann 1959; p. 304), der mit dieser Formulierung das kurante, aber nach seiner Einschätzung sachlich ungerechtfertigte Verständnis des Fragments charakterisiert. Nach diesem Mißverständnis verhält es sich so, daß »moralische und juristische Begriffe (...) sich in das Bild von der Natur (mischen)«. (l.c.) Es ließe sich zeigen, daß Heidegger trotz seines Anspruchs, ein sachlich getreueres Verständnis von Anaximanders Satz zu bieten, in entscheidenden Zügen mit dem »Mißverständnis« überstimmt.

táxis der Zeit tritt, ist dadurch schon schuldig und kann allein durch sein Verschwinden ent-schuldet werden.

Zeit ist nach der These des Anaximander das Schema von Verschuldung und Vergeltung; das Unrecht, das durch den Fortgang der Zeit begangen wird, geschieht wie die Behebung des Unrechts ohne Freiheit. Sie ist deshalb die Zeit eines Schuld- und Vergeltungskontinuums, das sich ohne Lücke in ewiger Wiederkehr fortsetzt, aber nicht die Zeit der Geschichte.

GESCHICHTE, ÄTIOLOGIE. – Man weiß nicht, ob Walter Benjamin diesen Satz des Anaximander gekannt hat. Hermann Cohen, in vielfacher Hinsicht sein Lehrer, zitiert in seiner 1918 erschienenen »Religion der Vernunft aus den Quellen des Judentums«, und zwar im Kapitel über »Die Idee des Messias und die Menschheit«, flüchtig und ohne Referenz ein Fragment des vorsokratischen Spruchs – *Die Welt muß Strafe zahlen (díken didónai) für ihr Dasein* –, und zumindest aus diesem und den früheren Werken Cohens dürfte Benjamin die frühgriechische Verschränkung von Zeit und Schuld vertraut gewesen sein. In einer seiner Notizen zum Begriff der Geschichte – sie dürfte auf das Ende der zehner Jahre zu datieren sein – greift er die Verbindung auf und erklärt die Schuld zu einer Kategorie der *Weltgeschichte*. Da er diese Geschichte der Welt, man könnte verstehen: die unter dem Aspekt ihrer Weltlichkeit sich darbietende Geschichte, strikt von der *Gottesgeschichte* abzuheben versucht, wird man die kritischen Akzente seiner Darlegungen nicht überhören dürfen. Benjamin schreibt: *Die höchste Kategorie der Weltgeschichte, um die Einsinnigkeit des Geschehens zu verbürgen ist die Schuld.*[2] (VI, 92) Die Einsinnigkeit des Geschehens, seine Orientierung, sein Richtungssinn und die Einheit seines Sinns, kann nur in der Kategorie der Schuld verbürgt sein, weil erst durch sie die Herkunft eines Geschehens und seine Folgen für andere Geschehnisse auf nicht-mechanischem Wege erklärbar sind. *Aítion* heißt sowohl »Herkunft« wie »Schuld«. Schuld ist eine Herkunftskategorie. Sie besagt, daß Früherem, Vorhergegangenem von dem, was ihm folgt, etwas entzogen,

---

2 Alle Zitate Benjamins beziehen sich auf folgende Ausgabe und werden im Folgenden mit Band- und Seitenangabe wiedergegeben: Walter Benjamin – »Gesammelte Schriften«, Frankfurt: Suhrkamp 1985ff.

oder daß vom Früheren dem Folgenden etwas vorenthalten worden ist, und erklärt – wie das *debere*, das *de habere* – jedes Haben als Haben *von* einem anderen, der es früher gehabt hat. Wenn Schuld eine genealogische Kategorie ist, so ist sie *die höchste Kategorie der Weltgeschichte*, sofern sie die Kategorie der Genesis selbst ist und damit diejenige einzige, die vom Geschehen als homogener Folge Rechenschaft ablegen kann. Was immer geschieht, es geschieht von einem Anderen *her* und auf ein wiederum Anderes *hin* und ist deshalb diesem Anderen geschuldet. Geschuldet ist es aber auch in dem Sinn, daß das Geschehen, das aus seiner Herkunft gedacht ist, als Raub und Entreißung einen Mangel am Ort der Herkunft verursacht: Schuld ist jeweils der Grund eines Fehlens, einer Verfehlung, eines Defizits.

Was geschieht, ist Schuld. Deshalb ist Schuld *die höchste Kategorie* der Geschichte. Benjamin fährt in seiner Notiz fort: *Jedes weltgeschichtliche Moment verschuldet und verschuldend. Niemals können Ursache und Wirkung für die Struktur der Weltgeschichte entscheidende Kategorien sein, denn sie können keine Totalität bestimmen. Die Logik hat den Satz zu erweisen, daß keine Totalität als solche Ursache oder Wirkung sein kann. Es ist ein Fehler der rationalistischen Geschichtsauffassung, irgend eine historische Totalität (d.h. einen Weltzustand) als Ursache oder Wirkung anzusehen. Ein Weltzustand ist aber immer nur Schuld (mit Beziehung auf irgend einen spätern).* (VI, 92) Wenn Benjamin hier die »Totalität« zum Kriterium dafür macht, daß etwas Schuld und nicht Ursache ist, dann vermutlich deshalb, weil eine Ursache als solche ganz darin aufgeht, Ursache für Anderes zu sein, und deshalb in sich selbst keine Totalität sein kann. Zwar ist auch Schuld eine Kategorie der Beziehung auf Anderes – und Benjamin definiert in diesem Sinn: *Ein Weltzustand ist aber immer nur Schuld (mit Beziehung auf irgend einen spätern)* –, aber im Unterschied zur Ursache ist Schuld nicht nur eine Herkunftskategorie, sondern eine Kategorie moralischer und näherhin rechtlicher Beziehungen, die es nicht nur erlaubt, sondern erfordert, daß der Schuldige er selbst – nach Cohens Aufstellungen in der »Ethik des reinen Willens« ein Selbst (370 sq.) – und also eine Totalität sei. Ein moralischer Zusammenhang, eine Beziehung aus Freiheit, und sei sie ein Minimum an Freiheit, ist aber nie kausal zu begründen, und deshalb kann als Kategorie der Geschichte nicht das

Ursache-Wirkungs-Verhältnis gelten, sondern nur das damit verbundene, aber deutlich unterschiedene Schuldverhältnis. Verschuldung ist nicht mechanische Kausierung, wohl aber ist sie als Veranlassung, Auslösung, Hervorbringung – *causa* im Sinn des griechischen *aítion*.

Aítion bezeichnet nicht nur die Veranlassung von etwas durch etwas ihm vorausgehendes Anderes, es bezeichnet zugleich die moralische Schuld, die ein Zustand oder ein Geschehnis *mit Beziehung auf irgend einen spätern* trägt. Nur ein ätisches ist ein ethisches Geschehen. In der ätiologischen Struktur von Zeit und Geschichte, die Benjamin vorschwebt, ist jeder Weltzustand insofern Schuld, als er einen defizienten anderen Zustand aus sich entläßt und an ihm die Schuld trägt. Jeder Weltzustand ist deshalb ein unfertiger und moralisch oder rechtlich mangelhafter Zustand. Schuld ist *die höchste Kategorie* der Geschichte, weil sie die Kategorie der Herkunft zwischen Defizienten ist. Deshalb muß gelten: Geschichte ist Schuld, sie ist Geschichte nur, sofern sie Schuldgeschichte, sofern sie Geschichte *aus* Schuld und sofern sie Geschichte *der* Schuld ist. Schuld nämlich kann es nur geben, wo Geschichte geschieht: jede Geschichte ist ein Defizienzphänomen; Geschichte wiederum kann es nur geben, wo ein Zustand oder Geschehen sich von einem anderen ablöst, ohne seine Beziehung zu ihm völlig aufzugeben: Schuld ist eine defizitäre Relation, ein Verhältnis zu dem, das fehlt und verfehlt. Alle Geschichte ist deshalb Geschichte der Schuld in dem Sinn, daß die Form – und nur darum auch der Inhalt – der Geschichte von Schuld bestimmt ist. Es gibt keine Geschichte, die nicht von Schuld handelte, keine, die nicht verschuldet wäre *von* etwas Anderem und nicht ihrerseits schuldig *an* Anderem wäre, das seinerseits wiederum nur Geschichte und Schuld sein kann. Geschichte, kurzum, ist der Prozeß der Verschuldung, da in ihr mit jeder Veranlassung das Nicht-mehr-sein von etwas bewirkt wird. Schuld ist Schuld an einem Nicht. Deshalb ist Geschichte, einschließlich der Wissenschaft von ihr, Ätiologie: die Rede von einem Geschehen als Verschuldung eines Defekts.

Die Zeit der Schuld, die die Zeit der *Weltgeschichte* ist, wird von Benjamin in einer nicht nur chronologisch benachbarten Notiz als Zeit des Schicksals charakterisiert: *Die Zeit des Schicksals ist die Zeit, die jederzeit* gleichzeitig *(nicht gegenwärtig) gemacht werden kann. Sie steht unter der Ordnung der Schuld, die in ihr den Zusammenhang bestimmt. Sie ist eine unselbständige Zeit und es gibt in ihr weder Gegenwart noch Vergangenheit noch Zukunft.* (VI, 91) Die entscheidende Formulierung dieser Notiz ist in einen Passus der Abhandlung »Schicksal und Charakter« (vom September 1919) eingegangen und lautet dort präziser: *daß diese Zeit jederzeit gleichzeitig mit einer andern (nicht gegenwärtig) gemacht werden kann* (II, 1, 176). Eine derart synchronistische Zeit, der die Differenzierung nach Vergangenheit, Gegenwart und Zukunft verwehrt ist, kann nur *ganz uneigentlich zeitlich* heißen (l.c.), weil in ihr ein Zusammenhang herrscht, der die Ablösung, Distanz und Freiheit verbietet, welche erst eigentlich Zeit – nämlich die Zeit moralisch erheblichen Handelns – und damit ihre Sonderung in verschiedene Erfahrungs- und Zeitdimensionen ermöglicht. Der dichte Zusammenhang, der die temporale Differenzierung verhindert, ist der Schuldzusammenhang, und Schicksal wird von Benjamin denn auch als *der Schuldzusammenhang des Lebendigen* gefaßt (II, 1, 175). Dies Schicksal nun, das wesentlich Schuld und, genauer, der generative Prozeß der Verschuldung ist, blockiert die Geschichte und die ihr eigentümliche Zeit. Es schließt nämlich die Möglichkeit kategorisch aus, die Verkettung dessen, was überhaupt ist oder geschieht, zu verlassen, ohne sie zugleich fortzusetzen und ihre Ordnung noch durch ihren Bruch zu konsolidieren. In Hermann Cohens »Ethik des reinen Willens« (2. Auflage 1907), an der Benjamins einschlägige Gedankengänge offenkundig, wenn auch kritisch, orientiert sind, heißt es in diesem Sinn: *Es ist (...) immer ein Abfall von dem Schicksal, in dem das Schicksal sich vollzieht und erweist. – Den Grundbegriff, der den eigentlichen Kern des Schicksals bildet, haben wir in dem Begriff der S c h u l d zu erkennen. Die A t e erstreckt sich über ein Geschlecht; über ein bevorzugtes Geschlecht, an dem das Menschenschicksal sich veranschaulicht. Das ist die Herrschaft, welche das Schicksal ausübt, dass sie die Individuen in diesem Geschlechte sich unterwirft. (...) (Der Mythos) sieht noch keine Differenz zwischen dem Individuum und seinem Geschlechte; so wenig Zeus aufhört, ein individueller Gott zu sein, weil er dem Fatum unterworfen ist. Das Böse ist die Schuld. Und die Schuld ist das Verhängnis.*[3] Solange der

---

[3] Hermann Cohen – »Ethik des reinen Willens«, Reprint der 2. Auflage von 1907, Hildesheim: Georg Olms Verlag 1981; p. 361.

natürliche Zusammenhang des Geschlechts den Menschen als bloßes Naturwesen definiert, solange ist er definiert aus der Einheit des natürlichen Genus und seiner Generierung unter der Kategorie der Schuld. Der frühere Satz: Was geschieht, ist Schuld, ist deshalb zu präzisieren zu dem Satz: Was im natürlichen, im Generationszusammenhang geschieht, ist Schuld – und eben deshalb ist Schuld, als die höchste Kategorie des Schicksals, wohl die höchste Kategorie der *Welt*geschichte, aber weil sich in ihr die ethische Dimension ausschließlich in ihrer Negation, als das Böse zeigen kann, ist Schuld nicht die entscheidende Kategorie der *Menschengeschichte* und der geschichtlichen Zeit überhaupt. Die Schuldzeit, die nur uneigentlich so genannte Zeit der Ate und des *aítion*, der Verursachung im Sinn der Verschuldung, gilt für die prinzipiell unabsehbare Dauer des Geschlechts und des natürlichen Menschen *toto genere*, gilt also nicht für eine, sondern für alle Zeit, nicht für einen individuellen Menschen und seine singuläre Zeit und für den Menschen als ethisches Wesen überhaupt nicht, sondern gilt allein für das *bloße Leben* in ihm, das keiner temporalen oder gar historischen Bestimmung fähig ist und deshalb nur den ahistorischen und unzeitlichen Fundus bieten kann, aus dem mit der Individuation eine andere, nun in strengerem Sinn historische Ordnung hervorgehen kann.

Sowohl Benjamin wie Cohen sehen die *unabsehbare Verkettung von Schuld und Sühne* als *heidnisch* und also als vorreligiös und proto-ethisch an (II, 1, 175), weil in ihr kein Spielraum für die Freiheitsfähigkeit des Individuums geboten ist und kein Platz für eine Beziehung zu Anderem, die nicht ausschließlich unter der Kategorie der Schuld stünde. Beider – Cohens wie Benjamins – Begriff sowohl der Ethik wie der Religion ist gegen die Schuldmechanik des antiken, insbesondere des griechischen, Schicksalssystems und seiner nachantiken und modernen Varianten definiert: was dem Bereich der Ethik, also der Selbstbestimmung aus Freiheit angehört, qualifiziert sich dazu allein durch seine Trennung von allen Elementen des Mythos, der genealogisch erzwungenen Schuld, der Nachfolge, der Folge und ihrer Kausierung, der familialen und chronologischen Sukzession. Erst durch den resoluten Abbruch des Tauschhandels zwischen Verschuldung und Vergeltung betritt der Mensch den Bereich seiner Freiheit. Denn Handeln im Zusammenhang der Schuld ist nur Befolgung einer Handlungsobligation, die von Anderen diktiert ist, und also nur eine Form, *nicht* zu handeln.

Wer der Schuld verhaftet ist, tut nicht, was er tut, sondern exekutiert ein vorgesetztes Programm und fällt, fatal und für das Handeln selber letal, unter die Prädestination durch ein Erbe, dessen Folge nicht anzutreten ihm nicht freisteht.

Wie die Ethik und die strikt monotheistische Religion – das Judentum der Propheten – erst dort einsetzt, wo die Kategorie der Verschuldung wegfällt, so setzt die Zeit, die nicht mehr Form des Schuldzusammenhangs, sondern der Initiative ex nihilo ist, als Geschichtszeit erst dort ein, wo jede Verbindlichkeit, jedes Band, jede Kette der Verschuldung von ihr abfällt. *Dem Dogma von der natürlichen Schuld des Menschenlebens, von der Urschuld,* stellt Benjamin, wiederum in »Schicksal und Charakter«, *die Vision von der natürlichen Unschuld des Menschen entgegen* (II, 1, 178) und deutet weiter auf einen Bereich, der, jenseits der bloß *natürlichen* Unschuld, moralische und geschichtliche Unschuld heißen könnte. Die Lehre des Heidentums dagegen insistiert auf der *prinzipiellen Unlösbarkeit* der Urschuld, der *peccata originale*, von der der *Kultus* des Heidentums, wie Benjamin betont, nur eine *gelegentliche Lösung* anbieten kann (l.c.). Was somit unter dem Titel *Heidentum* gefaßt wird, ist im Sinne Benjamins wie Cohens nicht allein der griechische Polytheismus, sondern um nichts weniger das Christentum, das die Lehre von der Erbsünde zum Dogma erhoben und deren Logik bis in die letzten Verzweigungen seiner Glaubens-, Denk- und Verhaltenssysteme ausgesponnen hat.

Kapitalschuldgeschichte, methodologisch. – Wenn die Aufgabe einer Kritik der Geschichte nur durch eine Kritik der Schuldgeschichte gelöst werden kann, dann muß der privilegierte Gegenstand dieser Kritik das Christentum als Religion der Schuldökonomie, der Kapitalismus als System einer deterministischen Schuldreligion sein. Damit sind Ort und Gewicht von Benjamins Arbeitsskizze mit dem Titel »Kapitalismus als Religion« im großen Projekt seiner Theorie der Geschichte und der Politik bezeichnet.

Die Schärfe der Diagnose, die die Formel »Kapitalismus als Religion« stellt, gewinnt Benjamin aus ihrer Konfrontation mit den Arbeiten Max Webers zur Religionssoziologie, man darf annehmen insbesondere mit den Abhandlungen, die unter dem Titel »Die protestantische Ethik und der Geist des Kapitalismus« versammelt sind. Benjamin schreibt nämlich: *Im Kapitalismus ist eine Religion zu erblicken, d.h. der Kapitalismus dient essentiell der Befriedigung derselben Sorgen, Qualen, Unruhen, auf die ehemals die sogenannten Religionen Antwort gaben. Der Nachweis dieser religiösen Struktur des Kapitalismus, nicht nur, wie Weber meint, als eines religiös bedingten Gebildes, sondern als einer essentiell religiösen Erscheinung, würde heute noch auf den Abweg einer maßlosen Universalpolemik führen.* (VI, 100) Weber hatte seine Studien zur Ethik des Protestantismus unter das methodologische Prinzip der Kausalität gestellt, und die rationale Ethik des asketischen Protestantismus als Bedingung für das neuzeitliche, das heißt aber kapitalistische Wirtschaftsethos der okzidentalen Gesellschaften charakterisiert. Die *Bedingtheit der Entstehung einer »Wirtschaftsgesinnung« (...) durch bestimmte religiöse Glaubensinhalte* stellt, wie er sagt, eine *Kausalbeziehung* dar[4] – und folgt also, was er nicht sagt, genau demjenigen Rationalitätstypus der Deszendenz- und Verschuldungslogik, die ihr neuzeitliches Privileg erst mit der Heraufkunft der beschriebenen »Wirtschaftsgesinnung« erworben hat. Das methodologische Instrumentarium, das von Weber auf den Geist des Kapitalismus angewandt wird, ist selbst kausalitätsrational und also strukturell kapitalistisch inspiriert und kann deshalb keinen Weg zur Befreiung von ihm öffnen. An der spezifischen Form dieser Ableitung ändert sich nichts, wenn Weber eine ergänzende, umgekehrte Kausalbeziehung in seine Analyse einbezieht und das protestantische Christentum zu einer Folge der kapitalistischen Wirtschaftsform erklärt.[5] Wo immer die Kausierungsreihe einsetzt – und wie immer sie übrigens auch legitimiert werden mag –, sie sichert der Wirtschaftsform auf der einen, der Glaubensform auf der anderen einen festen Platz in einem System von Dependenzen, sie beharrt auf ihrer Ableitung voneinander, ohne in Betracht zu ziehen, daß beide sich auf eine dritte Sphäre beziehen könnten, die nicht ihre Bedingung – ihre *aítion* oder *causa* –, sondern ihren Artikulationsraum darstellt. Benjamin vermeidet die methodologische

---

[4] Max Weber – »Die protestantische Ethik I – Eine Aufsatzsammlung« (ed. Johannes Winckelmann), München: Siebenstern 1991; p. 21.

[5] Cf. dazu Webers Äußerungen auf derselben Seite, wo er von beiden Kausalbeziehungen spricht und auf p. 190, wo er eine materialistische und eine spiritualistische kausale Kultur- und Geschichtsdeutung als gleich möglich bezeichnet.

Aporie und die theoretische wie politische Ausweglosigkeit der Weberschen Erklärung, wenn er beide, Kapitalismus und protestantische Religiosität, gleicherweise als relativ selbständige Beziehungsstrukturen mit identischer Funktion bestimmt: der Funktion nämlich, Antwort auf *Sorgen, Qualen, Unruhen* zu geben. Er ist dabei vorsichtig genug, von der *religiösen Struktur* und *einer essentiell religiösen Erscheinung* zu sprechen, ohne dabei einen anderen als den konventionellen Begriff von Religion zugrunde zu legen: den der *sogenannten* Religionen. Denn sein eigener, strenger und wohl auf Cohen und die Tradition des Judentums zurückgehender Religionsbegriff ist es nicht, den die Rede vom Kapitalismus als einer *essentiell religiösen Erscheinung* unterstellt. In »Schicksal und Charakter« heißt es dazu unzweideutig: *Eine Ordnung aber, deren einzig konstitutive Begriffe Unglück und Schuld sind und innerhalb deren es keine denkbare Straße der Befreiung gibt (...) – eine solche Ordnung kann nicht religiös sein (...).* (II, 1, 174) Die *kapitalistische Religion* (VI, 101) ist also nicht Religion, sondern *Kultreligion*, eine Glaubens- und Verhaltens-, Rechts- und Wirtschaftsstruktur, die, wie jeder andere Kult im Kontext eines Mythos, den einzigen Sinn verfolgt, den *Schuldzusammenhang des Lebendigen* zu organisieren.

Wie frühere religiöse, kultische und kulturelle Strukturen gibt die Handlungsordnung des Kapitalismus eine Antwort auf das, was Benjamin *Sorgen, Qualen, Unruhen* nennt: sie systematisiert ein Defizit, ohne eine Befreiung von ihm zu erlauben. Die Funktion des Kapitalismus liegt darin, den Mangel durch Erklärung seiner Herkunft und Anweisungen zu seinem Ausgleich zu strukturieren. Kapitalismus ist wesentlich Ätiologie, Herkunfts- und Schuldzuweisung, und, genauer, Deutung der Herkunft des Mangels aus Schuld, und, wiederum genauer, Setzung von Schuld, Ätiotaxie. Wie alle *sogenannten Religionen,* folgt der Kapitalismus einer Logik, die Benjamin in »Schicksal und Charakter« in einem Satz ausgesprochen hat, der zwar vom Recht und von juristischen Setzungen spricht, der aber, da Recht für ihn eine mythische Instanz ist, für sämtliche Elemente des Mythos und der ihm korrelierten Riten gilt: *Das Recht verurteilt nicht zur Strafe, sondern zur Schuld.* (II, 1, 175) Entsprechend kann es von allen rituellen und kultischen Praktiken wie insbesondere vom Kapitalismus als Kultreligion heißen: Sie verurteilen zur Schuld, indem sie die Schuld als Grund des

Mangels, der *Sorgen, Qualen, Unruhen* des natürlichen Lebens setzen, und verurteilen zur Strafe, um diese Schuld auszugleichen und gleichzeitig zu perpetuieren. Der Kapitalismus ist ein Schuldzuweisungs- und deshalb ein Verschuldungssystem wie alle paganen Kultreligionen, die ihm vorausgehen, und wie das Christentum, das ihn begleitet.

Der religiösen Funktion des Kapitalismus, Grundsetzung und Grunderhaltung, Schuldsetzung und Schulderhaltung – Ätiotaxie – zu sein, wird nicht dadurch schon widersprochen, daß er sich zunächst in Anlehnung an ein anderes religiöses System ausgebildet hat. Benjamin vermerkt: *Der Kapitalismus hat sich – wie nicht allein am Calvinismus, sondern auch an den anderen orthodoxen christlichen Richtungen zu erweisen sein muß – auf dem Christentum parasitär im Abendland entwickelt, dergestalt, daß zuletzt im wesentlichen seine Geschichte die seines Parasiten, des Kapitalismus ist.* (VI, 102) Daß der Kapitalismus zunächst ein Parasit des Christentums gewesen ist, setzt ihn nicht in ein Kausalitäts-, sondern in ein Transformationsverhältnis zu diesem. Transformiert werden in ihm alle Elemente, die schon im Christentum die Verkettung von Schuld und Sühne bestimmen. Der Parasit folgt bei der Auswahl und Kombination dieser Elemente seiner ›eigenen‹ Logik, die der Logik der voraufgehenden Religion entspricht und zugleich deren determinierende Struktur bloßlegt. In diesem Sinn ist Benjamins Erwägung zu verstehen, es wäre zu untersuchen, *welche Verbindung mit dem Mythos je im Laufe der Geschichte das Geld eingegangen (sei), bis es aus dem Christentum soviel mythische Elemente an sich ziehen* [also parasitär absorbieren] *konnte, um den eigenen Mythos zu konstituieren.* (VI, 102) Mit diesem Plan ist unterstellt – wenn auch nicht deutlich ausgesprochen –, daß der Parasit eine eigene Struktur hat, daß er sich an das religiöse Gastgebergebilde anheften konnte, daß er mächtiger war als sein Gastgeber und schließlich daß der Parasit Kapitalismus nur deshalb an die Stelle des Christentums treten konnte, weil dieses selbst schon essentiell parasitisch zu der von ihm supponierten Schuld sich verhielt. Das Christentum hätte sich nicht in Kapitalismus umgewandelt, wenn es nicht schon strukturell Kapitalismus, das heißt aber: wenn es nicht ein wie dieser um ein Defizit, ein Fehlen, eine Verfehlung, eine Schuld konstruiertes System gewesen wäre. Der Kapitalismus hätte das Christentum nicht ersetzen können, wenn er nicht wesentlich christlich, *essentiell religiös,* als *Kultreligion* und Schuldreligion auf die Ersetzung eines Mangels gerichtet gewesen wäre. Christlich am Kapitalismus, kapitalistisch am Christentum ist ihr parasitisches Verhältnis zur Schuld. Daher Benjamins Fazit: *Das Christentum zur Reformationszeit hat nicht das Aufkommen des Kapitalismus begünstigt, sondern es hat sich in den Kapitalismus umgewandelt.* (VI, 102) Diese Transformation von Christentum in Kapitalismus, von Glaubensform in Wirtschaftsform kann nur in der Weise vonstatten gegangen sein, daß die Form des einen in der Form des anderen erhalten blieb, weil beide *essentiell religiöse* Formen: Schuldformen, Setzungen des Grundes eines Defizits, Ätiotaxien, sind.

Wenn Benjamin behauptet, daß die *Geschichte* [des Christentums] *im wesentlichen (...) die seines Parasiten, des Kapitalismus ist,* dann behauptet er damit auch, daß nicht nur der christliche Zentralmythos – die Verschuldungs- und Vergeltungsgeschichte –, sondern die Politik- und Sozialgeschichte spätestens seit der Reformation Schuldgeschichte ist. Der Inhalt dieser Diagnose hat Konsequenzen für die Struktur dieser Diagnose. Wie nämlich Weber den Zusammenhang zwischen protestantischer Ethik und kapitalistischer Ökonomie als Kausalverhältnis gefaßt und damit ein Prinzip der Zweckrationalität zur Erklärung von deren Genese herangezogen hat, so müßte Benjamin, der im ökonomischen Verschuldungssystem eine Religionsform erblickt, in eine ähnliche Reflexionsfalle gehen und die Schuldgeschichte der okzidentalen Moderne seinerseits mit einer Schuldanklage überziehen – damit aber, so schreibt er im Bewußtsein dieser Gefahr, *heute noch auf den Abweg einer maßlosen Universalpolemik* geraten und mit dieser Polemik die Schuldgeschichte des Kapitalchristentums fortsetzen. Der Satz, den er an diese Erwägung anschließt: *Wir können das Netz in dem wir stehen nicht zuziehn,* besagt dreierlei: zum einen, daß auch er mit seiner Diagnose noch im Netz des Schuldzusammenhangs der Kapitalgeschichte steht[6], zum zweiten, daß diese Diagnose nur

[6] Die Metapher vom »Netz« des Mythos, »Netz« des Schuldzusammenhangs wird von Benjamin mehrmals in seiner kleinen Studie »Schicksal und Charakter« gebraucht und ausgesponnen: cf. II, 1, 176/178. – Aischylos gebraucht die Netz-Metapher (díktyon átes) im Zusammenhang mit dem Wirken der Ate in seinem »Prometheus desmotes« an hervorgehobener Stelle, dem Ende der letzten Rede des Hermes, V. 1078. Für ihn ist dies

einen weiteren Knoten im Netz der Verschuldung schürzt, zum dritten, daß eine Befreiung aus diesem Netz – und vielleicht vermöge dieses Netzes – sich dennoch, wenn auch für einen späteren Zeitpunkt, andeutet. *Später wird dies jedoch überblickt werden* (VI, 100), heißt es in einer Formulierung, die an das Paulinische »dann aber werden wir von Angesicht zu Angesicht sehen« erinnert. Mit diesem *später* ist ein Zeitpunkt visiert, der sich jetzt schon im Schuldzeitennetz öffnet und den Blick auf eine andere als die Schuldzusammenhangsökonomie, die Schuldnetz-Religion und damit auf etwas anderes als die Ligamente der *religio* freigibt. Es wäre ein Blick und Überblick, der selber die Bindung, die er herstellt, durchtrennt.

KAPITALSCHULDGESCHICHTE, STRUKTURELL. – Was *schon in der Gegenwart an (der) religiösen Struktur des Kapitalismus erkennbar* ist, zeigt Benjamin an drei Zügen – und an einem vierten, der in der Unerkennbarkeit seines Gottes liegt.

Zum einen ist der Kapitalismus reine Kultreligion, *vielleicht die extremste, die es je gegeben hat,* in der alles, ohne spezielle Dogmatik und Theologie, *nur unmittelbar mit Beziehung auf den Kultus Bedeutung hat.* Die kapitalreligiöse Struktur verbürgt eine Unmittelbarkeit zu Bedeutung, Wert und Wertquelle, eine Unmittelbarkeit zu ihrem Gott, die jeder Haltung, die in ihr eingenommen, jeder Handlung, die in ihr vorgenommen wird, einen heilsökonomischen Rang zuweist und keiner erlaubt, das Bedeutungs- und Wertgeflecht des Ritus zu verlassen. Daß jedes Detail des Verhaltens obsessiv mit einem ökonomischen – einem kapital- oder heilsökonomischen – Index versehen wird, macht diese Struktur zu einem nach Universalität und Intensität extremen Kultus der Bedeutsamkeit. Und zwar zu einem Kultus der *unmittelbaren* Bedeutsamkeit der alltäglichen Verrichtungen, in dem jede einzelne nie nur Mittel, sondern als Mittel auch schon Ziel, Zweck, Wert und Bedeutung ist. Diese Unmittelbarkeit zum Gott Kapital nennt Benjamin die *Konkretion* des Kults (VI, 100): in ihm sind Mittel und Zweck, Handlung und Bedeutung, Geld und Gott unmittelbar zusammengewachsen und konstituieren

---

unentrinnbare Netz des Unheils aber nicht eines der tyche, sondern ein selbstgewirktes (autai d'/ ymas autás) – die Verbindung zwischen átes und autás ist in diesen Versen so prononciert, daß die Schuld als Grund des Unheils ins Selbst gesetzt und mit ihm identisch erscheint.

einen geschlossenen transaktionssemantischen Komplex. Was bedeutet, *ist* unmittelbar das von ihm Bedeutete; der Signifikant unmittelbar das Signifikat und dessen Referent. Da in ihm der Bereich der Mittel getilgt und durch den der unmittelbaren Zwecke ersetzt ist, erlaubt dieser transzendenzlose Ritus nur die reine Gegenwart dessen, was er bezeichnet. Zeitliche Distanzen sind ebenso wie semiotische Differenzen zwischen den Elementen dieses Bedeutsamkeitskultus ausgeschlossen.

Der zweite Zug des kapitalistischen Ritus, den Benjamin hervorhebt, ist deshalb seine *permanente Dauer.* Da jede Relation zwischen säkularer Tat und heilsgeschichtlicher Bedeutung auf den einen Punkt ihrer unmittelbaren Kopräsenz kontrahiert ist, bietet der heilsgeschäftliche Ritus das Bild einer unschiedlosen Dauer der Gegenwart. *Der Kapitalismus ist die Zelebrierung eines Kultes sans trêve et sans merci. Es gibt da keinen »Wochentag« keinen Tag der nicht Festtag in dem fürchterlichen Sinne der Entfaltung allen sakralen Pompes der äußersten Anspannung des Verehrenden wäre.* (VI, 100)[7]

An dieser Stelle empfiehlt sich ein kurzer Exkurs zu einer anderen, etwa gleichzeitigen, gleichfalls wesentlich von Max Weber inspirierten und ihn radikalisierenden Darstellung der Verbindung von Kapitalismus und Christlichkeit: zu »Thomas Münzer als Theologe der Revolution«. Ernst Bloch, sein Verfasser, mit dem Benjamin schon vor der Veröffentlichung von dessen erstem Buch »Der Geist der Utopie« 1919 ebenso freundschaftliche wie kritische Beziehungen unterhielt, und dessen drittes Buch, eben »Thomas Münzer«, 1921 sehr gallige Bemerkungen von Benjamin auf sich zog, schreibt in dem Kapitel »Über Calvin und die Geld-Ideologie«: *Es sind letzthin allein die Geschäftsbücher, die mit Gott gehen, zu Gottes Majestät florieren und figurieren, dergestalt daß sich auch Calvins ursprüngliches Gottesgefühl, the Lord der Händelschen Majestätsmusik, sehr rasch auf die paradoxe Entspannung eines toten Sonntags reduzieren ließ.* (142) Im Zusammenhang mit seinen Bemerkungen zur *sozial-*

---

[7] Uwe Steiner hat in seinem Aufsatz »Kapitalismus als Religion – Anmerkungen zu einem Fragment Walter Benjamins« (DVjS 72, 1998, p. 156-57) plausibel gemacht, daß es dort, wo die Herausgeber der Gesammelten Schriften sans rêve et sans merci gelesen haben, sans trêve et sans merci heißen muß – ohne Ruhe und ohne Gnade.

religiösen Homogenität des Lebens, zur getilgten *jenseitigen Spannung* und zur *Spannung zwischen Sündenstand und Urstand*, macht es Blochs Formulierung von der *paradoxen Entspannung eines toten Sonntags* wahrscheinlich, daß Benjamin den »Münzer«, mindestens aber dieses Kapitel, bereits kannte, als er selbst in »Kapitalismus als Religion« schrieb, es gebe unter Bedingungen der Kapitalreligion *keinen Tag der nicht Festtag in dem fürchterlichen Sinne (...) der äußersten Anspannung des Verehrenden wäre.* Aber nicht nur diese Beobachtung könnte ein Echo von Blochs Formulierungen sein. Es gibt eine wichtigere Formel, die beide Texte miteinander verknüpft. Am Ende seines Calvin-Kapitels schreibt nämlich Bloch, daß die Reformation *schließlich nicht bloßen Mißbrauch, sondern vollkommenen Abfall vom Christentum, ja Elemente einer neuen »Religion«: des Kapitalismus als Religion und wahre Satanskirche inaugurierte.*[8] Die Identität dieser entscheidenden Formel in den Texten von Bloch und von Benjamin kann indessen vom Unterschied in ihrer Tendenz nicht ablenken. Wenn Bloch den *Kapitalismus als Religion*, und zwar als neue *sogenannte* Religion identifiziert – auch Benjamin spricht von *so genannten Religionen* –, dann ist mit dieser Formel, trotz ihrer Schärfe, ein moderates Urteil gefällt: denn dieser Kapitalismus stellt für Bloch, anders als für Benjamin, keine Metamorphose des Christentums in seine wahre Gestalt dar, sondern einen *vollkommenen Abfall* von ihm. Für Bloch ist die Diagnose *Kapitalismus als Religion* eine krasse Metapher der calvinistischen Apostasie zum Satanskult um die Lebensprofitrate und stellt deshalb einen Rückfall in das bloß scheinchristliche Schema der Verschuldung dar, von

---

8 In der überarbeiteten Fassung, die seit 1960 in Druck ist, heißen die letzten Worte: Elemente einer neuen »Religion«: des Kapitalismus als Religion und Mammonskirche brachte. (Ernst Bloch – »Thomas Münzer als Theologe der Revolution«, Frankfurt: Suhrkamp 1962; p.143) – Eine dritte Übereinstimmung zwischen Benjamin und Bloch liegt in dem Hinweis auf die Transformation der Theologie in Verhaltensgebote und die Transformation der Dogmen in Gesetze der Arbeitsmoral. Bloch schreibt: Nur ist der Inhalt (der göttlichen Gebote), auf den sich hier der Verstand einzig bezogen zeigt, nicht mehr statuiertes Kirchendogma, sondern eben die gottgesetzte Arbeitsmoral als alleiniger Zweck der Rechtfertigung; und nur Weltbearbeitung, Vorrationales, nichts eigentlich Überrationales will an solch schiefem Kantianismus wertregelnd, wahrheitsbestimmend, Geistinstrument gebrauchend erscheinen. (l.c., p. 141 sq.; cf. Kontext)

dem die Reformation, vor allem die Münzersche, hätte befreien sollen; für Benjamin dagegen ist *Kapitalismus als Religion* die diagnostische Formel, in der sich die Essenz des Kapitalismus wie des Christentums definiert.[9]

Energischer als Benjamins Wendung, es gebe im Kapitalchristentum *keinen »Wochentag« keinen Tag der nicht Festtag* wäre, bringt Blochs Satz von der *paradoxen Entspannung eines toten Sonntags* – besonders dann, wenn man ihn auf Hegels *Sonntag des Lebens* bezieht, in dem die Geschichte an ihr Ende gekommen sein soll – den eigentümlichen Charakter zum Ausdruck, den die Zeit in der kapitalistischen Religion annimmt. Sie ist in ihren Sabbath eingekehrt, an dem Gott von seinen Werken ruht und sie für gut befindet, an dem die

---

9 Hat Benjamin die Formel »Kapitalismus als Religion« – wie es naheliegend erscheint – von Bloch übernommen, dann kann die Datierung seines Fragments, deren Terminus ad quem von den Herausgebern als »Mitte 1921« angegeben wird (VI 690), erst für Ende 1921 angenommen werden. In einem Brief vom 27. 11. 1921 schreibt Benjamin an Scholem: Der Umgang mit Bloch ist, sehr vorsichtig, wieder aufgenommen worden. Natürlich macchivallistisch. Die vollständige Korrektur vom »Münzer« wurde mir neulich bei seinem ersten Besuch hier überreicht und ich habe zu lesen begonnen. Gesammelte Briefe, Bd. II (ed. Christoph Gödde u. Henri Lonitz); Frankfurt: Suhrkamp 1996, pp. 212-213. Da es aber sehr intensive Gespräche über politische und theologische Fragen zwischen Benjamin und Bloch lange vorher, insbesondere in der Schweiz, gegeben hat, ist die Annahme nicht unzulässig, daß dabei bereits Benjamin diese Formel lanciert, Bloch sie später in seinen »Münzer« übernommen hat.

Auf die sachliche Verbindung zwischen Blochs und Benjamins Texten, auf die ambivalente Beziehung zwischen ihren Autoren und auf die damit verbundene Frage nach der Datierung von Benjamins Skizze soll hier nicht hingewiesen werden, ohne die weitergehende Frage aufzuwerfen, ob es sich dabei überhaupt um ein im emphatischen Sinn historisches Problem handelt – oder nicht vielmehr, wie sich in diesem Zusammenhang nahelegt, um ein Problem der Verschuldung: wer wem etwas schulde, ob Benjamin Bloch oder Bloch Benjamin, oder etwa keiner dem anderen eine Einsicht schuldig sei. Da es genügend triftige Gründe für alle drei Annahmen gibt, läßt sich über diese Frage nicht entscheiden – und eben diese Unentscheidbarkeit und die Notwendigkeit, das Urteil über sie auszusetzen, isoliert die beiden Texte voneinander, löst sie aus der Schuldbeziehung und macht sie in ihrer – wenngleich nur möglichen – Selbständigkeit zu historischen Phänomenen. Ihre genuin historische Prägnanz – die etwas völlig anderes ist als der Wahrheitsgehalt ihrer Diagnosen – haben diese wie alle anderen Texte nicht aus ihrer Herkunftsgeschichte, sondern aus der Kraft (oder der Schwäche), sich von ihr zu lösen und für sich selbst zu stehen.

Bedeutung und das Ziel der Menschenarbeit mit dieser Arbeit selbst eins geworden, an dem Gelderwerb Gott ist; aber dieser Sonntag des Kapitals ist – und darin liegt die Paradoxie seiner Entspannung – tot, denn in ihm ist die Produktions- und Selbstproduktionsbewegung nicht zur Ruhe gekommen, sondern auf immer stillgestellt in der Erwartung des immergleichen Produkts, des immergleichen finalen Tags und Sonntags, in dem sich alle Zeit kontrahiert und gleichzeitig auf ihre Wiederkehr und die weitere Steigerung ihrer Produktionen dringt. Der Festtag in Permanenz besteht in der rituellen Anstrengung, diesen selben Festtag immer noch einmal und gleichzeitig als einen festlicheren zu feiern. Der auf Dauer gestellte Sonntag der Epoche des Kapitalismus ist der perennierende Werktag des Mehrwerts und der Mehrarbeit. Die Zeit des Kapitals, die damit charakterisiert ist, dehnt das Ende der Geschichte zur toten Ewigkeit. Es gibt in der Kapitalzeit kein Jetzt, das nicht mit einem anderen Jetzt gleichzeitig sein könnte, keines, das nicht auf seine Wiederkehr in einem anderen gespannt wäre, keines das nicht selbst schon unter dem Gesetz der Wiederkehr stünde und als bloßer Revenant eines anderen Jetzt erschiene. Das heißt aber: Kapitalzeit ist die Zeit des toten Jetzt als Wiedergänger und Surplus, als Wieder-Jetzt und Über-Jetzt. Es ist die automatische Zeit des homogenen Kontinuums, von der Benjamin in »Schicksal und Charakter« sagt, sie sei ganz *uneigentlich zeitlich*. Jedes Jetzt schuldet sich einem anderen Jetzt und schuldet sich ein anderes Jetzt: es ist jeweils nur ein defizientes, das sich in einem wiederum defizienten Jetzt repliziert. Mit dieser Formel ist nicht nur die Kapitalzeit und die Zeit der kapitalchristlichen Epoche, mit ihr ist die determinierende Struktur der philosophischen Zeitkonzeptionen zwischen Aristoteles und Hegel – und darüber hinaus – charakterisiert: die Negativität des Jetzt, das jetzt schon vergangen und in ein anderes übergegangen ist. Und so wie die Zeit in dieser Epoche ganz *uneigentlich zeitlich*, so ist die Geschichte ganz uneigentlich geschichtlich, weil sie in der Reproduktion des immergleichen Schemas von Schuld und schuldintensivierender Kompensation stillsteht und in der *paradoxen Entspannung eines toten Sonntags* besteht.

Nun ist der Kapitalismus nicht nur Kult und auf Permanenz gestellt, er ist beides nur – und dies ist der dritte und entscheidende Zug, den Benjamin an der essentiell religiösen Struktur dieser Wirtschafts- und Lebensform hervorhebt; er ist

Kult und auf Permanenz gestellt nur, weil er *verschuldend* ist. Benjamin schreibt: *Der Kapitalismus ist vermutlich der erste Fall eines nicht entsühnenden, sondern verschuldenden Kultus. Hierin steht dieses Religionssystem im Sturz einer ungeheuren Bewegung. Ein ungeheures Schuldbewußtsein das sich nicht zu entsühnen weiß, greift zum Kultus, um in ihm diese Schuld nicht zu sühnen, sondern universal zu machen, dem Bewußtsein sie einzuhämmern und endlich und vor allem den Gott selbst in diese Schuld einzubegreifen um endlich ihn selbst an der Entsühnung zu interessieren.* (VI, 100-101) An diesem Zug der Kapitalreligion: daß sie verschuldend ist, tritt deutlicher als an den früheren die Fusion ihres ökonomischen, ihres rechtlichen – und insofern moralischen – und ihres psychologischen Aspekts zutage. Benjamin weist diese Mischung am Begriff der *Schuld* selbst auf, wenn er von der *dämonischen Zweideutigkeit dieses Begriffs* spricht (VI, 102) – der Zweideutigkeit nämlich, nach der (finanzielle) Schulden immer (rechtliche, moralische, affektive) Schuld indizieren und jede Schuld sich in Schulden manifestiert. Dämonisch ist diese Zweideutigkeit, wie nach Benjamin jede, weil sie das vage Zeichen einer Unentschiedenheit und Ungeschiedenheit bietet, in der der Mensch sich seiner Freiheit – der Freiheit, die allein in der Entscheidung liegt – noch nicht versichert hat und sich deshalb den Mächten der Herkunft und ihrer Nachfolge, der Herrschaft seiner ätio-ökonomischen Deszendenz überantwortet. In der *dämonischen Zweideutigkeit* des Schuld- und Schuldenbegriffs bezeugt sich also selbst die Schuld, die er bezeichnet, und zeugt sich darin fort. Unter den Bedingungen der Kapital- und Schuldreligion gibt es eine Befreiung von ihr nicht. Um so entscheidender ist es für die Analyse, die Benjamin skizziert, den Umfang und die Bewegungslogik der Fusion zu bestimmen, die für die Turbulenzen um das leere Zentrum dieser Religion sorgt.

»UNGEHEURES SCHULDBEWUSSTSEIN«, PRÄDESTINATION, »VÖLLIGE VERSCHULDUNG GOTTES«. – Der Einsatzpunkt für die universelle Herrschaft der Schuld im neueren Christentum ist für Benjamin, wie er durch die Anknüpfung an Webers Abhandlungen – vermutlich vor allem an »Die Berufsethik des asketischen Protestantismus« – signalisiert, die »Entzauberung« der Welt, die im Calvinismus durch die methodische Ausschaltung der sakramentalen Magie als eines Heilsmittels herbeigeführt worden ist, und die durch die stillschweigende Tilgung des Bußsakraments in der Form der Privatbeichte dem Sündenbewußtsein die Möglichkeit zu seiner Entlastung vorenthielt. *Das Mittel zum periodischen »Abreagieren« des affektbetonten Schuldbewußtseins wurde beseitigt*[10], so schreibt Weber, und Benjamin: *Ein ungeheures Schuldbewußtsein das sich nicht zu entsühnen weiß, greift zum Kultus, um in ihm (...) diese Schuld universal zu machen (...).* Universal wird die Schuld, weil sie jeder Einwirkung durch den Gläubigen, durch Sakramente, durch die Kirche und selbst durch Gott entzogen ist. Die fürchterliche Pointe der Prädestinationslehre – die nichts anderes als eine Schicksalslehre ist – liegt nämlich darin, daß der Gott dieser Lehre allein für die Erwählten gestorben ist, *denen (er) seinen Opfertod zuzurechnen von Ewigkeit beschlossen hatte*[11], daß aber kein Erwählter Gewißheit über seinen Gnadenstand erreichen kann und deshalb auf Dauer in sein Schuldbewußtsein eingekerkert bleibt. Webers lapidarer Satz: *Niemand konnte ihm helfen*[12], charakterisiert die Welt der Prädestination als die der vollendeten Gnadenlosigkeit. Ein Schuldbewußtsein, dem die Entlastung im Schuldbekenntnis, in der Ostentation finanzieller Schuldenfreiheit und noch in der angespanntesten *Werkheiligkeit* versagt ist[13], kann Befreiung nicht einmal in Gott finden, weil der, wie sehr er sich für die Schuld der Welt geopfert haben mag, doch seiner eigenen Willensentschließung von Ewigkeit die Gefolgschaft – die Handlungsfolge – schuldig ist, und sich also wesentlich dadurch definiert, daß er sich in alle Ewigkeit bloß für sich selbst opfert. Die Prädestinationsdoktrin besagt in letzter, freilich selten ausgesprochener Konsequenz, daß es Gott nicht freisteht, eine einmal getroffene Entscheidung zu revidieren oder aufzuheben. Sie besagt also, daß Gott es sich schuldig ist, seine Entscheidung zu vollstrecken, daß er sich zu sich als einer *causa sui* verhält und in seiner ursprünglichen Entschließung sich selbst als seinem determinierenden Grund schuldig ist. Ein Gott, der seiner Entscheidung unwandelbar *folgen* muß, untersteht einer ihm immanenten Mechanik, die ihn zu sich selbst in ein Verhältnis von Grund und Folge und also

---

10 Weber, l.c., p. 124.
11 L.c., p. 123.
12 L.c., p. 122.
13 L.c., p. 133.

in ein Schuldverhältnis bringt. Prädestination ist Prädestination *durch* Gott, weil sie zunächst Prädestination *in* Gott ist. Ein Gott, der rein *in* seiner Entscheidung besteht, muß sich der von ihm einmal geschaffenen Zeit und allem Zeitlichen gegenüber absolut indifferent verhalten, kommt daher nicht als dessen Erlöser in Betracht und muß nicht nur dem gegenüber, worüber er beschlossen hat, sondern gegenüber seinem eigenen Beschluß in der Schuld sein. Unter welchem Aspekt man den Gott der Prädestination, und das ist der Gott der Selbst- und Welt-Begründung im Willen, auch ansehen mag, es ist ein Gott, der zu sich selbst im Verhältnis der Schuld steht. Da er nichts anderes als sein Verhältnis zu sich ist, ist dieser Gott bloße Schuld: im Sinne von *aítion*, von *causa*, *ratio* und *fundamentum*, und im Sinne von *debitum* und *culpa*. ›Kapitalismus als Religion‹ supponiert ›Gott als Schuld‹.

Die Klimax des Schuldbewußtseins ist also in der Überzeugung erreicht, daß Gott selbst schuldig, daß er sich selbst etwas schuldig und dadurch schuldig ist an der Schuld derer, die ihm etwas schulden. Die Verschuldung Gottes, die daraus resultierende Heillosigkeit und Unerlösbarkeit der Welt und das universelle Schuldbewußtsein seiner Gläubigen ist nicht mehr nur ein düsteres Theologoumenon und nicht bloß ein affektives Faktum, das die gesamte emotionale Struktur der kapitalreligiösen Gesellschaft determiniert und die Geschichte des Christentums in all seinen Praktiken dazu verurteilt, eine Geschichte der Schuld, der Beschuldigung, Vergeltung und Schuldabtragung zu sein; diese Verschuldung Gottes ist zugleich ein ökonomisches Faktum, das nicht Weber – der auffällig selten den Begriff der Schuld gebraucht –, sondern Marx auf den technischen Begriff gebracht hat. Im VII. Abschnitt des »Kapital« und seinem 24. Kapitel, seinem eigentlichen Schuld-Kapitel, »Die sogenannte ursprüngliche Akkumulation«, vermerkt er über *das System des öffentlichen Kredits, d.h. der Staatsschulden*: *Die öffentliche Schuld wird einer der energischsten Hebel der ursprünglichen Akkumulation. Wie mit dem Schlag der Wünschelrute begabt sie das unproduktive Geld mit Zeugungskraft und verwandelt es so in Kapital (...).*[14] Die öffentliche Schuld macht das Geld zu Kapital, das heißt aber: zu sich selbst verwertendem, sich selbst vermehrendem Geld, zu Mehr-Geld und also zu mehr Geld, als

[14] Karl Marx – »Das Kapital«, Berlin: Dietz Verlag 1969; p. 782.

es ist. Was aber mehr ist als es ist, ist im Fall des Kapitals zum einen der bloße, wenngleich sehr reale Schein von Kapital, zum anderen ist es, wenngleich sehr produktive und überproduktive, Kapital-Schuld, weil es in dem Maß, in dem es mehr als es selbst ist, weniger ist als es selbst. *Daher,* so Marx, *ganz konsequent die moderne Doktrin, daß ein Volk um so reicher wird, je tiefer es sich verschuldet. Der öffentliche Kredit wird zum Credo des Kapitals.* Mit der Formel dieser Metamorphose von säkularökonomischem *Kredit* ins sakramentale *Credo* und der darin implizierten Diagnose, der Kapitalismus werde in der Phase seiner »ursprünglichen« Akkumulation strukturell religiös, geht Marx über zu einer weiteren Kontraktion von Ökonomie und Religion: *Und mit dem Entstehen der Staatsverschuldung tritt an die Stelle der Sünde gegen den heiligen Geist, für die keine Verzeihung ist, der Treubruch an der Staatsschuld.*[15] Was hier als sakramentaler und Verschuldungsprozeß erscheint, aus dem sich die Produktivität des Kapitals ergibt, stellt sich bei der Verwandlung von Geld in Kapital als innergöttlicher Prozeß der Kapitalgenese so dar: *Statt Warenverhältnisse darzustellen, tritt er (der Wert) jetzt sozusagen in ein Privatverhältnis zu sich selbst. Er unterscheidet sich als ursprünglicher Wert von sich selbst als Mehrwert, als Gott Vater von sich selbst als Gott Sohn, und beide sind vom selben Alter und bilden in der Tat nur eine Person, denn nur durch den Mehrwert von 10 Pfd.St. werden die vorgeschossenen 100 Pfd.St. Kapital, und sobald sie dies geworden, sobald der Sohn und durch den Sohn der Vater erzeugt, verschwindet ihr Unterschied wieder und sind beide Eins, 110 Pfd.St.* [16] Die Schuldmechanik, von der in diesem Satz nur noch im Begriff eines »vorgeschossenen« Werts – eines Kredits – die Rede ist, ist der Prozeß des sich selbst zu Mehrwert und so allererst zu Wert mausernden Werts: der Prozeß des Werdens eines Gottes aus dem, was nicht ist, Theogonie aus Selbst-Verschuldung. Genauer: aus dem Kredit, der aus unbezahlter Arbeit, Ausbeutung, Kolonisierung, Raub und Raubmord unter den sie legitimierenden Gesetzen der Bevorrechtigten gezogen wird. Die allgemeine Wertformel »Geld – Ware – mehr Geld«, die sich im

---

[15] L.c.

[16] L.c., p. 169 sq. (Der sonderbare Druckfehler im Text der zitierten Ausgabe und die damit verhängte Kreditminderung – als Kapitalsumme werden dort 101 Pfd.St. genannt – sind von mir korrigiert worden.)

Lapidarstil des zinstragenden Kapital zu »Geld – mehr Geld« abkürzt – *Geld, das gleich mehr Geld, Wert, der größer ist als er selbst* –, ist die Erzeugungsformel des *automatischen Subjekts*, die Formel der Erzeugung Gottes aus seinem Nichts. Das *Credo des Kapitals* ist nämlich für Marx nicht etwa der Glaube der Handeltreibenden ans Kapital, sondern dessen *Privatverhältnis zu sich selbst* – es ist der Glaube des Kapitals an das Kapital, ein *credo quia absurdum*, das nur in der Abwesenheit des Geglaubten bekannt werden kann, ein Credo, in dem das Kapital, Gott Vater in der Einheit mit seinem Sohn, sein Debet bekennt: Ich schulde mir mich selbst.

Daß Geld, vornehmlich in seiner Kapitalform, ein nicht nur schuldig machender, sondern schuldiger Gott sei, betonen, in mehr oder weniger analytischer, aber fast immer auch polemischer Absicht, alle von Benjamin in seiner Skizze notierten Werke: Georges Sorel schreibt in seinen »Réflexions sur la violence« von 1908, daß *das Recht der Schuldverhältnisse jeden fortgeschrittenen Kapitalismus beherrscht*[17]; Adam Müller in seinen »Zwölf Reden über die Beredsamkeit (...)« von 1816, daß *das ökonomische Unglück (...) sich nunmehr, seitdem alle Tat und Handlung in Golde ausgedrückt wird, in schweren und immer schwereren* Schuldenmassen *auf die Nachwelt wälzt*[18]; Gustav Landauer in seinem »Aufruf zum Sozialismus« von 1911 und 1919, an eine von Fritz Mauthner vermutete Etymologie anknüpfend: *Der einzige Gegossene, der einzige Götze, der einzige Gott, den die Menschen je leibhaft zustande gebracht haben, ist das Geld. Das Geld ist künstlich und ist lebendig, das Geld zeugt Geld und Geld und Geld, das Geld hat alle Kräfte der Welt. (...) Wir sind Bettler und Tröpfe und Toren, weil Geld Gott, weil das Geld Menschenfresser geworden ist.*[19] Und endlich Nietzsche, nicht mit seinem »Zarathustra«, auf den Benjamin in seiner Skizze mit dem Begriff des Übermenschen anspielt,

---

17 Hier zitiert nach: Georges Sorel – »Über die Gewalt«, Frankfurt: Suhrkamp Verlag 1981; p. 207.

18 Hier zitiert nach Adam Müller – »Zwölf Reden über die Beredsamkeit und deren Verfall in Deutschland«; Frankfurt: Suhrkamp Verlag 1967; p. 68.

19 Gustav Landauer – »Aufruf zum Sozialismus«, Revolutionsausgabe 1920; Berlin: Paul Cassirer; p. 144 sq. – Auf diesen Passus weist auch Uwe Steiner in seinem Aufsatz (Anm. 6) hin.

aber seiner Abhandlung »›Schuld‹, ›Schlechtes Gewissen‹ und Verwandtes« aus der »Genealogie der Moral« von 1887, wo von einer Moralisierung, Rückwärts-Wendung und Umkehrung des Schuldbegriffs *gegen den »Gläubiger«* – also Gott – die Rede ist: *denke man dabei nun an die* causa prima *des Menschen, an den Anfang des menschlichen Geschlechts, an seinen Ahnherrn (...) oder an das Dasein überhaupt, das als* unwert an sich *übrigbleibt (nihilistische Abkehr von ihm, Verlangen ins Nichts ...) – bis wir mit einem Male vor dem paradoxen und entsetzlichen Auskunftsmittel stehn, (...) jenem Geniestreich des* Christentums: *Gott selbst sich für die Schuld des Menschen opfernd, Gott selbst sich an sich selbst bezahlt machend (...) – der Gläubiger sich für den Schuldner opfernd, aus* Liebe *(sollte man's glauben?), aus Liebe zu seinem Schuldner! ...*[20] Nimmt man zu diesem Gedanken, der göttliche Gläubiger opfere sich nicht nur für seinen Schuldner, sondern schulde ihm sein Opfer, den Verdacht hinzu, dieser Gläubiger könne auch *das Dasein überhaupt* sein, dann ergibt sich zwingend die Diagnose, Dasein überhaupt und zumal das höchste, *summum ens*, sei nichts anderes als *maxima culpa*, ein *debitum maximum*, das eben darum nicht abgegolten werden kann, weil es keine weitere, geschweige denn höhere Instanz der Schuldlösung gibt.

Prima causa, prima culpa, das ist der Befund, aus dem Nietzsche das Christentum als *Metaphysik des Henkers*[21] und *Schleichweg ins Nichts,* als Asketenrationalismus und Nihilismus einschätzt. Wenn die Formel der polit-ökonomischen Theologie bei Marx lautet: Gott erzeugt sich aus seinem (nie gedeckten und nie deckbaren) Kredit, so lautet die Formel der moral-ökonomischen Theologie, die Nietzsche nahelegt: Gott ist nicht nur Jemandem Etwas schuldig, sondern er ist sich sich selbst schuldig – nur so »gibt« es ihn, und deshalb »gibt« es ihn nur aus seinem Nicht.

---

[20] Friedrich Nietzsche – Werke in drei Bänden (ed. Karl Schlechta), München: Hanser Verlag 1966; Bd II, p. 832 sq. – In der Nähe zu drei anderen Texten, die in »Kapitalismus als Religion« zitiert werden, ist in Benjamins Liste der von ihm gelesenen Bücher, mit der Nummer 722, Nietzsches »Jenseits von Gut und Böse« verzeichnet (VII, 1, 447). Da die »Genealogie der Moral« dem »Jenseits« zur Ergänzung und Verdeutlichung begegeben ist, scheint die Annahme plausibel, daß Benjamin auch sie gekannt hat.

[21] Nietzsche, l.c., p. 977.

Wenngleich die Begriffe »Kapital« und »Kapitalismus« in Nietzsches Analyse fehlen, läßt sie ebenso wie die christologische Kredit-Formel von Marx, wie das von Adam Müller beobachtete Schuldenerbe und wie die polemische Etymologie Landauers keinen Zweifel daran, daß das von Weber beschriebene Kausalverhältnis zwischen Christentum und Kapitalismus unzureichend ist, die Beziehung zwischen beiden zu bestimmen, und legt wie jene die von Bloch und Benjamin gewonnene Formel nahe, Kapitalismus sei *als* Religion – und zwar als Schuldreligion –, und Religion – genauer: die christliche – sei *als* Kapitalismus zu verstehen.

Ausweglosigkeit der Geschichte. – Benjamin zieht aus den von seinen Referenzautoren bereitgestellten Stoffen und Argumenten die Konsequenz, daß *Gott selbst in diese Schuld* einbegriffen würde, *um endlich ihn selbst an der Entsühnung zu interessieren. Diese ist hier also nicht im Kultus selbst zu erwarten, noch auch in der Reformation dieser Religion, die an etwas Sicheres in ihr sich müßte halten können, noch in der Absage an sie.* (VI, 101) Mit diesem Satz ist die Tendenz der Benjaminschen Überlegungen durch die Zurückweisung von drei denkbaren Alternativen bezeichnet.

Eine Entsühnung vom System der Schuld, das in der Kapitalreligion welthistorischen Umfang angenommen hat, ist trotz des Entsühnungs*versprechens,* das sie zu geben nicht aufhört, zum einen *in* dieser Religion nicht möglich: denn noch ihre oberste Instanz, Gott, ist der Schuld, die er allein entsühnen könnte, unterworfen. Von einer bloß immanenten Bewegung im System der Schuld ist keine Befreiung zu erwarten, wenn dessen konstitutives Prinzip sich darin erschöpft, Schuld und also unfrei zu sein.

Entsühnung ist, zum zweiten, auch von einer *Reformation* dieser Religion nicht zu erwarten: denn jede Reformation – die auf eine Reformation der protestantischen Reformation hinauslaufen müßte –, alle reformerischen Anstrengungen, wie sie zu Benjamins Zeiten insbesondere von der sozialdemokratischen und sozialistischen Politik unternommen wurden, müßten an einem Element des Kapitalkultus und seiner ökonomischen und psychosozialen Strukturen ansetzen, das von Schuld frei wäre oder Schuldbefreiung zumindest in Aussicht stellen könnte; es gibt aber kein solches Element. Auch die marxistische Variante des Sozialismus stellt nach Benjamins Einschätzung, die eng an diejenige von Gustav Landauer anschließt, eine Sozial- und Wirtschaftsform dar, die sich aus der dynamischen Schuldenprogression des Kapitalismus ergibt. *Kapitalsozialismus* nennt Landauer im »Aufruf zum Sozialismus« den von Marx prognostizierten; *man sträubt sich gegen so exemplarischen Unsinn, aber das ist ohne Frage die wahre Meinung von Karl Marx: der Kapitalismus entwickelt ganz und gar den Sozialismus aus sich heraus, die sozialistische Produktionsweise »erblüht« aus dem Kapitalismus (...).* Und um die theologische Konnotation dieses Bildes zu verdeutlichen, fügt er hinzu: *Marxismus – die Geistlosigkeit, die papierne Blüte am geliebten Dornstrauch des Kapitalismus.*[22] Der brennende Dornstrauch, das bittere Emblem der Theophanie des Kapitals, ist für Landauer der einzige Ort, an dem der von Marx in Aussicht gestellte Sozialismus erblühen kann, denn er soll sich aus dem Automatismus von dessen Bewegung selbst automatisch und also als dessen Steigerung ergeben. Das gleiche Argument wie Landauer gebraucht Benjamin, und setzt den Akzent auf den Verschuldungscharakter in der Kontinuität zwischen Kapitalismus und Sozialismus, indem er den historischen Prozeß von der einen zur anderen Produktionsform mit der Metapher von Zins und Zinseszins als Schuldenprogression – und Geschichte im Zeitalter der Kapitalreligion insgesamt als Schuldgeschichte – deutet. Der von Marx projektierte Sozialismus kann nur ein weiteres Stadium in der Schuldgeschichte des Kapitals werden, denn, so schreibt Benjamin: *der nicht umkehrende Kapitalismus wird mit Zins und Zinseszins, als welche Funktion der* Schuld (...) *sind, Sozialismus.* (VI, 101-102)

Wenn ein Ende der Verschuldungsgeschichte weder aus dessen interner Struktur noch aus ihrer Reform möglich ist, bleibt als einzige weitere Möglichkeit einer Befreiung aus dieser Geschichte die *Absage* an sie. Mit einer solchen *Absage* verbindet sich die Vorstellung, sie könnte von außerhalb der Verschuldungsstruktur erteilt werden oder von einem neutralen Punkt aus eine Trennung von ihr herbeiführen. Aber auch sie kann eine *Entsühnung* nicht bewirken, denn keine Absage könnte vermeiden, sich auf den Kultus der Schuldreligion zu beziehen, seine Sprache, die eine Sprache der Anklage und Anschuldigung ist,

[22] Landauer, l.c., p. 41 sq.

zu sprechen, und deshalb an ihm noch in der Absage schuldig zu werden. Die Absage ist also eine zweideutige (Benjamin könnte sagen: dämonisch zweideutige) Beziehung – sie nimmt am Mythos noch teil, während sie ihre Lösung von ihm deklariert. Solange eine Absage an die Schuld noch im mindesten von ihr dependiert – und Schuld ist Dependenz par excellence –, ist sie ihre Steigerung und nicht Befreiung von ihr.

Wenn diese drei Alternativen zum Schuldverhältnis eben dies Verhältnis perpetuieren, dann ist weder innerhalb noch außerhalb seines Systems die Befreiung von ihm zu erwarten, und weder innerhalb noch außerhalb eine Geschichte möglich, die nicht Schuldgeschichte wäre. Die Formel dieser Doppelexklusion »weder innerhalb noch außerhalb« enthält aber einen Hinweis darauf, wo die gesuchte Befreiung dennoch möglich ist. Denn wenn sie weder innerhalb noch außerhalb der Schuldverhältnisse der Kapitalreligion möglich ist, dann ist sie es dort und allein dort, wo diese Schuldverhältnisse ein Extrem erreichen, das weder ihnen noch ihrem Außen angehört. Erst im Extrem der Schuld selbst kann die Möglichkeit einer Befreiung von ihr und also noch einer Befreiung der Schuld von der Schuld gelegen sein. Dies Extrem wäre diejenige äußerste und innerste Grenze, an der die Schuld nicht mehr sie selbst und nichts außerhalb ihrer, sondern als Schuld von sich selbst gelöst ist.

Zertrümmerung des Seins. – Benjamins Räsonnements bewegen sich durch die Beschreibung der Verschuldungsaporien hindurch zu derjenigen äußersten Aporie, in der die Verschuldung an sich selber zerbricht und das System, in dem sie aufrecht erhalten wurde, in seine Zertrümmerung einbezieht. Er schreibt, nachdem er jeden Ausweg, den reformerischen wie den negierenden, abgewiesen hat: *Es liegt im Wesen dieser religiösen Bewegung, welche der Kapitalismus ist⟨,⟩ das Aushalten bis ans Ende⟨,⟩ bis an die endliche völlige Verschuldung Gottes, den erreichten Weltzustand der Verzweiflung auf die gerade noch* gehofft *wird. Darin liegt das historisch Unerhörte des Kapitalismus, daß Religion nicht mehr Reform des Seins sondern dessen Zertrümmerung ist. Die Ausweitung der Verzweiflung zum religiösen Weltzustand aus dem die Heilung zu erwarten sei. Gottes Transzendenz ist gefallen. Aber er ist nicht tot, er ist ins Menschenschicksal einbezogen.* (VI, 101) Die *endliche völlige Verschuldung Gottes* korrespondiert in der

Marxschen Strukturbeschreibung des Kapitals – denn Gott ist dort wie hier das Kapital – dem ungedeckten Kredit, mit dem es seinen Anfang nimmt, und dem ungedeckten Mehrwert, den es in jedem Zug der Warenzirkulation erzeugt und zu erzeugen nicht aufhört, ohne ihn je an ein reales Wertäquivalent binden zu können: der absolute Mehrwert, das absolute Kapital ist nichts als Kredit, Gott nichts als Schulden. Diese selbe *völlige Verschuldung Gottes* entspricht in Nietzsches »Genealogie der Moral« der Übernahme der Schuld der Gläubigen durch Gott, der Gottverlassenheit Gottes in seinem »eli, eli, lama sabachtani«, der Gott-losigkeit Gottes in der Weltgeschichte seines Kredits. Der Prozeß der *völligen Verschuldung* beschränkt sich nicht auf einen innergöttlichen Prozeß in einem transzendenten Wesen oder einer transzendentalen Idee; er ist als Transzendenzverschuldung und also Transzendentalienzerfall die Verzweiflung Gottes und zugleich die *Ausweitung*, die Universalisierung seiner Verzweiflung zum *Weltzustand.* Dieser *Weltzustand* definiert jedes Detail jedes *Menschenschicksals* und jeder der an ihm beteiligten Gewalten und Institutionen als Schuld, als Verzweiflung und Einsamkeit. Das System der Kapitalreligion ist in demselben Maße pantheistisch, in dem es schizotheistisch ist. Die Welt und darin jeder Mensch *ist* Gott in seiner – also nicht mehr *seiner* – Verzweiflung. Deshalb kann Benjamin in einer hochpathetischen astrologischen Metapher vom *Durchgang des Planeten Mensch durch das Haus der Verzweiflung in der absoluten Einsamkeit seiner Bahn* (VI, 101) sprechen und sich dabei auf den »Übermenschen« Nietzsches und seine Stern-Bilder beziehen. Diese Einsamkeit und diese Verzweiflung können auf Max Webers einschlägige Deskriptionen der calvinistisch imputierten Gemütszerrüttung, auf die Gewissens-Selbstquälerei unter asketischen Idealen bei Nietzsche und auf Kierkegaards Charakterisierung der Verzweiflung als Geisteskrankheit zum Tode bezogen werden[23]; aber sie ergeben sich beide, Einsamkeit und Verzweiflung,

---

[23] Als »die Krankheit zum Tode« definiert Kierkegaard in der gleichnamigen Abhandlung die Verzweiflung. Von den Sorgen spricht Benjamin in seiner Skizze als der Geisteskrankheit, die der kapitalistischen Epoche eignet. (VI 102) Obwohl Kierkegaard in diesem Fragment ungenannt bleibt, kann man allenthalben seine Spuren darin finden, in der Rede von Verzweiflung, Angst und Einsamkeit nicht weniger als in der von Schuld und Schicksal, und noch in der dämonischen Zweideutigkeit.

schlüssig aus dem universell gewordenen System der Schuld gegenüber der *causa prima*, die Schuld an sich ist, aus einer Geschichte, deren *höchste Kategorie* die Schuld ist, und einer polit-ökonomischen Theologie, die in der *völligen Verschuldung Gottes* kulminieren muß. Wenn Gott selbst wie alles, was in Wirtschaft und Gesellschaft, Geschichte, Sprache und Moral an dieser obersten Instanz orientiert ist, schuldig wird, dann ist seine *Transzendenz* in der Tat *gefallen*, und tiefer als Adam in seinem immer noch von einem Gott umfangenen Fall. Dann ist Gott von sich selbst abgefallen in einer Autoapostasie ohne Gleichen, die ihn zur Entzweiung und zur Verzweiflung treibt, ihn aus der Gemeinschaft mit sich selber löst und noch im Verhältnis zu sich selbst vereinsamt. Verzweiflung könnte nicht der *religiöse Weltzustand* am Ende der Geschichte sein, wenn sie nicht die Verzweiflung Gottes wäre in allem, was sich durch ihn definiert; Einsamkeit muß in diesem allen auch die des Gottes sein, der nichts mehr mit sich selbst gemein hat und noch die absolute Minimalgesellschaft, die mit sich, verloren hat. Daß er nicht tot ist, dieser Gott der gefallenen und mit sich selbst zerfallenen Transzendenz, rettet ihn nicht, denn er ist *ins Menschenschicksal einbezogen* und damit in einen Schuldzusammenhang, der schlimmer ist als der Tod.

Was also heißt *endliche völlige Verschuldung Gottes*? Es kann nicht heißen, daß Gott an einer defizienten Schöpfung die Schuld trägt, sofern er Urheber und Grund ihrer Unvollkommenheit ist – dann wäre er auch anderer, idealer Schöpfungen fähig und würde schuldig, indem er seinem eigenen Ideal nicht entspräche. Die Anklage gegen einen Gott, der seinen eigenen Fähigkeiten nicht entspricht, ergeht an einen schizoiden Gott, der zu einem Teil schuldig, zu einem anderen unschuldig oder unschuldsfähig ist; sie richtet sich nicht gegen einen *völlig* verschuldeten Gott. *Völlige Verschuldung Gottes* muß heißen, daß er an sich selbst schuldig ist, daß er die Schuld an sich als einem noch nicht und nie jemals Abgegoltenen trägt, daß er schuldig, verantwortlich und haftbar ist für sich selbst als denjenigen, der nicht nur unfertig, mißlungen oder verfehlt ist, sondern schlechterdings fehlt. Wenn Schuldigsein heißt Grundsein für ein Nichtsein, dann heißt *völlige Verschuldung Gottes*, daß Gott Grund seines eigenen Nichtseins ist. Grund seines Nicht kann er nur sein, wenn er sich sein Sein nicht willkürlich und zeitweilig vorenthält, sondern wenn er nicht anders kann als es sich vorzuenthalten, weil er über es nicht verfügt und also nicht *ist*. Gottes Schuld liegt, wenn sie ihn zur Gänze bestimmt, darin, sein Nicht zu sein, und also darin, nicht zu sein. Nur aus diesem höchst paradoxen Grund, diesem Grund, der sich selbst vernichtet, kann Benjamin zu dem exponiertesten und konsequentesten Befund seiner Skizze kommen: das *historisch Unerhörte des Kapitalismus* liege darin, *daß Religion nicht mehr Reform des Seins sondern dessen Zertrümmerung ist.* Der religiöse Kapitalismus ist diejenige Denk-, Erfahrungs- und Handlungsstruktur, in der sich erweist, daß das Sein, das in ihr als kapitaler Wert gesetzt ist, unendlich viel mehr und eben deshalb unendlich viel weniger ist als es selbst; daß dies Sein etwas *toto coelo* anderes als es selbst, daß es zertrümmertes, von sich selbst abgespaltenes, sich von sich abspaltendes und sich zertrümmerndes Sein und also selbst das Geschehnis der Zertrümmerung des Seins, seine Vernichtung ist.

Diese Zertrümmerung des Seins im Kapitalismus, im Kapitalchristentum und allen von ihm affizierten Strukturen, Institutionen, Diskursen und nicht-diskursiven Erfahrungen ist, wie Benjamin betont, ein historisch Unerhörtes: nicht nur ein singuläres, präzedenzloses Vorkommnis, sondern ein im Wortsinn *unerhörtes* Geschehnis, das sich dem Hören wie jeder sinnlich distinkten Erfahrung und jedem Begriff verweigert. Erst durch dies *historisch Unerhörte* an ihr wird die Kapitalreligion in ihrem Zenith zum historischen Geschehen, zum einzigen Geschehen, das historisch genannt werden kann. Geschichtlich im emphatischen Sinn ist, was sich dem Sinn wie den Sinnen entzieht, als Unerhörtes von niemandem vernommen, sich selbst unzugänglich, von sich selbst un-erhört ist, und worin die Erfahrung auf ein Unerfahrbares stößt. In der Zertrümmerung des Seins, die der kapitalchristliche Schuldkultus herbeiführt, im Ruin des Werts aller Werte, in der Selbstverschuldung des *summum ens* ist als im Extrem des mythischen Schuldzusammenhangs, der nur uneigentlich geschichtlich genannt werden kann, dieser Zusammenhang zerrissen: Die Zertrümmerung des Seins ist die Eröffnung der Geschichte.

Unerhört wie der ontologische Ruin ist, weil ihm kein Sein zugesprochen werden kann, kann er sich weder als empirisches noch als ideelles Objekt der Erkenntnis darbieten. Die Spaltung in Gott, die Zertrümmerung des Seins ist *unansprechbar* und ein *Geheimnis*, weil eine in diskontinuierliche Stücke zersprengte

Entität keinen Zugang zu sich selbst haben kann und jeden äußeren verwehrt. Deshalb muß Benjamin den drei Zügen, die *schon der Gegenwart an dieser religiösen Struktur des Kapitalismus erkennbar* sind, als vierten Zug seine Unerkennbarkeit hinzufügen: *Ihr vierter Zug ist, daß ihr Gott verheimlicht werden muß, erst im Zenith seiner Verschuldung angesprochen werden darf. Der Kultus wird vor einer ungereiften Gottheit zelebriert, jede Vorstellung, jeder Gedanke an sie verletzt das Geheimnis ihrer Reife.* (VI, 101) Solange seine Reife – und das mag heißen: das Stadium seiner Ablösung von ›naturwüchsigen‹ Zusammenhängen und zunächst von sich selbst – nicht erreicht ist, muß die Gottheit des Schuldkultus in ihm *verheimlicht* und das *Geheimnis* des Reifeprozesses gewahrt bleiben. Dies Geheimnis kann kein anderes sein als das Geheimnis seiner Schuld, seines defizitären, seines Nicht-Seins. Dieses strukturelle Geheimnis, das sein Vergessen oder seine »Verdrängung« nach sich ziehen muß, gehört für Benjamin nicht nur zum Bereich der ontologischen, theologischen und polit-ökonomischen Forschung, sondern auch zur avanciertesten ›psychologischen‹, die ihm bekannt war, der psychoanalytischen.[24] Wie Marx, wie Weber, Nietzsche und vermutlich Kierkegaard wird aber auch Freud zu denjenigen gezählt, die die Schuldreligion in ihren Theorien sanktionieren, statt in ihrem Verlauf die Elemente ihres Zerfalls zu erkennen. Auch die *Freudsche Theorie* fällt unter das Verdikt, sie sei *ganz kapitalistisch gedacht* und gehöre *zur Priesterherrschaft von diesem Kult.* Benjamin erklärt: *Das Verdrängte, die sündige Vorstellung, ist aus tiefster, noch zu durchleuchtender Analogie das Kapital, welches die Hölle des Unbewußten verzinst.* (VI, 101) Nimmt man zu dieser Bemerkung die mythologische Notiz hinzu, der Gott der Unterwelt – der Hölle, des Unbewußten –,

---

[24] Gershom Scholem vermerkt in »Walter Benjamin – die Geschichte einer Freundschaft« sehr trocken: Benjamin saß (1917/18) in einem Seminar Häberlins über Freud, über dessen Trieblehre er damals ein ausführliches Referat ausarbeitete und über die er ablehnend urteilte. (Frankfurt: Suhrkamp 1975, p. 75) Das von Scholem erwähnte Referat ist verschollen, nur aus ihm ließe sich ersehen, wie Benjamin tatsächlich über Freuds Trieblehre »geurteilt« hat. Scholems apodiktisches »ablehnend urteilte« stimmt zwar mit dem scharfen Ton von Benjamins Charakteristik überein, wird aber nicht der historischen Stellung gerecht, die Benjamin der psychoanalytischen Theorie zugesteht: wie in Nietzsches »Übermenschen« erkennt er im Freudschen »Unbewußten« eine der Signaturen des Zeitalters der Schuld in ihrem Zenith.

Plutos, sei der *Gott des Reichtums*, so ist damit gesagt: Gott ist unbewußt, er ist eine sündige, ja die sündigste, zuerst und am tiefsten verdrängte Vorstellung und eine Vorstellung, die in nichts als Verschuldung und Verfehlung, in nichts als Fehlen: in nichts als einem Nichts beruht und deshalb keinen möglichen Gegenstand eines Bewußtseins bietet. In dieser Diagnose, die sich auf das Freudsche Theorem der Urverdrängung ebenso berufen kann wie auf den ethno-psychoanalytischen Mythos vom Mord am Urvater, der, verdrängt, zum unbewußten Schuldgefühl und den dadurch motivierten Kulturleistungen führt, ist noch einmal, wie von Marx und Nietzsche, die Struktur der Kapital-Gottheit bezeichnet – und gleichzeitig verleugnet. Denn in der Freudschen Diagnose wird, so jedenfalls will es Benjamin, der Begriff der Schuld und der Verschuldung als unauflösliches Fundament aller sozialen und religiösen Verhältnisse konsolidiert und nicht eingeräumt, daß diese Schuld, sobald sie in Gott, im Kapital und seinem religiösen System absolut geworden ist, eliminierbar wird.

Paradox der Schuld. – Wenn eine Befreiung von Schuld gedacht werden kann, dann kann sie nur aus der Struktur der Schuld selbst gedacht werden. Wenn sie nicht durch sich selbst und nicht durch etwas außer ihr möglich ist, aber Schuld eine Bewegung durchläuft, in der sie ihr Extrem – ihren *Zenith*, wie Benjamin schreibt – berühren und *umkehren* kann, dann muß es in der Verfassung der Schuld selbst gelegen sein, daß sie ihre Tilgung, wenn nicht betreibt, so doch ermöglicht. Schuld muß deshalb eine paradoxe Struktur haben. Unter den wenigen Aufzeichnungen, die Benjamin ihr gewidmet hat, macht eine diese Paradoxie explizit. Sie handelt von den *natürlichen Schuldbegriffen* und den ihr entsprechenden *heidnischen Religionen* und erwägt, der *natürlichen* eine *sittliche Schuld* entgegenzusetzen. *Schuldig*, im Sinne des natürlichen Schuldbegriffs, so notiert Benjamin, *ist stets irgendwie das Leben, die Strafe an ihm der Tod*. Und er fährt fort: *Eine Form der natürlichen Schuld die der Sexualität, an Genuß und an der Erzeugung des Lebens (.) / Eine andere die des Geldes, an der bloßen Möglichkeit zu existieren.* (VI, 56) Geld und Sexualität sind nach dieser Notiz Formen der Verschuldung des Lebens – aber nicht, wie man glauben könnte, weil sie das Leben bedrohen, schädigen oder beinträchtigen, sondern im Gegenteil, weil sie Leben erzeugen, steigern oder die bloße Möglichkeit zu existieren bieten. Geld gilt hier nicht als eine entfremdete und ertötende Gestalt des Lebens, sondern als seine Ermöglichung, also als das Leben des Lebens. Schuld des Lebens ist die Ermöglichung und die Erzeugung des Lebens, schuldig am Leben ist das Leben und seine Intensivierung in der Regeneration. In diesem Satz von der natürlichen Schuld heißt Schuld Herkunft, Ursache, Erzeugung, Veranlassung. Causa ist culpa. Wenn Leben in diesem Sinn Schuld und Schuld am Leben ist, dann ist das Schuldige zugleich ein Malum, weil es ein leidvolles, unglückliches, ein unfertiges und mangelhaftes Leben ist. Leben ist schuldig am Leben, weil es zugleich seine Prokreation und seine Verminderung, zugleich Prokreation der Verminderung und Verminderung der Prokreation des Lebens ist. Leben ist schuldig, weil es zuviel zuwenig Leben erzeugt. Wenn Leben Schuld erzeugt, indem es sich fortzeugt, dann erzeugt Leben seine eigene Strafe, den Tod, und dann führt Leben selbst seinen Tod herbei. Daß jede Lebensform eine Schuldform und Leben Tod ist, dies Paradox ist die Formel des mythischen Denkens. Sie ist, so sehr sie als geschärfte Antinomie auftreten mag, lax auf die Mischung von Leben und Tod, Verschuldung und Strafe angelegt, und erlaubt nicht, den Zirkel der Ätiologie, der Schuldzuweisung, der Anschuldigung und der Verdammung zu verlassen. Im Horizont der Schuld des Lebens am Leben ist eine *völlige Verschuldung,* und gar eine *völlige Verschuldung Gottes,* undenkbar, weil jede Verschuldung auch schon ihre Vergeltung und in dieser Vergeltung ihre Perpetuierung bewirkt. Die Ökonomie der Schuld – die Ätionomie – des natürlichen Lebens ist die Ökonomie der Aufhebung: der Bewahrung der Schuld in ihrer Vergeltung.

Diese Ätionomie bietet aber wie der Satz des Anaximander, der ihre älteste Formel enthält, die Möglichkeit, sie ins Extrem der *völligen Verschuldung* zu treiben. Ist nämlich das Leben schuldig am Leben, dann ist das Leben Schuld an sich und schuldig an der Schuld. Leben ist nichts als Schuld und also ist es Grund eines Mangels, der mit dem Grund auch die Schuld auflöst. Mit dieser outrierten Logik der unendlichen Privation ist das Kontinuum der Schuld aus seiner eigenen Bewegung herausgetreten.

Zertrümmerung des Seins, Umkehr. – Die bisher diskutierten Überlegungen Benjamins und der von ihm zitierten Autoren laufen auf die Diagnose zu, es liege im Wesen des Kapitalismus als Religion *das Aushalten bis ans Ende, bis an die endliche völlige Verschuldung Gottes, den erreichten Weltzustand der Verzweiflung auf die gerade noch* gehofft *wird.* (VI, 101) Gehofft wird also auf den *erreichten* – den jetzt, in Benjamins Gegenwart, im historischen Augenblick seiner Analyse des kapitalchristlichen Schuldkultus *erreichten – Weltzustand der Verzweiflung,* der zugleich *die endliche völlige Verschuldung Gottes* und das *Ende* seines Kults ist. Diese Hoffnung könnte sich aber nicht *gerade noch* auf das Ende richten, das doch schon erreicht ist und die Hoffnung gegenstandslos machte, wenn sie sich nicht in diesem Ende auf die *Verzweiflung* richtete, die das Ende noch vom Ende abrückt, das Jetzt des historischen Augenblicks spaltet und den Weltzustand wie den ihm eingesenkten Gott entzweit. Die Entzweiung, die Verzweiflung Gottes in seiner *endlichen völligen Verschuldung*, somit die *Zertrümmerung des Seins* führt also in diesem Ende zu der in Benjamins Skizze dreimal genannten *Umkehr* – einer Umkehr, die nicht metanoia und Buße, sondern, aus dem Verschuldungs- und Vergeltungsnexus herausspringend, Abkehr von der Schuld aus der immanenten Bewegung der Schuld, also *Umkehr* der Schuld gegen die Schuld ist. Benjamin hat diese Bewegung der umkehrenden Verzweiflung nicht näher kommentiert. Aus der bisher entwickelten Logik der *völligen Verschuldung Gottes,* des *Zenith seiner Verschuldung* und der *Zertrümmerung des Seins* läßt sich aber ihre formelle Figur konjizieren:

Gott ist Schuld an sich; er ist schuldig an sich. Das heißt: er schuldet sich sich selbst, steht noch aus, ist noch nicht wirklich Gott, und kann Gott nur solange sein, wie er es nicht wirklich ist. Er ist also, schuldig, sein eigenes Nicht. Als dies Nicht ist er aber die Nicht-Schuld.

Wenn Gott nichts als Schuld ist, dann ist er Grund eines Nichts (eines Mangels, eines Defekts, einer Defizienz, eines Fehls), aber doch ein solcher Grund, der selbst ein Nichts (ein Mangel, ein Fehl) ist, also ›nichtiger Grund eines Nichts‹ und somit weder Grund noch Schuld.[25]

---

[25] Heideggers Schulddefinition aus »Sein und Zeit« (§§ 58, 62), sie sei nichtiger Grund eines Nichts, wird an dieser Stelle nicht nur wegen ihrer Triftigkeit zitiert; sie bezeugt eine Nähe zu der Sache, um die es Benjamin im hier diskutierten Text geht, die, so punktuell sie sein mag, von den sachlichen Differenzen in anderen Gedankenstücken nicht dementiert werden kann und von der angesichts des Gewichts der Schuldproblematik bei beiden

Grund eines Nichts und selbst Nichts als dieser Grund, ist Gott sowohl Grund wie auch keiner, Schuld und ohne Schuld, Sein ohne Sein, Nichts ohne Nichts, Leben, aber kein natürliches, Gott, aber vor und jenseits jeder *causa prima* und jeder *causa sui*.

In das Extrem seiner Verzweiflung im *Zenith* des Kapitalkults gedacht, ist der sich selbst sich schuldende Gott derjenige, der seine eigene Schuld und darin sein eigenes Nichts, in diesem Nichts aber die Nichtschuld ist. Ist er sich selbst schuldig, so als sein eigener Grund; ist diese Schuld sein Nichts, so als Fehlen noch des Grundes, als Ungrund, als das anätiologische Faktum der Freiheit, die als Freiheit *diesseits* von Schuld erst die Freiheit *zur* Schuld eröffnet, und in der Schuld nicht mehr vergolten, sondern vergeben ist.

Und so das Kapital: als Vorschuß, Mehrwert über denjenigen Wert hinaus, den es an investierter Arbeit und verwerteten Rohstoffen repräsentieren kann, Inäquivalenz, ist es Kredit-Schuld, in seiner *völligen Verschuldung* reines Debet, der Gesamtschuldner in seiner nacktesten Armut, die von keinem Geldschein bedeckt werden kann und weder Kredit noch Debet ist.

Autoren nicht abgesehen werden sollte. – Heideggers Formel wird hier nicht in den Grenzen ihres Kontextes gebraucht – und zwar aus sachlichen Gründen, die hier nicht annähernd in ihrem vollen Umfang dargelegt werden können, von denen aber dieser eine ohne weitere Argumentation hier genannt werden soll: Das existentiale Schuldigsein als Verfassung des Daseins kann nicht mit einem Nichts ausgezeichnet werden, das sich mit terminologischer Schärfe von den Modi der Privation, des Defekts, Mangels oder Nichtvorhandenseins trennen läßt, wenn diese Modi solche eines Weltzustandes oder eines Gottes sind. Daß der Verzweifelte oder Geängstigte sein Nicht ist, schließt überdies in keiner Weise aus, daß er sein Sein als Privation, Mangel oder Raptus erfährt. Es wäre zu prüfen, ob die implizite Positivierung des Nichts, die mit der Sonderung zwischen dem existentialen und dem Nichts der Vorhandenheit erreicht werden soll, Heidegger in »Sein und Zeit« daran hindern mußte, den Gedanken einer Ent-schuldung auch nur zu erwägen – einen völlig nüchternen und weder von einem »Glauben«, noch gar von konfessionellen Sentiments geleiteten Gedanken. Benjamin hätte vermutlich nicht eine Sekunde gezögert, auch Heidegger – wie Marx, wie Nietzsche, wie Freud – zur Priesterherrschaft von diesem Kult der Verschuldung zu zählen. Die Konklusio, die hier mit Benjamin gezogen wird, lag dem Heidegger von »Sein und Zeit« tatsächlich fern. Mit den Überlegungen unter der Frage »Wer ist Nietzsches Zarathustra?«, in denen von der Zeitstruktur der Rache und der Möglichkeit einer Erlösung von ihr die Rede ist, verhält es sich anders (cf. »Vorträge und Aufsätze«, Pfullingen: Neske 1954, pp. 102 sq.).

Die Logik dieser Umkehr – des *umkehrenden Kapitalismus* (VI, 101) –, die auch in der Metapher vom *Zenith* der Verschuldung evoziert ist, folgt offensichtlich keiner präskriptiven Moral, die die ›Umkehr‹ zu einem idealen Verhalten gebietet – eine derartige Moral liegt dem kapitalistisch gewordenen Christentum zugrunde und begründet als Ethik des absoluten Sollens ein System absoluter Schuld und ihrer nie absoluten Vergeltung. Umkehr muß vielmehr aus der Schuld selbst entspringen und kann es nur im Scheitelpunkt, in dem sie sich von sich selbst trennt und gegen sich kehrt. In diesem Punkt trifft die Weltgeschichte auf ein Nichts, in dem ihre *höchste Kategorie*, die Schuld, und damit diese Geschichte selbst aussetzt. Die Schuldgeschichte ist eine Bewegung *in nihilo* – in das Nichts der Schuld, der Schuldgeschichte und ihrer Gottheit – wie sie als Bewegung *ex nihilo* – aus dem Nichts Gottes und dem Nichts der Schuld – entspringt.

Logik des Umsprungs. – Hermann Cohen hat in seiner »Logik der reinen Erkenntnis« – die Benjamin um 1918 bereits gekannt haben muß und die er an entscheidender Stelle seiner erkenntniskritischen Vorrede zum Trauerspielbuch zitiert – die von ihm so genannte Logik des Ursprungs mit einem operationalen Nichts beginnen lassen und damit das *ex nihilo* zu neuen Ehren gebracht. *Auf dem Umweg des Nichts stellt das Urteil den Ursprung des Etwas dar.* (84) In der Logik des Indefiniten – des *aóriston* –, in der Ontologie des Infiniten – des *ápeiron* und *anhypótheton* – (86-88) und in der Mathematik des Infinitesimalen (89 sq.) ist das *in-*, wie das griechische *alpha privativum* und das *me*, jeweils Index für ein Nichts, an dem das Etwas des Seins zu seiner ersten Bestimmung kommen kann. Das von Cohen in diesem Zusammenhang rehabilitierte ›unendliche Urteil‹ ist das ursprüngliche Erkenntnismittel der reinen Logik, weil es durch eine erste negierende, ja annihilierende Grenzziehung ein Etwas definiert, ohne dazu auf empirische Daten angewiesen zu sein. Die Annihilierung trifft nämlich nicht auf ein ihr vorgängiges Etwas, sondern nur auf ein Nichts. Im unendlichen Urteil heißt A=non-b zunächst immer A=non-nihil und besteht also in der Vernichtung eines Nichts, der Abweisung einer Privation. Da erst vermöge dieser unvordenklichen Annihilierung des Nichts ein Etwas gewonnen werden kann, liegt im unendlichen Urteil, das ein Nicht gegen das Nichts stellt, der vor-ontologische Ursprung des Seins. *So wird,* schreibt Cohen, *das so genannte, aber keineswegs so zu verstehende Nichts zum Operationsmittel, um das jedesmalige Etwas, das in Frage steht, in seinem Ursprung, und dadurch erst eigentlich zur Erzeugung und zur Bestimmung zu bringen.* (89)

Ist nun die *endliche völlige Verschuldung Gottes,* von der Benjamin spricht, eine Verschuldung, die die Entleerung und das Nichts Gottes herbeiführt, so führt sie doch damit in ihrem Extrem zugleich die Vernichtung seiner Schuld und seines Nichts herbei: sie bewirkt nach der Logik von Cohens ›unendlichem Urteil‹ die Annihilierung einer unendlichen Privation und eröffnet den Ursprung *ex nihilo* eines anderen als des Schuld-Gottes und einer anderen als der Schuldgeschichte. Die *Zertrümmerung des Seins* am Ende des Kapitalkults ist zu verstehen als Zertrümmerung eines privativen, eines Schuldig-Seins, als *destructio destructionis* und als das theo-ökonomisch gewordene unendliche Urteil, in dem ein Nichts sich annihiliert und die Möglichkeit eines Etwas – noch ohne positive Bestimmung – gewinnt. Wie Benjamin Cohens Kategorie des Ursprungs im Trauerspielbuch aus einer rein logischen in eine historische Kategorie transformiert, so denkt er schon in der frühen Skizze »Kapitalismus als Religion« Cohens operationales Nichts der logischen Erkenntnis als das geschichtliche Nichts, in dem Kapitalismus und Christentum als in ihren historischen Ursprung zurückgehen. Ihr Rückgang geschieht nicht mehr als logische, sondern als ökonomische Selbstannihilierung des Schuldsystems und als historische Reduktion auf seinen Ursprung im Differential der Nicht-Schuld, des Nicht-Nichts. Benjamin, der sich in seinen Kantstudien und seiner Arbeit zur frühromantischen Kunsttheorie mit Spekulationen zur *creatio ex nihilo,* zur Annihilationstheorie und ihrer Verbindung mit der Mathematik des Infinitesimalen und der Differentialrechnung vertraut gemacht hatte (auf sie spezialisierte sich gleichzeitig sein Freund Gerhard Scholem in seinem Mathematikstudium), der gleichzeitig die Doktrin von der Selbstentleerung Gottes im Zimzum und wenig später durch das Maimonides-Referat in Salomon Maimons »Lebensgeschichte« die Lehre von den negativen Attributen Gottes und seiner Existenz ohne Existenz kennengelernt hatte, hat in dem mit »Kapitalismus als Religion« zeitlich benachbarten »theologisch-politischen Fragment« sein Theorem von den gegenwendigen Tendenzen der profanen und der messianischen Geschichte in der Forderung nach einer »Weltpolitik« münden lassen, *deren Methode Nihilismus zu heißen hat* (II, 204). Dieser methodische Nihilismus ist das politische Komplement zum operationalen, methodischen Nichts der Cohenschen Urteilslehre. Die Umkehr, die *Kapitalismus als Religion* anbahnt, wiederholt den Ursprung.[26]

Zeit als Sturm der Vergebung. – Die *völlige Verschuldung* der Kapitalgottheit ist also Rücksprung in ihren Ursprung, an dem sie das Nicht eines Nichts, das Nicht der Schuld ist. In diesem Ursprung herrscht nicht das Gesetz der Vergeltung, sondern der Schuldvernichtung. Aus dem Christentum des Kapitals entspringt in seiner Selbstzertrümmerung der Messianismus der Vergebung. Wenn aber die Vernichtung der Schuld das unendliche Urteil ist, das der Kapitalkult an sich selber vollstreckt, und wenn dieses Urteil seit je zur Struktur der Schuld selber gehört, dann muß die Vergebung, die darin geübt wird, auch im System von Schuld und Vergeltung schon wirksam sein; sie muß seine ganze Geschichte durchziehen und zu einer Doppel-Geschichte, zu einer Geschichte der Schuld und zu einer ihrer Tilgung machen. Keine von beiden kann sich auf die andere reduzieren, aber beide müssen sich dennoch aufeinander beziehen. Die entscheidende Beziehung zwischen ihnen kann wiederum nur in einem Nichts liegen. Ist die Schuldgeschichte nämlich eine Geschichte der Vernichtung – der *Zertrümmerung* des *Seins* –, dann ist sie zugleich eine Geschichte der Vernichtung der Geschichte. Ihr immanenter Umsprung vollzieht sich als eine Geschichte im Gegensinn zur Schuldgeschichte, nicht als Reform oder Reformation, sondern als die wahre Revolution, die in jedem Moment des Schuldsystems auf dessen Tilgung hinwirkt und es in seinem Zenith eliminiert. Dieses Nichts der Gegengeschichte ist die Zeit.

Unter der Kategorie der Schuld kann es eine Erfahrung der Zeit nicht geben, denn in ihr sind alle Zeiten synchronisiert nach dem Schema der immergleichen Verursachung einer immergleichen Schuld. Schuld kennt keine Zeit und keine Geschichte.

---

[26] Ausführlicher – und mit anderen Akzenten – zum Komplex des Infiniten, Infinitesimalen, Intensiven zwischen Kant, Cohen und Benjamin meine Studie »Intensive Sprachen« in: »Übersetzen: Walter Benjamin« (ed. Christiaan Hart Nibbrig), Frankfurt: Suhrkamp 2002; pp. 174-235.

Benjamin verdeutlicht diesen Sachverhalt in einer Aufzeichnung, die die Institutionen des Rechts in ihrem Verhältnis zur Zeit darstellt. Aus ihrem Interesse an der Vergeltung ergibt sich der Anspruch der Rechtsgewalten, auch lang zurückliegende Vergehen zu beurteilen und zu verfolgen und dabei *bis in die Folge fernerer Geschlechter (...) hineinzureichen. Die Vergeltung steht im Grunde indifferent der Zeit gegenüber (...).* (VI, 97) Den Rechtsinstituten, die auf Vergeltung aus sind, ist die Zeit nur ein Hemmnis, eine lästige Verzögerung der Exekution ihrer Absichten. Dieser Verzug in der Strafverfolgung hat für Benjamin die Würde eines selbständigen ethischen Phänomens. Für ihn ist die Zeit des Verzugs zwischen Untat und Vergeltung, besonders wo diese Vergeltung vom Jüngsten Gericht erwartet wird, kein *leeres Säumen,* sie gehört nicht der Welt des Rechts, wo die zeitindifferente *Vergeltung* herrscht, sondern der moralischen Welt der *Vergebung* an. Zeit, sofern sie als Aufschub in die Ordnung der Vergeltung interveniert, ist Vergebung. Sie ist keine Funktion des Rechts, sondern eine Gestalt der Gerechtigkeit. Wenn Benjamin schreibt, die moralische Welt der Vergebung finde *ihre mächtigste Gestaltung in der Zeit* (VI, 98), dann sagt er damit nicht weniger, als daß die Zeit selbst moralisch, daß sie die Gerechtigkeit selbst, daß sie die Vergebung von Schuld und in dieser Vergebung die Annihilierung einer Geschichte ist, die in der Schuld ihre *höchste Kategorie* hat. Cohen hatte in der »Ethik des reinen Willens« geschrieben: *Den Grundbegriff, der den eigentlichen Kern des Schicksals bildet, haben wir in dem Begriffe der Schuld zu erkennen. Die Ate erstreckt sich über ein Geschlecht ...* (363) Benjamin läßt die Ate in seiner Aufzeichnung vergeblich gegen die Zeit angehen, denn für ihn ist Zeit die Vergebung der Schuld: *Die Zeit, in welcher Ate dem Verbrecher folgt, ist (...) der vorm immer nahenden Gericht daherbrausende laute Sturm der Vergebung, gegen den sie nicht ankann.* (VI, 98) Die Zeit des Aufschubs – und, genauer, die Zeit als Aufschub – ist nicht nur die irreduzible Distanz zwischen Schuld und Vergeltung, sie ist auch die, gleichfalls irreduzible, Distanz zwischen dem Urteil und seiner Ausführung, zwischen der moralischen Prädikation und ihrem Vollzug, zwischen der Konstatierung des Urteils und seiner Exekution.

Die Aussetzung des Urteils, und zwar vornehmlich des göttlichen Urteils, ist das Thema eines Aufsatzes, den Benjamins Jugendfreund Gerhard Scholem 1919 »Über Jona und den Begriff der Gerechtigkeit« verfaßt und dessen Vorfassung »Notizen über Gerechtigkeit« er Benjamin schon im Oktober 1918 mitgeteilt hat.[27] Scholem, dessen Überlegungen auf Benjamin tiefen Eindruck gemacht haben, schreibt darin: *Denn dies und nichts Anderes bedeutet Gerechtigkeit im tiefsten Sinne: daß zwar geurteilt werden darf, aber die Exekutive davon völlig unterschieden bleibt. Die eindeutige Beziehung des richterlichen Urteils auf die Exekutive, die eigentliche Rechtsordnung, wird aufgehoben im Aufschub der Exekutive. Das tut Gott mit Ninive.*[28] Weil der Aufschub der Exekution des Urteils auch das Gottesurteil betrifft, kann Scholem die Folgerung ziehen: *Gerechtigkeit ist die Idee der historischen Annihilation des Gottesurteils (...). Gerechtigkeit ist die Indifferenz des Jüngsten Gerichtes: das heißt, in ihr ist jene Sphäre entfaltet, in der der Eintritt des jüngsten Gerichtes unendlich aufgeschoben wird.*[29] Diese Idee der Gerechtigkeit als *Vollstreckung einer Nichtvollstreckung*[30] des Gottesurteils liegt Benjamins Charakteristik der historischen, ethischen Zeit zugrunde. Zeit ist nichts anderes als die Verzögerung des jüngsten Gerichts, das das Ninive der Schöpfung vernichten müßte. Sie rettet die Schöpfung – nur darum ist sie gerecht –, indem sie die Vernichtung vernichtet – darin folgt sie exakt der »Logik des Ursprungs«, wie sie Cohen im unendlichen Urteil als annihilierende Abwehr eines Nichts umrissen hat.

Zeit ist die Spanne – die virtuell unendliche Spanne – zwischen dem Urteil, das die Strafe verhängt, und der Exekution, die das Urteil zur Tat macht. Zeit, und damit das Medium alles Lebendigen, ist also nicht der Akt, der noch für die von Kant gedachte Zeitkonstitution durch die Selbstaffektion des Gemüts erforderlich war. Sie ist ebensowenig der performative Akt, in dem ein Bewußtsein sich, sei's immediat, sei's verzögert, betätigt, sondern ist die Nichtvollstreckung, die aperformative, afformative Aussetzung der Exekution und darin die Annihilation noch des Urteils in seinem illokutionären Anspruch. Zeit als Verzug ist Nichtvollzug des Urteils. Sie ist nicht Akt, sei's eines göttlichen, sei's eines menschlichen Willens, und was in ihr geschieht,

---

[27] Cf. Gershom Scholem – »Tagebücher 1917-23« (ed. K. Gründer, H. Kopp-Oberstebrink, F. Niewöhner); Frankfurt: Jüdischer Verlag 2000; p. 401.

[28] L.c., p. 526; auch p. 336.

[29] L.c., p. 527; auch p. 336.

[30] L.c., p. 341.

unterliegt nicht dem Prinzip des Handelns, durch eine Kette von Einwirkungen vorgesetzte Zwecke zu erreichen. Da jede Rechtsordnung, stillschweigend oder explizit, eben dies Prinzip supponiert: daß alles Geschehen ableitbar sei von Intentionen, die dem Geschehen den Status einer Handlung verleihen, und da Recht insofern das Schema der mechanischen Kausalität auf die Kausalität des Willens projiziert, ist die Rechtsordnung in ihrem Prinzip und in ihren einzelnen Formen als diejenige Instanz definiert, die von der Zeit als der Suspension des Handelns als dem Exekutionsverzug und der *epoché* der Performanz am tiefsten betroffen wird. Die Fundamentalstruktur des Rechts und seiner Vergeltungslogik sollte von Scholems und von Benjamins Überlegungen zur Gerechtigkeit der Zeit aus den Angeln – den Angeln des Handlungsbegriffs – gehoben werden.[31] Zeit ist für Scholem und Benjamin der Aufschub der Urteilsvollstreckung, deshalb die Suspension der strengen Beziehung zwischen Urteil und Exekution, deshalb die Außerkraftsetzung des Urteils selbst, und folglich die Demontage des gesamten Handlungsnexus, der die rechtsetzende und die richtende Gewalt definiert. Sie ist das Geschehen der Gerechtigkeit, das alle Rechtsordnungen durchzieht und, würde sie in ihrer strengen ethischen Bedeutung erfaßt, alle außer Kraft setzen müßte. Die Ordnung des sprachlichen und tätlichen Vollzugs, die seit je die Rechtsordnung und durch sie die Kausalität der Gewalt begründet, ist durch den irreduziblen Verzug der Zeit, auf die alle Akte angewiesen sind, desaktiviert.

Als Nichtvollstreckung und *Nicht-Handeln* – so charakterisiert Benjamin an anderer Stelle den revolutionären Streik[32] –, als Nichtaktivität ist die Zeit das Nichts, das das Urteil von seiner

---

[31] Diese Suspension wird verkannt, wenn Gerechtigkeit als »absolutes Performativum« oder »reiner performativer Akt« charakterisiert wird, wie es in einer der bedeutendsten jüngeren Benjamin-Studien, der von Jacques Derrida in »Force de Loi«, geschieht – cf. Jacques Derrida: »Gesetzeskraft« (übersetzt von Alexander García Düttmann), Frankfurt: Suhrkamp Verlag 1991; pp. 78-79. – Zum selben Problemkomplex, aber unabhängig von Derridas Lektüre, meine Studie »Afformativ, Streik« (in: »Was heißt ›Darstellen‹?«, ed. Christiaan Hart Nibbrig; Frankfurt: Suhrkamp 1994) und, auf Derrida bezogen, »Lingua amissa« (in: »Ghostly Demarcations«, ed. Mike Sprinker, Verso 1999; und »Futures«, ed. Richard Rand, Stanford UP 2001).

[32] II 1, 184.

Vollstreckung sondert und beide, Urteil und Vollstreckung, tilgt. Sie ist das a-thetische Geschehen, dem beide ausgesetzt sind und in dem beide aussetzen. Das Jetzt dieser Zeit der Nicht-Exekution ist die an-ätiologische: die an-archische Suspension jeder Zeitfolge, der linearen wie der zirkulären, der Abbruch der Sukzession zwischen Ursache und Wirkung, die fortdauernde Krisis des Äquivalententauschs zwischen Gütern und die Tilgung nicht nur der Strafe, sondern auch der Schuld. Denn sie ist nicht nur die Nichtvollstreckung des Urteils, als Abbruch jeder Folge ist sie zugleich auch die Tilgung der Schuld, mit der die Untat den Täter verfolgt. Sie ist der *Sturm der Vergebung* – und *dieser Sturm ist nicht nur die Stimme in der der Angstschrei des Verbrechers untergeht, er ist auch die Hand, welche die Spuren seiner Untat vertilgt, und wenn sie die Erde darum verwüsten müßte.* (VI, 98) Dieser Zeitsturm kann aber Ate, die Schuld, von der Verfolgung des Untäters nur abhalten, er kann die Spuren seiner Untat nur vertilgen und seinen Fluchtweg unkenntlich machen, wenn er aus der Zukunft weht. Die Zeit, die Benjamin in seinem Bild zu denken versucht, ist eine Zeit aus der Zukunft. Sie ist nicht die Zeit, die sich aus einer Herkunft im Vergangenen über eine Sukzession von Punkten auf einer Linie durch die Gegenwart in die Zukunft erstreckt, sie ist nicht die Zeit der genealogischen Deszendenz, nicht die der Schuld und Straffolge und nicht die Zeit des Fortschritts, der einem Ideal in der Zukunft zustrebt. Sie ist, umgekehrt, die Zeit, die von der *immer nahenden* Zukunft aus in ihre Vergangenheit zieht, und nur so *der vorm immer nahenden Gericht daherbrausende Sturm der Vergebung.* (VI, 98)

Ethische Zeit verläuft nicht *in futurum*, sondern kommt *ex futuro*. Diese umgekehrte, diese Gegen-Zeit, diese Zeit gegen die lineare Formzeit der Entwicklung und gegen die Zeitindifferenz der Schuldzeit kann deren Ursache-Wirkungs-Folge nur aufhalten, ihren Schuld-Strafe-Nexus nur unterbrechen und noch die Spuren einer Untat nur löschen, weil sie keine thetische, setzende, gebende, sondern nur eine *ver*gebende, annullierende, annihilierende *künftige* Zeit ist. Als Zukunft ist sie nicht besetzt, ist unbestimmt und unbestimmbar durch Programme und Prognosen, ein Nichts für die Erkenntnis und die von ihr geleiteten Intentionen des Handelns. Als dieses Nichts, dieses Wider- und Wieder-, dieses Aber-Nichts, das die Vernichtung aufhält, wäre die aus der Zukunft kommende Zeit das unendliche Urteil des Ursprungs der Zeitenbewegung, wenn sie nicht jede Urteilsvollstreckung und noch jedes Urteil aussetzen würde. Die kommende ist die Zeit des Ursprungs, nicht weil aus ihr die Zeit kommt, bevor sie vergehen kann, sondern weil sie, *aus* der Zukunft kommend, der *in* die Zukunft verlaufenden Zeit ein Nichts entgegensetzt und ihrer Vernichtungsbewegung Einhalt gebietet. Erst diese verzögerte und innehaltende Zeit ist die historische; sie ist nicht logische und nicht mechanische Zeit, sondern die ethische Zeit der Geschichte. Ihre Methode mag, wie Benjamin in seinem »Theologisch-politischen Fragment« fordert, Nihilismus heißen; ihr Resultat ist der Gegen-Nihilismus des immer erneuten Anfangs.

Die Bedeutung der Zeit in der Ökonomie der moralischen Welt – so lautet der Titel von Benjamins Aufzeichnung – liegt also darin, das Prinzip der Schuldökonomie, den Äquivalententausch, das Quidproquo zwischen endlichen Phänomen unendlich zu suspendieren und das bloße »quid« zu retten. Die *dike* des Anaximander lag in der Ordnung einer Zeit, die Entstehen mit Vergehen quittiert und, sich permanent verschuldend, permanent bestrafend, in unausgesetzter Selbstverfolgung und Selbstexekution dem Geschäft der *Zertrümmerung des Seins* nachgeht. Die Gerechtigkeit, die Benjamin mit Scholem zu denken versucht, ist die Gerechtigkeit einer Zeit, die nicht entsteht und vergeht, sondern sich und alles, das sie berührt, auf- und zurückhält. Aus dem bloßen Zeitverlauf springt sie heraus und isoliert wie die einzelnen Phänomene so noch den Fluß von seinem Fließen, indem sie ihm an jedem seiner Stellen eine Richtung gegen sich selbst erteilt. So, als *Strudel* im Fluß der Zeit, charakterisiert Benjamin in der »Erkenntniskritischen Vorrede« zum »Ursprung des deutschen Trauerspiels« deshalb die titelgebende Kategorie. Die oft zitierte Stelle ist ohne ihre Beziehung auf Cohens Ursprungsbegriff unverständlich. *Ursprung, wiewohl durchaus historische Kategorie, hat mit Entstehung dennoch nichts gemein. Im Ursprung wird kein Werden des Entsprungenen, vielmehr dem Werden und Vergehen Entspringendes gemeint. Der Ursprung steht im Fluß des Werdens als Strudel und reißt in seine Rhythmik das Entstehungsmaterial hinein.* (I 226) Historische Zeit ist nichts als Aufschub, Behinderung und endlich Verhinderung von Folgen, Sukzessionen, Deszendenzen in der moralischen Welt, die *epoché* der Ökonomie und ihrer naturwirtschaftlichen, -rechtlichen und

-wissenschaftlichen Zweige, die Befreiung der ethischen Singularität. Wenn aber die Ordnung der *moralischen Welt* als eine Ordnung der Akte und methodischen Operationen vorgestellt wird, so ist die historische Zeit, die Benjamin darstellt, kein operationales Nichts, wie es Cohen gedacht hat, sondern das Nichts der Nichtoperationalität. Sie ist Unterlassung, *epoché* jeder Exekution und unterbricht nur so die Schuldökonomie, ohne sie fortzusetzen.

Die Zeit verzeiht und ist nichts als Verzeihung. Der Satz vom Grund, von der *causa,* der *aítion*, der ätiologische Satz par excellence setzt im Nichts dieser Verzeihung aus. Wer Geschichte zu denken versucht, muß dieses Aussetzen der zeitlichen Sukzession in der Gegen-Zeit und muß deshalb Geschichte als immer wieder ersten Sprung denken: ohne Grund – sine culpa et causa.

Schwarzer Freitag: Die Diabolik der Erlösung und die Symbolik des Geldes

Joachim von Soosten

I.

Der »Schwarze Freitag« ist ähnlich wie der elfte September mehr als ein nacktes Datum. Er ist eingekleidet in Bedeutungen, wird genommen als Signatur, als Einschnitt, Symbol, wird gelesen als Allegorie. Daß der Schwarze Freitag mehr ist als ein Datum, zeigt sich allein an der Tatsache, daß er sich an einem Donnerstag ereignete. Auch stand kein Freitag-der-Dreizehnte parat. Der Lauf der Gestirne zeigte Ende Oktober an. Aber was sind schon Tatsachen? Was sind Allegorien? Am nachfolgenden Freitag verbreitete sich die Nachricht vom großen »Krach« an der Börse in der New Yorker Wall Street vom Donnerstag, dem 24. Oktober 1929, wie ein Lauffeuer um die Welt – ein Kapitel aus der Mediengeschichte der Vorzeit, die noch nicht in Echt-Zeit agierte. Kulturelle »prime time« war ein Termin am Freitag. Das hängt damit zusammen, daß in der Christentumsgeschichte der Freitag bereits symbolisch aufgeladen war als religiöser Termin des christlichen Erlösungsdramas: der Tag der Kreuzigung Jesu, der Tag der Trauer und der Klage (›kara‹: mittelhochdeutsch für ›Wehklage‹) und in älteren religiösen Traditionen seit jeher der Tag der Buße. Aber nicht nur in den christlich geprägten Traditionen, sondern auch in wirtschaftsgeschichtlicher Hinsicht besitzt der Schwarze Freitag mehrere Vorläufer. Es soll ein Freitag gewesen sein, im Jahre 1869, an dem die Anleger auf dem Goldmarkt in den USA Opfer der Manipulationen von Spekulanten wurden, durch die sie um ihre Erwartungen gebracht wurden.[1]

Es ist nicht ausgeschlossen, daß Walter Benjamin den Schwarzen Freitag im Gestus eines Allegorikers gelesen hätte. Ruinen wie das Heidelberger Schloß deutet er in seiner »Einbahnstraße« von 1928 – schon der Titel firmiert als emblematischer Richtungsweiser – als Allegorie.[2] Die Ruine verweist auf die Geschichte eines Ruins – ein Überbleibsel schwarzer Romantik. Allegorien sind für Benjamin nicht Spielformen einer heiter-literarischen Vervielfältigungspraxis von Bedeutung, in der alles nahezu alles bedeuten könnte.[3] Benjamins Allegoriekonzeption ist streng. Spätestens seit dem »Ursprung des deutschen Trauerspiels« von 1926 wird sie eng verzahnt mit einer negativistischen Geschichtsphilosophie. Es sind die »Erscheinungen des Verfalls«, wie es in der »Reise durch die deutsche Inflation« heißt, die das »schlechthin Stabile« bilden und in denen sich zugleich »einzig das Rettende« verkörpert.[4] Bei Benjamin werden ein bestimmtes ästhetisches Konzept der Allegorie und eine negativistische Geschichtsphilosophie soteriologisch miteinander verknüpft.

Von dieser Konzeption ist bereits Benjamins frühes Fragment über »Kapitalismus als Religion« (1921) beherrscht.[5] In denselben Zeitraum fallen die erstaunlich parallel formulierten Predigten von Ernst Bloch über den »Kapitalismus als Religion«. Hätte Bloch nicht die Allegorie vom »toten Sonntag« geprägt, wer weiß, ob Benjamin nicht die andere vom »Schwarzen Freitag« unterlaufen wäre, lange bevor er Schlagzeilen machte.[6] Nach dem Fragment »Kapitalismus als Religion« stünde der Schwarze Freitag mehrfachen Ausdeutungen offen. Mene Mene Tekel[7]: zum einen als Bestätigung der These, daß in Zeiten des Kapitalismus einzig der Ruin als das Stabile anzusehen sei. Zum zweiten aber stünde er für Benjamins These von der »religiösen Struktur« des Kapitalismus, für die Verklammerung von Christentum und Kapitalismus.

Die Formulierung »Kapitalismus als Religion« mag neu sein; sie erinnert aber zunächst an eine Tradition, als deren Urszene die Geschichte über den Tanz um das Goldene Kalb gilt.[8] Religion wittert im Kultus um das Geld eine Art Gegenreligion. Die Systemkonkurrenz von Geld und Gott ist es, die die religiöse Geldkritik antreibt. Hierbei werden das Geld bzw. die Verhältnisse, die sich gleichermaßen tanzförmig (der kultische Aspekt) um das Geld drehen, selbst wiederum in religiösen Kategorien beschrieben. Obgleich Benjamin sich in dieser Tradition bewegt, übersteigt er sie in mehrerlei Hinsicht.[9] Zum einen radikalisiert Benjamin die Erzählung von Max Weber über die Entstehung des Kapitalismus aus dem Geist des protestantischen Calvinismus.[10] Benjamin behauptet nicht nur mit Max Weber, daß das

Christentum zur Reformationszeit das Aufkommen des Kapitalismus »begünstigt« hat, sondern er unterstellt weitaus mehr: Das Christentum, so seine These, »hat sich in den Kapitalismus umgewandelt« (102), weil er schon immer »parasitär« (ebd.) im Christentum eingelagert gewesen sei bzw. in interner »Verbindung« (ebd.) mit ihm stünde; die Geschichte des Christentums ist die des Kapitalismus. Kapitalismus sei also nicht nur Gegenreligion, sondern befinde sich hinsichtlich Herkunft und Geltung in innerer Wahlverwandtschaft mit dem Christentum. Das Christentum erscheint so gesehen als *peccatum originale* des Kapitalismus wie umgekehrt der Kapitalismus als *peccatum originale* des Christentums.

Aus dieser Konfiguration ergibt sich eine weitere Radikalisierung. Wenn die Verklammerung von Christentum und Kapitalismus sich in jedem Akt ihrer Vereinigung fortzeugt – nichts anderes besagt die Vorstellung vom *peccatum originale* – dann ist es nicht mehr möglich, diesem Vorstellungszusammenhang noch irgendeine Idee von Erlösung zu entnehmen. Nietzsche, auf den Benjamin Bezug nimmt, hatte dem Christentum entgegengeschleudert, die christliche Gottesidee stünde im Zeichen eines Maximal-Gottes, der nichts anderes als ein »Maximum des Schuldgefühls auf Erden zur Erscheinung gebracht« hätte.[11] Benjamin erweitert diesen Anwurf auf den Epochenbegriff des Kapitalismus. Der Kapitalismus als »essentiell religiöse Erscheinung« (100) stünde nach seinem Richtungsindex und entgegen seiner Verheißungen nicht im Zeichen von Erlösung. Im Gegenteil: Sein Telos bestünde darin, Schuld »universal zu machen« (ebd.). »Der Kapitalismus ist vermutlich der erste Fall eines nicht entsühnenden, sondern verschuldenden Kultus« (ebd.). *Non posse non peccare.*[12]

Die bisherigen Zuspitzungen könnten die Vermutung nähren, Benjamin treibe einer Denkrichtung zu, die besagt, Kapitalismus sei Verhängnis, sei eine Neuauflage des alten Schicksalsglaubens. Dem ist nicht so. Benjamin hält an der Idee von Erlösung fest. Allerdings nicht so wie Nietzsche, dessen gesamte Energie in seine Idee fließt, man könne der Erlösung (seine Bezeichnung dafür ist »zweite Unschuld«[13]) nur dann teilhaftig werden, wenn man die causa prima der Maximal-Verschuldung übersteigt. Benjamin entlarvt noch diesen Protest als eine Geste, die dem Typus des kapitalistisch religiösen Denkens angehört (vgl. 101), als eine Steigerungsphantasie, wie sie für die religiöse Bewegung des Kapitalismus typisch wäre. »Das Ethos von Nietzsche« sei dadurch bestimmt, daß er als erstes einen Typus von Mensch gedacht hätte, der als erster »die kapitalistische Religion erkennend zu erfüllen beginnt«. (101) Benjamin – das unterscheidet ihn von Nietzsche – schlägt den umgekehrten Weg ein. Er bietet für den Begriff der Erlösung keine Steigerungsfigur an, sondern einen Abstiegsweg: die Rezessionsfigur. Erst auf dem Grund des universalen Ruins (die Vokabeln heißen: »Ausweglosigkeit«, »Zertrümmerung«, »Verzweiflung«, »Verschuldung«) sei ein Begriff wie Erlösung überhaupt erst denkbar, ein Zustand von Erlösung zuallererst wahrscheinlich.

Eine Allegorie ist, so hatte der an der Entdramatisierung von Mythologien notorisch interessierte Rudolf Bultmann einmal gesagt, »eine geheimnisvolle oder phantastische spielende Verkleidung eines Sachverhalts, die der Weissagung wie auch anderen Zwecken dienen kann«[14]. Benjamin zeigt sich gegenüber solchen, typisch protestantischen, so möchte man einschieben, Vorbehalten gegenüber Allegorie und Allegorisierung erhaben.[15] Ihm ist an der »Forcierung von Einsichten« gelegen, durch die man zu Einsichten, ja Wahrheiten, vordringen könne, denen gegenüber die »Einsichten der Einzelwissenschaften subaltern« bleiben; »Tiefe« sei »nicht sowohl auszuschachten als zu erbohren«.[16] Flache Diskurse sind nicht die Sache von Benjamin, ihn interessieren Tiefenbohrungen.[17] Das bringt ihn allerdings in die Rolle eines Symptomatologen, der einen fundamentalen Denkstil fortsetzt, der früher Theologen, Soziologen und Medizinern (das rituelle Vorrecht der Deuter) vorbehalten war – und hier auf den Medienästhetiker übergeht. Anzeichen (Symptome) sind Symbole im Sinne von Hinweisen (Symbol »für etwas«) und in diesem Symbolverständnis nahe an der Allegorisierung von Sachverhalten, die ganz anderen Thematisierungen offenstünden, wenn da nicht die Versuchung zur Symptomatologie wäre,[18] die zugleich auch die Versuchung zum Fundamentalismus beinhaltet, der bekanntlich verschiedene Lesarten nicht dulden kann, zum Beispiel die Vielspältigkeit der von Benjamin als subaltern zensierten Einzelwissenschaften.

In den folgenden Überlegungen werde ich das Anregungspotential und die produktiven Irritationen aufnehmen, die das Fragment über »Kapitalismus als Religion« auslöst. Nicht ausweichen kann ich der Frage, die mit Benjamins These über die interne Verklammerung von Kapitalismus und Christentum aufgeworfen wird, nach der Gottähnlichkeit des Geldes und der Geldähnlichkeit Gottes. Aber, um es vorab zu sagen: Benjamins Großformat, sein geschichtsphilosophisches Weltpanorama, läuft zwar, so hätte man später nach ihm gesagt, konsequent auf die These eines »universalen Verblendungszusammenhangs« hinaus. Daß diese These sich geradezu erratisch oder hermetisch jeder Rückfrage entzieht, liegt aber an der allegorischen Selbstverbildung seines Denkstils. Von der Sache her herrscht kein universaler Verblendungszusammenhang, sondern ein allegorischer Verbildungszusammenhang, der den Blick auf die Sache regiert.[19]

II.

Der Theologe Friedrich Schleiermacher hatte in seiner Glaubenslehre vermerkt, daß das, was das Christentum als Religion ausmache, sich unter dem Titel »Erlösung« zusammenfassen ließe. Allerdings sei der Begriff nicht sehr präzise; jeder verstehe etwas anderes darunter, was auch damit zu tun habe, daß der Ausdruck »bildlich« aufzufassen sei. An einer verwandten Stelle notiert er, es sei der dogmatischen Begriffsbildung noch nicht gelungen, den »eigentlichen Ausdruck« an die Stelle des bildlichen zu setzen. Da der bildliche Ausdruck der ursprüngliche sei, müsse es darum gehen, eine »möglichst genaue und bestimmte Erklärung der vorkommenden bildlichen Ausdrücke« in Angriff zu nehmen.[20] Zwar verwirft Schleiermacher die Aussicht, daß sich im Rahmen einer Glaubenslehre objektivistische Sätze bilden ließen, allerdings trägt er auch die Meinung vor, daß ein Satz oder ein Ausdruck, der der Sphäre des Rhetorischen angehört, noch nicht als ein dogmatischer angenommen werden könne.

Schleiermacher mochte sich zwischen der dogmatischen Begrifflichkeit der Theologie und der rhetorischen Metaphorizität ihrer Überlieferung nicht entscheiden. Er wählte, anderen Einflüssen folgend, den Mittelweg einer subjektivitätstheoretischen Aufhellung im Zeichen einer Theorie des »höheren Selbstbewußtseins«. Aber intuitiv war etwas aufgespürt worden, was Schleiermacher sich selbst vielleicht nicht eingestehen konnte, obwohl er doch Experte für rhetorische Strategien war, wie seine

»Reden über die Religion« (1799) eindrucksvoll belegen. Nämlich die Bedeutung der bildlichen Dimension dessen, was sich in der herkömmlichen Dogmatik zu rituellen Begriffspanzern verfestigt hatte. Läßt der Leser sich von der Intuition Schleiermachers über die Bildlichkeit dogmatischer Begrifflichkeiten leiten, stößt er in der Soteriologie des Christentums auf eine ganze Reihe von Symboliken und Metaphoriken, mit denen das junge Christentum die Wende vom Unheil zum Heil (Soteriologie) in Rede überführt. Um dem Christentum als Religion auf die Spur zu kommen, müssen die metaphorischen Sinneinheiten jeweils für sich beschrieben werden. Schnell stellt sich heraus, daß der Ausdruck »Erlösung« nur einen Ausschnitt aus dem metaphorischen Material der christlichen Soteriologie darstellt.[21]

Die Metapher der »Erlösung« ist der Sphäre des Geldes entnommen. In der christlichen Ökonomie des Heils nimmt die Metaphorik des Geldes eine Mittelstellung ein. Auf der einen Seite steht sie in Kontakt zu den Metaphernfeldern, die der Tauschlogik entstammen und die Verhältnisse von Geben und Nehmen betreffen. Die Gabethematik konzentriert sich hier auf den Titel der »Vergebung« und verweist weiter auf die Metaphoriken der Gabe und der Liebe. Auf der anderen Seite steht die Geldmetaphorik in Kontakt mit der Opfersemantik. Geld mit den Attributen flüssig und liquid verweist weiter auf Liquidation, Liquidität (Blut) und Sühne, die in dem Begriff der »Versöhnung« (Sühne) Ausdruck findet. Liquidation und Sühne verweisen wiederum auf Vergeltung und Gewalt.

Das gesamte Metaphernfeld, das in der Person des Gottmenschen Jesus Christus die Wende vom Unheil zum Heil aussagt, zerfällt aber nicht in unzusammenhängende Einzelbestandteile, sondern kreist einer Ellipse gleich um zwei Brennpunkte, wobei der eine Brennpunkt durch die Liebes- und Gabethematik gebildet wird, der zweite durch die Vergeltungs- und Gewaltthematik. Die Übergänge zwischen den einzelnen Metaphernfelder sind in den neutestamentlichen Schriften gleitend. Allerdings kompliziert sich die Struktur der Metaphernfelder dadurch, daß die beiden Brennpunkte der Ellipse nicht nur auseinanderliegen, sondern sich auch ineinander spiegeln. So läßt sich die Liebes- und Gabethematik nicht von der Opferthematik (Hingabe) trennen, genausowenig wie die Vergeltungsthematik (Gerechtigkeit und Sühne) von der Gabethematik zu trennen ist. Sowohl Liebe als auch Vergeltung können die in den neutestamentlichen Schriften der Bibel mehrfach bezeugte Frage hervorrufen: Womit habe ich das verdient? Mit gar nichts. Eben darum. Das Heilsbegehren wird durch die neutestamentliche Ökonomie des Heils doppelt durchkreuzt. Die Liebesgabe ist Doppelgänger der Vergeltung, diese wiederum ein Wiedergänger der Liebe.[22]

Warum gibt es überhaupt diese vielspältige Pluralität? Zum einen deswegen, um vor dem Hintergrund der bereits vorhandenen heilsgeschichtlichen Metaphoriken Plausibilität über die Heilsbedeutung des Todes Jesu Christi zu erzeugen. Aber der Verweis auf die Plausibilitätsfunktion der mehrsprachigen Rede erreicht das Phänomen nur auf einer ersten Ebene. Zerstreute Versprachlichung ereignet sich aus Gründen von Unsagbarkeit. Die Metaphernfelder gelten der Mitteilung eines Unsagbaren. Dieses Paradox reagiert auf die allgemeine Schwierigkeit, die angenommene »Realität«, besser, die Tatsächlichkeit des Heils auszusagen, mimetisch zu versprachlichen oder sprachlich einzuholen.[23]

Trotzdem gibt es einen breiten Strom der religiösen Geldkritik. Im Neuen Testament und zwar in der Bergpredigt Jesu wird dafür das aramäische Substantiv *Mammon* (Besitz, Geld, Vermögen) verwendet (Matthäus 6, 24 [19-24]), das wiederum ein Lehnwort aus dem Kanaanäischen ist, das ursprünglich »Verpflegung« oder »Vorrat« bedeutet. Rhetorisch wird mit dem fremdsprachlich kanaanäischen »Mammon« der gesamte Fremdgötterkomplex und die Systemkonkurrenz von Gottes- und Götzendienst in Schwingung gebracht, ein rhetorisch wirksames Mittel bis in das religiöse Schrifttum der Gegenwart[24]. Trotz dieser Geldkritik hat das Schrifttum des jungen Christentums keinerlei Schwierigkeiten, sich der Sprache des Geldes zu bedienen, wenn es darum geht, die Heilsbedeutung des Todes Jesu mit Anschaulichkeit zu versorgen.

Isoliert man die metaphorischen Sinneinheiten der christlichen Ökonomie des Heils voneinander und beschreibt sie einzeln, dann begegnet die Sprache des Geldes in der neutestamentlichen Soteriologie in der Hauptsache in den Metaphern des *Loskaufs* und des *Lösegeldes*. Da unter die Sünde verkauft (Römer 7,14), in den Fluch des Gesetzes (Galater 3,13) gebannt, den Mächten der Welt (Galater 4,3) unterworfen, besteht das Heilswerk im Loskauf (griechisch *exagorazo*, losgekauft im Sinne von herausgekauft: ausgedrückt in der Wendung »Ihr seid um einen Preis losgekauft« (1. Korinther 6,20; vgl. 7,23). Der Preis selbst allerdings wird nicht genannt. Das Lösegeld (griechisch: *lytron*) – hier kommt der Preis ins Spiel, der mit dem »Loskauf« verbunden ist – begegnet dem Leser der heiligen Schriften in der Wendung, daß der Menschensohn gekommen sei, »daß er sein Leben gebe als Lösegeld für viele« (Markus 10,45).[25]

Folgt man der von Benjamin skizzierten Forschungsaufgabe, nach der methodisch zunächst zu untersuchen wäre, welche Verbindungen mit dem Christentum »je im Laufe der Geschichte das Geld eingegangen ist« (102), dann stößt man auf den Umstand, daß es zwar die Tradition der religiösen Geldkritik gibt, andererseits aber die Erlösungsrede der christlichen Soteriologie die Metaphorik des Geldes durchaus umstandslos beleihen kann. Die Geldmetaphorik lagert sich gleichsam »parasitär« (ebd.), wie Benjamin ebenfalls akzentuiert, am Zentrum der christlichen Soteriologie an. Eben aus Gründen der Versprachlichung eines Unsagbaren, ohne die das zu Beschreibende nichts anderes bliebe als der »unmarked space«, wie Niklas Luhman sagte, und das obwohl die Beschreibung nicht das Beschriebene sein will.[26]

Warum kann die Geldmetaphorik (Erlösung, Loskauf, Lösegeld) überhaupt eingespannt werden? Von seiten der Religion aufgrund von Versprachlichungsproblemen, aber auch deswegen, weil die Geldmetaphorik durch das gesamte Metaphernfeld kontrolliert wird und sich nicht dominant setzen kann. So wird die Grenze der Geldmetaphorik dadurch markiert, daß es nicht um Geld geht, sondern eigentlich um ein Opfer, um Blut was mehr ist als in einem erhabenen Verständnis Geld (1. Petrus 1,18 f.: »nicht mit vergänglichem Silber oder Gold, sondern mit teurem Blut« ist das Heil eingelöst; in Erinnerung eines eher skeptischen Kommentars aus Psalm 49,8 f.: »Kann doch keiner einen anderen auslösen oder für ihn Gott ein Sühnegeld geben – denn es kostet zuviel«).

Die Geldmetaphorik könnte von seiten der Religion nicht eingespannt werden, wenn nicht auch von seiten des Geldes aus Soteriologie im Spiel wäre. Systemkonkurrenz ist nicht ohne Grund. Geld ist mehr als nur allgemeines Tausch- und Zahlungsmittel, mehr als nur Wertaufbewahrungsmittel, mehr als nur Recheneinheit, mehr als das, was die nationalökonomische Dogmatik des Geldes erzählt. Die Funktion des Geldes ist »Lösbarkeit«[27], sein Ursprung ist in der sakralen Sphäre beheimatet.[28] Aufgrund seines soteriologischen Charakters, der dem Geld von sich aus innewohnt, kann es einrücken in die metaphorischen Themenfelder und Sinneinheiten der expliziten Soteriologie des Christentums als Religion. Als Beihilfe (*parergon*) der Versprachlichung in der Beweisstruktur der christlichen Metaphorik des Heils. Allerdings fühlt man sich bei einem Lebensäquivalent wie Geld besser bewahrt als bei dem primordialen Horror der Vorstellung, es müsse Blut flüssig werden, um Erlösung zu erlangen. Die religiöse Geldkritik führt, sofern sie auf die Opposition von Geld oder Leben angewiesen bleibt, ein heimliches Schatten-Ich mit sich herum. Im Opferkult verschließt sich die Religion gegen die Möglichkeit, geistvoll zu werden.

III.

Das religiöse Geldsyndrom erklärt sich zu weiten Teilen aus der »Formähnlichkeit« zwischen der höchsten religiösen und der höchsten wirtschaftlichen Einheit.[29] Freilich läßt sich dieser Gesichtspunkt nicht nur für eine Geschichte der Rivalität zwischen Gott und Geld auswerten. Die Formähnlichkeit mag auch erklären, warum das Geld als »›technical substitute for God‹« fungieren kann.[30] Walter Benjamin hatte in seinem Fragment dekretiert, die Geschichte des Christentums sei im wesentlichen als die »seines Parasiten, des Kapitalismus« (102) zu beschreiben.[31] Zu klären wäre, welche Voraussetzungen und Bedingungen zusammenkommen müssen, damit sich derjenige Substitutionsprozeß vollziehen kann, in dessen Verlauf das Geld mit der heilsgeschichtlichen Symbolik des Christentums fusionieren, diese besetzen oder schließlich ersetzen kann. Diese Klärung hatte Benjamin in seinem Fragment angemahnt. Zu untersuchen sei, »welche Verbindungen mit dem Mythos je im Laufe der Geschichte das Geld eingegangen ist, bis es aus dem Christentum soviel mythische Elemente an sich ziehen konnte, um den eigenen Mythos zu konstruieren« (102).

Eine der ersten großen Stationen, an dem der Prozeß der Substitution anläuft, sind die Kontroversen, in denen sich die ökonomischen Lehrmeinungen des Christentums mit genuin innertheologischen Fragestellungen berühren, insbesondere mit denen des Abendmahlsverständnisses[32]. Die konservative Position wird dabei durch Thomas von Aquin besetzt. Im vierten Buch seines Kommentars über Petrus Lombardus' Sentenzen verteidigt er die Ansicht, daß die Sakramente als Wirkungsursache der Gnade (causa efficiens) angesehen werden müßten. Abgewiesen wird die Auffassung, die Sakramente verdankten ihren Wert erst und in der Hauptsache gewissermaßen einer Verfügung Gottes. Thomas führt dafür eine aufschlußreiche Analogie an. Es verhalte sich mit seinem Abendmahlsverständnis wie mit der Geschichte über den König und die Bleimünze.[33]

Ein Schuldner zahlt einen Kredit in Höhe von einhundert Pfund in Form einer Bleimünze zurück. Auch diese Bleimünze, vom Materialwert her relativ wertlos, aufgrund einer oberflächlichen Ähnlichkeit mit Silber allerdings gerne von Fälschern eingesetzt, sei, so der Schuldner dem ungläubigen Gläubiger gegenüber, gutes Geld.[34] Entscheidend sei nicht ihr Materialwert, ihre Substanz, sondern ihr Nennwert. Denn die Münze verdanke ihren Wert einer Verfügung des Königs, für die man bei ihm einhundert Pfund eintauschen könne. Entscheidend sei der »value in exchange«, der sogenannte Nennwert (»valor extrinsecus«).[35]

Die Nennwert-Tradition – von Thomas noch angefochten – wird durch den Nominalismus des 14. und 15. Jahrhunderts kräftig ausgebaut.[36] Die Verbindung von Geldtheorie, Wirtschaftsethik und innerdogmatischen Fragestellungen begegnet insbesondere in Gabriels Biels (*vor 1410-†1495) Werk »Tractatus de potestate et utilitate monetarum«, das im 16. Jahrhundert zahlreiche Neuauflagen erlebte. Auch hier ist die Verbindung bzw. Parallele von Sakramentstheologie und Geldtheorie überaus prominent. Geldtheoretisch wird festgehalten, daß der zugeschriebene Wert des Geldes und nicht der im Geld (Münzen) substanzhaft verkörperte Wert von Bedeutung sei. Parallel dazu wird vertreten, daß der Wert der Sakramente, in Aufnahme der Scotistischen Akzeptationstheorie, wie der Wert des Geldes durch die Nennung im Abendmahl ›gedeckt‹ sei durch Gott.

Es ist der Nominalismus, in dem die Formähnlichkeit zwischen Gott und Geld explizit in eine Parallele gebracht wird. Insofern ist bereits hier eine Revision der Weber-These über Protestantismus und Kapitalismus überfällig.[37] Wenn Georg Simmel summiert, daß die ganzen Bedenken des Mittelalters gegenüber der bereits laufenden Kreditwirtschaft darauf zurückgingen, »daß das Geld viel starrer, substantieller, den Dingen geschlossener gegenüber erschien und war«, dann hat er dabei Thomas vor Augen, wie er explizit vermerkt.[38] Und wenn er dann vergleicht und für die Neuzeit feststellt, daß das Geld hier »vielmehr dynamisch, fließend, sich anschmiegend wirkt und erscheint«[39], dann beginnt, präzisiert man seinen Vergleich, die Neuzeit hinsichtlich der Geldtheorie mit dem Nominalismus, präziser: der nominalistischen Nennwert-Tradition, die sowohl Sakramentstheologie als auch Wirtschaftsethik und Geldtheorie umfaßt.[40]

Daß Geld nicht Geld zeugen kann, der bis auf Aristoteles zurückgeführte Topos *nummus non parit nommos* (Geld pflanzt sich nicht fort) dominiert die wirtschaftsethische Grundorientierung der Theologen des Mittelalters.[41] Thomas bezieht sich auf ihn; bei dem konservativen Luther wirkt er im Hintergrund.[42] Calvin steht dazu in Kontrast; er bejaht die These von der Produktivität des Geldes und weist den Grundsatz *nummus nummum non parit* (Geld kann kein Geld erzeugen) ausdrücklich zurück.[43] Damit ist von der wirtschaftsethischen Seite, wenn auch mit gewissen und charakteristischen Einschränkungen, das Tor, wie Ernst Troeltsch festgehalten hat, zur »modern-wirtschaftlichen Auffassung« vom »Wesen des Geldes, des Kredits und des Zinses« aufgetan.[44] Von theologisch-ethischer Seite wird die Kreditwirtschaft freigeschaltet, was einen Kommentator ex post wie Ernst Troeltsch zu der Feststellung veranlaßt, hier wäre spätestens der Zeitpunkt erreicht, an dem sich der Kapitalismus in das Christentum »hineingestohlen« hätte.[45]

Entscheidend ist aber nicht nur die Geschichte der Wirtschaftsethik und die Entwicklung der theologisch-ethischen Geldwerttheorien, sondern, behält man die innerdogmatische Kernzone der christlichen Soteriologie im Blick, die Geschichte des Erlösungsdramas, die theologischen Versionen dieser Geschichte, die sich um die Person und den Tod des Gottessohnes ranken. Für Calvin gerät dabei das sogenannte *Extra Calvinisticum* in den Blick – die Lehre vom Wirken der zweiten Person der Trinität (Christus) »etiam extra carnem« (außerdem außerhalb des Fleisches)[46].

Die innerdogmatische Funktion des *Extra Calvinisticum* ist eine einzige Sicherungsmaßnahme zugunsten der Souveränität Gottes gegen seine Selbstverlassenheit in der Endlichkeit seines Sohnes: die Sicherung der Himmelfahrt im Zusammenhang der *kenosis* des Gottmenschen Christus, die Sicherung dagegen, daß sich Gott in der Endlichkeit verliert, die Sicherung der Auferstehungshoffnung und der kosmischen Weite der Zukunft Gottes. Der kritische Punkt der Sicherung der Zukunftsfunktion Gottes gegen mögliche Untergangsszenarien in kultisch organisierten Präsenzen – auch hier ist das Abendmahl die diakritische Schwelle – wird gesichert über eine spezielle Repräsentationstheorie.[47]

Die innerdogmatischen Sicherungsüberlegungen zugunsten der Zukunft Gottes gegen seine mögliche Selbstverlassenheit im Tod seines inkarnierten Logos bringt den Gottesbegriff in eine überraschende Nähe der Formähnlichkeit des Geldes, das just in demselben Zeitraum in seinem Entwicklungsgang auf dem Weg ist, zum Symbol möglicher Zukunft, möglicher Zukünfte aufzusteigen. Nur das Infinite mag das Finite zu fassen (»infinitum capax finiti«), das war die Auskunft des *Extra Calvinisticum*. Damit ist aber der Kontakt zum Geld erreicht[48]. Mag man vom Geld anderes sagen, als daß es Möglichkeiten auf Zukunft bereit hält?

Es ist nicht nur die theologische Wirtschaftsethik, wodurch dem Kapitalismus der Weg gebahnt wird. Es ist die Formähnlichkeit zwischen Gott und Geld, wodurch im Kontakt zu den wirtschaftsethischen Orientierungen das Niveau erreicht wird, auf dem Gott und Geld konvertibel werden.[49] Hier kann der Prozeß der Substitution von Gott durch Geld einsetzen, und zwar genau so, wie ihn Kenneth Burke in seinem *uneitlen* Geräusch angegeben hatte, »in its *quiet*, rational way«[50]. Auf Gott zu setzen, und/oder auf Geld, daß heißt jetzt gleichermaßen: *trading in futures*. Am besten man kombiniert beides miteinander. »In God we trust« steht auf dem puritanischen Dollarschein. Geld wird zum Doppelgänger von Gott – Gott wird zum Double von Geld. Gott und Geld erkennen sich wechselseitig in ihrem Bild (imago) und Gleichnis (similitudo).[51] Das Spiegelstadium zwischen Gott und Geld ist erreicht.[52]

IV.

Benjamin interessiert sich für weitaus mehr als nur für die Probleme der Formähnlichkeit zwischen Geld und Gott. Seinem Sprachgebrauch folgend, sieht er den Parasiten, der sich in das Christentum hineingestohlen hat, selbst die Herrschaft übernehmen. Dies würde erwarten lassen, daß der Kapitalismus nun selbst als Heilsveranstaltung die Szene betritt oder als neue Erlösungsreligion von geschichtlichem Ausmaß beschrieben werden könnte. Benjamin reagiert jedoch im Gestus der Religionskritik, einer selbst noch als religiös zu begreifenden Religionskritik. Nicht auf Erlösung sei die neue Religion aus. Der Kultus, so die bekannte These aus dem Fragment »Kapitalismus als Religion«, der im Kapitalismus zelebriert wird, sei vielmehr darauf aus, Schuld universal zu machen.

In der Verschuldungsthese Benjamins klingen mehrere Korrespondenzpartner an. Obwohl Benjamin die Begriffe »Schuld« und »Schulden«, wie schon Nietzsche eng aneinanderrückt, ist der Schuldbegriff in den frühen Schriften Benjamins zunächst nicht-ökonomisch geprägt.[53] Überraschenderweise steht er zunächst auch nicht im Zusammenhang mit der Religion. In den Schriften »Schicksal und Charakter« (1920/21) und »Zur Kritik der Gewalt« (1920/21) weist Benjamin den Schuldbegriff vielmehr dem Mythos zu.[54] In dieser Zuordnung klingt der Einfluß nach, den die Schriften Hermann Cohens auf Benjamin ausgeübt haben, insbesondere Cohens »Ethik des reinen Willens«.[55] Im Mythos, so hatte Cohen ausgeführt, werden Schicksal und Schuld in der Geschlechterabfolge zusammengefügt. Der Mythos sei dem Schicksalsglauben verhaftet; davon hebt Cohen die Poesie einerseits und die Religion andererseits ab. In der Poesie werde der Schuldgedanke transformiert in die Gattung der Tragödie, obwohl noch mit dem Mythos »verwachsen«[56].

Die Religion wiederum löse sich vom Mythos dadurch ab, daß sie die Schicksalsvorstellung durch den Gedanken der »Erlösung« ersetzt.[57] Der Gedanke der Erlösung kann aber nur dadurch greifen, daß die mythische Vorstellung von Schuldverhängnis in die Vorstellung einer Sünde transformiert werde (einer Schwachheit und eines Fehls, wie Cohen sagt), der, so der weitere Gedanke, gesühnt zu werden vermag. Der Begriff der Sünde und möglicher Sühne löst, so Cohen, das Individuum aus dem Zusammenhang der Geschlechterabfolge und macht damit einen Begriff von Individualität und Freiheit zuallererst möglich.[58]

Wenn Benjamin behauptet, die Soteriologie des Kapitalismus liefe darauf hinaus, Verschuldung universal zu machen, dann ist damit – unter dem Einfluß seiner Cohenlektüren – gemeint, der

Kapitalismus sei eine Retraktion in die Welt des Mythos: in eine Welt, die weder Individuum noch Freiheit noch Verantwortung kennt, so Cohen, sondern den Charakter von Schuld und Schicksal wieder angenommen hat, eine Welt, die ohne Umkehr oder Erlösung auskommen muß. Der Kapitalismus hat, so müßte man die These Benjamins verlängern, von den soteriologischen Ideen des Christentums profitiert – aber in dem Moment, in dem der Parasit die Rolle seines Wirtes übernimmt, kippen die soteriologischen Potenzen des Christentums in die Welt des Mythos. Und die Welt des Mythos ist die einer Schicksalsgemeinde, aus der die Gedanken an Umkehr und Erlösung – so Cohen in seiner Charakterisierung – verschwunden sind. Kapitalismus – so Benjamins Einbildung ins Geschichtliche – bringt Schicksal wieder zum Vorschein und dementiert somit die gegen den mythischen Schicksalsglauben gerichteten soteriologischen Vorstellungskomplexe des Christentums, aus denen sich der Kapitalismus herausgebildet hatte. Dabei schwingt der Verdacht mit, die soteriologischen Vorstellungskomplexe des Christentums seien dem mythischen Schicksalsglauben womöglich tiefer verhaftet, als die dogmatischen Anstrengungen des Christentums glaubhaft zu machen vermochten.[59] Das wäre dann ein doppelter Vorwurf an das Christentum. Erstens hätte es sich in den Kapitalismus umgewandelt. Zweitens wäre es dem Schicksalsglauben verhaftet geblieben, was seine Umwandlung in Kapitalismus erst richtig zum Vorschein bringt.

Der Gedankenkreis über Schicksal und Schuld ist aber nur eine der Einflußströmungen, die in Benjamins Fragment neue Wirbel erzeugen. Die zweite Autoritätssphäre ist der religiös grundierte Antikapitalismus. In den Quellenhinweisen von Benjamin fällt dabei die Aufmerksamkeit auf Gustav Landauer[60]. Landauer sieht im Kapitalismus die Herrschaft, wie er geradezu alttestamentlich formuliert, eines Sachgötzen am Werk, etwas, »das zwar keine Sache, aber ein Nichts ist, das als Sache genommen wird.«[61] Auf diese Weise versteht er die Herrschaft des Nichts als Herrschaft, wenn man die Nichtsthese einmal in die Varianten des Nichts einordnet, als Ausdruck des nichtenden Nichts, als Vernichtung des »Daseins«, wofür er Boden, Arbeit und Gemeinschaft (den »Geist des Bandes«) einsetzt.[62] Das nichtende Nichts als Geist des Kapitalismus führe nicht nur zur Verschärfung sozialer Ungleichheit, sondern auch zur Verschuldung der Reichen. »Das Geld schafft nicht

Reichtum, das Geld ist Reichtum, ist Reichtum für sich; es gibt keinen Reichen als das Geld.«[63] Denkt man in der Linie von Benjamin, dann ist ein Prozeß, in dem noch nicht einmal der Reiche profitiert, weil die Rolle des Reichen an die Funktion des Geldes gefallen ist, dann muß dieser Prozeß als Verschuldung beschrieben werden. Reich ist nach Landauer nur das Geld. Demgegenüber löst sich ein Klassengegensatz auf. Ob reich, ob arm, universal gegenüber der Rolle des Geldes ist Verschuldung. Es nichtet Besitzende wie Besitzlose. Unsterblich allein sei das Geld.[64]

Benjamin lehnt entgegen seinen antikapitalistischen Zeugen politische Lösungen ab.[65] Dies gibt seiner Verschuldungsthese eine ungeheure Schärfe. Wenn es keine Lösungen gibt, dann sind auch keine Rituale mehr auszumachen, die den Satz auslösen könnten, daß die Welt alles ist, »was der Fall ist«. Auch die Verneinung dessen, was der Fall ist, bestätigt noch den Fall. Wenn aber keine Entschuldungsrituale mehr vorstellbar sind, die nicht Schuld noch größer machen, dann ist der Zustand erreicht, in dem sich die alleinige Faktizität des Daseins als unabwälzbare Dauerschuld auf das Leben legt.

Dauerschuld heißt, daß keine weiteren Belastungen mehr möglich sind. Zeitlich als die Belastung der Zukunft der vergangenen Vergangenheit (die Kindheit als Stand der Unschuld: die Paradiesmetapher) oder als die Belastung der Zukunft (der Fortschritt). Dauerschuld heißt, daß weder zurückgezahlt werden kann (Tilgung der Schuld) noch eingezahlt werden kann (Erwerb, Bewerbung) noch vorausgezahlt werden kann (Wechsel, Kredit, Investition). Wenn alle diese drei Zeitdimensionen zusammengebrochen sind, dann ist der Zustand der Verschuldung erreicht, der Schuld ohne Verschuldung und Verschuldung ohne Schuld.

Benjamin unterstellt nicht nur die Transsubstantiation des Christentums in den Kapitalismus, sondern darüber hinaus den in dieser Transsubstantiation mitlaufenden Prozeß der Rückverwandlung der soteriologischen Vorstellungskomplexe in die mythische Welt des Schicksals. Ist Soteriologie, in den Metaphoriken der Wende vom Unheil zum Heil, gegen den Schicksalsglauben gerichtet, und liegt hier – folgt man Cohen – genau die Differenz von Mythos und Religion, so konstatiert Benjamin, daß sich durch die Umwandlung von Christentum in Kapitalismus in der Formation des Kapitalismus wiederum eine mythische Struktur zu erkennen gibt, im Gewande der Religion. »Der Kapitalismus ist vermutlich der erste Fall eines nicht entsühnenden, sondern verschuldenden Kultus.« (Fragment, S. 100) Schon einmal hatte einer sein Werk, und zwar zeitlich eng benachbart zum Fragment Benjamins, mit dem hintergründigen Satz eröffnet: »Die Welt ist alles, was der Fall ist.«[66]

Als Index (Zeigezeichen) der Verschuldungsdynamik gelten nach Benjamin die Sorgen: »Die Sorgen sind der Index dieses Schuldbewußtseins von Ausweglosigkeit« (Fragment, S. 102). Benjamin bewegt sich mit der Indexthese in auffälliger Nähe zu Martin Heideggers Schuldbegriff, insbesondere dem Paragraphen 58 in »Sein und Zeit« (1927). Heideggers Daseinsontologie, auch hier steht der Begriff der »Sorge« ganz oben auf dem Index, läuft auf eine Diagnose zu, die sich bei ihm so anhört: »Im Sein des Daseins als solchem liegt Schuld.«[67] Schuld ist »eigentlich ganz ursprünglich« (284, 306) und muß strikt distanziert werden von einem Schuldbegriff, der moralisch an einem Tun oder Unterlassen orientiert ist, dem Schuldigwerden vor einer Instanz. Schuld ist selbst eine Daseinsinstanz, ist Bestimmung von Sein, vor aller Verfehlung, die ontologisch und existential als »Nichtheit« gefaßt wird. Ähnlich wie bei Benjamin leuchtet die alte Lehre vom *status corruptionis* auf.[68] Heidegger bietet eine eigene Soteriologie auf, die sich um das Problem herum entwickelt, wie man gegenüber dieser Grundstruktur des Seins überhaupt noch von Freiheit sprechen könne. Freiheit heißt hier Freisein, aber nicht *von* Schuld und Verhängnis, sondern umgekehrt: »Freisein *für* das eigenste Schuldigsein.«[69] Entschlossenheit auf verlorenem Posten, so ließe sich die Pointe aus Sein und Zeit in den Abhandlungen über Schuld und Freisein, Heideggers Soteriologie, zusammenfassen.[70] Soteriologie bekundet sich wiederum im »Ruf der Sorge«. Wer da ruft, ist wiederum das Dasein.[71]

Auch für Benjamin trägt der Kapitalismus schicksalhafte Züge. Heidegger und Benjamin denken augustinisch im Modell »non posse non peccare«.[72] Während Heideggers Soteriologie jedoch auf das aus Freiheit gewonnene Einverstehen (»Verständigkeit«) ins Dasein als Ausdruck von Entschlossenheit fixiert bleibt, kann Benjamin im Unterschied zu Heidegger einen Zustand denken, der ›frei‹ ist vom Ruf der Sorge, obwohl diese Freiheit, vielmehr eine Befreiung, erst auf dem Grund möglich wird, auf dem das ganze Ausmaß der Ausweglosigkeit offenbar geworden ist. Der Ruf der Sorge wird umgekehrt in die ›Anrufung‹ Gottes – als Gestus des Gebets – im »Zenith seiner Verschuldung« (Fragment, S. 101).[73]

Im Gegensatz zu Heidegger denkt Benjamin Soteriologie in der Fassung der Auflösung der Verschuldungsdynamik, einer Dynamik, die Heidegger in seiner Fassung eher bekräftigt als beiseite rückt.[74] Die Auflösung der Verschuldungsdynamik ist allerdings keine Frage von Reformation oder Reform. Auflösung von Verschuldung als Voraussetzung von Erlösung ist vielmehr erst annehmbar, wenn alle Kalkulationshorizonte, vor allem das Kalkül auf mögliche Zukunftsperspektiven, in sich zusammenbrechen, wenn weitere Vertagungen und Optionen, Kredite und Wechsel auf Zukunft, Aufschübe von Fristen nicht mehr denkbar sind, wenn auch das Verhältnis von Gläubiger und Schuldner nicht mehr bestimmt werden kann. Der Tag ohne weitere Vertagung wäre, auch hier kommt nochmals ein religionsmetaphorisches Motiv von Benjamin heraus, der »jüngste Tag«. In Benjamins Vorstellungswelt wird der *status corruptionis* aufgelöst nicht durch Reform der Welt (Fragment, S. 101), sondern, wenn man die religionsgeschichtlichen Traditionen besieht, in der sich Benjamin bewegt, durch die *annihilatio mundi*. Nicht Erinnerung ist das Geheimnis der Erlösung, sondern dessen Auslöschung oder Vergessen, wie es in der Tradition des Annihilatio-mundi-Motivs gedacht werden kann.[75] Schwarzer Freitag: das wäre, so hatte Benjamin in seinem Trauerspielbuch (1925) das Karfreitagsmotiv ausgedeutet, die Schädelstätte, in der der Allegoriker in Gottes Welt erwacht.[76]

In der Kapitalismus-Problematik bei Benjamin zeigt sich, darauf verweisen die religionsgeschichtlichen Traditionen hin, die den Subtext zu dem Fragment »Kapitalismus als Religion« bilden, die Frage nach der Zeit und in eins damit die nach dem gelingenden Leben. Kapitalismus ist hier als eine Art Schauspiel begriffen – das Schauspiel, das in der Epoche, in der Benjamin sich bewegt, zur Aufführung gebracht wird. Dafür spricht schon die Kultus-These über den Kapitalismus. Kultus ist Schauspiel.[77] Schauspiel wird aber nicht dem Fiktionsverdacht unterworfen (»alles nicht echt«, »alles nur symbolisch«). Benjamin folgt nicht dem religionskritischen oder marxismusinhärenten Motiv des Theaterverdachts, sondern versucht das Schauspiel als Schauspiel zu lesen.[78] Dem dient seine Hermeneutik der Allegorie.

Der Kultus endet erst dann, wenn er ausagiert ist. Nicht eine unverdächtige Gegenwelt wird dem Theater, dem Kultus, von Benjamin entgegengehalten, sondern die Perspektive richtet sich auf das Schauspiel, das nach dem Schauspiel beginnt. In Benjamins eigenen Worten, in denen die alte Frage nach dem Gelingen des Lebens festgehalten wird: in der Sehnsucht nach dem »wolkenlosen Reich vollkommener Güter, auf die kein Geld fällt.«[79]

V.

Benjamin darf man als einen Allegoriker ansehen, der sein großformatiges Gemälde über den Kapitalismus als Religion in den Dienst einer suggestiven Dramatisierungsstrategie stellt. Der Text gibt sich erratisch. Es ergeben sich keine Spielräume der Interpretation: Entweder erzwingt der Text Zustimmung oder muß als Provokation verstanden werden, auf die der Leser nur mit Ablehnung reagieren kann. Die allegorische Strategie von Benjamin hat nur an der Oberfläche mit der Vielspältigkeit von Sinnperspektiven zu tun. Insgesamt folgt sie einer bestimmten Verdeutlichungspolitik. Die Funktion der Allegorie scheint darin zu bestehen, aufzuzeigen, daß alles, ähnlich wie in der in Melvilles *Moby Dick* geschilderten sakramentalen Konsubstantiation zwischen Mannschaft und ihrem Kapitän, einem dem Unheil folgenden Ganzen gehorcht.[80] Bei Benjamin steht die assimilative Funktion der Allegorie im Zeichen einer geschichtsphilosophischen Rigidität.

Eine Strategie der Distanzierung bzw. der Entdramatisierung wäre, das Fragment als Literatur zu thematisieren, eine Literatur aus der historischen Epoche einer Krisenzeit, für die besonders berufene wie unberufene Heilsprediger anfällig sind.[81] Im zeitgenössischen Schrifttum des Protestantismus taucht zum Beispiel das Motiv des Mammonismus weniger in wirtschaftsethisch ausgerichteten Überlegungen auf als vielmehr in Predigten oder in Liturgien.[82] Die Funktion solcher Predigtrhetorik besteht darin, dabei der Tradition der protestantischen Erweckungshomiletik folgend, durch die Errichtung einer Negativfolie für Gott zu werben. Die Plausibilisierung Gottes über seinen Gegenspieler war immer das Mittel der Erweckungspredigt und ihres negativen Dogmatismus.

Auf Benjamins Fragment läßt sich aber auch differenztheoretisch antworten, sowohl historisch als auch systematisch. Folgt man Niklas Luhmann, dann erzeugt die Universalisierung des Geldes eine Welt, »in der sie auch Spezifikation zu sein hat«[83]. Durch den Gedanken der Verkoppelung von Universalisierung und Spezifikation kann Luhmann die Symbolik des Geldes dem besonderen Funktionssystem Wirtschaft zuordnen, ohne – und das ist eine der Pointen der Spezifikationsthese – daß damit Religion ernsthaft berührt sein müßte. Vielmehr führt die Spezifizierung (im Sinne funktionaler Differenzierung) dazu, daß sich die Symboliken der Religion neben der Symbolik des Geldes (reserviert für das Wirtschaftssystem) neu entwerfen und kultivieren können und in dieser Form, ihrem Eigensinn und in neuer Funktion aller erst sichtbar werden.[84] Insofern entspannt sich der Konflikt zwischen Gott und Geld (Kapitalismus), er wird ausgetrocknet. Religiöse Geldkritik wird arbeitslos, der *clash of semiotic codes* fällt aus. Religion unterliegt damit aber gleichzeitig höheren Anforderungen der Selbstexplikation ohne den Umweg über missionarische Einspielungsergebnisse auf dem Weg des negativen Dogmatismus.

Die Spezifikation erlaubt, auf Formunterschiede zwischen Geld und Gott zu achten. Diese zeigen sich an einem Punkt, der zunächst auf Formähnlichkeit hinzudeuten scheint. Gemeint ist die Strukturierung von Zeit, die zeitliche Dimension der Geldsymbolik. Vor allem in der Funktion der Zukunftsvorsorge, so Niklas Luhmann, löst die Geldsymbolik die soteriologischen Semantiken der Religion ab.[85] Die zeitliche Dimension der Geldsymbolik läßt sich in mindestens drei Aspekten beschreiben. Geld ist Mittel der »raumzeitlichen Abstandsvergrößerung«[86], das heißt, Geld ist in der Lage, Räume und Zeiten miteinander zu verspannen, die in einfachen Interaktionsstrukturen noch auf Präsenz der Interaktionsteilnehmer beruhen. Geld ist ferner »Handel auf Zukunft« und kann dabei in seiner Funktion als »Repertoire möglicher Zukünfte«[87] angesehen werden.

In der zeitlichen Dimension läßt sich erneut die Soteriologizität des Geldes erkennen. In seiner Eigenschaft als Repertoire möglicher Varianten von Zukunft löst es gewissermaßen von der Bindung an Vergangenheit.[88] Adam Müller, den Benjamin in den Literaturangaben seines Fragments verzeichnet, meinte noch, die Erfindung des Buchdrucks habe im Zusammenhang mit dem Geldverkehr dazu geführt, daß Schulden durch schriftliches Festhalten in Büchern nicht unmittelbar abgetragen werden könnten, sondern sich als anwachsende Schuldenmassen an künftige Generationen weitervererben würden.[89] Diese Sicht kehrt sich dann um, wenn Schulden als nichts anderes begriffen werden können als als Investitionen in Zukunft. Schulden zahlen sich in Zukunft aus. Von Schulden werde ich in Zukunft erlöst werden, wenn sich meine Investition, sofern ich richtig kalkuliert habe und sofern keine anderen unerwarteten Ereignisse dazwischentreten, auszahlt.

Was die spezifische Temporalstruktur des Geldes betrifft, darf man also von einer Omnipräsenz der Geldpotentialitäten *für* alle drei Modi der Zeit sprechen. Geld haben, heißt nicht nur Zukunft haben und das Feld möglicher Optionen erweitern; Geld sorgt für Formen der Vertagung, kann aber auch, weil zugleich zeitstabil und ereignisgebunden, die Differenz von Zukunft und Gegenwart in der Gegenwart selbst überbrücken.[90] In der Tradition der religiösen Geldkritik liegt es nahe, dieser Omnipräsenz des Geldes (mögliche Zukünfte) den »Körper« des Menschen (jeweilige Anwesenheit und Gegenwart) entgegenzusetzen. Bekanntlich hat Karl Marx – hierin Luther nicht unähnlich, den Marx als Nationalökonomen[91] preist – für die Version dieser Kontrastbildung plädiert. Wo das Geld herrsche, so Marx in seinen inkarnationschristologischen Variationen der Geldkritik, verwandele sich der Mensch zum Körper des Geldgeistes.[92] Freiheit gegenüber dieser unheimlichen Transsubstantiation gewinne er erst, wenn seine »körperliche« Betätigung als Lebensäußerung anerkannt werde. Der Kontrast der Inkarnationslogiken – Geld ist darin das Unendliche, das Endliches in sich aufnimmt und dieses in seine eigene Logik hineinkopiert,[93] Mensch ist hingegen das Endliche, das aus sich heraus poetisch den Wert eines Unendlichen symbolisiert: als Vollzug freier Lebensäußerung – führt bei Marx zu dem bekannten Gegensatz zwischen Kapital und Arbeit.[94]

Was die zeitliche Dimension der Ambivalenz von Heilsversprechen und Daseinssorge betrifft, hatte James Joyce in der Ithacaepisode seines *Ulysses*, die rhetorisch dem Aufbau eines Katechismus folgt, zwei Probleme aufgeworfen: die Unwiderruflichkeit der Vergangenheit und die Unvorhersehbarkeit der Zukunft.[95] Joyce verhandelt die alte Frage nach der Präsenz des Absoluten. Dabei gibt er in seinem Katechismus eine Unterweisung in die kosmologische Weite des Geldes. Bloom, der Held von Joyce, hatte einmal eine Münze markiert, um das Geld bei seiner Körperlichkeit, bei seinem *logos incarnatus* und seinem *logos incarnandus* zu behaften. Und dazu hatte er die Münze nach ihrer Markierung den Wassern des Finanzverkehrs erneut ausgesetzt.[96] »War Blooms Münze zurückgekehrt? Nie.«

VI.

Viel hängt davon ab, wie der Begriff des Symbolischen gefaßt wird. Versteht man nach dem jüngeren Verständnis unter Symbol ›Symbol für etwas‹ dann rückt der Symbolbegriff in die Nähe der Allegorie. Mit diesem Symbolverständnis kann der Geldbegriff allegorisch verbildet werden. Der Schritt von der allegorischen Verbildung zur Mystifikation des Geldes und zur Fundamentalopposition (›Mammonismus‹) ist relativ kurz.[97] Geld, verstanden als »Symbol für etwas«, führt aber auch auf den Weg von Georg Simmel, der in dem Entwicklungsgang des Geldes ein doketisches Streben nach einem Zustand der »Erlöstheit« sieht, der sich von jeder Form von Verkörperung gelöst hat. Geld ist dann »nur« noch Symbol, reines Symbol, darin wiederum *actus purus* und darum Protometapher des Lebens, Gestalt und Liquidität, Form und Auflösung zugleich.[98]

Die Thematisierungsmöglichkeiten verschieben sich vollständig, wenn das ursprüngliche und ältere Symbolverständnis bemüht wird, wenn also unter Symbol nicht ›Symbol für etwas‹, sondern ›Symbol aus etwas‹ verstanden wird.[99] Im Symbol werden zwei Elemente zu einer Einheit zusammengefügt, wobei die Differenz dieser Elemente in der Einheit erhalten bleibt. Dieses Verständnis wird zugrunde gelegt, wenn Niklas Luhmann Geld als symbolisches Kommunikationsmedium ansieht. Neben der verbindenden, zusammenfügenden Funktion wird dabei immer auch eine *diabolische* Funktion zu verzeichnen sein. Mit Verbindungen gehen immer Abtrennungen einher. Vor diesem Hintergrund läßt sich die Symbolik des Geldes in der zeitlichen Dimension, die schon Bloom in seinem Katechismus beschäftigte, thematisieren.[100]

Die symbolische Dimension liegt dabei in zeitlicher Hinsicht darin, daß das Medium Geld »die Differenz von Gegenwart und Zukunft in der Gegenwart« überbrückt.[101] Durch die Symbolik des Geldes erscheint die Zukunft als *gegenwärtige*

Zukunft. Gleichzeitig muß nach dem gefragt werden, was an dem, was verbindet, trennt. Was offenbar auseinandertritt, so ist bei Luhmann zu lesen, sind verschiedene Versionen von Zukunft selbst.[102] Die (symbolische) Gegenwart der Zukunft fällt nicht zusammen mit der Zukunft der Zukunft, so daß die durch die symbolische Leistung des Geldes ermöglichte gegenwärtige Zukunft nicht unbedingt einer (diabolischen) *künftigen Gegenwart* entsprechen muß. In diesem Auseinandertreten der Zeitmomente der Zukunft liegt offenbar die diabolische Funktion des Geldes.

Hinsichtlich der symbolischen Leistung des Geldes kann durchaus eine Formähnlichkeit zwischen Gott und Geld festgestellt werden. Auch die Inkarnationschristologie des Christentums behauptet für das Drama der Erlösung durch den Gottmenschen Christus mittels verschiedener Unterscheidungsleistungen – etwa dem *regnum carnis* des *logos incarnatus* und dem *regnum divinitatis* des *logos incarnandus* –, daß in Gestalt des inkarnierten Logos Zukunft präsent wird in der Gegenwart bzw. daß Gegenwart auf Zukunft hin geöffnet wird. Darin kann wiederum der Zusammenhang von Christologie und Soteriologie aufgefunden werden. Heil heißt, zeitlich beschrieben, Zukunft haben, und zwar eine solche Zukunft, die in proleptischer Art ihre Gegenwärtigkeit, die Vergangenheit, endgültig veralten läßt. Die schuldbeladene Vergangenheit kann nicht mehr Gegenwart werden.

Der Unterschied zwischen Gott und Geld tut sich auf, wenn man die diabolische Funktion in den Blick nimmt. Luhmann hatte bezüglich der Problematik der Diabolik des Geldes (Zukunft versus Zukunft) einen Blick auf die Religion geworfen und die Vorstellung als Anachronismus vermerkt, mit der man auf die Diabolik des Geldes religiöserseits mit dem Vertrauen in die Vorsehung Gottes antworten könnte. Bereits die Einführung der Lebensversicherung als moderne Form der Daseinsvorsorge bzw. des Risikomanagements war in der ersten Hälfte des 19. Jahrhunderts von Theologen mit dem Verweis darauf bekämpft worden, daß man mit einer Versicherung unbilligerweise in die Vorsehung Gottes eingreife.[103]

Die Diabolik der Erlösung in der christlichen Heilsökonomie besteht darin, daß die symbolische Überbrückung von Gegenwart und Zukunft in der Gegenwart – im *sacramentum incarnationis* des sich-gebenden Gottmenschen in die Zeit – in der Ablösung von der Herrschaft der Zeit überhaupt besteht. Erst mit dieser Vorstellung ist der Sinn des Begriffs ›Erlösung‹ erreicht. Zwar ist auch das Geld auf Erlöstheit aus und bestätigt darin, so bei Georg Simmel zu studieren, in der zeitlichen Dimension eine unendliche Bewegtheit oder Endlosigkeit eines Kreislaufs, der als Ewigkeit aufgefaßt werden kann. Gegenüber der Symbolik wie Diabolik des Geldes besteht die Tradition der christlichen Soteriologie, die sich um das Drama der Erlösung rankt, aber auf einem anderen Zeitbegriff von Erlösung.

Mit der Freilegung eines Erlösungsbegriffes im Sinne der Freiheit von der Zeit (Ewigkeit II) wäre der Versuch unternommen, sowohl die Äquivokation mit der unendlichen Bewegtheit des Geldes (Ewigkeit I) aufzulösen als auch der Tendenz zur allegorischen Verbildung des Geldes zu entsagen. Da einer anderen Soteriologie verpflichtet, kann der Mammonismusverdacht aus dem Geist der allegorischen Selbstverbildung entfallen, einer Tendenz, die in allen ›religiösen‹ Fundamentalismen steckt.[104] Wie aber ein anderer Begriff von Erlösung lautete, das hörte sich in der Tradition so an: »Praesens autem si semper esset praesens nec in praeteritum transiret, non iam esset tempus, sed aeternitas.«[105]

Zu zählen sind die Zahlen der Zeit. Zu einer Kapitalismuskritik, auf die sich die Ausrufung eines Status Confessionis stützen könnte, läßt sich Benjamins Fragment nicht zuschlagen. Schon Benjamin warnt sich selbst vor der Gefahr »maßloser Universalpolemik«. In eine kritische Geschichte der Zukünfte gehört das Fragment gleichwohl.

Die Verheißung absoluten Reichtums: Kapitalismus als Religion?

Christoph Deutschmann

Die Unbestimmbarkeit von Religion und Geld

»Kapitalismus und Religion« ist das Leitthema einer wohletablierten, durch die Forschungen Max Webers inspirierten Tradition soziologischer Studien, die sich um die Klärung der Zusammenhänge zwischen religiöser Ethik und wirtschaftlichem Handeln bemüht.[1] In seinem berühmten Fragment »Kapitalismus als Religion« hat Walter Benjamin eine von dieser Tradition gänzlich abweichende Sichtweise skizziert.[2] Im Gegensatz zu Weber beschreibt Benjamin den Kapitalismus nicht nur als ein religiös bedingtes Gebilde, sondern als eine »essentiell religiöse Erscheinung«. Sie diene der »Befriedigung derselben Sorgen, Qualen, Unruhen, auf die ehemals die so genannten Religionen Antwort gaben«[3]. Wie Benjamin ausführt, zeige sich die religiöse Natur des Kapitalismus in vier Charakterzügen: Erstens handele es sich um eine »reine Kultreligion«, die auf alle dogmatischen Sicherheiten verzichte. Zum zweiten werde der Kult permanent, »sans rêve et sans merci«, und ohne Unterbrechung durch »Wochentage« zelebriert. Drittens münde diese Religion nicht in Erlösung, sondern in eine immer weiter fortschreitende Verschuldung. Ein vierter Zug der Religion des Kapitalismus bestehe schließlich darin, daß »ihr Gott verheimlicht werden muß« und erst »im Zenith seiner Verschuldung angesprochen werden darf.«

Das Problem dieser auf den ersten Blick rätselhaften Beschreibung des Kapitalismus ist, daß sie sich nicht nach dem gängigen Verfahren der Bestimmung von *genus proximum* und *differentia specifica* überprüfen läßt. Dazu müßte zunächst ein allgemeiner Begriff von Religion gefunden und dann geklärt werden, ob sich diesem Begriff neben den herkömmlichen Religionen auch das Phänomen des Kapitalismus subsumieren läßt.

Einen allgemeinen Begriff der Religion zu entwickeln, ist der Religionssoziologie und Religionswissenschaft jedoch trotz aller Bemühungen bekanntlich bis heute nicht gelungen. Weber hatte sich geweigert, das Religiöse zu definieren. Er beschränkte sich darauf, religiöses Handeln zu beschreiben und charakterisierte es durch seine Orientierung auf diesseitige Zwecke einerseits, die Inanspruchnahme außeralltäglicher Kräfte andererseits. Die außeralltäglichen Kräfte, die Weber mit dem Begriff »Charisma« faßt, können entweder durch direkte Einwirkung aktiviert oder durch Bitte, Gebet oder Kultus angerufen werden. Im ersten Fall spricht Weber von magischem, im zweiten Fall von religiösem Handeln.[4] Durkheims Versuch, die Religion als das Heilige zu fassen, und das Heilige wiederum als Ausdruck des gesellschaftlichen Kollektivbewußtseins zu dechiffrieren, war von verschiedenen Seiten her auf Kritik gestoßen. Malinowski betonte, weder lasse sich Religion auf Moral reduzieren, noch seien kollektive Gefühle ausschließlich oder auch nur überwiegend religiöser Natur. Religion sei in erster Linie im persönlichen Erleben verankert und aus ihrer Funktion für die Bewältigung individueller Grenzerfahrungen, Unsicherheiten und Spannungszustände zu verstehen. Unaufgelöst ist bis heute die Kontroverse zwischen »substantialen« Definitionen der Religion, die auf die Eigenheiten religiöser Vorstellungen selbst Bezug nehmen, und »funktionalen« Definitionen, die religiöse Phänomene von ihren gesellschaftlichen und individuellen Wirkungen her zu fassen versuchen. Während erstere den Vorwurf des Ethnozentrismus und der Verengung auf die christliche Kulturtradition auf sich ziehen, lautet der Einwand gegen letztere, sie seien zu weit gefaßt. Weil sie Religion mehr oder weniger mit Gesellschaft gleichsetzten, seien sie zur präzisen Abgrenzung des Religiösen vom Nichtreligiösen ungeeignet.[5]

Friedrich Tenbruck hat die These vertreten, daß die Suche nach einem Allgemeinbegriff der Religion auf ein Mißverständnis des Gegenstandes selbst zurückgeht, den er bezeichnen soll.[6] Der abstrakte Begriff der »Religion« steht für kulturell individuierte Sinnformen, die es mit Grenzerfahrungen des Menschen zu tun haben und gegen den Zugriff der identifizierenden Vernunft immun sind. Der Terminus »religio« konnte, wie Tenbruck argumentiert, nur unter den besonderen Bedingungen des Okzidents mit der hier gegebenen engen Berührung und Vermischung der Völker sowie der gegenseitigen Durchdringung von Christentum und antiker Philosophie entstehen. Mit seinem Anspruch, die einzige und wahre »Religion« zu sein, entstand für das Christentum die Notwendigkeit, sich gegenüber den historisch vorgefundenen Kulten zu legitimieren. So entstand eine reflexive Form von Religiosität, die den Grund für die missionarische und intellektuelle Dynamik des christlichen Abendlandes legte.

Auch die Religionskritik der Aufklärung kann, Tenbruck zufolge, ungeachtet ihrer Distanz zur Kirche als Erbin dieser Tradition interpretiert werden. Insofern sie das in ihr angelegte reflexive Potential radikalisiert, stellt sie in gewisser Weise sogar ihren Höhepunkt dar. Indem sie die Kritik der Religion auf das Christentum selbst ausdehnt, nimmt sie implizit für sich die Position eines »neutralen« und »objektiven« Beobachters der Religion in Anspruch. Die abstrakten Konzepte der Religion, die die moderne Religionswissenschaft und Religionssoziologie entwickeln, zielen darauf, religiöse Welten in einer systematischen, kulturell neutralen Weise zu beschreiben. Aber dieses Unternehmen ist, folgt man Tenbruck weiter, aus zwei Gründen zum Scheitern verurteilt: Zum einen ist auch die soziologische Religionstheorie nicht in der Lage, sich aus ihrer Verankerung in der christlichen Tradition zu lösen und den partikularistischen Kern ihres scheinbaren »Universalismus« zu durchschauen. Es ist dieser unreflektierte »Zentrismus«, der sie – um nur ein Beispiel zu nennen – an einem adäquaten Verständnis des Buddhismus hindert, der sich gerade nicht als »Religion« im szientifischen Sinn fassen läßt.[7] Religiöse Welten sind »total«, insofern sie noch die Perspektiven ihrer eigenen Beobachtung bestimmen: Nur der Gläubige kann wissen, was »wahrer Glaube« ist. Der zweite Grund für die Unangemessenheit der soziologischen Religionstheorien ist, daß sie die Grenzen wissenschaftlicher Erkenntnis gegenüber religiöser Erfahrung nicht reflektieren. Sie lassen das Interesse an der Religion selbst zugunsten der Dauerreflexion *über* die Religion in den Hintergrund treten. Je mehr aber »über Religion gesprochen wird, desto mehr steht die Frage an, ob noch über Religion gesprochen wird und ob man darüber noch sprechen kann.«[8]

Auch Luhmann hat die Selbstwidersprüche beleuchtet, in die der Versuch einer Definition des Religiösen gerät. Beobachten – so lautet das an den Formenkalkül Spencer-Browns anschließende Argument Luhmanns[9] – heißt, eine Unterscheidung zu treffen. Beobachtungen markieren einen Raum aus einem »unmarked space« (wie der von Luhmann übernommene Terminus Spencer-Browns lautet) heraus. Jede Position ruft ihre eigene Negation hervor, jede Präsentation ihre Appräsentation. Beobachtungen sind daher immer mit einem »blinden Fleck« behaftet, der zwar durch Beobachter zweiter Ordnung erfaßt werden kann, dies aber nur mit der Implikation eines neuen blinden Flecks usw. Religionen jedoch haben es mit der Unterscheidung von Transzendenz und Immanenz, mithin mit der Grenze des Sinnhaften selbst zu tun. Diese Grenze jedoch können sie nur im Medium Sinn thematisieren. Die religiöse Kontingenzformel »Gott« transformiert das Nicht-Beobachtbare in eine beobachtbare Form, an die weitere sinnhafte Operationen anschließen können. Als Einheit aller Unterscheidungen kann sie nichts anderes darstellen als ein Rätsel, eine »Chiffre«: »Chiffren sind nicht einfach nur Symbole, geschweige denn Zeichen oder Allegorien oder Begriffe. Sie sollen nicht etwas anderes nur bezeichnen oder nur ausdrücken. Sie sind nicht gemeint und werden nicht erlebt als bloße Hinweise auf etwas, was nicht oder nicht direkt zugänglich ist. Sie haben ihren Sinn überhaupt nicht in der Relation zu etwas anderem, sondern sind es selbst.«[10] »Gott« ist eine Formel, die nichts Bestimmtes bezeichnet, sondern selbst an die Stelle des Bezeichneten tritt, es zugleich repräsentiert und verbirgt. Die Suche nach dem »genus proximum« führt im Fall der Religion in die Irre, denn sie ist ja schon die Gattung aller Gattungen, die sinnhafte Operationen erst ermöglicht, selbst aber der Reflexion nicht zugänglich sein kann.

Um zur These vom Kapitalismus als Religion zurückzukommen: Offensichtlich kann das *tertium comparationis* zwischen Kapitalismus und Religion nicht auf der Ebene eines abstrakten, überhistorischen Konzepts der Religion gesucht werden. Wenn, dann ist eine Übereinstimmung nur im *negativen* Sinne denkbar – eine Übereinstimmung der Paradoxien, in die man bei dem Versuch einer Definition beider Phänomene gerät. Diesem Gedanken wollen wir im folgenden nachgehen. Wie steht es also um die Bestimmbarkeit von Geld und Kapital?

Auf den ersten Blick würde man hier wohl kaum gravierende Probleme vermuten. Seit den Studien Sombarts und Webers hat sich in den Sozialwissenschaften kaum eine Überzeugung stärker festgesetzt als die über den vermeintlich »rationalen« Charakter des Kapitalismus. Der Kapitalismus, so lautet die nahezu allgemein akzeptierte Ansicht, war die zentrale Triebkraft jener säkularen »Rationalisierung« und Modernisierung der Gesellschaft, die der traditionellen Religion den Boden entzog. Folgt man Webers bekanntem Argument, so beruhte die Überlegenheit des Kapitalismus gegenüber den vorkapitalistischen Ökonomien auf der »formalen Rationalität« der kapitalistischen Wirtschaftsrechnung. Diese wiederum ist im Geld und in der Durchdringung des gesamten Wirtschaftslebens durch monetäre Kalküle begründet. Für Weber ist Geld das »›vollkommenste‹ wirtschaftliche Rechnungsmittel, das heißt: das formal rationalste Mittel der Orientierung wirtschaftlichen Handelns.«[11] Geld ist die Bedingung rationalen Wirtschaftens, aber wie steht es mit der Rationalität des Geldes selbst? Um die Frage zu beantworten, müßte eine Definition des Geldes gefunden werden. Dies aber erweist sich nicht minder schwierig als im Fall der Religion.

Weber wies den Anspruch, eine »Theorie« des Geldes zu entwickeln, ebenso von sich wie die Forderung nach einer Definition der Religion. Er beschränkte sich auf eine Wiedergabe der in seiner Zeit einflußreichen Knappschen Terminologie, ohne sich mit deren Problemen und Mängeln auseinanderzusetzen. Wie der Religion kommt dem Geld der Charakter einer Totalität zu: Was es »ist«, läßt sich nicht an seinen beobachtbaren Erscheinungen (z.B. Metalldeckung oder institutionelle Garantien) festmachen. Seine letzte »Deckung« ist unsichtbar und ruht, nicht anders als beim religiösen »Glauben«, im »Vertrauen« der Wirtschaftssubjekte. Nigel Dodd hat darauf hingewiesen, daß auch die Geldtheorie bis heute eine konsistente Definition ihres Gegenstandes nicht zustande gebracht hat und wie die Religionssoziologie zwischen einer »funktionalen« und einer »substantialen« Position hin- und herschwankt.[12] Die funktionale Position, wie sie durch den neoklassischen Hauptstrom der Wirtschaftstheorie vertreten wird, verzichtet auf eine inhaltliche Bestimmung des Geldes und versucht, das Geld allein von seinen Funktionen als Wertmaß, Tausch- und Wertaufbewahrungsmittel her zu fassen. Als »Geld« werden alle Artefakte bezeichnet, die diese Funktionen erfüllen können. Abgesehen von dem Tautologieverdacht, den diese Definition wecken muß, lautet der Einwand gegen sie: Sie ist zu weit gefaßt, weil keine einzige empirische Geldform alle Geldfunktionen befriedigend gewährleisten kann und zugleich ein unbegrenztes Spektrum von Objekten denkbar ist, die in dem einen oder anderen Sinne »monetäre« Funktionen wahrnehmen. Bei der substantialen Position läßt sich eine ältere und eine moderne Variante unterscheiden: Die ältere, von Marx und auch noch von Menger vertretene Variante beharrt darauf, daß Geld durch eine besondere Geldware, in der Regel Gold oder Silber, verkörpert und durch sie gedeckt sein müsse. Die moderne, zuerst von Knapp verfochtene und heute, nach der Abschaffung der Metallwährungen, allgemein herrschende Meinung lautet dagegen, daß nicht der Substanzwert des Geldes, sondern seine staatlich-institutionelle Absicherung als gesetzliches Zahlungsmittel für den Geldcharakter konstitutiv sei: Geld entsteht aus dem »Nichts« durch staatliches Dekret. Wie im parallelen Fall der »substantialen« Theorie der Religion läßt sich gegen diese Definition der Einwand erheben, daß sie zu eng ist und den Begriff des Geldes auf den der Währung verkürzt. Sie trägt der Möglichkeit nicht Rechnung, daß dort, wo das Publikum das Vertrauen in die offizielle Währung verliert, inoffizielle Geldformen entstehen können.

Schließlich läßt sich auch das, was Luhmann über den Chiffrencharakter religiöser Sinnformen ausführt, nahezu direkt auf das Geld übertragen. Die heute weitverbreitete Rede vom Nominalgeld als bloßem »Symbol« führt in die Irre. Im Unterschied zu anderen, z.B. sprachlichen Symbolen muß es ja »knapp« gehalten werden, mit anderen Worten: Es muß immer so behandelt werden, *als ob* es eine ausgedehnte Substanz wäre. Andernfalls könnte man Geld nicht »haben«, sich nicht privat aneignen. Im Unterschied zur normalen Kommunikation wird Geld – darauf weist Luhmann selbst hin[13] – nicht mitgeteilt, sondern übertragen: Es muß immer sichergestellt werden, daß der Zahlende verliert, was er an den Zahlungsempfänger abgibt. Der Mitteilende jedoch behält, was er an andere weitergibt. Genau deshalb ist die Einstufung des Geldes als bloßes »Kommunikationsmedium« durch Luhmann, Baecker und die anderen Verfechter der systemtheoretischen Position problematisch. Geld hat zwar die Eigenschaften eines Kommunikationsmediums, aber es ist, wie Smelt mit Recht betont, Wertsymbol und Wertgegenstand *zugleich*[14]. Wie Gott verweist es auf nichts Bestimmtes, auf Wirkliches wie Mögliches, Positives wie Negatives. Es *ist*, was es bedeutet und tritt selbst an dessen Stelle. Es liegt immer nur in einer bestimmten Summe vor, einer Summe aber von etwas Unbestimmbaren.

Die Probleme, die hier sichtbar werden, reduzieren sich nicht auf die Frage der technischen »Brauchbarkeit« der einen oder anderen Gelddefinition. Sie ergeben sich vielmehr aus den allen Definitionen des Geldes selbst inhärenten logischen Widersprüchen, die schon in gängigen ökonomischen Textbuchdarstellungen zutage treten. Bekanntlich hat die akademische Wirtschaftstheorie die Frage nach dem »Begriff« des Geldes längst fallengelassen. Geld wird vielmehr als ein rein nominales, aus dem »Nichts« heraus durch das Bankensystem geschaffenes Medium betrachtet, das sich allein durch seine *Funktionen* als Wertmaß, Tauschmittel, Zahlungsmittel und Wertaufbewahrungsmittel »definieren« läßt. Aber wie kann Geld Werte »aufbewahren«, wenn es selbst gar keinen Wert verkörpert? Die übliche Antwort ist, daß die Wertaufbewahrungsfunktion nichts mit irgendeinem inneren Wert des Geldes zu tun hat, sondern allein auf seine Kaufkraft verweist: Der Wert einer bestimmten Summe Geldes ist durch die »Menge« der Güter bestimmt, die sich mit ihr erwerben läßt. Aber wenn der Wert des Geldes durch die Menge der kaufbaren Güter bestimmt wird, wie kann es dann zugleich Wertmaß sein? Diese logischen Schwierigkeiten könnten nicht entstehen, wäre Wert eine gemeinsame Eigenschaft von Geld und Gütern wie etwa Volumen oder Gewicht, aber eine solche dritte Eigenschaft ist nicht angebbar. Der Möglichkeitsraum, auf den Geld zurückgreift, ist aus dritter Sicht nicht beobachtbar, wie die lange Liste gescheiterter »Werttheorien« zeigt. Die »Recheneinheit« Geld mißt etwas Unsichtbares, sie bezeichnet ebensowenig etwas Bestimmtes wie die Formel »Gott«.

Daß die Soziologie ebenso wie die Wirtschaftstheorie es verlernt haben, sich mit solchen Fragen auseinanderzusetzen, hat mit der in der ersten Hälfte des zwanzigsten Jahrhunderts entstandenen akademischen Arbeitsteilung zwischen Sozial- und Wirtschaftswissenschaften zu tun. Bekanntlich entwickelte sich damals aus dem früheren »Methodenstreit« zwischen historisch und theoretisch orientierten Richtungen der Nationalökonomie eine Phase mehr oder weniger indifferenter »Koexistenz«[15] zwischen Sozial- und Wirtschaftswissenschaften, in der beide sich um die Entwicklung eines je eigenständigen akademischen Profils bemühten. Während die Wirtschaftstheorie sich auf die formale Analyse rationaler Wahlhandlungen konzentrierte, spezialisierte die Soziologie sich auf die Untersuchung der nicht rationalen

Kontextbedingungen des Handelns, der sozialen Normen und Institutionen. Dieses Arrangement beruhigte zwar die früher manchmal recht hitzigen Kontroversen und ebnete den Weg zu einer relativ geordneten Entwicklung der beiden Disziplinen. Aber seine »Kosten«, insbesondere die für die Soziologie, waren gleichfalls beträchtlich. Die seit den achtziger Jahren in den USA von Autoren wie Granovetter, Etzioni, Smelser und Swedberg geführte Debatte um eine »neue« Wirtschaftssoziologie hat begonnen, diese Kosten zum Thema zu machen. Aber das wichtigste Manko der traditionellen akademischen Arbeitsteilung ist noch immer relativ unbeachtet geblieben: die Vernachlässigung des Geldes. Geld ist ein Gegenstand mit sowohl realen als auch symbolischen Eigenschaften, der genau zwischen den Perspektiven von Soziologie und Ökonomie angesiedelt ist. Es stellt etwas Drittes dar, das sich keiner der beiden Perspektiven subsumieren läßt.

So überrascht es nicht, daß das Thema Geld mit der historischen Trennung von Sozial- und Wirtschaftswissenschaften buchstäblich in ein »schwarzes Loch« fiel. Der unbefriedigende aktuelle Zustand der Geldtheorie ist Folge dieser Entwicklung. Für einen neuen Anlauf zu seiner Überwindung erscheint es sinnvoll, sich in die Epoche des »Methodenstreits« zurückzuversetzen und die Autoren dieser Epoche neu zu lesen, deren Denken noch nicht durch die heutige akademische Arbeitsteilung geprägt war, insbesondere Simmel und Marx. Im folgenden werden wir diskutieren, wieweit sich die These vom Kapitalismus als Religion von diesen beiden Autoren her stützen und legitimieren läßt.

Simmel und Marx

In seiner »Philosophie des Geldes« bemüht sich Simmel darum, die Theorie des Geldes zum Kernstück einer relativistischen Sozialphilosophie zu machen. Die ökonomische Definition des Geldes als Tauschmittel wird damit keineswegs verworfen, allein, Simmel insistiert darauf: Wenn Menschen ihre Produkte austauschten, so sei dies »keineswegs nur eine nationalökonomische Tatsache; denn eine solche, d.h. eine, deren Inhalt mit ihrem nationalökonomischen Bilde erschöpft wäre, gibt es überhaupt nicht. Jener Tausch vielmehr kann ganz ebenso legitim als eine psychologische, als eine sittengeschichtliche, ja als eine ästhetische Tatsache behandelt werden.«[16] In modernen Gesellschaften ist Geld nicht nur ein ökonomisches Tauschmittel, es ist das »absolute Mittel«.[17] Es eröffnet nicht nur den Zugriff auf materiellen Reichtum, sondern ist auch der Schlüssel für »individuelle Freiheit« inmitten der Gesellschaft, es kontrolliert die Zeit ebenso wie den Raum. Ein Mittel aber, das so vieles vermittelt, kann nicht so harmlos und »unwichtig« sein wie die ökonomische Theorie unterstellt. Weil es ein *allgemeines* Mittel ist, ist es unvermeidlich mehr als ein *Mittel*, d.h., es setzt sich selbst an die Stelle des Vermittelten und wird zum Endzweck, in den alles Handeln nolens volens zurückläuft. So gewinnt es eine »substantielle« Bedeutung. Was auch immer wir mit dem Geld tun oder erwerben, wird implizit oder explizit im Hinblick auf seine Rekonvertierbarkeit in Geld bewertet. Geld bildet die Einheit der Mannigfaltigkeit der Welt; Simmel spielt hier absichtsvoll auf das Verständnis von Gott als der »coincidentia oppositorum« bei Nikolaus von Kues an, er zitiert Hans Sachs mit seinem Satz vom Geld als dem irdischen Gott.[18]

Die Kaufkraft des Geldes, die die ganze Aufmerksamkeit der ökonomischen Theorie absorbiert, erweist sich, wie Simmel zeigt,[19] nur als Embryonalform eines viel größeren Potentials, das Geld verkörpert. Simmel bezeichnet dieses Potential mit dem Begriff »Vermögen«. Als Vermögen eröffnet Geld seinem Eigentümer einen unermeßlichen Horizont sachlicher, sozialer, zeitlicher und räumlicher Optionen:

Als Wertmaß und Tauschmittel vermittelt Geld den Zugriff auf sachlichen Reichtum. Insoweit ist die konventionelle Sichtweise nicht falsch, aber sie erweist sich schon hier als verkürzt, denn Geld verweist nicht nur, wie sie unterstellt, auf eine je gegebene »Menge« von Gütern. In der Ära des modernen Kapitalismus, der auch Arbeit, Produktionsmittel und Land zu Waren gemacht hat, ist Geld Mittel nicht nur des Austauschs, sondern auch der Produktion. Geld wird, wie Simmel ausführt, zum Vehikel grenzenloser Verlängerung der wirtschaftlichen Zweck-Mittel-Reihen.[20] Das Gegenüber des Geldes ist nicht nur die Gesamtheit der aktuell am Markt angebotenen Güter und Dienstleistungen, sondern die Gesamtheit des in einer gegebenen historischen Situation Hergestellten und Herstell*baren*. Die Kaufkraft des Geldes hat also nicht nur eine reale, sondern auch eine »imaginäre« Dimension.

Geld verkörpert aber nicht nur Kaufkraft, sondern auch ein quantifiziertes und generalisiertes *Eigentumsrecht*. Es vermittelt nicht nur die Entscheidung darüber, *worauf* zugegriffen wird, sondern auch *wer* zugreifen darf – und das ist, wie Heinsohn und Steiger kürzlich wieder hervorgehoben haben, etwas völlig anderes.[21] Indem das Geld dem einzelnen ermöglicht, seine Ansprüche an die Leistungen anderer gleichsam in der Tasche mit sich herumzutragen, befreit es ihn, wie Simmel argumentiert, aus persönlichen Bindungen und Verpflichtungen. Es wird damit zum Unterpfand der »individuellen Freiheit«:[22] Mitten in der Gesellschaft kann das Individuum sich selbst finden. Erst über das Geld konstituiert es sich als ein autonomes wirtschaftliches und soziales Subjekt. Die Abhängigkeit der Individuen voneinander wird dadurch zwar nicht aufgehoben, aber sie nimmt nun eine anonyme, sachliche Form an und ermöglicht genau dadurch die Emanzipation des Einzelnen. Sie gewinnt die Gestalt von »Verträgen«, d.h. auf der Basis des freien Willens der Beteiligten geschlossener und durch die Rechtsordnung kodifizierter Vereinbarungen. An der Stelle vorgefundener Bindungen eröffnet sich den Individuen eine unabsehbare Fülle neuer sozialer Optionen – und natürlich auch deren Kehrseite: Schulden.

Geld ist schließlich Träger zeitlicher und räumlicher Optionen. Zeit ist Geld und Geld ist gespeicherte Zeit. Mittels des Geldes kann ich Optionen, die ich sonst erst später hätte, schon jetzt wahrnehmen (in Form des Kredits), oder umgekehrt jetzt verfügbare Optionen für die Zukunft offenhalten (die Funktion des Geldes als »Wertspeicher«). Geldvermögen versetzt seinen Eigentümer in die Lage, über die Zeit zu verfügen. Es zwingt die Akteure nicht nur zu verstärkter Aufmerksamkeit für die Gegenwart, sondern auch zu einer immer weiter reichenden Antizipation der Zukunft und steigert so das »Tempo« des sozialen Lebens.[23] Und zu guter Letzt erweitert es auch die räumliche Reichweite sozialer Handlungsketten. Sein Vermögen macht den Geldeigentümer von lokalen Ressourcen unabhängig und öffnet ihm die ganze Welt als Feld seiner Operationen. So wird »das Entfernteste näher, um den Preis, die Distanz zum Näheren zu erweitern.«[24]

Als Kapital oder Vermögen erweitert Geld mithin die Freiheitsgrade des Individuums in allen Dimensionen seines Verhältnisses zur Welt und vereinigt diese Potentiale in einem einigen Medium. Geldvermögen beherrscht die Welt der Sachen, die soziale Welt, die Zeit, den Raum; es ist das »Können schlechthin«[25]. In der Maximierung dieses Potentials, nicht des bloßen Güternutzens, liegt der Angelpunkt kapitalistischen »Wirtschaftens«. Geldvermögen überbrückt die Differenz zwischen dem Wirklichen und dem Möglichen und versetzt alle aktuellen Weltbezüge des Individuums in die Perspektive des »Als-ob«, des Vergleichs mit anderen Möglichkeiten. Die »Knappheit«, die Geld kommuniziert, ist, ganz im Gegensatz zur üblichen systemtheoretischen Auffassung, keineswegs nur die der Güter, sondern auch die sozialer Macht, sowie die von Raum und Zeit[26]. Es ist die Begrenztheit menschlicher Existenz schlechthin, die in allen ihren Dimensionen eine mitlaufende Markierung durch das Geld erhält. Geld, so läßt sich in Anlehnung an Castoriadis sagen,[27] denotiert nichts, konnotiert aber (fast) alles. So erfüllt Geld im sozialen System genau jene Funktion, die Luhmann eigentlich der Religion zugedacht hatte: nämlich das Unbestimmbare bestimmbar zu machen.

Systemtheoretiker werden einwenden: Aber Wahrheit, politische Macht, Recht, Kunst, Liebe kann man doch nicht kaufen! Gewiß kann man sie nicht direkt »kaufen«, auch wenn das bekanntlich immer wieder versucht wird. Aber sie müssen stets *finanziert* werden, eben dies macht ihren spezifisch »modernen« Charakter aus. Geld eröffnet erst jene Spielräume, in denen auch andere Codierungen als monetäre möglich werden. Und diese Spielräume bleiben prekär, gefährdet, stehen immer unter »Finanzierungsvorbehalt«, wie sich z.B. in bezug auf die Liebe eindrucksvoll bei Flauberts *Madame Bovary* lernen läßt (von der Politik, der Wissenschaft, der Kunst gar nicht zu reden).

Als Vermögen hat Geld im Gegensatz zur konventionellen ökonomischen Meinung einen *inneren*, nicht nur äußeren Wert. Ganz unabhängig von seiner jeweiligen institutionellen Verfassung als Nominal- oder Metallgeld wird es um seiner selbst willen begehrt. Denn was es seinem Eigentümer bietet, ist nicht nur die Option auf dieses oder jenes Gut, sondern eine Option höherer Ordnung. »Individuelle Freiheit« – das ist etwas ganz anderes als nur der »Nutzen« von Äpfeln oder Birnen! Der Reiche wirkt, wie Simmel erläutert, »nicht nur durch das, was er tut, sondern auch durch das, was er tun könnte: weit über das hinaus, was er nun wirklich mit seinem Einkommen beschafft, und was andere davon profitieren, wird das Vermögen von einem Umkreis zahlloser Verwendungsmöglichkeiten umgeben, wie von einem

Astralleib ...«[28] Dieses »Superadditum des Reichtums« (Simmel) verleiht dem Vermögenden soziale Macht. Weil er immer auch andere Optionen hat, muß man ihn ganz besonders hofieren, damit er sein Geld hier und nicht woanders läßt.

In den Genuß der Vermögenseigenschaft des Geldes kommt freilich nur der, der es hat und dem es über die Grenze des Subsistenznotwendigen hinaus zur Verfügung steht. Für den Armen, dessen Budget vollständig durch seine Subsistenzbedürfnisse vorherbestimmt ist, ist das Geld in der Tat bloß »Tauschmittel«, und wie über Simmel hinaus mit Marx zu betonen wäre: Er ist mit dem Gegenpart des Vermögens konfrontiert, der Schuld. Für den Armen verwandelt sich Geld in ein Disziplinierungsmittel, das um so unerbittlicher wirkt, als es nur die eigenen körperlichen Bedürfnisse sind, die ihn zum Gelderwerb zwingen.[29] Der eigentliche »Nutzen« des Geldes, die Wahlfreiheit, fängt erst dort an, wo das Einkommen das Subsistenzniveau überschreitet. Das für gewöhnliche Güter geltende ökonomische Gesetz des mit zunehmender Menge abnehmenden Grenznutzens trifft auf das Geld nicht zu, der Bedarf nach Geld ist unbegrenzt. Armut ist deshalb auch weit mehr als eine nur »materielle« Benachteiligung. Der Reiche ist, wie Simmel betont, dem Armen nicht nur quantitativ, sondern auch qualitativ überlegen. Er kann nicht nur auf ein größeres Quantum von Gütern zugreifen, sondern kommt auch in den Genuß der mit dem Geld verknüpften Wahlfreiheit.

Der Unterschied zwischen Reich und Arm zwingt zur genaueren Klärung der Frage: *Wie* ist die Vermögenseigenschaft des Geldes seinem Eigentümer gegeben? Fest steht, daß Geld kein bloßes »Wertzeichen« sein kann, denn sonst könnte es ebensowenig privat angeeignet werden wie die Sprache, wie Liebe, Macht oder Wahrheit. Geld ist – wir haben schon darauf hingewiesen – *sowohl* Wertzeichen als auch Wertobjekt. Dank seiner oben schon erwähnten paradoxen Doppeleigenschaft als Wertzeichen und Wertobjekt kann man es auch haben. Die relativistische Sicht des Geldes als Tauschmittel, wie sie der neoklassischen Position zugrunde liegt, bildet nicht die ganze Wirklichkeit des Geldes ab; sie ignoriert die Simmelsche Erkenntnis, daß Geld nicht nur Wert »ist«, sondern auch Wert »hat«.[30] Geld ist durch die gleiche Paradoxie charakterisiert, die auch religiösen Chiffren innewohnt. Es *ist* das, was es symbolisiert. Simmel versuchte, dieses Rätsel mit seiner Formel vom Geld als »substanzgewordener Relativität« zu fassen, ohne es damit wirklich auflösen zu können. An dieser Stelle empfiehlt es sich, einen zweiten Autor, nämlich Karl Marx, zu Rate zu ziehen.

Marx steht bekanntlich auf dem Boden einer anderen philosophischen Tradition als Simmel. Und doch stimmen die sachlichen Einschätzungen, zu denen er in seiner Geldtheorie gelangt, in vielen Punkten mit den von Simmel formulierten überein. Wie Simmel betrachtet Marx Geld nicht nur als Tauschmittel, sondern als Anweisung auf allgemeinen Reichtum, die sich über den Nutzen aller besonderen Waren erhebt. In den »Grundrissen« faßt Marx diesen Gedanken als »dritte Bestimmung des Geldes«[31] zusammen. Geld in seiner dritten Bestimmung kann nichts anderem dienen als der Erzeugung von Geld und mehr Geld. Nicht W-G-W, sondern G-W-G' ist seine Zirkulationsform. Marx distanziert sich von dem naturalistischen Mißverständnis des Kapitalismus als einem vermeintlich »ökonomischen« System. Es geht nicht länger um die harmlose Erzeugung, Verteilung und Konsumption von Gütern im Rahmen des »ganzen Hauses«, wie die akademische Theorie bis heute unterstellt, sondern um einen die ganze Gesellschaft wie die Natur beständig und mit unbekanntem Ziel umwälzenden Prozeß. Güter müssen zwar produziert, Bedürfnisse befriedigt werden, aber dies ist nur ein funktionales Zwischenspiel in einem unendlichen Zyklus erweiterter Reproduktion, der mit dem Geld beginnt und in es mündet. Ähnlich wie später Simmel konzeptualisiert Marx die moderne Gesellschaft als System, dessen Struktur und Dynamik durch die Vermögensnatur des Geldes beherrscht wird. In einer Gesellschaft, die nicht nur Güter und Dienstleistungen, sondern auch alle Voraussetzungen zu ihrer Herstellung – Arbeit, Boden, Produktionsmittel – und mit ihnen die Grundlagen menschlicher Existenz in Waren verwandelt hat, avanciert Geld zum universellen Vermittler und zum höchsten Gut[32]. Wie Gott kann es keinen anderen Zweck kennen als sich selbst. Es ist, wie Marx formuliert, der »Gott der Waren«[33].

Weit über seine bloße »Kaufkraft« hinaus verkörpert Geld eine verallgemeinerte soziale Macht. Seinem Eigentümer vermittelt es die vielleicht stärkste aller Verheißungen: die Verheißung individueller Aneignung der Totalität menschlicher Möglichkeiten. Es ist Träger einer narzißtischen Utopie, die nicht nur die traditionellen Religionen, sondern, wie wir heute über Marx hinaus wissen, auch den Sozialismus in den Schatten stellt. Aber wie kann die Verheißung eingelöst werden?

Der Geizhals, der in den Besitz der Vermögenseigenschaft des Geldes kommen möchte, indem er es in seiner Schatzkammer speichert, fällt natürlich einer Illusion zum Opfer. Geld muß ausgegeben werden, denn was es ist, ist es nur in der Bewegung, die es vollzieht. Wird es nicht irgendwann ausgegeben, erzeugt es keine Schuld, sondern löst sich in bloßes Metall, Papier oder gänzlich in Nichts auf. Es aber für ordinäre, bloß nützliche Güter auszugeben, hieße Perlen vor die Säue zu werfen. Die Vermögenseigenschaft des Geldes würde vernichtet. Geld muß folglich so ausgegeben werden, daß es zurückfließt, und zwar nicht nur einfach (sonst wäre die ganze Operation ebenso sinnlos gewesen), sondern vermehrt zurückfließt.

Wie kann Geld vermehrt zurückfließen? Die Grundvoraussetzung liegt für Marx in der Verfügbarkeit einer ganz bestimmten Ware am Markt: der Arbeitskraft. Die reine, von allen Voraussetzungen ihrer Reproduktion entblößte Arbeitskraft stellt den negativen Gegenpol des Geldvermögens, die personifizierte Schuld und Zahlungsunfähigkeit dar. Gleichzeitig ist sie aber eine universale »Ressource«, die nicht schon in einem bestimmten Gebrauchswert kristallisiert, sondern mit kreativen Eigenschaften ausgestattet ist und Neues aus dem »Nichts« heraus erzeugen kann. Das Wachstum des Kapitals ist nur durch den Ankauf und Einsatz von Arbeitskraft sowie den Verkauf der durch sie erzeugten Produkte möglich. »Kapital« ist für Marx die prozessuale Einheit des Geldes, das dazu bestimmt ist, durch den Einsatz von Arbeitskräften und Produktionsmitteln einen Mehrwert zu erzielen. Es ist die Spannung zwischen Arbeit und Kapital, zwischen den subjektiven und objektiven Extremen des Reichtums, die die kapitalistische Dynamik in Gang hält.

Marx, so können wir resümieren, findet die Lösung des Geldparadox in der Dynamik des Kapitals. Der innere Widerspruch des Geldes, zugleich Wert zu sein und auf Wert zu verweisen, kann nicht analytisch aufgelöst werden, sondern nur praktisch. Das Wachstum des Kapitals geht nicht etwa, wie die Soziologie und Ökonomie bis heute meist unterstellt, auf ein bloß utilitaristisches »Profitmotiv« zurück, sondern auf einen absoluten, die ganze Gesellschaft erfassenden Imperativ: Nicht nur die »Wirtschaft«, sondern auch Politik, Recht, Wissenschaft, Kunst, Religion, die Familie müssen ja finanziert werden!

Auch für die von Max Weber analysierten asketisch-protestantischen (calvinistischen, methodistischen) Bewegungen hatte der geschäftliche Erfolg zwar schon die Bedeutung eines religiösen Imperativs, aber nur im Sinne eines *Signals* für den erhofften Gnadenstand. Was die Ethik des asketischen Protestantismus nur als Signal der Erlösung betrachtete, wird nun zu ihrer Substanz selbst. »Das Christentum zur Reformationszeit« – so formulierte es Benjamin – »hat nicht das Aufkommen des Kapitalismus begünstigt, es hat sich in Kapitalismus verwandelt.«[34] Der Hiatus zwischen Immanenz und Transzendenz der Welt, zwischen Wertform und Wertsubstanz des Geldes wird durch das Kapital zwar nicht »überwunden«, aber dynamisiert und als permanente Schuld und Herausforderung inszeniert. Der Kapitalismus hat nur die Wahl zwischen Wachstum und Niedergang. Es widerstrebt seiner Natur, im Zustand eines Gleichgewichts zu verharren. Alle ökonomischen Analysen, die von dem Konzept des Gleichgewichts ausgehen, müssen demzufolge in die Irre führen. Kapitalwachstum ist zwar kein Gesetz, aber ein gesellschaftlicher Imperativ von religiöser Unbedingtheit. Alles konzentriert sich daher auf die schon angesprochene und nun weiter zu verfolgende Frage: Wie kann er eingelöst werden?

Unternehmer, Arbeit und kapitalistische Mythen

Wie kann Kapital wachsen? Wiederum kann die auf die Vorstellung des Gleichgewichts orientierte neoklassische Analyse keine Antwort bieten, denn im Gleichgewicht kann es, wie bereits Walras feststellte, keinen Profit geben. Auch die Keynessche Theorie hilft nicht viel weiter. Sie bietet zwar eine Erklärung des Zinses, nicht aber des Profits als Überschuß über den Zins. Sie kann damit vielleicht erklären, wie Investoren die Zinsforderungen ihrer Kreditgeber erfüllen können, nicht aber, wie es zum Wachstum des gesellschaftlichen Kapitals kommt. Das gleiche gilt – auf den ersten Blick zumindest – auch für die Marxsche Analyse. Marx erklärt das Wachstum des Kapitals aus dem Mehrwert, der Differenz zwischen dem Wert der Arbeitskraft und dem von ihr selbst neu zugesetzten Wert, wobei Werte als Quanta gesellschaftlich notwendiger Arbeitszeit definiert werden. Die bloße Zeitdifferenz zwischen notwendiger und neu zugesetzter

Arbeit bietet aber ebenfalls keine befriedigende Erklärung des Kapitalprofits. Zeitökonomie ist gewiß eine wichtige Dimension der Verwertung des Kapitals, aber nur eine unter anderen. Der Zugriff des Kapitals auf die sachliche und soziale Kreativität der Arbeit ist nicht weniger wichtig als der rein zeitliche. Der »intelligente« Arbeiter bringt dem Kapital letztlich mehr ein als der bloß schnelle oder ausdauernde. Diese durch das Kapital angestrebte »Rundumnutzung« der Arbeitskraft aber entzieht sich letztlich jeder quantitativen Bestimmung und Messung.[35]

Die einflußreichsten Ansätze sind bis heute die von Schumpeter und Knight. Schumpeter stellt bekanntlich die Figur des Unternehmers in das Zentrum seiner Analyse. Es ist die Mission des Unternehmers, durch Entdeckung und Durchsetzung »neuer Kombinationen«, die durch zusätzlichen Kredit finanziert werden, die Wirtschaft aus einem statischen in einen dynamischen Reproduktionsmodus zu überführen. Unternehmerisches Handeln, Profit und Wachstum sind unter der von der neoklassischen Theorie unterstellten Prämisse vollständiger Information gar nicht möglich, sondern setzen vielmehr Unsicherheit voraus. Dies ist auch Knights zentrale These. Gelingt es dem Unternehmer, die Kosten durch Einführung neuer Technologien oder Organisationskonzepte zu reduzieren, oder durch das Angebot neuartiger Produkte oder Dienstleistungen zusätzliche Nachfrage auf sich zu lenken, so erringt er eine temporäre Monopolposition, die die Basis von Profit und Wachstum bildet. Schumpeter interpretiert den Profit als Prämie für die durch den Unternehmer übernommene Marktführerrolle.[36] Freilich ruht diese Prämie stets auf unsicherem Grund, denn die Konkurrenten sind nicht träge und versuchen, der Neuerung nachzueifern und den Vorsprung des Pionierunternehmers aufzuholen. Der Unternehmer ist der »Revolutionär der Wirtschaft«[37], der sich in seinem Handeln gerade nicht durch die aktuell sichtbaren Marktkonstellationen leiten läßt, sondern durch seinen Instinkt für zukünftige Trends und Chancen. Er ist kein »homo economicus«, kein nur seinen individuellen Vorteil suchender Rationalist oder Hedonist. Vielmehr braucht er den »Traum, ein privates Reich zu gründen«, den Willen zu kämpfen und zu siegen.[38]

Die Schwächen von Schumpeters Analyse, insbesondere seine Neigung zur Hypostasierung der individuellen Schöpferkraft des Unternehmers, sind oft kritisiert worden.[39] Schumpeter verkennt, daß Innovation ein sozialer Prozeß ist, niemals eine rein individuelle Leistung des Unternehmers. Um gesellschaftlich wirksam zu werden, müssen Innovationen kommuniziert werden. Der Unternehmer kann seine Mission nur erfüllen, wenn es ihm gelingt, seine soziale Umwelt, d.h. seine Arbeiter ebenso wie seine Ingenieure, Experten, Kunden, Lieferanten, Kapitalgeber, »politischen« Verbündeten für seine Ideen zu mobilisieren. Seine Projekte können nur gelingen, wenn es ihm gelingt, die richtigen »Koalitionen« zu bilden. Der Unternehmer mag zwar ein »Revolutionär« sein, aber er ist alles andere als ein Anarchist oder Chaot. Er erfüllt vielmehr eine für die Institution des Privateigentums entscheidende soziale Mission, indem er den im Geldvermögen angelegten Wachstumsimperativ interpretiert, indem er der Unendlichkeit der Möglichkeiten des Geldes eine durch soziales Handeln zu bewältigende Gestalt gibt.

Wie kann der Unternehmer seine Mission erfüllen? Die erste, oben schon genannte Voraussetzung ist: Er muß Lohnarbeiter beschäftigen. Arbeiter müssen die in ihrem Entblößtsein von allen Reproduktionsmitteln begründete universelle Schuld über den Arbeitsvertrag einlösen. Der Arbeitsvertrag ist kein technisches Instrument, sondern eine kommunikative Beziehung, die das Problem der doppelten Kontingenz des Handelns birgt. Arbeit läßt sich nicht wie Maschinen oder Computer programmieren, sondern ist ein »Produktionsfaktor« mit (neben seiner Fähigkeit zu Streik und Sabotage) genuin kreativen Eigenschaften. Nur durch Arbeit, nicht durch Maschinen oder Computer, lassen sich ökonomische und technische Routinen durchbrechen, lassen sich neue Kombinationen aus dem Nichts erzeugen. Der Unternehmer ist weit stärker von den Leistungen seiner Arbeiter abhängig als Schumpeter annimmt. Schumpeter sieht nur die große Idee des heroischen Unternehmers, nicht die vielen tausend kleinen seiner Produktionsarbeiter, Ingenieure, Kaufleute, die sie erst zu einem ökonomischen Erfolg machen und damit jene Unsicherheit der Umwelt erst konstituieren, die wiederum das Bewährungsfeld des Unternehmers bildet. Schon bei der Gewährleistung der scheinbar einfachen, in Wirklichkeit aber immer wieder durch Störungen und situative Kontingenzen unterbrochenen alltäglichen Operationen ist, wie die Industriesoziologie vielfach aufgezeigt hat, die Kreativität der Arbeiter unentbehrlich. Um so mehr ist sie es bei der Entwicklung neuer Produkte und Technologien.[40]

Von dieser Seite her gesehen, erfährt Marx' Arbeitswerttheorie eine unerwartete Rechtfertigung. Gewiß bildet die bloß zeitliche Verausgabung durchschnittlich produktiver Arbeit, wie wir argumentiert haben, keine Gewähr für die Entstehung von Mehrwert und Profit. Arbeit muß vielmehr kreativ eingesetzt werden, um einen Mehrwert zu erbringen. Marx insistiert jedoch mit Recht darauf, daß *allein* Arbeit dazu in der Lage ist. Nur sie (freilich nicht nur die der Lohnarbeiter, sondern auch die des tätigen Unternehmers) ist zu genuin innovativen Leistungen imstande, nicht die sachlichen Produktionsmittel. Nur Arbeit kann den in der Vermögensform des Geldes angelegten Anspruch auf absoluten, nicht nur konkreten Reichtum einlösen. Das heißt aber zugleich, daß ihr Beitrag weder zeitlich noch in anderer Weise quantitativ bestimmbar ist. Es gibt immer mehr Variablen als Gleichungen. Marx erkannte nicht, daß genau in diesem Tatbestand die eigentliche Rechtfertigung für seine eigene Position liegt, nämlich Arbeit als »Substanz« des Wertes zu betrachten. Er hätte von daher seine Übernahme der quantitativen Arbeitswerttheorie Smiths und Ricardos problematisieren müssen. Wert ist nur deshalb und insoweit Wert, als er *sich selbst* in einem gesellschaftlichen Prozeß bestimmt und nicht durch exogene Strukturen determiniert ist. Eben weil sie sich auf die Kreativität gesellschaftlicher Arbeit stützt, folgt die Verwertung des Kapitals nicht einem durch einen wissenschaftlichen Beobachter nachvollziehbaren »Wertgesetz«. Der Wert ist vielmehr so unsichtbar und unerforschlich wie der Gott der protestantischen Ethik. Keine Planungsbehörde und auch keine wissenschaftliche Theorie, darin ist auch Friedrich von Hayek Recht zu geben, wird ihn je erfassen können. Sie müßte dazu intelligenter sein als die Summe der in die Bewegung des Kapitals investierten gesellschaftlichen Intelligenz selbst. Und dennoch bildet der Wert den letzten Horizont, auf den hin alle unternehmerischen Strategien und gesellschaftlichen Visionen entworfen werden. Die Frage nach dem unsichtbaren »Dritten« jenseits der manifesten Ware-Geld-Beziehungen, die Marx' Wertformanalyse antreibt, ist ungeachtet der Kurzschlüssigkeit seiner Antwort alles andere als bedeutungslos. Der sich verwertende Wert als prozessuale Einheit des Geldes ist die Religion der modernen Gesellschaft.

Mit den Mitteln von Technik und Bürokratie allein läßt sich das kreative Potential der Arbeit nicht mobilisieren. Gewinne und Wachstum werden sich allen technischen Utopien zum Trotz niemals automatisch produzieren lassen. Der Arbeiter ist nicht nur von dem Unternehmer abhängig, sondern umgekehrt hängt auch der Unternehmer, ungeachtet aller Machtasymmetrien, von dem kreativen Potential freier Lohnarbeit ab. Nicht nur die Arbeiter, sondern auch die anderen Akteure in der Umwelt des Unternehmers – Erfinder, technische Experten, Finanziers, Verkäufer, Kunden etc. – müssen kooperieren. Innovative Prozesse setzen, wie Beckert mit Recht betont, die Existenz sozialer Institutionen und Symbolismen voraus, die die Unsicherheit der Umwelt auf ein durch Handeln zu bewältigendes Format reduzieren.[41] Um zu verstehen, wie es Unternehmern gelingen kann, die Unterstützung ihrer Umwelt zu gewinnen, ist der Vergleich nicht nur mit politischen,[42] sondern auch mit religiösen Bewegungen hilfreich. So wie der Gläubige (von wenigen virtuosen Mystikern abgesehen) sich durch die unmittelbare Präsenz Gottes überfordert sieht und der Vermittlung durch Propheten, Priester, heilige Schriften und Rituale bedarf, können die ökonomischen Akteure die direkte Konfrontation mit der Unendlichkeit der Möglichkeiten des Geldes nicht aushalten. Den rechten Weg können sie nur dank der Hilfe von Wissenschaftlern, Erfindern, Experten, Beratern, Managementgurus und der von ihnen in die Welt gesetzten Deutungen und Symbolismen finden.

Die neuere Technikgeneseforschung widmet der Kommunikation innovativer Prozesse verstärkte Aufmerksamkeit. Bei deren Analyse haben sich Konzepte wie »technologisches Paradigma«[43] oder »Leitbild«[44] heute weithin durchgesetzt. Zur Begründung dieser Terminologie beruft sich Dosi ausdrücklich auf das bekannte Kuhnsche Modell wissenschaftlicher Revolutionen: »In grober Analogie mit Kuhns Definition eines wissenschaftlichen Paradigmas werden wir ein technologisches Paradigma als ein naturwissenschaftlich abgeleitetes Modell und Muster definieren, das auf ausgewählten Prinzipien und ausgewählten materialen Techniken beruht«. (In broad analogy with the Kuhnian definition of scientific paradigm we shall define a technological paradigm as a model and pattern of *selected* principles derived from natural sciences and on *selected* material technologies.)[45] Leitbilder entstehen in der Kommunikation von Erfindern, technischen Experten und Unternehmern und bieten ihr zugleich Orientierung. Sie verknüpfen die Beschreibung eines konkreten technischen Artefakts mit einer Projektion bestimmter Entwicklungs- und Nutzungsmöglichkeiten. Letztere wiederum verbinden sie mit Entwürfen idealer Lebens- und Konsumformen, in denen die neuen Technologien ihre Rahmung finden (ein Beispiel wäre die Assoziationskette: Verbrennungsmotor – Automobil – individuelle Mobilität). Leitbilder antizipieren bestimmte Potentiale einer Technologie, schließen andere aus und geben damit der Suche nach dem Neuen eine Richtung vor. Sie bieten nicht nur kognitive Orientierung, sondern erfüllen auch motivierende Funktionen, indem sie Prozesse zielorientierter kollektiver Problemlösung in Gang setzen. Sie legitimieren darüber hinaus die im Zuge dieser Kooperation unvermeidlich entstehenden Herrschaftsbeziehungen.

Leitbilder vermitteln die Kommunikation innovativer Prozesse und stellen damit auch eine begrenzte Rationalität des Handelns der Beteiligten sicher. Sie selbst haben freilich keinerlei rationale Grundlage, weshalb sie auch als »Mythen« im Sinne von Meyer und Rowan bezeichnet werden können.[46] Der Begriff wird hier benutzt, um den durch die Konstruktion von Leitbildern ausgelösten selbstreferentiellen Prozeß zu kennzeichnen. Die soziale Resonanz, die Leitbilder in Mythen verwandelt (oder auch nicht), entwickelt sich nach dem Muster der »self fulfilling prophecy«; sie ist »autopoietischer« Natur im Sinne Luhmanns. Mythen erzeugen, wenn sie erfolgreich sind, ihre eigene Wirklichkeit, indem sie die für das innovative Projekt erforderlichen Investitionen und Ressourcen mobilisieren. Sie bewirken die selbstreferentielle Schließung kommunikativer Prozesse, indem sie die Einheit von Information, Mitteilung und Verstehen gewährleisten und Motive für die Annahme der übermittelten Selektion bereitstellen.[47] Was sie von anderen Kommunikationsmedien unterscheidet, ist ihr funktional diffuser Charakter, der sie zu Katalysatoren der Kooperation zwischen heterogenen Subsystemen und Expertenkulturen werden läßt.[48] Das Konzept des Mythos steht quer und zugleich über dem der Organisation, denn es geht ja gerade darum, Lernprozesse über die Grenzen von Organisationen und Subsystemen in Organisationen hinweg zu ermöglichen. Erst dank des gemeinsamen Mythos kann sich die für innovative Prozesse unentbehrliche Zusammenarbeit von Experten und Akteuren aus *verschiedenen* Funktionsbereichen, Unternehmen, Branchen, wissenschaftlichen Disziplinen zu konkreten Projekten verdichten. Auf diese Weise können Mythen die für ihren ökonomischen Erfolg so wichtige »soziale Einbettung« einer Erfindung gewährleisten.[49] Die diffuse Ausstrahlungskraft von Mythen kann über den Kreis der Produzenten hinaus weit in die Gesellschaft hineinreichen. Das ist dort der Fall, wo nicht nur neue Produkte, sondern neue Lebensstile antizipiert werden, durch die die neuen Produkte ihre Rahmung und Funktion finden sollen (etwa: unbegrenzte Mobilität durch das Automobil, grenzenlose Information durch digitale Kommunikationsmedien). Auf diese Weise können auch Nutzer und Kunden erreicht und immer neue Konsumwellen stimuliert werden.

Mythen sind auf verschiedenen Stufen des ökonomischen Prozesses wirksam. Die durch die Kapitalform des Geldes induzierte imaginäre Anreicherung ökonomischen Handelns kommt in den Phasen der Produktion wie in der Konsumption zum Tragen. Wir können unter diesem Gesichtspunkt *Technikmythen, Organisationsmythen und Konsummythen* unterscheiden. Technikmythen strukturieren innovative Prozesse im Bereich der sachlichen Produktionsmittel und Werkzeuge, Organisationsmythen geben den Veränderungen der Aufbau- und Ablauforganisation ihre Richtung. Auch die Dynamik der Konsumnachfrage muß durch den Aufbau von Projektionen, Imaginationen und »Ersatzbefriedigungen«[50] in Gang gehalten werden. Konsummythen werden zielstrebig durch Werbung in Umlauf gebracht und sollen den Hunger der Konsumenten nach immer neuen Produkten und Dienstleistungen wecken. Hier wie überall gilt freilich, daß der Erfolg von Mythen ein emergentes Ereignis ist, das auch mit großem technischem Aufwand nicht einfach herbeigeführt werden kann.

Mythen sind symbolische Objektivierungen, die historisch entstehen und vergehen. Sie folgen einem Zyklus von Genese – Verbreitung – Institutionalisierung – Krise.[51] Was diesen Zyklus in Bewegung setzt, ist nicht allein Wissen und rationales Kalkül, sondern der Glaube der Akteure, die Resonanz, die sie mit ihren Ideen in ihrer sozialen Umwelt finden. Wir beschreiben kurz die genannten Phasen:

Genese: Das der Innovation zugrundeliegende Wissen wird durch einen Erfinder oder durch eine Gruppe von Forschern in einem industriellen Labor erzeugt und validiert. Rationale, gar ökonomische Handlungskalküle sind in dieser Phase weitgehend bedeutungslos. Der innovative Prozeß ähnelt eher einem Spiel, in dem Zufälle eine große Rolle einnehmen und die Akteure schrittweise nach dem Prinzip von Versuch und Irrtum vorgehen.[52]

Verbreitung: Die Erfindung wird zur Anwendungsreife weiterentwickelt, veröffentlicht, vermarktet und materialisiert sich in einer wachsenden Zahl von Produkten. Die Anwendung ist als ein rekursiver Prozeß zu verstehen, der immer wieder auch zu Modifikationen der ursprünglichen Erfindung und auch zu neuen Erfindungen führt.[53] Die Verbreitung der Erfindung wird durch die Neigung der Akteure gefördert, als erfolgreich geltende Rezepte (nicht selten sogar unabhängig von ihrem aktuellen Nutzen) nachzuahmen. DiMaggio und Powell sprechen von einem »mimetischen Isomorphismus«[54], einem aus Unsicherheit geborenen Anlehnungsbedürfnis an die Umwelt. Auch Unternehmer sind im Gegensatz zu Schumpeters Sicht nicht immer Revolutionäre, sondern bewegen sich gern im Konvoi und handeln nur begrenzt rational. Es kommt deshalb für die Protagonisten der Erfindung zunächst vor allem darauf an, den Nimbus der Erfolgsträchtigkeit zu wecken. In dieser Phase pflegen Organisations- und Technikberater, Managementgurus und von ihnen publizierte Texte eine wichtige Rolle als Resonanzverstärker, »Träger von Deutungsmacht« (cognitive stabilizers) und Legitimatoren zu spielen.[55]

Institutionalisierung: Setzt sich die neue Technologie am Markt durch, so kommt es zu Prozessen sozialer Schließung, die sie in das Stadium der Stabilisierung beziehungsweise Institutionalisierung führen. Der Mythos gewinnt nun den Charakter gesellschaftlichen Standardwissens. Er wird in Universitäten und Ausbildungsstätten gelehrt und läßt stabile, berechenbare Märkte entstehen. Erst jetzt entsteht die Chance rationalen Markthandelns in breiterem Umfang. Die Erfindung kristallisiert sich nicht mehr länger nur in Produkten, sondern auch in Sach- und Humankapitalinvestitionen, die auf die Ökonomisierung der Fertigung zielen.

Krise: Die Folge der Verallgemeinerung und Institutionalisierung ist, daß der Mythos seine ursprüngliche innovative Aura verliert. Er kann keine Aufbruchsstimmung mehr erzeugen und ist damit immer weniger in der Lage, wirtschaftliches Wachstum zu stimulieren. Mit dem Anwachsen der Investitionen in die

Realisierung des Leitbildes entsteht ein Verriegelungseffekt (lock-in), der die Nutzung anderer Optionen immer mehr ausschließt, damit aber nur die ursprüngliche Selektivität des Leitbildes selbst sichtbar macht. Es entsteht jetzt jener Zustand, der in der Sprache der Ökonomie als »Sklerose« bezeichnet wird. Arbeit wird nicht mehr schöpferisch-zerstörend, sondern nur noch reproduktiv eingesetzt. Sie mag zwar unvermindert effizient sein, produziert aber – in Marxscher Terminologie – keinen Mehrwert mehr, sondern nur noch gegenständlichen Reichtum. Die Rationalität und die Profitabilität der Wirtschaft sind, so zeigt sich hier, keineswegs nur zwei Seiten ein und derselben Medaille, sondern treten im Stadium der Institutionalisierung eines Mythos in einen zunehmenden Gegensatz zueinander. Dies muß über kurz oder lang die Krise des alten Leitbildes heraufbeschwören und die Suche nach neuen Lösungen begünstigen.

So wird der Niedergang des alten Mythos zum Ausgangspunkt eines neuen Zyklus, der den alten indessen nicht einfach wiederholt. Er entwertet zwar die vorhandenen technisch-organisatorischen Investitionen und das mit ihnen verknüpfte Wissen und Können, entwickelt sie aber zugleich in neuer Weise weiter. Es handelt sich nicht um einen bloßen Kreislauf, sondern um eine Spirale. Der neue Zyklus setzt an den »blinden Flecken« der impliziten Selektivität des alten Paradigmas an und macht sie zum Gegenstand der Reflexion. Damit entsteht ein Potential für Innovationen, die sich ihrerseits in neuen Leitbildern verdichten.

Freeman und Perez haben gezeigt, daß der Zyklus der Innovationen sich auf verschiedenen Systemebenen entwickelt. Sie unterscheiden »schrittweise Innovationen« (incremental innovations), die im Rahmen der alltäglichen Operationen in Organisationen entstehen, von »radikalen Innovationen« (radical innovations) und »changes of technology systems«, die die Struktur ganzer Märkte und Industrien verändern. Den Begriff »Veränderungen des technisch-ökonomischen Paradigmas« (changes in the techno-economic paradigm) reservieren sie, anknüpfend an Schumpeters und Kuznets Konzepte der »langen Wellen«, für die die gesamte Wirtschaftsstruktur revolutionierenden Basisinnovationen, wie etwa die Erfindung der Dampfmaschine, des Verbrennungsmotors, des Elektromotors und des elektrischen Schaltkreises. Die durch diese Innovationen ausgelösten ökonomischen Umwälzungen sind, wie sie betonen, stets auch mit gesellschaftlichen Umbrüchen verknüpft. Nicht nur die Struktur der Produkt- und Arbeitsmärkte verändert sich, sondern auch Management- und Ausbildungssysteme, Erziehungsinstitutionen, sowie die öffentliche Infrastruktur; neue politische Konflikte und soziale Bewegungen entstehen[56].

In den frühen Phasen der kapitalistischen Entwicklung konnten neue technisch-ökonomische Leitbilder noch aus der Kooperation relativ kleiner Kreise von Unternehmern, Erfindern und Finanziers entstehen. In manchen Fällen – wie z.B. bei James Watt und Richard Arkwright – konnte der Erfinder selbst noch in der Rolle des Unternehmers auftreten. Mit der wachsenden Rolle der Natur- und Ingenieurwissenschaften nahm die Bedeutung von Wissenschaftlern, Technik- und Managementexperten als Erfinder und Interpreten technisch-ökonomischer Mythen beträchtlich zu.[57] Wissenschaft und industrielle Innovation wuchsen zu einem integrierten System zusammen. In den Firmen entstanden immer stärker differenzierte Forschungs- und Entwicklungsabteilungen, technische Ausbildungsstätten und Universitäten entwickelten sich. Die Finanzierung und Steuerung der technischen Entwicklung wurde zur Aufgabe der staatlichen Bürokratie. Zugleich entstanden Forschungsnetzwerke zwischen privaten Firmen sowie zwischen Privatunternehmen und staatlichen Einrichtungen. Nicht nur die Zahl der beteiligten Akteure wuchs, sondern auch die Komplexität der Kooperationsformen. Mit der zunehmenden Vergesellschaftung des innovativen Prozesses wuchsen auch die Anforderungen an die Kommunikation zwischen den Akteuren; das gegenwärtig vieldiskutierte Wachstum der Consulting-Industrie kann nicht zuletzt darauf zurückgeführt werden.[58]

An dieser Stelle möchte ich darauf verzichten, diese Entwicklungen genauer darzustellen. Das Ziel war es, die Fruchtbarkeit der Interpretation des Kapitalismus als Religion für die Analyse der kapitalistischen Dynamik deutlich zu machen. Der Kapitalismus ist die revolutionäre Produktionsweise par excellence, die den gesellschaftlichen Strukturwandel auf Dauer stellt. Eine angemessene Analyse des Kapitalismus muß daher schon im Ansatz dynamisch angelegt sein, dabei aber die szientistischen Verkürzungen der Marxschen Theorie vermeiden. Dies setzt voraus, daß sie sich systematisch mit dem Problem der Unsicherheit konfrontiert und die Prozesse der Reduktion und des erneuten

Aufbaus von Unsicherheit durch die Akteure selbst (den Zyklus ökonomischer Mythen) rekonstruiert. Nicht Bewegungsgesetze regieren den Gang der kapitalistischen Entwicklung, sondern die durch die Akteure getragene Konstruktion und Dekonstruktion ökonomischer Mythen. »Gewöhnlich wird nur das Problem betrachtet, wie der Kapitalismus mit bestehenden Strukturen umgeht, während das relevante Problem darin besteht, wie er sie schafft und zerstört. So lange dies nicht erkannt wird, verrichtet der Forscher eine sinnlose Arbeit. Sobald es erkannt wird, ändert sich sein Einblick in die kapitalistische Praxis und ihre Ergebnisse beträchtlich«[59] Diese Sätze Schumpeters verdienen es wahrlich, immer wieder zitiert zu werden. Die Interpretation des Kapitalismus als Religion könnte, wie ich zu zeigen versuchte, die Grundlage für die von Schumpeter geforderte Form der Analyse bereitstellen.

Abschließende Überlegungen

Somit bin ich an einem Punkt angelangt, an dem ich zu Benjamin zurückkehren möchte. Seine Interpretation des Kapitalismus als Religion könnte, wie ich zu zeigen versuchte, einer neuen gesellschaftstheoretischen Sichtweise den Weg bahnen, die einen breiten Strom aktueller Diskussionen und empirischer Forschungen zu synthetisieren imstande wäre. Benjamins Ausführungen können ohne ihren Bezug auf die philosophische Religionskritik des 19. Jahrhunderts nicht verstanden werden. In ihren elaborierten Varianten bei Feuerbach, Bauer, Marx und Nietzsche beschränkt sich diese Kritik nicht darauf, die Religion als ideologisch motivierte Illusion zu denunzieren, wie es die französischen Aufklärer (Voltaire, Holbach) noch getan hatten. Sie interpretierten die christliche Idee des göttlichen Schöpfers vielmehr als Projektion der kreativen Natur des Menschen selbst. Für die Linkshegelianer, für Marx und auch für Nietzsche tritt hinter der Figur des allmächtigen Schöpfergottes ein anderer, noch mächtigerer Schöpfer hervor: der Mensch selbst. Davon weiß er nur nichts oder will nichts wissen.

Vor allem Nietzsche, den Benjamin ausdrücklich erwähnt, ist kompromißlos in seiner Kritik falscher religiöser und moralischer Objektivierungen. Aber Nietzsche macht ebenfalls deutlich, daß sich der Mensch, indem er sich von diesen Projektionen befreit, unter den dauernden Druck setzt, die eigenen irdischen Existenzformen zu überwinden. Transzendenz wird nun der Inbegriff der Unendlichkeit der Möglichkeiten des Menschen auf der Erde. »Brüder, bleibt der Erde treu und glaubt Denen nicht, welche euch von überirdischen Hoffnungen reden! Giftmischer sind es, ob sie es wissen oder nicht«, läßt Nietzsche seinen Zarathustra ausrufen.[60] Der Möglichkeitsraum der Erde erschließt sich nicht allein durch Beten und Singen. Für Nietzsche ist es der Künstler, der ihn eröffnen kann, für Marx das Kapital, für Jünger der Arbeiter und nicht zu vergessen bereits Goethe, dessen »Faust« seine Karriere als Unternehmer beendete.[61]

Die Überwindung des Christentums mündet bei Nietzsche in die Konstruktion einer neuen, höheren Religion des Menschen. Sie verspricht freilich nicht länger Erlösung, sondern, indem sie die ganze Erde immer dichter mit dem Geldnexus überzieht, in der Tat nur eine stetig wachsende Verschuldung. Mit Benjamin die neue Religion mit dem Aufstieg des industriellen Kapitalismus gleichzusetzen, ist alles andere als abwegig. Der Kapitalismus ist ein faustisches Projekt, das Geld in ein absolutes Mittel verwandelt und es so dem Menschen ermöglicht, sich an die Stelle Gottes zu setzen.[62] Seine treibende Kraft ist nicht bloß die Idee der Rationalisierung, wie die Soziologie im Gefolge Webers bis heute meint, es ist die Überwältigung der Menschen durch die in der Kapitalform des Geldes angelegte Utopie absoluten Reichtums. Allein mit dieser Utopie konfrontiert, wären die Handelnden freilich unendlich überfordert. Wie die traditionellen Religionen kommt auch die moderne Religion des Kapitalismus, wie ich oben gezeigt habe, nicht ohne die Vermittlung des Absoluten durch dazu berufene Propheten, Priester, durch heilige Schriften und Kulte aus. Unternehmer benötigen die Unterstützung durch Wissenschaftler, Experten, Berater, technisch-ökonomische Mythen, um die Unendlichkeit der im Geldvermögen angelegten Möglichkeiten auf ein durch Handeln zu bewältigendes Format zu reduzieren. Wie heilige Schriften legen kapitalistische Mythen den Grund für rationales Handeln, sind aber selbst alles andere als rational fundiert, sondern beruhen auf sich selbst bestätigenden kommunikativen Prozessen.

Benjamins Aussage, beim Kapitalismus handele es sich um eine reine Kultreligion ohne spezielle Dogmatik und Theologie, ist insofern zu relativieren. Richtig an Benjamins These ist aber, daß traditionelle religiöse Mythen zeitlose Gültigkeit beanspruchten, während kapitalistische Mythen der erwähnten historischen Bewegung von Aufstieg, Institutionalisierung und Niedergang unterworfen sind. Sie können sich niemals auf Dauer etablieren. Die zerstörende Macht, die von der göttlichen Gewalt ausgeht, sobald sie in die irdische Welt eintritt, kann auch im Kapitalismus nicht ungefiltert zum Zuge kommen.[63] Sie wenigstens temporär zu begrenzen, zu steuern und zu zähmen, dem Handeln Orientierung zu bieten, ist die Funktion der kapitalistischen Mythen. Traditionelle Religionen gründeten sich noch auf die feste Unterscheidung von Immanenz und Transzendenz, von sündiger, unvollkommener, nicht zu bessernder Welt hier, vom Reich Gottes da. Die säkularisierte Religion des Kapitalismus temporalisiert und dynamisiert diese Unterscheidung. Die Überschreitung der irdischen Grenzen des Menschen wird zur dauernden Aufgabe und Herausforderung. Die Grenzen müssen im Prozeß schöpferischer Zerstörung immer neu konstruiert und überwunden werden. Insofern ist der Kult in der Tat dauerhaft, und er mündet nicht in Erlösung, sondern in Verschuldung.

Wie aber steht es um die Verheimlichung bzw. das Sichtbarwerden der kapitalistischen Gottheit? Solange die Erzeugung neuer Mythen gelingt, die die Gesellschaft für immer neue Facetten der Utopie des Reichtums mobilisieren, kann die dahinterstehende transzendente Dimension des Kapitalismus unsichtbar bleiben.[64] Aber kann die Bewegung der Mythen wirklich ins Unendliche fortgehen? Im gegenwärtigen Kapitalismus ist eine Reihe neuartiger Phänomene zu beobachten. In einigen Bereichen der Wirtschaft, vor allem in den Informations- und Biotechnologien sowie den neuen Medien, kommt es zu einer Häufung und Beschleunigung von Innovationen. Zugleich sind verstärkte Anstrengungen zu bebachten, diese Neuerungen durch Konstruktion geeigneter Mythen (wie etwa der Ideologie der »Informations-« bzw. »Wissensgesellschaft«, der Verheißung von Gesundheit und langem oder gar ewigem Leben usw.) symbolisch einzurahmen und zu popularisieren. Auf dem Feld des Organisationswissens ist die Tendenz zur Beschleunigung der Mythenspirale fast noch deutlicher: neue Mythen, wie etwa »lean production«, »total quality control«, »business reengineering«, »shareholder value«, folgen immer rascher aufeinander und erzeugen den Eindruck stetig wachsender Turbulenz.

Diese Phänomene hängen mit einer weiteren Strukturveränderung des Kapitalismus zusammen: der Globalisierung der Finanzmärkte, die sich seit dem Ende des Währungssystems von Bretton Woods Anfang der siebziger Jahre durchgesetzt hat. Die internationale Mobilität des Kapitals ist gestiegen, die Optionen für Eigentümer und zugleich der Wettbewerb der Unternehmen und Staaten um ihre Gunst haben zugenommen. Um in diesem Wettbewerb bestehen zu können, wird die Fähigkeit der Kapitalnutzer zur symbolischen Inszenierung der eigenen Erfolgsträchtigkeit immer wichtiger. Entwicklungspotentiale müssen sichtbar gemacht, vielversprechende neue Produkte angekündigt, Erfindungen in immer rascherem Tempo entwickelt und vermarktet werden. Das Durchhaltevermögen des traditionellen Schumpeterschen Unternehmers, seine Fähigkeit, dicke Bretter zu bohren, ist nicht länger gefragt, denn die Investoren an globalisierten Finanzmärkten sind schneller als der dynamischste Akteur der realen Welt es je sein kann. Wie der Igel sind sie immer schon da oder auch schon wieder woanders.

Mit einem solchen Ausmaß von Unsicherheit konfrontiert, neigen die Kapitalnutzer (Manager, Unternehmer, Firmengründer) dazu, mit einer Entkoppelung von »talk« und »action« (Brunsson 1989) zu reagieren. Sie flüchten sich in symbolische Inszenierungen und politische Rhetorik. Auf der einen Seite wächst so der Bedarf nach immer neuen Konsum-, Technik- und Organisationsmythen, auf der anderen Seite haben diese Mythen keine Zeit mehr, sich in die Gesellschaft hinein zu verbreiten, zu vertiefen und zu institutionalisieren. Sie werden zwar in immer rascherer Folge in die Welt gesetzt, laufen aber zunehmend ins Leere; ihre Halbwertzeit sinkt. Der Preis der Beschleunigung der Mythenspirale ist ihre Virtualisierung. Beträchtliche Kapitalsummen fließen in Projekte, die nur in der symbolischen Inszenierung ihrer selbst bestehen. Ganze »neue Ökonomien« werden aus dem Boden gestampft und verschwinden ebenso rasch wieder. So kommt es zu einem seltsamen Nebeneinander von inszenierter Turbulenz auf der einen Seite, faktischer Stagnation und politischem Konservativismus auf der anderen. Die Dynamik des Kapitalismus verlagert sich aus der realen in die virtuelle Sphäre; Manuel Castells spricht von einer »Kultur der realen Virtualität« (culture of real virtuality)[65]. Die vielzitierte Entkoppelung der Finanzmärkte von den realen Bedingungen der Kapitalverwertung mit ihrer

Folge erratischer Kursschwankungen an den Börsen ist nur ein Aspekt dieser Situation.

Als Konsequenz der Globalisierung der Finanzmärkte haben es die Akteure mit einer ökonomischen und gesellschaftlichen Umwelt zu tun, die weit weniger kalkulierbar ist als der frühere fordistische Kapitalismus. Die keynesianischen Rezepte und tayloristischen Prinzipien, die in der Vergangenheit den Erfolg makroökonomischer Steuerung und die Profitabilität der Firmen zu garantieren schienen, sind nicht länger aktuell. Der neoliberale Marktradikalismus als Sprachrohr der Eigentümer möchte die individuellen Akteure mit der ganzen Komplexität der Möglichkeiten des Geldes konfrontieren und macht den finanziellen Erfolg zum unmittelbaren Maßstab allen Handelns. An die Stelle der Idee einer optimalen institutionellen Ordnung setzt er die einer globalen Konkurrenz der Institutionen. Er legt alle Betonung auf das Heil, das im finanziellen Gewinn liegt, vermeidet aber alle verbindlichen Festlegungen bezüglich des Wie. Die traditionellen Tugenden beruflicher Tüchtigkeit und kaufmännischer Redlichkeit verlieren in der flexiblen Welt des Turbo-Kapitalismus ihren Sinn. Worauf es ankommt, sind nicht länger positive, sondern »negative« Tugenden: Flexibilität, Mobilität, lebenslanges »Lernen«.[66] Im Klartext: die unbeschränkte Verantwortlichkeit der Individuen für ihr Schicksal. Nicht länger Leistung, sondern allein der Erfolg zählt.[67] Wer ihn erringt, ist dafür niemandem zu Dank verpflichtet, wer nicht, darf sich darüber bei niemandem beschweren. Hilfe ist nur von der Beratungsindustrie zu erwarten, die aber ihrerseits die Orientierungslosigkeit der Akteure finanziell ausbeutet und zu einem florierenden Geschäftszweig wird.

Die marktradikale Utopie totalen Unternehmertums muß die sterblichen, bedürftigen, aufeinander angewiesenen, nur begrenzt rational handelnden Individuen überfordern. Eine derart zugespitzte Gesinnungsethik des Geldes muß, wie in dem von Weber beschriebenen parallelen Fall religiöser Gesinnungsethik,[68] zu unlösbaren Konflikten mit den Anforderungen des alltäglichen Lebens führen. Wirklichkeitsverlust, Zynismus oder Heuchelei sind die Folge. Die Überforderung der Akteure mit einem Übermaß an Unsicherheit droht, das Wirken der Mythenspirale und mit ihr den Prozeß schöpferischer Zerstörung zu paralysieren. Die den Kapitalismus regierende Gottheit wird nicht etwa enthüllt. Sie wird unsichtbarer und weniger ansprechbar denn je und kann nicht länger Orientierungen für das alltägliche Handeln bieten.

Aus den Krisen, die der Gesellschaft vielleicht bevorstehen, werden indessen keine neuen Utopien heraushelfen. Was dann auf der Tagesordnung steht, könnte vielmehr das Gegenteil sein, nämlich Ernüchterung und Entwöhnung. Benjamin könnte Recht haben mit seiner These, daß der Gesellschaft nach dem Niedergang der traditionellen Religionen die eigentliche religiöse Desillusionierung erst noch bevorsteht: der Abschied von der Religion des Kapitalismus. Damit endlich könnte jener Traum wahr werden, der in den nationalökonomischen Lehrbüchern steht: daß Geld nichts anderes sei als ein Tauschmittel zum Zweck der Befriedigung der Bedürfnisse endlicher Menschen.

Geld und Geist: Die Metapher des Geldes und die Struktur der Offenbarung

Anselm Haverkamp

Der Streit und auch die Verständigung darüber, was die neuen Kulturwissenschaften sein sollen, hängt an den Paradigmen, an denen sie sich beweisen oder widerlegen. Das sind soweit, in der ersten Phase ihrer schwerfälligen eher denn überschwenglichen Konjunktur hauptsächlich Remittenden des Body-Mind-Komplexes, »remains of the day,« Körper, Gedächtnis, Erinnerung, Trauma. Der psycho- und soziologisierenden Spätphase der Geisteswissenschaften ist darin der Geist ausgetrieben, und was bleibt, sind die Gespenster, die Tagesreste einer sogenannten Ethnologie des Eigenen, die kaum über die Nacht vorhalten. Kurz, über die alten Geisteswissenschaften, die immer auch schon eine Geister- und Gespensterkunde beinhalteten, wenn das auch für den Haus- und Schulgebrauch keine wesentliche Rolle spielen sollte, ist so leicht nicht hinauszukommen, allenfalls, wie der im Schwange befindliche »turn to religion« bestätigt, zurückzukommen in die gute alte Volkskunde. Was in sich kein Fehler sein müßte. Der Fehler liegt allein in der methodischen Unreflektiertheit der fortlebenden, sich in bio- und auto-poietischen Mechanismen ergehenden Soziologismen, die dessen fröhlich ledig sind, was ihnen einmal Biß gab, Kritik.

Nehmen wir nur das Paradigma der Soziologie, das diese zur kritischen Geisteswissenschaft par excellence gemacht hatte, indem es die Entstehung der Soziologie aus dem Geiste des Protestantismus nachvollzogen und den Kapitalismus aus der Säkularisierung der religiösen Lebensformen erklärt hatte. Schon der junge Walter Benjamin – von Carl Schmitt nicht zu reden, dessen *Politische Theologie* zur selben Zeit in der Max-Weber-Festschrift erschien – hatte in der tiefgründigen Faszination von Webers Protestantismus-These ein noch tieferes Unbehagen zu Papier gebracht, in einer Skizze zu »Kapitalismus als Religion,«

die er freilich unerledigt liegen ließ. Niklas Luhmanns Schüler Dirk Baecker hat diesen Text zum Ausgangspunkt eines Projekts gemacht, in dem die bis heute ungeklärte soziologische Prinzipienfrage archäologisch zu präparieren und auf ihren strukturellen Bestand zu überprüfen ist.

* * *

Lassen Sie mich die Sache schräg angehen. *Geld und Geist* ist eine schlagende Parallele, die dereinst Jeremias Gotthelfs schweizerischem Realismus zum Welterfolg eines Romans dieses Titels verholfen hat. In der Mitte des hochkapitalistischen 19. Jahrhunderts ist er nicht allein der sentimentalen Gegenbildlichkeit einer heilen Berner Bauernwelt zu einer unumkehrbar dem Gelde verfallenen Gegenwart geschuldet, sondern der Parallelführung in einem tieferen Sinne, aus der heraus so etwas wie die Diagnostizierbarkeit und Heilbarkeit der in den Berner Bergen wie überall sonst auch dem Gelde verfallenen Welt möglich wird. Gotthelfs Pointe, von den Literarhistorikern chronisch verschätzt, ist die Durchkreuzung des sentimentalischen, poetischen Realismus der Zeit, denn nicht etwa das Land ist heilbar und die Stadt verderbt, sondern das Land trägt geistlos die Verderbnis aus, und was sich als Unheilbarkeit des Kapitalismus in der Stadt aufdrängt, mag nur noch die bäurische Hypothek notorischen Geizes sein: der Geistesferne des Geld-Besitzes auf dem Lande, der Landwirtschaft vor der Blüte der Geldwirtschaft in der Stadt.

Mit diesem Résumee eines Romans, den Sie nicht zu kennen brauchen, überspanne ich den Bogen Gotthelfs gründlich, über das erfolgsträchtige Motiv des Geldes hinaus, von dem es allgemein heißt, es sei »herausfordernd realistisch gewählt,« und von dem der beste Kenner Gotthelfs, Walter Muschg, ebenso treffend wie erfolglos gesagt hat (dabei lasse ich es für meine Zwecke), der Roman *Geld und Geist* sei »reinstes Bekenntnis, ein Buch von der Heiligung des Lebens und von der Ausgießung des Geistes, eine pfingstliche Dichtung – denn der Geist, den der lapidare Titel nennt, ist der heilige Geist der Bibel.«[1] Kurz und gut, in der Mitte des 19. Jahrhunderts, sprichwörtlich dem Zeitalter des Hochkapitalismus, macht ein Titel Furore, den in eigentümlicher Diskrepanz das Publikum »realistisch,« der

Fachmann dagegen »pfingstlich« nennt. Darin treten Geld und Geist, die Wirklichkeit dieser Welt und der Geist der Offenbarung, nebeneinander, um als inkommensurable Ansichten einer strukturellen Analogie darstellbar zu werden.

Die von Gotthelf unübertroffen benannte Homologie von Geld und Geist zeigt den Kapitalismus in dem nicht nur soziologischen, von Max Weber inaugurierten religiösen Begründungszusammenhang. Schon das frühe 19. Jahrhundert, dessen Begriffen Balzac und Marx auf die Sprünge halfen, hatte in dieser spirituellen Koinzidenz des Aller-Entgegengesetztesten die Wirkungsmacht von Ideologie begründet gefunden. Daß es indessen nicht schlechtweg Ideologie, sondern deren Wirklichkeitssinn sei, der darin zum Ausdruck käme, war Marx durchaus klar, wenn auch nicht allen Vertretern einer später geborenen Ideologiekritik. Daß es sich bei »Literatur«, sofern sie davon eine Ahnung entwickelte, nur um ein mehr oder minder hypokrites und jedenfalls pathetisches Melodrama handeln müsse, war dann der Tenor einer einfühlsam kritischen, philanthropischen Literaturwissenschaft, sobald sie sich auf das ihr von Soziologen zugestandene »praktische Erkenntnisinteresse« besonnen hatte und zur Parteinahme für die Unterdrückten verpflichtet fand. Die Literatur mitsamt ihrer Kritik wird doppelsprachig, ja dreisprachig: Sie entspricht erstens der Ideologie oder zweitens deren Kritik, um drittens im Stillen oder lauthals als Avantgarde einem anderen, im Praktischen nicht aufgehenden Erkenntnisinteresse nachzugehen, das Muschg nach Gotthelf ein »pfingstliches« nennt. Und Gotthelf ist nicht der einzige der vermeintlichen Realisten, der ihm anhängt; sogar Flaubert tut es hinter dem Rücken der modernistischen Standardkritik, und der Papagei Loulou des *Coeur simple*, einer Geschichte, die Sie kennen müssen, kann ein Lied davon singen. Zum expliziten avantgardistischen Programm wird das pfingstliche Projekt in einem Text, von dem Gotthelf nicht geträumt hätte, in *Finnegans Wake* des Flaubert-Verehrers Joyce.

Zwischen Balzac, Gotthelf und Joyce, dem Realismus des 19. Jahrhunderts und der Avantgarde des frühen 20. Jahrhunderts, verdichtet sich eine Sprachsituation, in der Geld und Geist komplexer: die strukturelle Analogie des geoffenbarten Wortes und der Währung des Geldes ein untergründiges Leitmotiv ist. Ich bin geneigt, es eines der Arkana der Avantgarde zu nennen, und als ein solches hat es der junge Benjamin, hingerissen von der Einsicht, in seinem Bruchstück »Kapitalismus als Religion« behandelt, um es dann liegenzulassen, aber nicht aus den Augen zu verlieren. Tatsächlich waren es benjaminähnliche Philosophen, in deren Werk diese Einsicht zu mehr als einer den ideologischen Trends zuwiderlaufenden Ahnung gediehen ist. Als ein komplementäres Paar, das freilich keine Notiz voneinander genommen hat, bringe ich im folgenden Umberto Eco und Hans Blumenberg zusammen, den Semiotiker Eco für den Geist, den Metaphorologen Blumenberg für das Geld, als die letzten, raffiniertesten Vertreter einer europäischen Avantgarde-Ästhetik.

Die Parallelen zwischen beiden führen zu weit, sind aber zu wichtig, um ganz vernachlässigt zu werden. Blumenberg ist ein professioneller Philosoph, neben Adorno der wichtigste Vertreter einer philosophischen Ästhetik. Eco dagegen ist professioneller Literat und der wichtigste Vertreter einer semiotischen Ästhetik. Ist Blumenbergs Philosophie an der neoplatonischen Antike und ihrer Tradition durch das Mittelalter geschult, so hat sich Ecos Semiotik an der thomistischen Scholastik desselben Mittelalters bewährt. Beide haben Dissertationen über das Mittelalter geschrieben, und beide haben Autoren der literarischen Avantgarde zum Fluchtpunkt ihrer ästhetischen Theorie gemacht: Blumenberg Valéry, Eco Joyce. Der Dritte, der zu nennen wäre, und den ich implizit mitlaufen lasse, Derrida, steht Blumenberg in seinen postaristotelischen, neoplatonischen Neigungen nahe und bezieht sich in derselben Weise auf Mallarmé, während Adorno, auf den ich mich hier nicht weiter beziehen will, sich an Beckett orientiert hat.

Die Stellen, in denen Eco und Blumenberg die Parallelaktion Geld und Geist vollführen, sind wie Benjamins frühe Notiz ganz obskur und unbeachtet geblieben, bei derart vielgelesenen Autoren eine kaum glaubliche, aber für unsere Zwecke bezeichnende Ironie, die unwichtigerweise, könnte man sagen, mit unserer ungebrochenen Präferenz für den gemeinen reichranicki-haften Realismus zu tun hat, und wesentlich wichtiger noch, mit unserem Umgang mit Geld als einer symbolischen Form oder kulturellem Kapital. Da es der wichtigere Aspekt, das grundlegendere Erkenntnisinteresse an der Geld-Struktur der Welt ist, das den Kapitalismus in die Rolle des mythischen Analogons und Nachfolgers eines ehedem religiösen Weltbilds bringt, fange ich an mit der Struktur der Offenbarung, in deren allegorischen Skopus die Metaphorologie des Geldes eintritt.

Ich vernachlässige dabei, was in Benjamins Memorandum noch einigermaßen ungeschieden mitläuft, aber unterschieden gehört: die psychosoziale Komponente des Warenfetischismus, die der Adäquation »als« in »Kapitalismus *als* Religion« den Drive gibt, der Kapitalismus trete in eine Bedarfslage ein, die zuvor von der Religion (und, ist die Implikation, genauso schlecht, nämlich – als »Opium fürs Volk«) bedient wurde. Statt dessen geht es mir allein um die Möglichkeitsbedingung welcher Bedarfslagen auch immer, und das heißt: um die *in* Religion *und* Kapitalismus unterschiedlich genutzte quasi-transzendentale Strukturvoraussetzung, die bei Eco wie Blumenberg eine metarhetorische, im rhetorischen Sinne technische Voraussetzung ist, in der – das ist die These – die allegorische Struktur des Offenbarungsdiskurses in die metaphorologische »Durchtechnisierung« der Lebenswelt als einer kapitalistischen übergeht – mit dem bisweilen eher heiteren Nebeneffekt, daß Wirtschaftswissenschaften theologische Züge von »Spekulation« annehmen. Eine Begriffsgeschichte des Spekulierens »mit« und »auf«, in Derridas »Spéculer sur Freud« beispielhaft erhellt, schreit nach Bearbeitung.[2]

* * *

Der junge Eco hatte gleich nach Abschluß seiner zunächst unbeachteten, dann epochemachenden Dissertation über die Ästhetik des Thomas von Aquin (epochemachend, weil von Ästhetik bei Thomas zuvor nicht die Rede war) sich einer Fleißarbeit unterzogen, die manchen Nachwuchswissenschaftler trifft, weil sie den Spezialisten zu aufwendig ist, nämlich einem größeren Enzyklopädie-Artikel zur Ästhetik des Mittelalters. Nach dem *Namen der Rose*, der Ecos Talent als Bestseller-Autor bewies, war man willens, sogar noch dieses Frühwerk entsprechend aufzupolieren und zu verkaufen, was in Form einer italienischen Schulausgabe Sinn machte, in den englischen und deutschen Coffee-table-Varianten dagegen Vereinfachungen der komplexen scholastischen Materie nach sich zog, denen Eco besser nicht zugestimmt hätte, denn sie kürzen diese schönen Bücher um nichts weniger als ihre Pointen: so auch um die, um welche es im folgenden geht. In der Dissertation noch latent, wurde diese

Pointe erst manifest in der folgenden Beschäftigung Ecos mit Joyce, dessen jesuitische Erziehung eine thomistische Ausbildung eingeschlossen hatte, die von den modernebegeisterten Joyceans als frühe Beeinträchtigung abgetan wird, die *Stephen Hero* glorreich hinter sich gebracht haben soll. Nicht die geringste Pointe Ecos in dem literaturwissenschaftlichen Epochenwerk der *Opera aperta*, dessen letzter Teil einen heute noch maßgeblichen Stand der Joyce-Forschung herstellte, besteht darin, dem jungen Joyce statt der jesuitischen Beschränktheit das philosophiehistorische Meisterstück zu attestieren, die Ästhetik der modernen Avantgarde aus ihren mittelalterlichen Quellen, zuvörderst aus Thomas von Aquin, erkannt zu haben.

Was wäre diese Errungenschaft, die Eco mit Joyce dem Thomas entnommen und zur Grundlage einer die literarische Avantgarde seit Flaubert und Joyce, Mallarmé und Valéry vollendenden semiotischen Ästhetik geführt hätte? Ich kann nicht anders als mich kurz fassen, denn der historische Umfang ist wüst, und die zu durchquerenden Strecken ein Dschungel über die Jahrhunderte wild wuchernder Lektüre-Vorgaben. Thomas hatte in diesen schon zu seiner Zeit dichten Dschungel, über dessen Tiefen wir uns kaum mehr ein Bild machen, eine deutliche Schneise geschlagen. Seine Rekonstruktion der Allegorese als des maßgeblichen, wissenschaftlichen Verfahrens der Auswertung der biblischen Offenbarung hatte zu einer zuvor kaum gekannten Trennschärfe zweier konkurrierender Begriffe geführt, deren Verhältnis zueinander in der Tat wissenschaftstheoretisch, d.h. meta-rhetorisch entscheidend für die Diskursgeschichte der schon damals sogenannten »Modernen« ist – mit dieser Unterscheidung wird das Mittelalter modern, und in Verfolg wie Verkennung dieser Unterscheidung wird die Moderne zur Reformation –, der Differenz, in *termini technici*, der *allegoria in factis* und der *allegoria in verbis*.[3] Beda Venerabilis hatte sie aus der augustinischen *Doctrina christiana* entwickelt, Thomas reduzierte sie auf ihren doktrinalen Gehalt und machte sie doktrinal, mit dem von Eco neubewerteten Nebeneffekt des von Thomas so genannten »parabolischen Sinns«, der im Kontext der *Summa theologica* die offenkundige Funktion hat, die Werke der Dichter aus der Abhandlung der Doktrin herauszuhalten, ihnen aber eine unerhörte para-theologische Erkenntnismöglichkeit quittierte, die von Dante entfaltet wird.

Lassen Sie mich das zunächst etwas plastischer machen, denn um was es hier geht, ist inzwischen so tief eingesunken in unsere kulturellen Schemata, daß wir es nicht mehr erkennen, wenngleich wir damit – und um so effektiver – unausgesetzt umgehen. Die semiotische Entdeckung, zu der das Verhältnis der beiden Testamente, des Neuen zum Alten, Anlaß ist schon bei Augustinus, ist eine Dreidimensionalität der Zeichen, in der als eine kaum merkbare aber um so entscheidendere zusätzliche, dritte Dimension die sedimentierten Verwendungsweisen (Linguisten nennen das seit Saussure die Diachronie) eine unauslotbare Tiefe bringen. In den *Konfessionen* hat Augustinus die linguistisch vertiefte Allegorie in dem unübertroffenen, die kulturelle Scheide vom Alten zum Neuen Testament in sich aufhebende Formel vom »Opfer der Bekenntnisse« gefaßt, die er aus »der Hand seiner Zunge« anbietet, das Opfer im Buch und das Tatwerkzeug in der Sprache unterfangend.[4] Das heißt für den Fall der christlichen Offenbarung, daß das Erfüllungsgeschehen des Neuen Testamentes nicht allein Offenbarmachung ist, in Offenbarung nicht aufgeht, sondern in ein und demselben Zug Verhüllungscharakter behält, sich hinter und unter der Enthüllung entzieht.

Das Verhältnis von Fakten und Verben in der *continua metaphora*, der konsequent fortgeführten Metaphorik der Allegorie, ist im Verhältnis der beiden Testamente parallel geführt: die überlieferten Sachverhalte des Alten zeigen sich nachträglich als Zeichen des Neuen, Gegenstände der Erfüllung des Alten im Neuen, während ihre verbale, rhetorische Zurüstung schon im Alten eine vorwärtsweisende Latenz offenbart, so wie alle, auch die profane Sprache der Zeit. Alles hängt am Ereignischarakter der Erfüllung als dem Moment der Lesbarwerdung, der eine »Dingbedeutungskunde,« wie Friedrich Ohly sie für das Mittelalter genannt hat, autorisiert; deren rhetorische Möglichkeit hatte schon Cicero im Talent der Sachen gesehen und geschätzt, Bedeutung zu verdinglichen, in den Phänomenen von Welt zu stabilisieren als das, was »Welt« macht. Die hermeneutische Leistung der Scholastik und der Reformation, den literalen, buchstäblichen Sinn als Grundlage von Offenbarung, als Offenbartheit der realen Welt zu nehmen (so wie Linguisten von referentieller Bedeutung sprechen) – des Buchs der Natur neben dem der Bibel vom selben Autor –, ist deshalb ein fataler semiotischer Kurzschluß, den Thomas, der größte der mittelalterlichen Scholastiker, ausdrücklich vermieden hat, wenn auch ohne viel Erfolg: der »parabolische Sinn,« den er einführt, ist umstandslos auf den »geistlichen Sinn«, von dem er als Alternative zum Literalsinn zu unterscheiden ist, zurückgeschrieben worden.

Eco hat erkannt, daß Thomas vom Literalsinn nicht denotativ als einer Art referentieller Bedeutung spricht, sondern ihn quasi performativ als göttliche Aussageabsicht versteht, die im Neuen Testament ihre Erfüllung gefunden hat; sie ist dem präfigurativen Diskurs der alttestamentarischen Prophezeiungen implizit, liegt in ihm verborgen und macht diese zu Anzeichen des faktisch Neuen im überlieferten Alten: *allegoria in factis*. Es kann deshalb eine *allegoria in factis* nur in der Heilsgeschichte geben, denn profane Wissenschaft und Geschichte des Faktischen liegen offen zutage (so sie denn zutage treten). Im Neuen Testament gibt es keine *allegoria in factis* mehr; im Gegenteil, es teilt mit Wissenschaft und Geschichte dieselbe *allegoria in verbis* (jedenfalls tendenziell, sofern beide auf Wahrheit aus sind), denn das Neue Testament soll die buchstäbliche Erfüllung der im Alten Testament verschlüsselten Aussageabsicht buchstäblich *sein* und ist *als* solche, als figurativ vor- und vorher-gegebene, zu lesen: *id, quod est figuratum* (*Summa theologica* I.i.10, ad 3).[5]

Thomas legte Wert darauf, daß der parabolische Sinn sich wie die gesamte weltliche Rhetorik *in verbis* auf der Ebene des Literalsinns bewegt, und das heißt in parabolischer Parallele zur Aussageabsicht des Schöpfers, einer Parallelführung, in der die rhetorische Metapher *in verbis* zur Wort-Schöpfung dessen wird, was die Rhetorik Katachrese nennt: eine Neubenennung aus alten Beständen, wie in der Verwendung des Wortes »Bein« bei der Benennung der Standfunktion eines Tisches. Ecos Initiative läuft darauf hinaus und sieht an Joyce exemplarisch gemacht, daß nach Thomas alle literarischen Fiktionen in mimetischer Nachfolge des unterstellten Schöpfungsaktes den Literalisierungsmodus des Neuen Testamentes gegenüber dem Alten nachvollziehen. Dabei wird die rhetorische *abusio in verbis*, Katachrese, zum verdeckten Muster: zum Gebrauch einer *allegoria in verbis*, die mißbräuchlich vom Literalsinn der *allegoria in factis* profitiert, indem sie andauernd göttliches Kapital zur Stützung in Anspruch nimmt. Die Fehlidentifikation des Literalsinns mit referentieller Bedeutung bestätigt das Ausmaß der späteren Konfusion. Was Joyces Texte zu ausgezeichneten

»Allegorien des Lesens« macht, ist die Durchkreuzung der unmöglich gewordenen Gott- und Schöpferposition mitsamt der präfigurativen Performanz der göttlichen Aussageabsicht, um deren leere Stelle der parabolische Sinn kreist und Sinn gleichwohl macht: positiv komischen Sinn im fortwährenden »litter«, wie Joyce sagt, dem Wortabfall eines autor- und absichtslosen Literalsinns, der im »sintalk« von *Finnegans Wake* an der Stelle der Heils-Geschichte die Sünden-Geschichte der Welt als syntax-produzierten Effekt gelächterreif macht: Alle Syntax ist Sündenfalls-Matrix.[6] Alle Sprachen bezeugen in diesem ihrem Schematismus die Gefallenheit, und das will sagen: die humoranfällige, bestenfalls humorfähige Undurchschaubarkeit eines Weltverhältnisses, in das wir quasi religiös verwickelt sind: »Wir können dieses Netz, in dem wir stehen, nicht zuziehen,« zitiert Dirk Baeckers Ankündigung Benjamin: »Später wird dies jedoch überblickt werden« (Benjamin, a.a.O., S. 100). Wie wird es überblickbar, kann es überblickbar werden, ist die Frage.

* * *

Der Kapitalismus, so hat Blumenberg Benjamins Berliner Lehrer Georg Simmel verstanden, bringt uns diese Hoffnung, wiewohl mit der erwartbaren prinzipiellen Verspätung, die allen Überblick auf den quasi messianischen Moment vertagt, den die Christen das Jüngste Gericht nennen. Im Geld tritt der, wie es scheint, nackte, oder doch merklich entblößte, rhetorische Apparat hervor und mit ihm kommt die von allen Mythologemen befreite Latenz der rhetorisch verwalteten Technisierung zum Zuge, in deren Latenthaltung das Geld den Wertbegriff der Rhetorik in seiner reinen Funktion, wie es scheint, offenbart. Das ging auch bei der christlichen Offenbarung nur um den Preis der erneuten, vertieften Verhüllung eben dieses Funktionierens, der bekannte rhetorische Sachverhalt, an dem sich die Ideologiekritik entzündet hatte.

Nun hatte schon der nach-scholastische Nominalismus nicht von ungefähr ein philosophisches Interesse am Geld gezeigt als einem Gegenstand, »der Substanz repräsentiert, ohne sie sein oder auch nur abbilden zu müssen.«[7] Ein Gegenstand also, der für alles eintreten kann, ohne irgend etwas zu sein, so daß die

Materialität der Münzen nichts als ein ironischer Reflex auf das Übergangsobjekt einer Geldart ist, deren Materialwert arbiträr ist. Dieser Sachverhalt ist entscheidend, aber er ist keine hinreichende Einsicht, die Hoffnung, und sei es nur Hoffnung auf Einsicht ins Funktionieren, rechtfertigen könnte. Blumenbergs Pointe zu Simmels *Philosophie des Geldes*, im Jahr 1900 erschienen wie Freuds *Traumdeutung*, liegt deshalb »nicht in der Wertrepräsentanz« allein, sondern »in der Kategorie der *Ablösung* personaler Funktionen« (S. 178). Geld »technisiert« Leben, indem es personale Funktionen ablöst, und zwar dadurch, daß »der Relativismus des Wertes« – also das, was das Geld in den äußersten Gegensatz zu einer personalen Religion setzt – »nicht etwas der Problematik des Geldes Äußerliches ist,« sondern auf »einer ganz und gar auf dem subjektiven und reziproken Wertungsverhältnis beruhenden Substitution« beruht (S. 180). Im Geld haben wir es mit einer metaphorischen Struktur der Substitution zu tun, die Umbesetzungsenergie freisetzt und dies jenseits oder unterhalb personaler Funktionen tut, auf Anthropomorphismen oder sonstwelche anthropomorphe Fiktionen nicht angewiesen ist, und das mag heißen: unmenschlich (genauer: ohn-menschlich wie ohn-mächtig) funktioniert. Die Metapher der Unmenschlichkeit ist nicht das einzige, aber im Blick auf den göttlichen Horizont der Religion das wichtigste Tabu, dessen Ent-metaphorisierung, eine buchstäbliche Ent-larvung, De-maskierung sein müßte. Diese Un- oder Ohn-menschlichkeit ist nicht unmenschlich, sie ist eine Disposition von »Natur«, in die der alt- wie der neutestamentarische Gott primordial und geschichtsbegründend eingreift.

So war es kein ungefährer Rückfall, daß Simmel in seiner *Philosophie des Geldes* eine Metaphorik des Lebens, der Lebensphilosophie, fand und sich auf sie zurückzog, wiewohl es doch, wie Blumenberg unzufrieden festhält, »nicht damit getan sein (konnte), in der Thematik des Geldes die Protometapher für die des Lebens aufzufinden« (S. 187). Was im Gegenteil in dieser weiteren Figur, der Gedankenfigur des »Lebens« benannt ist, so man sie nicht biologistisch reduziert, sondern in ihrer christlichen Hintergrundfunktion mitbedenkt, in der »der Weg, die Wahrheit und das Leben« hintereinandergeschaltet sind, ist die strukturelle, im Begriff des Lebens in aller Mythenfähigkeit gefaßte Latenz zu einer techno-logischen Durchorganisation in nach-anthropologischen Seinsverhältnissen. Blumenbergs

Metaphorologie faßt sie anders als Heideggers »Frage nach der Technik« ins Auge: Leben als Natur-Teleologie impliziert die Möglichkeit »Mensch«, braucht zu ihr aber »zweite Natur«: Technologie als Logie der naturförmigen, Natur gleichwohl überschießenden Zwecke.[8]

Der Begriff des Anthropomorphismus, auf den Blumenberg wie Paul de Man durch Nietzsches berühmtes Aperçu kommt, stammt aus der Theologiekritik, und Kant hatte das Nötige dazu gesagt. Wir denken Gott nach menschlichen Begriffen. Aufs Geld bezogen und auf die absolut gesetzte metaphorologische Struktur der Geldwirtschaft (nicht alles Geld ist schon Geld in diesem Sinne, weiß Gotthelf) heißt das, die Theologie muß sich bedroht fühlen in der Ersetzung der mehr oder minder offen metaphorischen, sei es auch absoluten, nicht-rückführbaren Anthropomorphismen durch jene neue »eigentümliche Objektivität der Fiktion,« welche die Geldwirtschaft auszeichnet und sie die Religion in neueren Zeiten übertreffen läßt. Dies nun nicht – diese Pointe Blumenbergs kann ich nicht genug hervorheben –, weil das Geld die realitätsnähere Währung wäre. Nichts übertrifft, das wissen wir nicht erst seit Freuds *Totem und Tabu*, die Wirklichkeitsdichte animistischer Religionen, so daß noch die Neurotiker im 20. Jahrhundert ihre Zuflucht dazu nehmen. Im Gegenteil, der Punkt ist, daß diese Fiktion – anthropomorph in den Personifikationen der Allegorie, entlastet von personalen Bezügen im Austausch des Geldes – allein auf Grund der inhärenten Logik von Substitutionsverhältnissen funktioniert und deshalb wirklichkeits*frei* technisierbar ist. In dieser Freiheit von menschenförmigen Wirklichkeitsbegriffen sind sie im thomistischen Sinne parabolisch, so wie es sich für die göttliche Offenbarung gehört hatte oder, um dem neuesten Analogon das seinerseits alles andere als allegorisch unbelastete Wort zu geben, für den »messianischen« Überschuß aller menschlichen Performanz. Derrida hat genau diesen Befund mit genau dieser Wortwahl, des »Messianismus,« an Joyces *Ulysses* exemplifiziert (ohne Kenntnis Ecos, aber in explizitem Bezug auf Benjamin).[9]

»Der liebe Gott geometrisiert«, hat man in der alten Akademie gesagt, und seit der Renaissance gibt es in der Kunst Motive, sich dieser mathematischen Natur des Göttlichen anzunähern. Was hieße es, daß die Geldwirtschaft darin am weitesten fortgeschritten wäre? Abermals haben die kritischen Aspekte seit Marx die

Oberhand. Als »der dingliche Träger der Austauschbarkeitsform der Waren,« schreibt Alfred Sohn-Rethel in seiner Analyse der Warenabstraktion, die in nuce eine Metaphorologie des Geldes ist, erscheint das Geld als der zuverlässigste Ausdruck einer »Unbegrifflichkeit«, deren Latenz bei Blumenberg den Schein des Wahrscheinlichen regiert: der ästhetischen (aus diesem Grunde primär und grundlegend ästhetischen) Phänomene als Weisen schieren Erscheinens.[10] Was aus der an diesen Sachverhalt anschließenden Kritik des Warenfetischismus folgt, wäre gerade nicht, oder nicht in erster Linie, sondern nur in zweiter, sozialhygienischer Konsequenz, jene sattsam fatale Koinzidenz einer in Fetischismen abgestürzten Religion, sondern der Befund eines an religiösen Motivationsresten krankenden Kapitalismus, der dem eigenen Geld nicht gewachsen ist und sich an ihm auf durchaus unangemessene Weise und mit unlauteren Motiven schadlos hält.

Denn natürlich läßt sich Geld für den kulturellen Hausgebrauch zur symbolischen Form rückzüchten, so wie das Christentum nach Paulus immer wieder das in Schüben vordrängende Gottverlangen auf pastorale, evangelische Muster zurückgeschnitten und das unbestechliche Angebot des Thomas aus propagandistischem Eigeninteresse so gut wie ignoriert hat. Immerhin hat die Literatur aus diesem Angebot, angefangen mit Dante, aufgehört mit seinen Bewunderern Joyce und Beckett, Kapital geschlagen. Das kann man vom Geld selbst nicht erwarten, ist es doch als pures Geld wieder nur dieselbe höhere Mathematik, in deren *double bind* befangen wir die religiöse Doppelbindung unserer Wirklichkeitsbegriffe nach- und vorrechnen, rationalisieren und antizipieren. *Religio* hieß im Mittelhochdeutschen noch »doppelte Bindung«, was den etymologischen Sachverhalt, den Émile Benveniste festhält, noch fester zurrt: das sammelnde Lesen, das ihm zufolge im und als **re-ligere* funktioniert.[11] Es bezeichnet die Rückkoppelung der religiösen Andacht und Meditation in der Lektüre, die das Nach-Rechnen der Bilanzen »in Wahrheit« ist.

Der Kapitalimus – eine Erfindung von Theologen?

Norbert Bolz

I. Inversion und Prozeduralisierung der Theologie

Walter Benjamins Geschichtsphilosophie des Ästhetischen ist in einer inversen Theologie fundiert, die deshalb als »Grundwissenschaft« seines Werkes auftritt, weil der Kapitalismus eine »essentiell religiöse Struktur«[1] haben soll. Um das plausibel zu machen, muß man sich zunächst mit den wesentlichen Zügen eines Versteckspiels vertraut machen, in dem Benjamin seine Theorieformprobleme camoufliert. Es handelt sich um eine Inkognito-Technik, die obdachlosen Ideen einen Schutzraum bietet, in dem die Sicherungen des Denkens gelockert sind. Bösartig gesagt: Bei Gelegenheit von Gedichten darf man ungestraft logische Fehler machen. Oder höflicher formuliert: Die ironische Bescheidenheit der Form ermöglicht Benjamin einen Extremismus der Methode.

Nicht nur für Benjamin, sondern auch für Georg Lukács und dann Theodor Adorno galt: Das Ästhetische erscheint am Ende der Philosophie und im Zeitalter scheuklappenbewehrter, ausdifferenzierter Einzelwissenschaften als letztes Medium integraler Erkenntnis. Das ist eine Überforderung des Ästhetischen, die letztlich zu seiner Sprengung führen muß. Und genau darauf scheint es Benjamin auch angelegt zu haben. Ästhetische Kategorien werden in politische und geschichtstheologische Begriffe aufgelöst: »Die vollendete Kritik durchbricht den Raum der Ästhetik.«[2]

Was ist für Benjamin Geschichte? Jedenfalls nicht Evolution, nicht »der Fluß des Geschehens« bzw. seine Beschreibung. Damit es Geschichte gibt, ist ein Erstarren nötig: Kristallisation, Konstellation, Unterbrechung des Verlaufs. »Geschichte zerfällt in Bilder, nicht in Geschichten«.[3] Und dieser neue Aggregatzustand des Geschehens ist das Werk »politisch-theologischer Kategorien«.[4] Geschichte kann man nur erkennen, wenn man ihren Verlauf unterbricht – das ist eine Frage der Geistesgegenwart und damit der Politik. Das heißt aber: Historische Erkenntnis ist für Benjamin ein politisches Problem.

Die große Frage für den Historiker lautet hier: Wie unterbricht man den Geschichtsverlauf, ohne daß alles ins Amorphe zerfließt? Wie kann man durch Unterbrechen Form geben? Antwort: durch Zitat und Montage. Geschichte ist Konstruktion, nicht Kontemplation. Sie konstruiert eine »neue Vergangenheit«, die es nie gegeben hat.[5] Entsprechend ist Aktualität eine Ereignisqualität, die man nicht vorfinden kann, sondern die man konstruieren muß. Aktualisierung heißt: Geschichte zum Skandal für die Gegenwart machen. Die schärfste Antithese dazu ist natürlich die historistische Position. Der Historist ist »in Bilder verstrickt« – für Benjamin heißt das aber: mythische Befangenheit. Halten wir also fest: Sinn der historischen Konstruktion ist die Verwandlung von Geschichte in Skandal. Das Paulinische »skandalon« ist offenbar die Präfiguration des wahrhaft Aktuellen – das Maß der Geschichtstheologie.

Es ist für Benjamins Denkstil charakteristisch, daß er sowohl ästhetische als auch geschichtsphilosophische Sachverhalte mit politisch-theologischen Begriffen dekomponiert und neu konfiguriert. Das soll aber gerade nicht zu einer Anwendung von Sakralbegrifflichkeit auf Profanes führen. Deshalb ist es für Benjamin so wichtig, einen rein *geistlichen* Theokratiebegriff zu propagieren. In diesem Rahmen kann aber eine die Theokratie *befördernde* Politik nur »nihilistisch« sein. Deshalb ist das Reich Gottes »nicht Ziel, sondern Ende« der Geschichte.[6]

Man kann Benjamins zentrales Problem auch so formulieren: Wie kann man politische Theokratie vermeiden, ohne auf politische Theologie verzichten zu müssen? Benjamin antwortet darauf mit einer Bonisierung der Destruktion. Die Aufgabe historischer Erkenntnis besteht darin, »die revolutionäre Zerstörung mit dem Erlösungsgedanken zu verschränken«.[7] Zerstörung schafft die synergetischen Effekte zwischen Profanem und Messianischem.

Es handelt sich hier um das theologische Leitmotiv in Benjamins Werk. Schon das Barockbuch zeigt die dialektische Funktion von Zerschlagung, Zerstückelung und Bruchstück. An Baudelaire wird dann die »destruktive Gewalt der allegorischen

Intention«[8] aufgezeigt. Am deutlichsten wird dieses Leitmotiv natürlich in der Figur des destruktiven Charakters, der immer Platz schafft, reinigt und Geschichte gegen den Strich bürstet. Man könnte sagen: Der destruktive Charakter manifestiert die konstruktive Kraft der Erfahrungsarmut. Und auch Benjamins expliziter Theologie geht es eben darum, »die destruktiven Kräfte zu entbinden, die im Erlösungsgedanken liegen.«[9] Erlöst werden soll der Mensch vor allem auch von seinem Selbstbild. Benjamin kann sich Emanzipation nämlich nur als Negation humanistischer Menschenähnlichkeit vorstellen. Deshalb gilt »die Zerstörung als das Klima echter Humanität.«[10]

Warum aber ist Religion für Benjamin unverzichtbar? Treten wir einmal einen Schritt von seinem Werk zurück, um diese Frage ganz allgemein zu beantworten. Religion lebt von der Spannung zwischen »eigentlichem« Leben (Sinn) und gesellschaftlichem Leben (Funktionieren). Und zumindest für die ewig harrenden Juden und für die Christen seit der Parusieverzögerung ist die Funktion von Religion klar: das Management von Enttäuschungen. Benjamins große Enttäuschung war aber der Untergang des Mediums »Erfahrung«. Und die Bedeutung von Religion liegt für ihn eben genau darin, daß sie einsteht für die »konkrete Totalität der Erfahrung«.[11] Das läßt sich nun aber nicht mehr einfach von der Theologie verwalten – sie hat allen Grund, sich zu schämen und zu verstecken. Theologie nimmt deshalb ein weltliches Inkognito an.

Doch was heißt das? Seit Adorno ist man gewohnt, zu sagen: Wer die Religion retten will, muß sie säkularisieren. Das ist aber ein Irrtum, dem Benjamin interessanterweise *nicht* erlegen ist. Denn Religion ist selbstsubstitutiv – deshalb ist Säkularisierung ein Selbstmißverständnis. Nur Religion kann Religion ersetzen. Andere Äquivalente ignorieren entweder das Jenseits (Historischer Materialismus) oder das Diesseits (Drogenrausch). Deshalb hängt alles am Konzept der »inversen Theologie«.

Theologumena werden durch Inversion geschützt. Das vollzieht sich – von Lukács bis Adorno – in Form eines Exodus aus der Metaphysik in den Kommentar. Man könnte hier von einer Autologie, einer Selbstanwendung des Bilderverbots sprechen – es verbietet Theologumena überhaupt; noch das theologische Verbot theologischer Begriffe wäre zuviel der Theologie. Man sieht, wie wichtig nun die Frage nach dem weltlichen Inkognito ist! Benjamin hat bekanntlich einen gut brauchbaren »dummy« gefunden, der uns heute allerdings nicht mehr zur Verfügung steht: den Historischen Materialismus. Im Schutz des Inkognitos »Historischer Materialismus« konnte Theologie dann zur »Grundwissenschaft« seines Werkes werden. Man könnte sagen: Der Historische Materialismus war die Pathosformel seines Messianismus.

Eine noch viel raffiniertere Form der inversen Theologie ist die Verwandlung eines Theologumenons in eine Methode, man könnte auch sagen: die Prozeduralisierung eines Glaubensinhalts. Benjamin hat ganz in diesem Sinn die Methode der »historischen Apokatatasis«[12] entwickelt: Es gibt nichts Schlechtes auf der Welt, auf das man nicht noch einmal die Unterscheidung gut/schlecht anwenden könnte – bis eben »alles gut« ist. Es handelt sich hier also um ein Re-entry der Unterscheidung (Positiv/Negativ) ins Unterschiedene (Negative). Das ist ein entschlossener Schritt in Richtung Formalismus.

Der Formalismus der historischen Apokatastasis, also die prozedurale Unterscheidung positiv/negativ ist in der Tat das erfolgreiche weltliche Inkognito der Theologie. Denn in ihr operiert insgeheim die religiöse Unterscheidung Heil/Verdammnis. Kurzum, Religion als Garant der Totalität versteckt sich in der Operation des Unterscheidens. Deshalb kann den Menschen genügen, was Benjamin ihnen gerade noch zubilligt: »eine *schwache* messianische Kraft«. Die Entparadoxierung dieser paradoxen Formel von der Kraft der Schwäche liegt – eben: rein formal – darin, daß Totalität durch Unterscheidung garantiert wird.

Auf welche Art und Weise Benjamin an der religiösen Garantie von Totalität festhält, läßt sich durch Derridas Konzept der Formalität eines strukturellen Messianismus ohne Religion deutlich machen. Genauer müßte man wohl sagen: ohne Glaubensinhalt. Aber damit gehört Benjamin tatsächlich noch in die *Spectres de Marx*. Und hier läßt sich nicht weiter anschließen. Uns muß heute die Gewißheit genügen, daß man weiter unterscheiden kann.

Soviel zur Methode. Was ist nun der zentrale Gegenstand der Benjaminschen Interpretationen? Natürlich Paris als Hauptstadt des 19. Jahrhunderts mit der Schlüsselarchitektur seiner Passagen, seiner Bewohner, seiner Flaneure, und Baudelaire als Beobachter. Der Rhythmus des Flanierens wird bestimmt durch die Scheu, ans Ziel zu gelangen. »Das Labyrinth ist der richtige Weg für den, der noch immer früh genug am Ziel ankommt. Dieses Ziel ist der Markt.« Der Flaneur steht damit paradigmatisch für eine Klasse, die gar »nicht wissen will, wohin es mit ihr hinausgeht.«[13] Diese Figur des Flaneurs ist die Sonde, mit der Benjamin das 19. Jahrhundert als Raum der Verschränkung von Moderne und Antike erforscht.

Der Flaneur weiß nicht, was er tut, und es scheint, wie gesagt, als wolle er es auch gar nicht wissen. Dieser Ignoranz entspricht die Torheit einer Theorie, die ihm ein Interesse an physiognomischen Studien unterstellt. Für Benjamin ist diese These nichts als eine Rationalisierung des Flanierens. Der Flaneur ist nicht das Subjekt einer gesellschaftlichen Physiognomik, sondern der Agent einer Ästhetik der Irre. Im »Passagenwerk« heißt es hierzu: »Die Stadt ist die Realisierung des alten Menschheitstraumes vom Labyrinth. Dieser Realität geht, ohne es zu wissen, der Flaneur nach.«[14] Die Existenz des Flaneurs steht also ganz und gar im Zeichen eines antiken Traumbildes; eben deshalb trifft er immer wieder auf die mythischen Aspekte der Moderne. Ob er sich am Anblick der ungeheuren Warensammlung berauscht, sich in der Masse verliert oder den Träumen folgt, die in die Unterwelt von Paris münden – er tritt in Labyrinthe ein. Und nur so wird Paris zur Hauptstadt des 19. Jahrhunderts – nicht in ihrer architektonischen, sondern in ihrer mythologischen Topographie.

Wie gesagt: Das ist die Perspektive Baudelaires in den Augen Benjamins. Im Bewußtsein, daß die Zeit der Moderne abgelaufen ist, erprobt der Dichter, ob sie Antike werden kann. Das Moderne erscheint so selbst als die Kraft der Transformation in Antike. Und für Benjamin heißt das: Baudelaires ästhetische Aufgabe war es, die dem Untergang geweihte Moderne als Antike zu retten. Die poetische Technik, die diesem Vorhaben entspricht, ist die Allegorese. In allen Gestalten, die sie auf dem Schauplatz

Paris beschwört, durchdringen sich Antike und Moderne. Die Emergenz des Allegorischen ist eine genaue Funktion der Einprägung von Jetztzeit in Antike. Deshalb betont Benjamin: »Es ist sehr wichtig, daß das Moderne bei Baudelaire nicht allein als Signatur einer Epoche sondern als eine Energie erscheint, kraft deren diese unmittelbar die Antike sich anverwandelt. Unter allen Verhältnissen, in die die Moderne tritt, ist ihre Beziehung zur Antike eine ausgezeichnete.«[15]

Das antike Paris ist Bild. Wie Baudelaire interessiert sich Benjamin also nicht für die faktische Architektur, sondern nur für das »antike Bild-Sein einer Stadt«.[16] Deshalb ist die Allegorie die entscheidende ästhetische Technik; sie ist die Form der Überblendung von Antike und Moderne. Allegorische Überblendung ist demnach die Technik, um sowohl die Modernität der Antike als auch die Moderne als Antike zu entdecken.

Die allegorische Anschauungsform ist christlichen Ursprungs; sie ist die ästhetische Waffe im Kampf gegen die heidnischen Götter und zielt eigentlich auf eine radikale Auflösung des antiken Pantheons. Bekanntlich hat sich die christliche Lehre Aug in Aug mit der Gnosis formiert. Gnosis ist aus christlicher Perspektive Antike als Drohung. Die Wiederkehr der gnostischen Drohung in den okkultistischen Spekulationen der Renaissance stellt dann für Benjamin die Ausgangsfrage nach dem Ursprung des deutschen Trauerspiels.

Die Allegorie ist die Form der Auseinandersetzung von Antike und Christentum: Der Leib der Schuld und des Martyriums kämpft gegen die glänzenden Götterkörper des Pantheons. In der Konfrontation der neopaganen Renaissance mit der Gegenreformation kehrt dieser Kampf wieder. Und damit erneuert sich auch die allegorische Form. Die Klassik als zweite Natur der deutschen Bildung hat diese Zusammenhänge lange Zeit verstellt. Benjamin verdankt vor allem den Forschungen Aby Warburgs (und wohl auch Nietzsche) die Einsicht, daß die olympisch glänzende Götterwelt der Antike eine humanistische Erfindung Winckelmanns war – ein Apotropaion, das den Blick von der Dämonie des Heidentums ablenkte. Die italienische Renaissance hat da noch klarer gesehen; folgt man Warburg, so trug ihre Verehrung der Antike deren Doppelcharakter Rechnung: dem heiter Olympischen wie dem finster Dämonischen. Diesen Schritt hinter die deutsche Klassik also muß man tun, um Benjamins einfachen Grundgedanken zu verstehen: »Die europäische Antike war gespalten« – und für das 17. Jahrhundert gilt deshalb noch, daß ihr humanistisch »strahlendes Nach-Bild« gar nicht beschworen werden konnte, ohne zugleich ihre mittelalterlich »dunkle Nach-Wirkung« zu erneuern.[17]

Natürlich ist die Absicht der barocken Allegorie klar: Sie soll die antiken Götter in ihrer dämonischen Natur bloßstellen. Es geht hier nicht um ein ästhetisches Spiel mit ausgehöhlten, abstrakt gewordenen theologischen Wesenheiten, sondern darum, die konkrete gnostische Drohung der Antike zu parieren. »Demnach sind, so Benjamin, die drei wichtigsten Momente im Ursprung abendländischer Allegorese unantik, widerantik: die Götter ragen in die fremde Welt hinein, sie werden böse und sie werden Kreatur.«[18] Die heidnischen Götter leben in der ihnen feindlichen Welt des Christentums fort, und Allegorese ist das Unternehmen, ihre Macht zu brechen. Doch die Allegorie bannt das Bedrohliche nur, indem sie es rettet. Gerade indem sie den Pantheon als schuldbeladen entlarvt, ermöglicht sie seine Reinigung zu bloßer Dinghaftigkeit. Absehbar wird dann tatsächlich, daß einmal die Idole der Heiden als schuldlose Bronzen dastehen werden.

Immer wieder zeigt sich die Aktualität der Antike. Sich immer wieder in seiner Aktualität zu bewähren, ist für Benjamin aber ein Definiens – und ich denke, das einzige – für Ewigkeit. Nur so erklärt sich, daß er Antike als »Menschheitserfahrung« begreift. Auch dieser Konzeption liegt wieder eine Inversion des trivialen allegorischen Verhaltens zugrunde. Trivial allegorisch ist es ja, ein Bild der Antike zu zeichnen, das die Züge der Moderne trägt. Baudelaire hat umgekehrt die Moderne als Antike gezeichnet. Und entsprechend heißt es von Gottfried Keller: »Er glaubte seine Zeit zu geben und in ihr gab er Antike.« Baudelaire und Keller zitieren also nicht einfach Antikes im Raum der Moderne, sondern eröffnen den »Raum des neunzehnten Jahrhunderts der Antike«.[19] Die Antike tritt in ihr 19. Jahrhundert ein.

Die Charakterisierung der Antike als Menschheitserfahrung ist meines Erachtens nur im Rahmen von Benjamins anthropologischem Materialismus ganz verständlich. In seinem Zentrum steht der Begriff leibhafter Geistesgegenwart. Wahre Gegenwart habe der Geist nur im Leib als dem Medium alltäglicher Divination: »Scipio, der Karthagos Boden strauchelnd betritt, ruft, weit im Sturze die Arme breitend, die Siegeslosung: »Teneo te, Terra Africana!« [Ich halte dich, Boden Afrikas].[20] Das ist das eine. Die zweite wahre Praxis der Antike, die wohl noch schwerer in aufgeklärte Ohren dringt, ist die kollektive Rauscherfahrung des Kosmos, die vom neuzeitlich optischen Weltbezug verdrängt wurde. Formelhaft gesagt: Benjamins Theorie des anthropologischen Materialismus zielt auf eine Restitution der verdrängten antiken Lehren von leibhafter Geistesgegenwart und kollektiver Rauscherfahrung des Kosmos.

Nach einem bekannten Gesetz kehrt, was verdrängt wird, wieder, jedoch entstellt. Das bedeutet in unserem Zusammenhang, daß die Antike zum Alptraum der Moderne werden mußte, weil sich die moderne Stellung zur Objektivität durch die Verdrängung jener wahren Praxis der Antike gebildet hat. In einem Fragment des Passagenwerks heißt es: »Die Moderne hat die Antike wie einen Alb, der im Schlaf über sie gekommen ist.«[21] Der tiefe Schlaf der Moderne heißt Kapitalismus, und die Träume, die aus diesem Schlaf aufsteigen, zu deuten, ist die Aufgabe des Historikers; sie fällt zusammen mit der politischen, aus dem Schlaf der Moderne zu erwachen.

Für unsere Frage nach der Durchdringung von Antike und Moderne ist hier nur das eine wesentlich: »Der Kapitalismus war eine Naturerscheinung, mit der ein neuer Traumschlaf über Europa kam und in ihm eine Reaktivierung der mythischen Kräfte.«[22] Die Virulenz des Mythos in der Moderne wird von Benjamin also aus der Entfaltung des Kapitalismus erklärt. Doch dieser seinerseits wird nun als Ausdruckszusammenhang religiöser Kräfte gedeutet. Die Virulenz des Mythos in der Moderne verdankt sich neopaganen Kräften im säkularisierten christlichen Raum. Formelhaft gesagt: Moderne ist ein Schlaf, Antike ist ein Alptraum, das 19. Jahrhundert ist eine objektive Phantasmagorie – und der Kapitalismus ist eine Religion.

III. Die kapitalistische Religion

Max Webers berühmte These über den Geist des Kapitalismus besagt im Kern, daß eine asketische Form des Protestantismus (Calvinismus, Präzisismus) eine alltagsbestimmende Lebensmethodik geschaffen habe, die das kapitalistische Wirtschaften nicht nur wie ein Korsett stütze, sondern zugleich auch mit Heilsprämien versehe. Kurz: Der Kapitalismus ist religiös bedingt.

Das war natürlich als Konkurrenzthese zu jener marxistischen Grundformel, nach der das gesellschaftliche Sein die Gestalten des Bewußtseins bestimme, gemeint.

Nur vor dieser Kontrastfolie wird Benjamins Begriff der kapitalistischen Religion prägnant. Gegen Marx begreift er das Verhältnis von Sein und Bewußtsein nicht als Kausal-, sondern als Ausdruckszusammenhang. Gegen Max Weber sieht er den Kapitalismus nicht nur in eine religiös bestimmte Lebensmethodik eingebettet – Benjamin geht es um den Nachweis der »essentiell religiösen Struktur des Kapitalismus«. Historisch bestimmt dieser Nachweis die Reformationszeit als den Augenblick der Transformation von Christentum in Kapitalismus. Das impliziert, daß die ganze abendländische Geschichte als Entwicklung eines parasitären Verhältnisses begriffen werden muß: Der Kapitalismus entsteht als Parasit des Christentums und zehrt so sehr von dessen Kräften, daß schließlich das Verhältnis in eines der Identität umschlägt. Die neuzeitliche Geschichte des Christentums ist die des Kapitalismus.

Daß Benjamin den Kapitalismus als parasitäre Verkörperung des Christentums begreift, ist die konkrete Bedingung dafür, daß Theologie zur Grundwissenschaft seiner Wirklichkeitskommentare werden kann. Nach der Logik des Ausdruckszusammenhangs bezieht er gesellschaftliche Phänomene auf religiöse Urbilder – genauer gesagt: er deutet sie als religiöse Urphänomene. Das Kapital, heißt es in der Interpretation eines Stücks von Shaw, »das Kapital (ist) nur der unreine verzerrte Geist und Leib von ewigen Mächten«.[23] Deshalb kann noch der verachtetste, schäbigste Beruf mit Bezug auf ein Bild vom Ewigen transparent gemacht werden. Der gesellschaftliche Rang ist die durchs parasitäre Dasein des Berufs an der Berufung entstellte Stellung des Menschen im kapitalistischen Kosmos. Das sind Zusammenhänge, die Max Weber schon am Begriff des »calling« verdeutlicht hat. Doch für Weber ist die Berufung im Beruf erloschen, der Geist aus dem Gehäuse verschwunden. Benjamin dagegen bleibt genau in dem Maße Theologe, als er an der Möglichkeit der Umkehr und Reinigung festhält.

Seine Position will sich dabei von Säkularisierung und von politischer Theokratie gleich weit entfernt halten. Religion hat eine bestimmte und bestimmende Bedeutung für die Ordnung des profanen Lebens, aber sie darf nicht dessen Gesetze erlassen wollen. Theologie darf deshalb nicht politisch instruktiv sein wollen. Offenbar bestimmt sich die Funktion der Religion für die Ordnung des Profanen aus der Tatsache, daß es eine »menschliche und zugleich politische Nötigung zu ›glauben‹«[24] gibt. Benjamin zieht damit eine Demarkationslinie zur Aufklärung. Solange es Qual und mythische Verstricktheit des Lebens gibt, braucht die Gesellschaft ein Stellensystem der Antworten, das man traditionell Religion nennt. Und der Kapitalismus ist eben deshalb eine Religion, weil er in der Lage ist, diesen aus Leid und Qual geborenen Fragen eine befriedigende Antwort, eine Antwort der Befriedigung zu geben.

Präparieren wir nun die essentiell religiöse Struktur des Kapitalismus deutlicher heraus. Benjamin nennt vier Charakteristika:

Der Kapitalismus ist eine reine Kultreligion. Das heißt im Klartext, daß die kapitalistische Religion weder eine Dogmatik noch eine Theologie hat; sie ist also, wie die Urformen heidnischer Religiosität, unmittelbar praktisch orientiert. Kapitalistische Religion ist neopagan. Sie begründet ihren Ritus ohne göttlichen Logos – und eben das hat Benjamin ja schon in seinem Wahlverwandtschaften-Aufsatz als das »Gemeinsame aller heidnischen Anschauung« herausgearbeitet: den »Primat des Kultus vor der Lehre«.[25] In unserem Fall ist es der Vorrang der kapitalistischen Praxis vor der christlichen Lehre, der sie parasitär aufsitzt. Kapitalismus ist also eine Form des Neuheidentums. Gerade darin erkennt Benjamin die geschichtsphilosophische Signatur seiner Zeit; er deutet sie als Etappe im großen, »ungeschlichtet geblieben(en)« Kampf zwischen christlicher und germanisch-heidnischer Tradition: »Die ersten Jahrzehnte dieses Jahrhunderts stehen im Zeichen der Technik. Gut! Aber das sagt nur denen etwas, die wissen, daß sie auch im Zeichen der wiedererwachenden ritualen und kultischen Traditionen verlaufen.«[26]

Der Kultus der kapitalistischen Religion dauert permanent an; jeder Tag ist ein Festtag des Warenfetischismus, und die Adepten zelebrieren den Kult unausgesetzt in äußerster Anspannung. Der Kult der kapitalistischen Religion ist natürlich ein Kultus der Ware. Das heißt konkret, daß der Tauschwert zum Gegenstand religiöser Verklärung und zum Medium eines religiösen Rausches wird – das ist die religionssoziologische Begründung eines Schlüsselbegriffs in Benjamins Werk: der Phantasmagorie. Gemeint ist ein Raum des Vergnügens und der

Zerstreuung, der sich genau dort auftut, wo der Gebrauchswert der Waren gleichgültig wird. In diese Koordinaten trägt Benjamin sein Passagenwerk ein: »Die Inthronisierung der Ware«, ihre Verehrung als Fetisch nach dem Ritual der Mode, ist der einzige Inhalt des kapitalistischen Kultus. Die »theologischen Mucken« der Ware, von denen Marx sprach, also ihr ontologisch zweideutiger Status als »sinnlich-übersinnliches Ding«, erscheinen bei Benjamin als Konstituentien der Moderne. Es ist deshalb nicht metaphorisch gemeint, wenn er schreibt: »Weltausstellungen sind die Wallfahrtsstätten zum Fetisch Ware.«[27] Und die Passagen sind »Tempel des Warenkapitals«.[28] Ja, Benjamin geht so weit, an der Eisenkonstruktion der Passage Analogien mit der Barockkirche abzulesen: In der »Warenreihe« der Pariser Passage stecke »ein Rest vom Kirchenschiff«.[29] So analysiert das Passagenwerk die Sakralarchitektur der kapitalistischen Religion. Hier findet Baudelaires religiöser Rausch der Großstadt seinen konkreten Schauplatz: »die Warenhäuser sind die diesem Rausch geweihten Tempel«.[30] Konsequent deutet Benjamin die Banknoten als Heiligenbilder der kapitalistischen Religion. An ihnen wird konkret faßbar, was es heißt, daß die Embleme (des 17. Jahrhunderts im 19. Jahrhundert) als Waren wiederkehren. Banknoten stellen ja als reiner Ausdruck des Tauschwerts zugleich Allegorien dar: »In diesen Dokumenten gebärdet der Kapitalismus sich naiv in seinem heiligen Ernst.« Die Ornamentik des Geldes, die Emblematik der Banknoten ist die Reinform der Verklärung des Tauschwerts; sie schiebt sich als Schirm der Phantasmagorie vor die Schwelle jenes Reiches, in dem man – nach gemeinsamer Auskunft von Dante und Marx – alle Hoffnung fahren lassen muß. Genau darauf zielt Benjamins Definition der Bilderwelt des Geldes als »Fassadenarchitektur der Hölle«.[31]

Die kapitalistische Religion operiert als verschuldender Kultus. Hier fallen der ökonomische und der theologische Begriff der Schuld zusammen. »Schuld des Geldes« ist also als *genitivus objectivus* und *subjectivus* zu begreifen: Geld schulden und Schuld durch Geld vererben. In diesen Koordinaten gewinnt Benjamins frühe Definition des Schicksals als Schuldzusammenhang des Lebendigen gesellschaftliche Prägnanz. Der verschuldende Kultus der kapitalistischen Religion leistet also gerade das nicht, was eigentlich das Wesen des Kultus ist: Praxis der Reinigung zu sein. Benjamin deutet das als Charakteristikum seiner Gegenwart: die Unfähigkeit zur Reinigung und komplementär dazu der Fetischismus der Reinheit. Wer sich aber die Finger nicht schmutzig machen will, ist auch unfähig zur Entsühnung unvermeidlicher Schuld. Deshalb weist Benjamin den Anspruch des Sich-rein-haltens als »halbheidnisch« ab: »Echt religiöses Anliegen ist von jeher, viel mehr als Reinheit bewahren, sie wiedergewinnen.«[32]

In dieser Perspektive soll deutlich werden, daß – im Zeichen des Kapitalismus – alle Armut mythisch, alles Geld schmutzig und alle Reinheit steril ist. Und zugleich: daß puritanischer Arbeitseifer und hygienische Praktiken falsche Formen der Askese darstellen. »Die Schuld des Geldes ist eine Gestalt der ewigen Schuld, die die Personen tragen, das Fürchterliche ist, daß die Menschen des kapitalistischen Zeitalters sich nicht von ihr zu entsühnen wissen.«[33] So konstituiert der kapitalistische Kultus das Lebendige als Schuldzusammenhang.

Mit dieser These von der kapitalistischen Universalisierung der Schuld tritt Benjamin in Konkurrenz zu Webers religionssoziologischer Begründung des Universalitätsanspruchs okzidentaler Rationalität und zu Freuds religionspsychologischer Begründung des abendländischen Schuldbewußtseins in der Spätantike und der Gegenwart. »Ein ungeheures Schuldbewußtsein das sich nicht zu entsühnen weiß, greift zum Kultus, um in ihm diese Schuld nicht zu sühnen, sondern universal zu machen, dem Bewußtsein sie einzuhämmern und endlich und vor allem den Gott selbst in diese Schuld einzubegreifen«.[34] So wie der kapitalistische Kultus nicht entsühnt, sondern verschuldet, so hofft der Kapitalismus als Religion nicht auf die Befreiung aus der Verzweiflung, sondern erwartet das Heil aus der Verstetigung der Verzweiflung zum Weltzustand. An die Stelle des Hoffens und Harrens tritt das Durchhalten. Die Schuld erbt sich fort als »Geisteskrankheit«, nämlich im Modus der geistigen Ausweglosigkeit. Das ist für Benjamin der eigentliche Inhalt der sogenannten »Sorgen«.

Ich kann hier nur andeuten, daß dieser Mensch der Sorge, der sich geistig stets in einem ausweglosen Zustand befindet, der genaue Antagonist des destruktiven Charakters ist, der immer einen Weg weiß. Prägnanz gewinnt dieser Antagonismus dann vor dem Hintergrund von Heideggers Deutung der Sorge als Schlüssel-Existential des Daseins, das aus den Verdeckungen und Verstellungen des Alltäglichen ausbricht. Bekanntlich legt der destruktive Charakter das Bestehende in Trümmer, um einen Weg zu bahnen. Dagegen der Kapitalismus: Er scheint sich einen Fortschritt genannten Weg zu bahnen und türmt doch nur Trümmer zum Himmel. Was der berühmte Engel der Geschichte sieht, ist also nicht der Ruin des menschlichen Fortschritts, sondern das Procedere des Kapitalismus als Religion. »Darin liegt das historisch Unerhörte des Kapitalismus, daß Religion nicht mehr Reform des Seins sondern dessen Zertrümmerung ist.«[35]

Der verheimlichte Gott der kapitalistischen Religion ist nicht tot, aber auch nicht mehr transzendent. Der universal verschuldende Kultus integriert ihn dem Menschenschicksal. Diese eigentümliche Konzeption Benjamins entspringt dem Versuch, Nietzsches Attentat auf die Religion, die Gestalt des Übermenschen, selbst noch theologisch zu deuten. So erscheint der Übermensch als erste erkennende Erfüllung der kapitalistischen Religion – Erfüllung auch insofern, als in ihm als Ausdruck totaler Immanenz des Menschlichen der Gott bis zur Unerfragbarkeit verheimlicht ist. Er ist Antichrist in dem präzisen Sinne, daß sich sein Wesen aus der Negation der christlichen Begriffe von Metanoia und wahrer Askese definiert: In der totalen Immanenz des Übermenschen gibt es den apokalyptischen Sprung nur als diskontinuierliches Resultat stetiger Steigerung. So kann Benjamin Nietzsches Unternehmen in genauer Antithese zur christlichen Erlösungsutopie einer Sprengung der Höllenpforten definieren: Das Projekt Übermensch zielt auf die »Sprengung des Himmels durch gesteigerte Menschhaftigkeit«. Damit bildet Nietzsches Übermensch den exakten Gegenpol zum wahren Politiker Benjamins: »Meine Definition von Politik: die Erfüllung der ungesteigerten Menschhaftigkeit«.[36] Denn alle immanente Steigerung ist nur ein Fortschritt in der Verschuldung; sie verstellt die Umkehr. In dieser Perspektive muß dann natürlich auch die Lehre von Marx als erkennende Erfüllung der kapitalistischen Religion, als Vollendung des Schuldzusammenhangs erscheinen: »Der nicht umkehrende Kapitalismus wird (...) Sozialismus.«[37]

Benjamin hat also den Kapitalismus als Religion beschrieben – und gerade heute scheint dieses Skript wahrhaft aktuell. Marketing und Werbung unserer Tage sind die Praxis zur Theorie – als ob der Kapitalismus »Das Kapital« und das »Passagenwerk« gelesen hätte. Längst hat der Markt erkannt, daß man den wichtigsten – eben jungen – Konsumentengruppen keine für sich selbst sprechenden Produkte mehr verkaufen kann. Es geht ihnen nicht mehr um den Gebrauchswert, sondern um den Inszenierungswert von Waren. Gefragt sind Themenwelten, Lebensstile, Weltbilder – die man kultisch inszenieren muß.

Inmitten einer restlos aufgeklärten Welt verspricht das Kultische zugleich Ordnung und Faszination. Die Wiederkehr von Kulten und Ritualen kann man nur verstehen, wenn man ihre Funktion als »Heilmittel« gegen das Chaos, gegen die Regellosigkeit und Unübersichtlichkeit unserer Welt begreift. Gerade weil der postmoderne Alltag immer komplexer wird; gerade weil wir ständig mit undurchschaubaren Systemen konfrontiert sind; gerade weil es keine verläßlichen Orientierungsmarken in Wirtschaft und Politik mehr gibt, wächst die Sehnsucht nach Einfachheit und Transparenz. Man braucht die Illusion des großen Ganzen, den Wahn der Einsicht in das, was die Welt im Innersten zusammenhält. Und damit sind wir bei der Funktion von Kulten und Ritualen.

Der strenge kultische Vollzug hatte schon immer die Funktion, den Menschen angesichts einer bedrohlich zufälligen Welt Sicherheit zu geben – man kann sich diese sichernde Leistung des rituellen Vollzugs an Zwangsneurotikern sehr schön vor Augen führen. Und seit die moderne Wissenschaft alle Schicksale und Notwendigkeiten aus unserer Lebenswelt ausgetrieben hat, kann man von dem, was geschieht, nur noch sagen: es wäre auch anders möglich. Diesen grundsätzlichen Sachverhalt, daß alles, was ist, auch anders möglich wäre, nennen Philosophen »Kontingenz«. Doch mit dem allgegenwärtigen Zufall können Menschen offenbar nicht leben; deshalb brauchen sie künstliche Notwendigkeiten – eben Kulte. Um es auf eine Faustformel zu bringen: Rituale kompensieren die Kontingenz. Früher war das die Domäne der Religionen – heute haken hier Werbung und Marketing ein.

Nicht daß da etwas schiefgelaufen wäre! Alle wesentlichen Probleme der westlichen Kultur sind solche ihres Erfolgs. Wir laborieren nicht an Fehlschlägen, sondern an Folgelasten. Das gilt vor allem für die gewaltige Erfolgsgeschichte der wissenschaftlich-technischen Weltbeherrschung im Zeichen der Aufklärung. Sie ist uns – mit ihren Wohltaten – so selbstverständlich geworden, daß wir uns oft nach Bewußtseinszuständen zurücksehnen, von denen uns die Aufklärung gerade befreit hat. Die wichtigste Folgelast der erfolgreichen Aufklärung ist wohl die, daß uns der Zauber magischer Welten fehlt. Und hier sehen Werbung und Marketing ihre große Zukunftschance. Sie haben die Lektionen von Marx und Benjamin gelernt und inszenieren die Konsumwelt als Schauplatz der Verzauberung. Gegen die Entzauberung der modernen Welt durch Wissenschaft und Technik setzt das Kult-Marketing heute auf Strategien der ästhetischen Wiederverzauberung.

Die Wissenschaften können uns ja schon lange keine Antwort auf unsere Lebensfragen mehr geben. Kurz gesagt: Wissenschaft enttäuscht – gerade indem sie gelingt. Und das deshalb angewachsene religiöse Bedürfnis nach Bindung und Verbindlichkeit können die großen Religionen des Westens offenbar auch nicht mehr befriedigen. Nun tauchen die Götter, die aus dem Himmel der Religionen verschwunden sind, als Idole des Marktes wieder auf. Werbung und Marketing besetzen die vakant gewordenen Stellen des Ideenhimmels. Düfte heißen »Ewigkeit« und »Himmel«, Zigaretten versprechen Freiheit und Abenteuer, Autos sichern Glück und Selbstfindung. Mit einem Wort: Marken besetzen Ideen, um sie schließlich zu ersetzen. Religionen ohne Dogma heißen heute »Trends«. Sie wollen nicht spielen, sondern binden und suggerieren Verbindlichkeit. Sie stellen eine Kultform dar, die dann mit Werte-Zitaten angefüllt wird. Sie ersparen uns die Last eines kohärenten Glaubenssystems und geben doch – rein formal – Bindung (religio).

Entscheidend für unsere Fragestellung ist hier der Schauplatzwechsel des religiösen Bedürfnisses. Es verläßt den kirchlichen Raum und siedelt sich auf dem Marktplatz an. Nicht die Kirchen, sondern die Konsumtempel sind der Ort moderner Religiosität. Das war ja eben die Beobachtung Walter Benjamins, ja schon Baudelaires. Nun haben es auch die Kirchenmänner selbst bemerkt. So vergleicht der Theologieprofessor Harvey Cox die Schaufenster der Warenhäuser mit der Krippenszenerie;

das Etikett mit dem Markenzeichen deutet er als säkularisierte Hostie. Deutlicher geht es nicht. Man kann auf diese starken Thesen eine sehr einfache Probe machen, indem man einmal Nike-Town in Chicago besucht – Sport als reiner Kult, Schuhe als Fetische, Basketball-Stars als die Hohenpriester. In Nike-Town einzutreten, ist nicht einfach Shopping, sondern ritueller Vollzug.

Entscheidend wichtig dabei ist: Es handelt sich um Riten ohne Gott. Das ist kein Mangel, sondern ein Gewinn an religiöser Beweglichkeit. Der Gott des Monotheismus ist ja eine sehr abstrakte, schwer nachvollziehbare Konzeption, die dem naiven religiösen Fühlen eher hinderlich ist. Unter Bedingungen gesellschaftlicher Modernität und wissenschaftlichen Fortschritts wird Glauben im christlichen Sinne immer mehr zur Leistung von Virtuosen. Dagegen sind die postmodernen Waren Opium fürs Volk.

Wir leben in einem Polytheismus der Marken und Moden. Die Fetische des Konsums sind nun nicht mehr nur Vehikel zur Transzendenz, sondern das Heilige selbst. Formelhaft gesagt: Man streicht Gott, um desto besser religiöse Gefühle bedienen zu können.

Trends liefern die Rituale der Zivilisation. Und ich meine, es ist wichtig, das Paradoxe einer solchen Definition zu spüren. Denn Zivilisation heißt ja zunächst einmal, daß die Kulte und Rituale der magischen Welt durch wissenschaftliche Prozeduren und gesellschaftliche Konventionen aufgelöst werden. In den Trends kehrt die verdrängte Magie inmitten der Zivilisation wieder. Man kann sich die Trends einer Zeit vielleicht als Vektoren eines Kräfteparallelogramms vorstellen, dessen Resultante dann »Zeitgeist« heißt. Und vielleicht gibt es gar kein Jenseits des Zeitgeistes, sondern immer nur andere Vektoren im Spiel der Trendkräfte, in dem unsere Gesellschaft ihre eigene Zukunft übt.

Werbung zielt heute auf ein Kultbild, in dem der Imperativ steckt, ein Ritual des Konsums zu vollziehen. Der Kunde soll nicht einfach nur kaufen und verbrauchen, sondern eine rituelle Handlung vollziehen. Seit es Kultmarken und Kultprodukte gibt, ist ihm der Weg auf dem Schauplatz des Marktes klar vorgezeichnet – der Kunde geht vom passiven Konsum zur aktiven Devotion über. Der Konsum kann eine transzendente Erfahrung transportieren, d.h. das Konsumentenverhalten trägt gewisse Aspekte des Heiligen zur Schau. So entfaltet sich der Konsumismus als Religionssystem.

Es gibt für den gerade mit groben Strichen skizzierten Zusammenhang keinen präziseren Begriff als den ethnologischen des Cargo-Kults. Der Cargo-Kult stellt sich die Erlösung nämlich konkret als Ankunft von Warenladungen vor. Und entscheidend dabei ist: Cargo ist nicht einfach nur die Ware, sondern zugleich auch Macht als eine Art spiritueller Mehrwert der Ware. Und genau das steckt in dem harmlosen Begriff »Marke«. Die Marke ist ein Totem-Emblem. Nicht mehr Religion und Politik, sondern Werbung produziert heute die Symbole, die das Soziale strukturieren. Die »theologischen Mucken« der Ware, von denen Karl Marx sprach, sind heute ihre *unique selling proposition*. Kapitalismus als Religion – das ist dann keine kritische Diagnose mehr, sondern die schlichte Selbstbeschreibung des Marktes.

V. Warum das Kapitalismus-Fragment antiquiert ist

Je moderner, d.h. differenzierter, arbeitsteiliger und damit unübersichtlicher die Gesellschaft wird, desto größer die Sehnsucht nach Einheit und Ganzheit. Gott ist die traditionelle Formel für die Einheit der Welt. Es geht beim Thema Gott also letztlich um die Möglichkeit, sich ein Bild von dem Ganzen zu machen, dem man selbst zugehört. Man kann es sich leicht machen mit Mystik und Esoterik, also mit der Beschwörung des Ganzen. Und man kann es sich schwer machen, nämlich mit einer Kritik des Ganzen. Radikale Gesellschaftskritik als Inkognito der Theologie – das ist ein vertrautes Theoriedesign.

Die Religion bietet den Opfern der Gesellschaft ein Design der Betroffenheit. Sie widmet sich also den unlösbaren Folgeproblemen anderer Systeme (»Schicksale«). Anspruch der Religion ist es immer, einen Sinn sichtbar zu machen. Religiöse Kommunikation besagt aber immer auch: der Sinn ist eigentlich ein anderer, er paßt nicht in die Gesellschaft. Und die Dogmatik hat ganz entsprechend auch einen eigenen Gesellschaftsbegriff, der gegen die reale Gesellschaft gerichtet ist: das Reich Gottes. Das letzte Wort des Glaubens ist also Andersheit – anders als das, was ist. Genauer geht es nicht; und gerade diese Ungenauigkeit erweist sich als funktional. Religiöse Kommunikation verspricht:

Man kann mit dem Unverständlichen umgehen – als ob man die unübersichtliche Welt von außen betrachten könnte. Im Begriff »Gott« bezieht sich die Gesellschaft auf sich selbst – aber ohne es zu wissen, nämlich als Transzendenz. So entsteht die Illusion, es könnte eine richtige Beschreibung der Gesellschaft von außen geben – *the big picture*.

Solange die Funktionsstelle der Religion religiös besetzt bleibt, ist Religion nicht totalitär. Benjamins Begriff der »kapitalistischen Religion« dagegen suggeriert – ähnlich übrigens wie »politische Religion« (Voegelin) bzw. »politische Theologie« (Schmitt) – eine Darstellung des Gesellschaftsganzen. Mit Religion wird das Absolute zitiert, mit Kapitalismus die Totalität. Damit steht das Benjaminsche Kapitalismusfragment in extremster Gegenstellung zur Systemtheorie der Moderne. »Die Einheit der Gesellschaft ist die Differenz ihrer Funktionssysteme«, heißt es bei Luhmann.[38]

Schon die Marxsche Konzeption des Klassengegensatzes hatte je die funktionale Differenzierung der modernen Gesellschaft verdeckt. Der strategische Sinn dieser Verdeckung wird klar, wenn man sich vor Augen führt, daß »Kapitalismus« ein Begriff ist, der immer schon im Blick auf ein notwendiges Ende gedacht wird. Er katalysiert deshalb sehr gut den Protest der bürgerlichen Gesellschaft gegen sich selbst. Kapitalismus ist die Perspektive auf das moderne Wirtschaftssystem, die seine Folgeprobleme als zu beseitigende Übel präsentiert.

Doch Benjamin denkt das Ende des Kapitalismus ganz anders als Marx. Was ihn von Marx und der Dialektik trennt, ist »die Erfahrung unserer Generation: daß der Kapitalismus keines natürlichen Todes sterben wird.«[39] Deshalb steht die Vorstellung der Unterbrechung des natürlichen Verlaufs im Zentrum der Benjaminschen Geschichtstheologie; »nicht Ziel, sondern Ende«, lautet bekanntlich die Unterscheidung aus den *Geschichtsphilosophischen Thesen*. Und deshalb genügt nicht die Stilisierung der Moderne als Kapitalismus. Benjamin muß sie durch eine zweite Stilisierung überbieten, nämlich als Kultreligion.

Läßt man die wesentlichen Charakteristika der »kapitalistischen Religion« – nämlich äußerste Anspannung, permanente Dauer, Steigerung, Aushalten bis ans Ende, die Bahn des Planeten Mensch, Ausweglosigkeit – noch einmal Revue passieren, dann erinnert diese Beschreibung doch sehr stark an Max

Webers »Unentrinnbarkeit«: Kapitalismus als Schicksalsmacht. Ihren polemischen Index bekommt diese Beschreibung nun gerade durch ihre Hoffnungslosigkeit. Das ist der entscheidende rhetorische Trick Benjamins. Denn Hoffnungslosigkeit ist mit Perfektion funktional äquivalent – es macht keinen Sinn, sich um Verbesserungen zu bemühen. Dieser rhetorische Trick ermöglicht es nun, darüber zu erschrecken, daß es geht, solange es geht. Der Schrecken ist nichts, das uns noch drohen würde – »daß es so weitergeht, *ist* die Katastrophe«. Weil es geht, solange es geht, sieht man die Katastrophe, daß es so weitergeht, nicht. Deshalb ist der Gedanke der »Umkehr« der fernste. Aber genau das meint Benjamins Unterbrechung der Geschichte: Metanoia, Sühne, Reinigung – oder im *hot dressing*: Revolution.

Die Differenz zu Marx liegt hier auf der Hand; aber auch die zu Weber. Man kann sich das am einfachsten in einem Vergleich ihrer Schlüsselmetaphern verdeutlichen. Max Webers Metapher ist die vom puritanischen Geist, der am Ende in dem geistlosen Gehäuse abstirbt, das er selbst mit den Rationalitätsenergien innerweltlicher Weltablehnung errichtet hat. Walter Benjamins Metapher ist die vom parasitären Verhältnis zwischen Kapitalismus und Christentum; der Parasit Kapitalismus einverleibt sich den Wirt Christentum – deshalb hat der Kapitalismus eine »essentiell religiöse Struktur«.

Kein Zweifel: Der Zauber beider Metaphern ist groß. Beide machen gerade den Theologen unwiderstehliche Angebote, »grundwissenschaftlich« an die moderne Gesellschaft heranzugehen. Die häßlichen Zwerge verkleiden sich als Kapitalismuskritiker. Man kann die Frage nach dem Verhältnis von monotheistischer Religion, modernem Lebensstil und kapitalistischer Wirtschaft aber auch ganz anders stellen – nämlich wie Kenneth Burke. Im Zentrum seiner *Grammar of Motives* steht die historische Ironie, daß gerade die Bekräftigung des ultimativen Motivs die Entwicklung einer gänzlich anders orientierten Welt ermöglicht. »For the affirming of the terms as their god-term enables man to go far afield without sensing a loss of orientation. And by the time the extent of their departure is enough to become generally obvious, the stability of the new order they have built in the name of the old order gives them the strength to abandon their old god-term and adopt another.«[40]

In unserem Zusammenhang geht es natürlich um Geld als funktionales Äquivalent, als »technical substitute« für Gott. Es handelt sich hier um eine Substitution einer Substitution, denn der christliche gekreuzigte Gott, der modern durch Geld ersetzt wird, ist schon das Symbol für Substitution. Das Profitmotiv funktioniert wie der Eine Gott als universale Quelle der Motivation. Burke spricht ausdrücklich von einer Transsubstantiation des Geldes: aus dem Agenten des ökonomischen Handelns wird dessen Zweck; aus »money as medium« wird »money as motive«.[41] Bedrohlich für die Religion ist der universale Symbolismus des Geldes nicht als dramatische diabolische Versuchung des Mammon, des Goldenen Kalbs (denn der Teufel ist der dialektische Gegenspieler Gottes; er fördert also den Glauben), sondern gerade umgekehrt »in its quiet, rational way as a substitute.«[42]

Der Schlüsselbegriff des Benjaminschen Kapitalismusfragments lautet Schuld/Verschuldung. Sich schuldig fühlen und Schulden machen werden hier radikal identifiziert. Und damit verbaut sich Walter Benjamin den Zugang zum eigentlichen Problem; er verkennt die spezifisch moderne Verwandlung des Schuldsymbolismus. Der Ausgangspunkt ist klar: »Schuld wurde um der Erlösung willen erfunden und institutionalisiert. [...] Schuld wird *erlebt* als Präsenz anderer Möglichkeiten der *Vergangenheit* – nämlich als Fortdauer der Möglichkeit, anders gehandelt haben zu können.« Die Erbsünde erfaßt dann Zukunft als »Wiederholung von Schuld«, schließt also zukunftsbezogene Erlösungshoffnungen aus.« So weit, so vormodern. Modern jedoch verweist Schuld als Investitionskredit auf die Zukunft. Schuld heißt nun ökonomische Schulden. »Die *Funktion* von Schuld [...] ist heute [...] nur noch in bezug auf andere Möglichkeiten der *Zukunft* denkbar; die Vergangenheit liegt erledigt hinter uns.«[43]

Seit Benjamin Nelsons großartigem Essay, »The Idea of Usury«, kann man Modernität als raffinierte Antwort auf die biblische Frage verstehen, ob ich von meinem Bruder Zins nehmen darf. Calvin bricht mit der scholastischen Auffassung, Geld sei steril. Es vermittelt nun nicht nur die Kommunikation mit den Fremden, sondern auch mit den brüderlichen Anderen. Alle Menschen werden Brüder, weil auch die Brüder, von denen ich Zins nehme, Andere geworden sind. Damit wandelt sich Brüderlichkeit – von Calvin bis zur Französischen Revolution – zum Universale, und ihr Klartext lautet: Wettbewerb auf dem Markt. Das ist der präzise Sinn des Untertitels von Nelsons Essay: »From Tribal Brotherhood to Universal Otherhood«.

Was das für den Symbolismus der Schuld in der modernen Gesellschaft bedeutet, hat schon Kenneth Burke sehr klar gesehen: »As early as the Calvinistic sanctioning of ›usury‹, it was apparent that a primary aspect of our monetary economy was its stress upon credit – and the receiving of credit is indebtedness. Thus [...] it provides a technical normalization of ›guilt‹ or ›sin‹ by converting a religious psychology of ›retribution‹ or ›penance‹ into a commercialist psychology of ambition.«[44] Die technische Normalisierung der Schuld entspricht natürlich exakt der technischen Substitution Gottes durch Geld.

Wir können resümieren: Geld als »God Term« (Burke) und der Teufel als Beobachter (Luhmann) sind nicht mehr Figuren der Religion. Hier wird auch nicht »säkularisiert«. Daß das Geld Gott ersetzt, darf gerade nicht als Säkularisierungsthese verstanden werden (bzw. eine derartige Säkularisierungsthese müßte auf Blumenbergsche Art abgelehnt werden). Kapitalismus war die letzte Erfindung der Theologen, die ihren Anspruch auf eine kritische Beschreibung des gesellschaftlichen Ganzen rechtfertigen sollte. Aber es gibt keine »Grundwissenschaft«.

Deus Creditor: Walter Benjamins ›Kapitalismus als Religion‹

Birger P. Priddat

Walter Benjamins Fragment ›Kapitalismus als Religion‹ vom Anfang des 20. Jahrhunderts zu Beginn des 21. Jahrhunderts zu lesen, bedarf vielleicht zweier vorausgeschickter Bemerkungen:

Erstens ist der ›Kapitalismus‹ Benjamins der Marxsche ›Kapitalismus‹; es handelt sich nicht um eine Metapher für das moderne Wirtschaftssystem und seine Globalisierung, auch nicht schlicht um ein Ausbeutungssystem, sondern um eine geschichtliche Theorie der Selbstauflösung der bürgerlichen Gesellschaft innerhalb eines Mechanismus der kapitalistischen Produktion. Benjamins Konzeption des Kapitalismus ist deswegen nicht unmodern, aber auf den linken Diskurs des frühen 20. Jahrhunderts bezogen: Sorel, Bloch, Lukàcs.

Zweitens stellt Benjamin den Kapitalismus über den Begriff der Schuld der Menschen in einen theologischen Kontext, ähnlich wie Ernst Bloch parallel marxistisch-eschatologisch denkt. Derrida nennt Benjamin in diesem Punkt »messianisch-marxistisch« bzw. »archäo-eschatologisch«.[1]

Über beide Bezugssysteme verfügen wir nicht mehr selbstverständlich. In diesem Sinne ist uns Benjamins Text entweder fremd oder erinnert uns an nicht mehr bewußte Zustände des abendländischen Denkens, die wir glaubten vergessen zu dürfen. So ist Benjamins Text auch eine Erinnerung. Aber woran?

Drittens handelt es sich, wenn ›Götter‹ im säkularisierten Gelände der Moderne auftauchen, um die Erscheinung von etwas Unverfügbarem, »jenseits der Subjektivität des Menschen« (Picht 1986, 107). Das Epiphanie-Phänomen, das Picht an Winckelmann, Goethe, Schiller und Hölderlin aufzeigt als aufbrechenden Gegensatz zwischen bürgerlicher Gesellschaft und der »Kunst als Vermögen, das, was den Menschen unverfügbar ist, zur Erscheinung zu bringen« (ebd.), taucht bei Benjamin, in Erinnerung an Hölderlin, als rettender Gott wieder auf – als Remake des Idealismus?

Im Kapitalismus sei deshalb »eine Religion zu erblicken«, postuliert Benjamin, weil er »essentiell der Befriedigung derselben Sorgen, Qualen, Unruhen [dient], auf die ehemals die so genannten Religionen Antwort gaben.«[2] Hier wird von funktionaler Äquivalenz gesprochen. Demnach habe diese kapitalistische Religion vier Züge:

- reine Kultreligion ohne Dogmatik und ohne Theologie,
- permanente Dauer des Kultes, ohne Rhythmik,
- »der Kapitalismus ist vermutlich der erste Fall eines nicht entsühnenden, sondern verschuldenden Kultus.« (Benjamin, S. 100)

Drei Züge sind erst einmal genannt: drei Differenzen zu den bekannten Religionen. Der Kapitalismus erweist sich als atypische Religion. Als Kultreligion ist der Kapitalismus rein praktischer ›Gottesdienst‹, konzeptlos, aber zeremoniell gesichert. Der ›Gottesdienst‹ ist die Ausübung des Zeremoniells des Investierens und Profitmachens.

Das Zeremoniell ist nicht auf bestimmte Phasen oder Zeiten beschränkt, sondern permanent erforderlich – eine im Grunde atemlose Religion.

Und: die Religion des Kapitalismus, wie Benjamin sie skizziert, ist parallel zu ihrer Unaufhörlichkeit zugleich entsühnungslos. Es gibt kein Zeremoniell im Zeremoniell, das entschuldigt. Die einzige Form der Entschuldigung ist die Entschuldung durch Profitmacherei, d.h. durch den durchgehenden ›Gottesdienst‹ der kapitalistischen Praxis und des laufenden Zeremoniells.

Benjamin interpretiert den Kapitalismus als Religion als große Verfehlung, u.a. auch als verfehlte Religion. Aber er ist vor allem eine Verfehlung von Versprechen und Erwartungen, die in seinem Beginn geäußert wurden. Das große Versprechen des Kapitalismus, *welfare* – ›the comfort of life‹ hieß es bei Adam Smith – für alle zu bringen, erweist sich als schwierige Behauptung, die zugleich die Sorge und mit ihr die existentielle Unruhe erhöht. »Ein ungeheures Schuldbewußtsein«, so beschreibt Walter Benjamin den Kapitalismus, »das sich nicht zu entsühnen weiß, greift zum Kultus, um in ihm diese Schuld nicht zu sühnen, sondern universal zu machen, dem Bewußtsein einzuhämmern und endlich und vor allem den Gott selbst in diese Schuld einzubegreifen[,] um endlich ihn selbst an der Entsühnung zu interessieren« (Benjamin, S. 100 f.).

Das ›ungeheure Schuldbewußtsein, das sich nicht zu entsühnen weiß‹, ist eine Krisenform des Kapitalismus, die er von Anbeginn in sich trägt. Diese Krise des Kapitalismus verläuft kathartisch: »Ausweitung der Verzweiflung«/»Heilung« heißt Benjamins (eschatologische) Formel (ebd., S. 101). Die Schuld der Menschen im Kapitalismus ist so groß, daß nur ein Gott sie sühnen kann. Die Heilung gelingt nur einem wiedererschienenen Gott, der erst einmal nur *ex negativo* beschrieben werden kann: als Unfähigkeit der Menschen, die Schuld alleine auf sich zu nehmen. Die Schuld weist nicht auf eine Inkompetenz der Menschen hin, sondern auf etwas, was unberechenbar ist. Aus der Unfähigkeit zur Schuld muß, so scheint es, ein Gott entstehen, um die Menschen wieder zu Menschen zu machen.

Das ist eine heilsgeschichtliche Trope: eine *oeconomia divina*. Wir müssen nun klären, was Benjamin mit ›Schuld‹ meint.

Der kommende Gott: Befreiung des Menschen vom Menschen

›Kapitalismus als Religion‹ wird an der Schnittstelle von zwei differenten Begriffssystemen entfaltet: Kapitalismus und Schuld. Die Schuldfrage ist in der abendländischen Theologie einerseits ein Hinweis auf die Ursünde, derentwegen die Menschen aus dem Paradies vertrieben wurden. Sünde ist aber andererseits ungleich Schuld. Mit der Redeweise von einer Schuld verschiebt sich die Unverfügbarkeit des Sündigen in eine Dimension der Verfügbarkeit der Schuld: durch Entschuldigung und durch Entschuldung.

Dabei fällt auf, daß der ›Kapitalismus‹ als historische Epoche in der Neuzeit beginnt, so daß die Schuld, die ihm attribuiert wird, eigener Art sein muß und nicht auf die Ursünde rückbezogen werden kann, der der Rauswurf aus dem Paradies folgte und damit die Verweltlichung des Menschen.

Wenn wir diese Unterscheidung einführen wollen, haben wir es mit einer zweiten ›Vertreibung aus dem Paradies‹ zu tun. Während in der Ursünden-Situation Gottes Wort nicht beachtet wurde, wird bei der zweiten Vertreibung Gott nicht mehr beachtet. Es ist unklar, ob der Mensch ein zweites Mal aus dem Paradies vertrieben wird oder ob der Mensch Gott vertreibt. Auf jeden Fall zieht sich Gott zurück: *deus absconditus*.

Wenn die erste Vertreibung eine Vertreibung der Menschen aus dem Paradies in die Welt der mühseligen Bearbeitung der Natur war, dann ist die zweite Vertreibung keine Vertreibung aus der Mühsal der Arbeit, sondern eine Extension der Arbeitsmühsal, nun aber nicht mehr als Arbeit, die mit der Natur ringen muß, sondern als neue Form der Arbeit: als Produktivitätsschub der kapitalistischen Produktionsweise, der nicht der Natur, sondern den Menschen abgerungen werden muß. Die *Formatierung der Gesellschaft als industrielle* erzwingt eine Reorganisation der Gesellschaft, die sich in diesem Kontext überhaupt erst als Gesellschaft begreift – und zwar in dem Moment, in dem sie sich als Differenz von Gesellschaft und Wirtschaft zu beschreiben beginnt.

Marktkonkurrenz und organisatorische Arbeitsteilung setzen neue Anreize zur Verwertung des Wertes. Die Arbeit bleibt Mühe, Last, wird in ihrer Produktivität aber vom physischen Aufwand entkoppelt. Nicht mehr die Arbeit der Menschen, sondern die Produktivität der Koordination der Arbeiten im Marktsystem dominiert die Ökonomie. Wenn dann im 19. Jahrhundert die Technik als energetischer Treiber hinzukommt, entsteht das industrielle System als Kopplung von menschlicher und technisch-energetischer Produktivität und beginnt, neue *Welfare*-Maßstäbe zu setzen.

Die Schuld, zu deren Steigerung der Kapitalismus führt, ist nicht mehr die Sünde, d.h. der Verstoß gegen ein Gebot Gottes, sondern ist Schuld als Schuld der Menschen unter- und gegeneinander: als Auflösung der Kooperation, Zunahme von Entfremdung.

Wir befinden uns inmitten eines Erklärungsversuchs zur Frage, was Benjamin mit ›Schuld‹ meint: dem zentralen Begriff in seinem Fragment. Dazu werden Kontexte eingeführt, die Benjamins Semantik klären helfen.

Benjamin verwendet den Terminus ›Schuld‹ vorsichtig, wenn er ihn auf diese besondere geschichtliche Formation ›Kapitalismus‹ appliziert und nicht auf eine anthropo-theologische Grundverfaßtheit des Menschen. Zwar benutzt Benjamin eine Analogie zum Modell der Ursünde, aber in abgewandelter Form: Der ›Sündenfall‹ bezeichnet bei ihm keine theologische

Differenz, sondern die soziale Differenz der Menschen untereinander, die sich im System der bürgerlichen Gesellschaft entfaltet.

Während Sünde nur durch Gnade zu erlösen ist, scheint Schuld durch Entschuldigung oder Entschuldung erlösbar zu sein: moralisch oder ökonomisch. Doch dem verweigert sich Benjamin. Seine Schuld ist nicht ent-schuldbar, sondern ein Steigerungs- und Verzweiflungszusammenhang. Wie die Menschen sich im Kapitalismus beieinander verschulden, entzieht sich ihrer Verfügung: Die Schuld ist so groß, daß ein Gott kommen muß (oder soll?), der sich anstelle der Menschen die Schuld auflädt. Nur er wäre zur Sühne fähig.

»Es liegt im Wesen dieser religiösen Bewegung, welche der Kapitalismus ist, das Aushalten bis ans Ende, bis an die endliche völlige Verschuldung Gottes, den erreichten Weltzustand der Verzweiflung, auf die gerade noch *gehofft* wird. [...] Die Ausweitung der Verzweiflung zum religiösen Weltzustand, aus dem die Heilung zu erwarten sei. Gottes Transzendenz ist gefallen. Aber er ist nicht tot, er ist ins Menschenschicksal einbezogen« (ebd., S. 101).

Es geht um ein Ende – der Kapitalismus ist eine geschichtliche Epoche –, und um eine ›erhoffte‹ Wende, die Erlösung bringt: *re-volutio* im Hinblick auf ›Heilung‹ (vgl. ebd., S. 101). Es geht um einen Abbruch der »gesteigerten Menschhaftigkeit« (vgl. ebd., S. 100), die der Kapitalismus darstellt, auf »daß der Mensch (homo) menschlich (humanus) werde«, können wir mit Derrida ergänzen.[3]

Benjamin bewegt sich in seinem Fragment im Kontext der Derridaschen *Finis-hominis*-Thematik: der Aufhebung des Menschen. Er verschiebt damit das Marxsche Thema der »Selbstauflösung der bürgerlichen Gesellschaft.«[4]

Wenn der Kapitalismus »gesteigerte Menschhaftigkeit« und Zunahme von »Sorgen, Qualen, Unruhen« ist (vgl. Benjamin, S. 100), erweist er sich einerseits als ein Prozeß zunehmender Verschuldung, andererseits als Trajektorie eines werdenden Gottes. Die Reifung dieses Gottes, der, einmal generiert, nicht der alte Gott sein kann, ist ein Komplementärvorgang zur Entfremdung der Menschen untereinander, für die der Kapitalismus steht.

Nach einer Anspielung auf Nietzsches Übermensch notiert Benjamin den vierten Zug des Kapitalismus als Religion:

»…, daß ihr Gott verheimlicht werden muß, erst im Zenith seiner Verschuldung angesprochen werden darf. Der Kultus wird vor einer ungereiften Gottheit zelebriert, jede Vorstellung, jeder Gedanke an sie verletzt das Geheimnis ihrer Reife« (ebd., S. 101).

Wenn der Kapitalismus erst die »endliche völlige Verschuldung Gottes« (ebd., S. 101) ist, sind die Menschen »befreit«: auf eine theologische Weise, d.h. auch entlastet davon, sich selbst zu befreien.

Benjamin skizziert mit der Einführung des in der Verschuldung wachsenden Gottes eine neue Befreiungstheologie: *die Befreiung des Menschen vom Menschen als schuldigem.* Die Revolution, die Marx initiierte, wird von Benjamin in eine Revolution zweiter Ordnung umgemünzt:

Anstelle der Befreiung der Menschen durch Menschen tritt die Befreiung durch einen Gott, der alle Schuld auf sich und damit den Menschen die Fremdheit untereinander nimmt.

Gott ist der Name für ein neues Referenzsystem, in dem die Menschen sich untereinander neu koordinieren können, was ihnen ohne Bezugnahme auf einen Dritten nicht gelingt, auch nicht in der reinen, unentfremdeten Interaktion, dem imaginierten Kommunismus. Die Menschen sind durch ihre Schuld so belastet, daß sie keine Befreiung erreichen können. Befreiung wäre, um dies Benjamin zu unterstellen, kein bloßes Loslösen, kein Hervorbrechen unter dem Eise, sondern zugleich auch eine Übernahme der Schuld. Diese Freiheit gelingt nicht, weshalb der Gott wachsen muß, der alle Schuld auf sich nimmt. Benjamins Gott steht für die unerlöste Freiheit, die eine Revolution mit sich brächte.

Die Revolution, um die Logik der Argumentation weiterzuführen, wäre im theologischen Raum Benjamins keine romantische Rückkehr zur Ursprünglichkeit, z.B. zum Paradies. Die Wiedergewinnung des Paradieses gelingt nicht durch Abstreifen des bisherigen Seins, sondern durch Entschuldung: ein Auf-sich-nehmen der Schuld, um frei zu werden durch Sühne. *Die Befreiungsvorschläge, auch die Marxschen, hatten den Nachteil, die Frage der Übernahme der Schuld ungeklärt zu lassen. Sie waren auf Macht und Gerechtigkeit codiert, nicht auf Sühne.*

Der die Verschuldung auf sich nehmende Gott steht für die Unmöglichkeit, das menschliche Leben einfach umzugestalten. Benjamin traut den Menschen nicht mehr, genauer: er traut ihnen nicht mehr zu, die Revolution zu vollziehen. Er traut ihnen vielleicht zu, sie politisch in Gang zu bringen, aber nicht menschlich. Die Menschen sind zu unreif. Deshalb ist der Kapitalismus ein Kultus des unreifen Gottes: *Er zeigt seine Macht oder Mächtigkeit formlos, d.h. sühnelos.*

Der Mangel, der hier indiziert wird, ist das Ende des Glaubens an das im Telos der Geschichte alles einigende Humanum, das Ernst Bloch, zeitlich ungefähr parallel zu Benjamin, noch als das »Eschaton im Zielpunkt des Fortschritts« zu entdecken glaubte.[5] Der Mangel resultiert aus der Entdeckung, daß das Humanum nicht mit Gewißheit oder Notwendigkeit als Telos der Geschichte des Fortschritts firmiert. Benjamin dekonstruiert auf seine Weise den »metaphysischen Trost«, der im Fortschrittsdenken als Denken auf das humanistische Ziel hin angelegt war.

Darin steckt der für Marxisten ungeheuerliche Gedanke, daß die Menschen im Kapitalismus so viel Schuld angehäuft haben, daß sie nicht unschuldig Revolution machen können bzw. daß die Revolution, die sie durchaus machen könnten, ihre Schuld nicht aufhebt. Oder sogar, daß sie durch die Revolution weiterhin schuldig bleiben oder werden.

Das *Finis hominis* ist bei Benjamin anders ausgelegt: Die Menschen sind am Ende, sie können keine Verantwortung mehr für sich selber und für ihre Weltkonstruktionen übernehmen. Das Projekt der Bemächtigung der Welt scheitert. Die Menschen sind im doppelten Sinne *verantwortungs-los*: verantwortungslos und nicht fähig, sich zu verantworten. Ein Gott muß sie erlösen, d.h. jemand anderes als sie selbst: Nicht sie antworten, sondern ein Gott. Da Gott bei Benjamin das Andere des Menschen, das von Menschen an sich selbst nicht Beobachtbare ist, würde Gott dann Mensch, wenn er Verantwortung für sich und die Welt übernähme: als *Sühnender.*

Benjamins Skepsis ist so grundsätzlich, daß er Marx' Projekt, die Menschen zu befreien, damit sie wieder menschlich werden, durch zu große Schuld gefährdet sieht. Er kann sich deshalb den in den Zustand der Unschuld bzw. Menschlichkeit zurückkehrenden Menschen nicht vorstellen. Nicht der Gott, sondern die Menschen sind zu unreif.

Oder noch genauer: Die Menschen, die sich in der Neuzeit, im Kapitalismus, an die Stelle Gottes setzen, erfahren in derselben Epoche ihre Unreife. Der Gott, den die Menschen kopieren wollten, ist unreif, weil sie unreif sind; unreif für die Aufgaben, die sie bisher Gott zugeschrieben hatten. Der unreife Gott ist ein Name für die anmaßenden Menschen. Benjamins Thema ist Hybris. Ist das ein neues Thema?

Der werdende Gott: Zeit der Reife, Re-Delegation der Revolution

Benjamin verweigert eine moralische Interpretation, die angeben würde, welche Normen oder Maximen eingehalten werden müßten, um sich zu entschuld(ig)en. Was dann passiert, bleibt im Fragment Benjamins offen, wird nur angedeutet: Als von einer Form der Erlösung spricht Benjamin von »Heilung« (ebd., S. 101).

Die Form der Erlösung ist bedeutsam: Der in der Verzweiflung werdende Gott, der in der *crisis* sich erst offenbart, nimmt die ganze Schuld auf sich. Das ist das *Modell Jesus*: Der Gottessohn, der für die Menschen stirbt und sich opfert, damit sie erlöst werden. Der Gott, der alle Schuld auf sich nimmt, auf den allein gehofft werden kann, ist ein jesuanisch modellierter Gott, dessen Reich – das Marxsche Reich der Freiheit? – kommen wird. Der Kapitalismus, so kann man Benjamins Vision zusammenfassen, ist in der Akkumulation der Verzweiflungen am Menschen die Epiphanie Jesu. Jesus Christus übernimmt die Verantwortung der Kinder Gottes, der Menschen gegenüber dem Vater.

Gemäß der Logik des Jesusmodells müßte der Gott, der alle Schuld auf sich nimmt, *sterben*: Erst dann wären die Menschen in Benjamins Erlösungskonzeption frei – von Schuld. Der Gott, der wird, setzt seine Existenz ein für die Schuld, die der Kapitalismus ansammelte. Jetzt erklärt sich, weshalb der Gott für Benjamin nicht tot ist (vgl. ebd., S. 101): *Er wird erst sterben müssen.*

Dieser zweite Jesus aber stirbt nicht als Gott bzw. als Sohn Gottes, sondern dann als Mensch. Er stirbt den Tod des Gottes in der Erwartung »gesteigerter Menschhaftigkeit« (ebd., S. 100). Die ungereifte Gottheit entspricht, theologisch gesehen, der Anmaßung, als Mensch die Schöpfung gestalten zu wollen. Der Kapitalismus ist dieser Gestaltungsversuch, die Exposition eines irrenden Gottes.

Indem die ungereifte Form der Gottheit in der Verzweiflung wächst, erreicht sie ihre endgültige Gestalt als neuer Gott, der die ganze Schuld auf sich nimmt und sich opfert. Erst jetzt stirbt Gott, alle Schuld der Erde mitnehmend, sie frei machend für die unschuldige Gestaltung des Paradieses, das Marx in seinen Mill-Exzerpten als *Agape*-Formation des Kommunismus beschrieben hat.[6]

Das Reich der Freiheit, wie Marx später die Konstruktion der kommunistischen Geschichtslosigkeit nennen wird, ist das wiedergewonnene Paradies – *sans Dieu*, unter Selbstverwaltung, als humanisiertes Humanum: kommunitaristischer Kommunismus.

Benjamins Einschätzung der Verzweiflungsakkumulation im Kapitalismus hat sich von jedem Revolutionsversprechen längst entfernt. Marx hatte in den Mill-Exzerpten 1844 noch die Utopie der Unmittelbarkeit zwischen den Menschen entfaltet, der er später den Namen ›Kommunismus‹ gab. Die Unmittelbarkeit und in ihrem Gefolge auch die Revolution, die sie einführen sollte, werden bei Benjamin wieder an einen Vermittler zurückgegeben: an einen in der Verzweiflung werdenden Gott, der sich verschuldet, um die Menschen zu entschuld(ig)en. Die Revolution als humanes Projekt wird abgegeben, *re-delegiert*.

Wenn man davon ausgeht, daß Benjamin als Marxist dabei bleibt, ist das Projekt Mensch jetzt ein Projekt *vermittelter Unmittelbarkeit*, nicht mehr unmittelbarer Vermitteltheit.

Man kann sagen, daß Benjamin in die Trauer einer entrückten Revolution einsteigt. Die Machbarkeit der Verhältnisse war eine Illusion; die Menschen schaffen alleine nicht, was sie sich versprachen. Wenn sich Marx, jesuanisch übersetzt, im Zustand der *Naherwartung* befand, also auf die unmittelbare Ankunft des Reiches Gottes als das durch Menschen gemachte Reich der Gemeinschaftlichkeit (›commune‹) wartete, das wir als ›Kommunismus‹ kennen, ist Benjamin in den Zustand der *Fernerwartung* entrückt, der Nicht-Unmittelbarkeit des kommenden Reiches der Freiheit und seiner nicht unmittelbaren Machbarkeit. Erst ein Gott setzt die Zeichen, nicht die Menschen.

Der Gott tritt auf, weil er als reifender, werdender Gott die Macht erst bekommt, die die Menschen unmittelbar nicht haben, obwohl sie sich die Revolution als unmittelbaren Akt ersehnen. Gott ist hier der Name für das Scheitern der Erwartung von Unmittelbarkeit und schlicht auch der Name dafür, daß erst noch etwas geschehen muß, bevor die Menschen unmittelbar werden können. *Sie können nicht unmittelbar unmittelbar werden.* Das Kommunismusprojekt muß in die Geschichte geschoben werden.

Geschichte ist hier der Name für eine Zeit der Reifung. Das bleibt ungenau, offen. Benjamin will eine Wartezeit einführen: *Zeit der Reife*.

Er schwenkt um von *revolutio* auf *laisser faire* – aber nicht auf Adam Smith, sondern auf eine heilsökonomische *oeconomia divina*, in der das Geschick des Menschen aus seiner eigenen Hand genommen und in die eines werdenden Gottes gelegt wird. Es kommt hier *prima facie* weniger auf die Heilsgeschichte als auf den Umstand an, daß das Geschick der Menschen in einer anderen Hand liegt, einer göttlichen, die wiederum nur das Andere, über das man keine Verfügungsgewalt mehr besitzt, benennt.

Marx' Paradies. Der Kommunismus der Mill-Exzerpte

Unklar ist, ob Benjamin Marx' Mill-Exzerpte kannte, die das Bild der Unschuldigkeit der Menschen in ihren Beziehungen zeichnen. »Gesetzt wir hätten als Menschen producirt:«, schreibt Marx in seiner Kommunismusversion von 1844, »Jeder von uns hätte in seiner Production sich selbst und den andern *doppelt bejaht*. Ich hätte 1. in meiner *Production* meine *Individualität*, ihre *Eigenthümlichkeit* vergegenständlicht und daher sowohl während der Thätigkeit eine individuelle *Lebensäusserung* genossen, als im Anschauen des Gegenstandes die individuelle Freude, meine Persönlichkeit als *gegenständliche, sinnlich anschaubare* und darum *über allen Zweifel erhabne Macht* zu wissen. 2. In deinem Genuß oder Deinem Gebrauch meines Produkts hätte ich *unmittelbar* den Genuß, sowohl des Bewußtseins, in meiner Arbeit [ein] *menschliches* Bedürfniß befriedigt, also das *menschliche* Wesen vergegenständlicht und daher dem Bedürfniß eines andern *menschlichen* Wesens seinen entsprechenden Gegenstand verschafft zu haben, 3. für dich der *Mittler* zwischen dir und der Gattung gewesen zu sein, also von dir selbst als eine Ergänzung deines eignen Wesens und als nothwendiger Theil deiner selbst gewußt und empfunden zu werden, also sowohl in deinem Denken wie in deiner Liebe mich bestätigt zu wissen, 4. in meiner individuellen Lebensäusserung unmittelbar Deine Lebensäusserung geschaffen zu haben, also in meiner individuellen Thätigkeit unmittelbar mein wahres Wesen, mein *menschliches*, mein *Gemeinwesen bestätigt* und *verwirklicht* zu haben.«[7]

Die Unmittelbarkeit der Beziehungen, wie sie das soziale Bild der Nichtentfremdetheit zeichnet, entwertet die Zeit und alle Medien, die sie überbrücken und hierin Vermittlung leisten und gleichzeitig alle Schuld sowie alle Schulden. »Dieß Verhältniß wäre dabei wechselseitig, von deiner Seite geschähe, was von meiner geschieht« (Marx, S. 465). Der Tausch wird zu einer wechselseitigen, nicht mehr kapitalistischen Produktion gegenseitiger Bildung. Nicht mehr äußere Faktoren in Form von Privateigentum, sondern »innere nothwendige Noth« (vgl. ebd., S. 466) wird leitend für die Arbeit, jetzt als »freie Lebensäusserung« und nicht mehr nur »Lebensentäusserung« (vgl. ebd.).

Dieses als erste Thematisierung des Kommunismus lesbare Marxsche Exzerpt führt eine Theorie der wechselseitigen Produktion ein, die »die wechselseitige Knechtschaft des Gegenstandes über uns« (ebd., S. 465) beendet.

Das Mill-Exzerpt ist nicht nur aufgrund seiner am Schluß aufblitzenden Kommunismus-Version von Interesse, sondern auch aufgrund seiner zu Beginn formulierten Marxschen Konzeption des ›Kapitalismus als Religion‹:

»Das Wesen des Geldes ist zunächst nicht, daß in ihm das Eigenthum entäussert wird, sondern daß die vermittelnde Thätigkeit oder Bewegung, der menschliche, gesellschaftliche Akt, wodurch sich die Producte des Menschen wechselseitig ergänzen, entfremdet und die Eigenschaft eines materiellen Dings ausser dem Menschen, des Geldes wird. Indem der Mensch diese vermittelnde Thätigkeit selbst entäussert, ist er hier nur als sich abhanden gekommener, entmenschter Mensch thätig; die Beziehung selbst der Sachen, die menschliche Operation mit denselben, wird zur Operation eines Wesens ausser dem Menschen und über dem Menschen. Durch diesen fremden Mittler, – statt daß der Mensch selbst der Mittler für den Menschen sein sollte – schaut der Mensch seinen Willen, seine Thätigkeit, sein Verhältniß zu andern als eine von ihm und ihnen unabhängige Macht an. Seine Sklaverei erreicht also die Spitze. Daß dieser Mittler nun zum *wirklichen Gott* wird, ist klar, denn der Mittler ist die wirkliche Macht über das, womit er mich vermittelt. Sein *Cultus* wird zum Selbstzweck« (ebd., S. 447 f.; Kursivsetzung durch B.P.).

1844 hat Marx seine Theorie der kapitalistischen Produktionsweise noch nicht voll entwickelt; noch spielt das Geld die sich verselbständigende Hauptrolle als Mittler, in der die

Menschen als Menschen verschwinden. Marx schreibt ein paar Zeilen weiter: »Der Mensch wird also um so ärmer als Mensch, d.h. getrennt von diesem Mittler als dieser Mittler *reicher* wird« (ebd., S. 448).

Die Analogie ›Mittler – Gott‹ wird im nächsten Absatz wiederholt: als funktionale Analogie des Geldes mit Christus: »Christus repräsentirt ursprünglich 1. die Menschen vor Gott; 2. Gott für die Menschen; 3. die Menschen dem Menschen. So repräsentirt das *Geld* ursprünglich seinem Begriff nach: 1. Das Privateigenthum für das Privateigenthum; 2. die Gesellschaft für das Privateigenthum; 3. das Privateigenthum für die Gesellschaft. Aber Christus ist der *entäusserte* Gott und der *entäusserte* Mensch. Gott hat nur mehr Werth, sofern er Christus, der Mensch nur mehr Werth, sofern er Christus repräsentirt. Ebenso mit dem Geld« (ebd.).

Für Marx ist der geldgetriebene *Kapitalismus ein Kultus*, der zum Selbstzweck wird. Daß das Geld sich selbst zum Zweck wird, ist Aristoteles' alte Vermutung, weshalb er Kredit und Zins als ordnungsstörend aus der Gesellschaft ausgeschlossen wissen wollte. Marx macht hier eine Unterscheidung, die Benjamin wieder aufnimmt: Was der Kapitalismus als Selbstzweck realisiert, wird den Menschen aus ihrer Verfügungsgewalt genommen: Der Mensch wird »ärmer als Mensch«, so lesen wir bei ihm.

Die Schuld, die hier angezeigt, wenn auch nicht ausgesagt wird, ist die der *Depotentialisierung des Menschen im Projekt seiner Humanisierung*. Inmitten eines geschichtlichen Projekts der Entfaltung der menschlichen Produktivkräfte, der Übernahme der Erde durch eine dynamische Wirtschaft, depotentialisieren sich die Menschen als Menschen. Darin wird der Kapitalismus, soweit er überhaupt Adressat einer Verschuldung sein kann, schuldig: in einem Projekt, das die Macht des Menschen zeigt, die Ohnmacht des Menschen als Mensch zu produzieren. Die Schuld – und jetzt kommen wir im Umweg über Marx wieder Benjamin auf die Spur – ist die Entfremdung. Wenn wir sie *Depotentialisierung des Menschen* genannt haben, dann steht das in Kontrast zur ›gesteigerten Menschhaftigkeit‹, die Benjamin notiert.

Denn die ›gesteigerte Menschhaftigkeit‹ ist ein Ausdruck der Hybris: die extensionale Seite des Kapitalismus, deren andere Seite die Diminution des Menschen als Mensch bedeutet. Die Schuld, die Benjamin extemporiert, ist dann eine zweite Sünde:

nämlich nicht nur ein Nichtgehorchen gegenüber dem Herren, sondern ein *Akt der Ent-Schöpfung der Schöpfung*.

Die *Depotentialisierung des Menschen* als Mensch ist ein Akt der Schöpfungsnegation: Akkumulation eines *capital negatif*. Es ist das, was Marx am Ende der Mill-Exzerpte als Nichtentfaltung des Menschen beklagt, um dagegen seine Vision der wechselseitigen Bildung eben dieser Potentiale zu entwickeln, die er in den ›Grundrissen‹ als ›höhere Tätigkeit‹ zum Telos des Menschen weiterentwickelt[8]. Diese Vision der Befreiung, deren späteren Namen ›Kommunismus‹ Marx 1844 noch mit dem Wort »Gemeinwesen« als allgemeines Wesen des Menschen beschreibt, ist schuld- und schuldenfrei konzipiert: Arbeit ist freie Tätigkeit, als Aneignung des eigenen Lebens und wechselseitige Produktion des Lebens des Andern.

Die Schuld, die Benjamin dem Kapitalismus zuschreibt, ist die zweite, größere Sünde gegen Gott, denn der Kapitalismus hemmt die Vollendung von Gottes Schöpfung, ja er dreht sie sogar zurück, denn er entmenschlicht den Menschen, Gottes Geschöpf.

Benjamin übersetzt Marx' Entfremdungsvokabular in ein theologisches, um die Dehumanisierungskonzeption zu potenzieren. Denn das, worüber Marx in der Mitte des 19. Jahrhunderts als geschichtsmächtige Entwicklung spekulieren konnte, ist für Benjamin im beginnenden 20. Jahrhunderts längst geschichtsstrategisch unsicher. Die Gesetzmäßigkeit des Sinkens der Profitrate erweist sich empirisch als nicht nachweisbar, die Arbeiterklasse arbeitet weiter. Es werden andere Merkmale des Kapitalismus virulent, vor allem seine geistige Armut und Phänomene der Entmenschlichung bzw. Entfremdung.

Deshalb kommt der Gott zurück. Er, der seine Schöpfung mandatarschaftlich den Menschen überlassen hatte, auf daß sie sie vollendeten, hatte sich zurückgezogen: *deus absconditus*. Wenn aber seine Schöpfung gefährdet ist, weil sein Geschöpf, der Mensch, den Menschen gefährdet, muß er zurückkommen und wieder selber eingreifen. Das kann er nur als zweiter Jesus, der als Mensch die Menschen wieder Mensch werden läßt. Dazu muß er in den Menschen aufgehen. Indem er als dieser Gott sterben wird, wird er alle Schuld mitnehmen – und die Menschen wieder zu Menschen machen, von aller Hybris befreit?

Er ist der riskante Gott, der nicht mehr als Sohn die Menschen für den Vater (Jahwe) rettet, sondern als Gott auftritt, die

Menschen zu Menschen zu machen, nicht im Himmel, sondern nur auf Erden. Indem er die Himmelsdimension ausmerzen muß, stirbt er als Gott, indem er auf Erden die Menschen zu Menschen macht. Soweit die Trope. Gott stirbt (d.h. der Vater stirbt), während der Sohn sich zum Menschen emanzipiert – eine ödipale Variante.

Die Unschuld der Beziehungen, von denen ein rousseauistisch inspirierter Marx 1844 träumen mochte, ist die dann gelungene Entschuldung der zur Verzweiflung hochgetriebenen Verschuldung des Kapitalismus. Es geht nicht um Rückzahlung eines Kredits (wie es im ökonomisch-juridischen Schuldvokabular lauten müßte), sondern um Verzicht auf ›gesteigerte Menschhaftigkeit‹ (Benjamin, S. 101) – um den Abbau von ›falscher‹ Optionalität (nicht Herr, sondern Hirte des Seins zu sein, wie Heidegger anmahnt[9]).

Doch der Verzicht auf Optionen, die der Kapitalismus bietet, wäre eine andere Rückzahlung des Kredits, den der in der Verschuldung werdende Gott den Menschen gewährt, und damit eine andere Möglichkeit für die Menschen, Mensch zu bleiben. *Deus creditor* würde ausbezahlt und könnte als Gott sterben, wenn die Menschen aufhörten, gesteigert menschhaft zu bleiben.

Gott ist nicht tot, wie Nietzsche vorschnell behauptet, sondern kann sterben, wenn die Menschen ihm den Kredit zurückzahlen, indem sie ihre Menschhaftigkeit ent-steigern bzw. senken. Kapitalismus ist, theozentrisch betrachtet, *Streß* für Gott. Wenn für Benjamin der Übermensch Nietzsches die normaltypische Inkarnation der ›gesteigerten Menschhaftigkeit‹ im Kapitalismus ist, dann wäre die Schuld, die von *deus creditor* beglichen werden muß, als Normalisierung des Menschlichen zu bezeichnen.

Das ist zum einen so zu verstehen, wie das ›Schuld auf sich nehmen‹ theologisch bereits schon einmal modellhaft vom ersten Jesus vorexerziert wurde. Zum anderen aber ist es im Kapitalismus auch als Entschuldung aller Schulden zu verstehen: Aller Mehrwert, der bei Marx als Aneignung der Wertschöpfung der Arbeit durch das Kapital definiert ist, ist Wegnahme von Lebensäußerung, die zurückzugeben wäre in einem großen Akt der Entschuldung. Nun kann das nicht faktisch gemeint sein, ist aber als Aufhebung der Ausbeutung und als Abschaffung des Geldes – Vermittler eines eigentlich Unmittelbaren –, als Rearrangement oder Revision der Produktionsverhältnisse denkbar.

Das Projekt bleibt so groß wie unklar. Es ist kein menschliches Projekt. Es geht nicht um Reform, aber auch nicht mehr um Revolution, sondern um die Essenz der Revolution, verschoben in die heilsgeschichtliche Erwartung des kommenden Gottes, der erlöst, indem er Heil bringt. Wir wissen nicht, was Benjamin darunter versteht, was uns erst einmal berechtigt, das anzunehmen, was in der europäischen Denktradition gemeinhin darunter verstanden wurde. Der Adoleszenzprozeß wird abgebrochen; die Menschen werden wieder Kinder eines Gottes, der kommt und sie väterlich an die Hand nimmt, da sie in der ihnen zugemuteten Autonomie versagten.

Deshalb wissen wir auch nicht, was Benjamin meint, da der Verbindungsprozeß im europäischen Denken mit der Idee einhergeht, daß der Mensch nicht von dieser Welt ist, insofern Welt ein nur vorübergehender Durchgang zum Jenseits ist. Was aber ist das Jenseits des Kapitalismus?

Der ›Planet Mensch‹ im ›Haus der Verzweiflung‹

Marx' Konzeption ist nicht Benjamins, aber Benjamin versucht, Marx zu reintegrieren in die metaphysischen Konti der Schuld/Erlösungs-Bilanz. Das Reich der Erlösung bei Marx ist ein Reich der unmittelbaren und wechselseitigen Produktion der Menschen, unentfremdet und ohne Macht gegen- und übereinander.

Es geht um Erlösung. Zwei Lesarten werden bei Benjamin implizit angeboten.

Die Revolution, die Marx versprach – mit menschlicher Anstrengung aus der Krise der Verhältnisse zu kommen –, ist möglicherweise keine Lösung, so daß das, was Rettung sein sollte, selber zum System der Verzweiflung gehört. Es ist die Trauer um die Vergeblichkeit der Revolution, die in Benjamins eschatologischen Andeutungen mitschwingt: ein Gott möge kommen, weil es den Menschen nicht gelingt, human zu bleiben (post-revolutionäre Variante).

Daß bei Benjamin dieser Gott die Erlösung in Verzweiflung ist, schließt dennoch nicht aus, daß er die *re-volutio* ist, die »Umkehr« (vgl. Benjamin, S. 101), die der ›Kapitalismus als Religion‹, als »verschuldender Kultus« (ebd., S. 100), nicht anbieten kann (revolutionäre Variante).

Beide Lesarten bleiben offen. Benjamins Fragment gibt hierzu wenig her, außer ein paar zu erspürenden Spuren. Jedenfalls ist der Kapitalismus, den Benjamin als Religion beschreibt, in dieser Beschreibung nicht mehr auf die Geschichtsautomatik von Marx ausgerichtet, der den Kapitalismus mit Notwendigkeit auf seine Aufhebung drängen sah. Marx' implizite hegelianische Dialektik funktioniert nicht: nicht über den Fall der Profitrate, sondern über die *crisis* der Verzweiflung scheint eine *revolutio* allein anvisierbar.

Hier wird gegen die Geschichtsmechanik das Menschliche retransplantiert, wenn auch in der Form der Verzweiflung, der Erfahrung des Menschen an der Grenze der Unfähigkeit, Mensch zu sein. Doch darf man die Menschheits- bzw. Menschlichkeitstopik nicht humanistisch mißdeuten, ist sie doch für Benjamin eine »Geisteskrankheit«:

»Die Sorgen: eine Geisteskrankheit, die der kapitalistischen Epoche eignet. Geistige (nicht materielle) Ausweglosigkeit in Armut [...]. Ein Zustand[,] der so ausweglos ist, ist verschuldend. Die ›Sorgen‹ sind der Index dieses Schuldbewußtseins von Ausweglosigkeit« (ebd., S. 102).

Der Kapitalismus ist in Benjamins Diktion die Verzweiflung des Menschen an sich selber, als »Geisteskrankheit«. Die Schuld, die der Kapitalismus steigert, erweist sich als Schuld an der Unentwickeltheit der Menschen und ihre Ausweglosigkeit als Telosmangel, zugleich als geistige Verarmung. In diesem Sinne wird hier nur der Mensch (*homo*) entwickelt, nicht aber das Menschliche (*humanus*). Die Steigerung der Sorgenhaftigkeit wird zur Schuld an den Menschen bzw. an ihren Entwicklungsmöglichkeiten. »Seinem eignen Wesen entfremdeter wird der Mensch« (Marx, a.a.O., S. 456); er erlebt dann seine »Thätigkeit als Qual, seine Eigne Schöpfung ihm als fremde Macht, sein[en] Reichthum als Armuth, [...] die Verwirklichung seines Wesens als Entwirklichung seines Lebens ...« (Marx, S. 452). Die Schuld, die Benjamin als theologischen Begriff der Entfremdung einführt, ist die der *Depotentialisierung des Menschen als Mensch*.

Benjamin fährt dafür eine eigene Figur auf, die das Ausmaß der Entfremdung neu thematisiert: »der Durchgang des Planeten Mensch durch das Haus der Verzweiflung in der absoluten Einsamkeit seiner Bahn« (Benjamin, S. 100).

Das klingt nietzscheanisch und ist von Benjamin auch so markiert. Die Verzweiflung – »ein ungeheures Schuldbewußtsein, das sich nicht zu entsühnen weiß« (ebd.) – ist in der Religion des Kapitalismus eine gott-lose Bewegung des Menschen »in der absoluten Einsamkeit seiner Bahn«, nur bei sich. Der entfremdete Mensch ist doppelt entfremdet: sich und Gott.

Heidegger fügt dem noch eine andere Nuance hinzu: »Überall kreist der Mensch, ausgestoßen aus der Wahrheit des Seins, um sich selbst als das animal rationale.«[10] Auch hier das Bild der Bahn, das wahrscheinlich von Nietzsche stammt bzw. Nietzsches ›ewiger Wiederkehr‹ entlehnt ist. Heidegger benutzt die Bahnmetapher als Hinweis auf die fehlende Reflektion über das Denken des menschlichen Seins.

Das Bild des Planeten Mensch ist ein Bild, das das Schema einer Bahn verwendet: zyklisch auf jeden Fall, gleich ob als Kreisbahn oder ellipsoid. Es ist ein altes abendländisches Bild der Zeit als Kreis, das Nietzsche wiederverwendet und Benjamin aufgreift. Im Zyklus ist dann der Durchgang durch eine Verzweiflung nur ein Moment der ganzen Bewegung, von der aufgrund ihrer Zyklizität angenommen werden darf, daß sie auch in andere Regionen führt. Die zyklische Bewegung birgt die – geometrische – Hoffnung, daß die Verzweiflung vergehen wird. Doch wenn auch die Verzweiflung nurmehr Station auf einer Bahn ist, dann ist die Bahn selber »einsam«.

Die Verwendung des Bildes verrät andere Hoffnung, als der Text ansonsten aussagt. Doch ist eine zyklentheoretische Historik, deren letzte Blüte im 18. Jahrhundert entstand, der letzte Schluß gegen die Linearität der ›gesteigerten Menschhaftigkeit‹ des Kapitalismus? Versagt hier das Repertoire der Alternativen? Wird mit dem Bild des Kreises das sonst vorherrschende Bild vom Fortschritt (als Pfeil) erledigt? Ist die Alternative zur Linearbewegung die des Kreises? Entdecken wir Benjamin als Jünger der nietzscheanischen ›Wiederkehr des Gleichen‹, auch in der Topik des zweiten Jesus als logischem Modell des Gottes, der alle Schuld auf sich nimmt?

Wenn der Kapitalismus die zweite Versündigung gegen den Schöpfer ist, und wenn der kommende Gott der zweite Jesus sein muß, dann haben wir den Wiederholungszyklus fast zum zweiten Mal geschlossen. Wird er aber ebenso enden wie der erste Zyklus?

Gott ist allerdings »nicht tot«, fügt Benjamin ausdrücklich hinzu, sondern »er ist ins Menschenschicksal einbezogen« (Benjamin, S. 101). Der Himmel ist gesprengt, Gottes Transzendenz gefallen: »Diese Sprengung des Himmels durch gesteigerte Menschhaftigkeit, die religiös [...] Verschuldung ist und bleibt ...« (ebd.). Und dann kommt ein, für einen Marxisten oder marxistisch Denkenden, ungeheurer Satz: »Und ähnlich Marx: der nicht umkehrende Kapitalismus wird mit Zins und Zinseszins, als welche Funktion der *Schuld* (siehe die dämonische Zweideutigkeit dieses Begriffs) sind, Sozialismus« (ebd., S. 101 f.).

Der Sozialismus wird nicht mehr als Aufhebung des Kapitalismus eingeführt, sondern als dessen Extension, jedenfalls in der theologischen Dimension der Sprengung des Himmels durch »gesteigerte Menschhaftigkeit«.

Was hier als Interpretation des Nietzscheschen Übermenschen ausgesagt wird, ist, in seinem Moment der Krisis, der Topos der »Aufhebung des Menschen«, als »De-limitation des metaphysischen Humanismus.«[11]

»Das historisch Unerhörte des Kapitalismus [ist], daß Religion nicht mehr Reform des Seins, sondern dessen Zertrümmerung ist« (Benjamin, S. 101).

»Der Gedanke des Übermenschen verlegt den apokalyptischen ›Sprung‹ nicht in die Umkehr, Sühne, Reinigung, Buße, sondern in die scheinbar stetige, in der letzten Spanne aber sprengende, diskontinuierliche Steigerung« (ebd., S. 101).

Zwei neue Themen werden hier angesprochen: a) die »Umkehr«: *re-volutio*, als *crisis*, und b) die Seinssprengung bzw. -zertrümmerung.

Die »Zertrümmerung des Seins« ist Reformlosigkeit des Seins, seine Nicht-Re-formierbarkeit. Transformation versagt. Die alten Ordnungen – die onto-theologischen Entwürfe der Metaphysik des Menschen – sind dahin. Der ›Kapitalismus‹ ist, über das rein Ökonomische hinaus, ein Name für eine neue Ordnung, die sich als Steigerung anzeigt, der aber das *stabilum* der alten Onto-Theologien fehlt. Als solche steigernd-instabile Ordnung fehlen ihr alle Momente der alten Ordnung und sämtliche metaphysischen Konnotationen: die Grenzen.

Ad libitum steigerungsfähig, kann diese Figur nur kritisch werden, d.h. als sich in ihrem Erwachsenwerden aufklärend und in *crisis* übergehend. Es gibt in Benjamins Geschichtsfeld keine Unbegrenztheit: Die Linearität der Steigerung, die der Kapitalismus repräsentiert, ist eine Hybris, die in eben dieser Steigerungspotenz zu ihrer Sprengung ansetzt.

In der Zertrümmerung des Seins wird aber auch der Mensch zertrümmert, der als ›Übermensch‹ – das von Nietzsche entliehene Wort – *agens movens* der Hybris war. Die Sprengung sprengt auch den Menschen, ebenso wie er im Kapitalismus entfremdet, »ärmer« wurde: »geistig arm«, wie Benjamin annotiert. Der neue Gott, der im Kapitalismus in der Not wachsende, kommende Gott, ist das Medium des neuen Menschen, der notwendig nach der Zertrümmerung entsteht: der freie Mensch aus Marx' Kommunismusentwurf.

Aber der Mensch, der so wird, ist der, der zuvor als Gott alle Schuld auf sich nahm, was ihn zum Menschen werden ließ und ihm das Göttliche nahm. Die Lasten der Schuld, die durch den Kapitalismus generiert wurden, sind der Tod Gottes, aber nicht in der Nietzscheschen Variante des längst schon Gestorben-Seins, sondern als sterbendes Sein, um danach frei zu sein: Frei als Mensch, befreit durch den sterbenden Gott.

Benjamin reformuliert Marx' Kommunismus der Mill-Exzerpte, indem er die Frage der Schuld so klärt, daß der Gott, der kommt, alles auf sich nimmt, was ihn allerdings derart belastet, daß er Mensch werden muß. So kommen die Menschen zu Gott, was Benjamin als zusätzliches Moment in der Entstehung einer kommunistischen Gesellschaftsordnung betrachtet. Ohne daß Gott zu ihnen gekommen oder in sie gefahren ist, werden sie nicht die Menschen, die das, was der Kommunismus bietet und verlangt, leisten. Der kommende Gott, der die Schuld auf sich nimmt, ist *purgator*: einer, der die Menschen reinigt. Er stirbt, aber indem er stirbt, kreiert er die Menschen als Menschen (*homo humanus*). Sie sind dann andere, göttlich markierte – keine Götter, sondern zu ihren Potentialen bekehrte Menschen.

Welch' Ausmaß an Hoffnung.

Schuld, Schulden? Kapitalismus als Auftrag Gottes: naturrechtliche Propositionen

Das Schuld-Thema ist ein theologisches, kein moralisches. Moral ordnet die Verhältnisse der Menschen normativ. Moral entschuldigt. Die Entschuldung, die die Ökonomie einführt, wenn sie von Krediten und ihren Ausgleichungen redet, zeigt sie als nahe Verwandte der Moral.

Schuld dagegen ist, radikal theologisch, unaufhebbar: eine Grundschuld Gott gegenüber, nur der Gnade anheimgestellt. Doch selbst hier ist noch zu differenzieren: Schuld ist nicht Sünde. »Der Christ glaubt in der Erwartung des ewigen Sabbath an die Erlösung; der tragische Mensch ist unheilbar. Das kommt daher, daß sein Unheil Erbschuld und nicht Erbsünde ist. Während nämlich nach der christlichen Heilslehre das Elend erst durch die Sünde des Menschen in seine Natur eindrang und also auch aus ihr wieder muß entfernt werden können, ist die tragische Verschuldung eine Bedingung des Menschseins, gehört zu ihm und ist heillos.«[12]

Benjamin schlägt sich auf die Seite der griechischen Tragödie: der Schuld und der Verschuldung. Dennoch aber sieht er auch Erlösung, womit seine Thesen zwischen der griechischen und der christlichen Schulddefinition oszillieren. Erlösung – durch Revolution – ist Marx' Hegelsches Erbe (in der Selbstaffirmation des absoluten Geistes). Tragik ist Benjamins zweite Destination, zielend auf die im 20. Jahrhundert enttäuschten Marxisten, denen die Revolution, trotz höchster Erwartung, nicht gelungen ist. Die Naherwartung wird nicht, wie bei den ersten Jüngern Jesu, in Fernerwartung umgebaut, sondern versinkt in Depression: Tragik der Revolution. Da liegt es nahe zu fragen, womit wir uns gegen Gott versündigt haben, daß die Erlösung durch Revolution nicht kommt.

Sünde beruht auf der grundlegenden Asymmetrie Gott/Mensch – Schöpfer/Geschöpf, die durch die Ungehorsamkeit entsteht, durch das Nichthören auf das Wort Gottes. Der Rausschmiß aus der Welt Gottes, dem Garten Eden, ist gleichzeitig der Verlust einer Art Naturzustand der Einheit von Schöpfer/Geschöpf und der Erhalt einer Welt der eigenen Äcker, der Welt der Arbeit (im Unterschied dazu als *civil state*, in dem die Menschen zur Gesellschaft, Politik, Ethik, Ökonomie verdammt sind, die sie selber gestalten müssen: Selbständigkeit als Strafe). *Das Unerhörte des exterritorialen Zustandes der Menschheit vor den Mauern des Gartens Eden ist ihre Selbständigkeit.*

In der Moses-Mythologie laufen zwei Geschichten parallel, ineinander verwoben, aber abgrenzbar. Die erste dreht sich um den Rausschmiß aus dem Garten Eden. Die Überschreitung eines Verbots macht die Neugier, die Anlaß der Überschreitung war, zur Notwendigkeit, Erkenntnis haben zu müssen, und hat die Entfernung aus der Unschuld des bloßen Daseins zur Folge.

Die zweite Geschichte handelt von etwas anderem: Nachdem die Menschen herausgeworfen worden sind, bekommen sie einen Auftrag: »Machet Euch die Erde untertan!« Was ehedem als Mühsal (im Schweiße deines Angesichts) aufoktroyiert wurde, als Strafe, wird plötzlich, positiv gewendet, zum Gottesauftrag, zum Mandat: »Machet euch die Erde untertan; seid fruchtbar und mehret euch!« Der Ackerbau wird mit politischen und militärischen Früchten vermischt: Krieg und Kolonialisierung werden legitimiert. Wer besser Äcker bebauen kann, soll das Land nehmen dürfen. Arbeit hat nicht nur mit Mühsal, sondern mit Entdeckung, potentiell der ganzen Erde, bis sie vollständig ›untertan‹ ist, zu tun. Die Neugier, die zur Strafe führte, wird zur Auftragsarbeit.[13]

Benjamin rekurriert nicht auf die Ursünde, sondern auf ein Verschulden der Menschen in der Neuzeit. Es geht um einen zweiten Sündenfall: »Das Christentum zur Reformationszeit hat nicht das Aufkommen des Kapitalismus begünstigt, sondern hat es in den Kapitalismus umgewandelt« (Benjamin, S. 102). Benjamin verwendet einen Schuld-Topos (Verschuldung/Erlösung), statt eines Sünden/Erlösungs-Topos. Es geht nicht um die Ursünde, den Abfall des Menschen von Gott, sondern um eine Schuld, die das Christentum als Reformation an sich selbst erfuhr. Deshalb wird für das Benjamin-Fragment die zweite Moses-Mythologie bedeutsam:

Was in der ersten Geschichte als unabdingbare Schuld und Verschuldung vorgetragen wird (und nur durch die Gnade Gottes heilbar ist), ist in der zweiten Geschichte abarbeitbar. Wer sich viel Erde ›untertan gemacht‹ hat, ist auf eine gewisse Art und Weise entschuldet, was für die erste Geschichte nicht gilt. Wir haben es mit zwei verschiedenen Ver- und Entschuldungsprozessen zu tun. Die Arbeit der Erdaneignung ist die Mühsal, der sich die Menschen unterziehen müssen, um am Ende der irdischen Geschichte in den Himmel zu kommen, d.h. wieder ins Paradies.

Aus dieser Sicht wird Arbeit durch finale Kultivierung der Erde zur Abarbeitung der Schuld. Interessant ist die Paradoxie, daß das, weswegen die Menschen aus dem Paradies vertrieben wurden – ihre Neugier und ihr Erkenntnisinteresse –, zum *agens movens* der Erdenherrschaft im Auftrage Gottes wird. Das Tabu im Inneren des Gartens wird *extra muros* zum *energizer*.

In diesem Sinne ist die Ökonomie, die im 17. und 18. Jahrhundert als Arbeits- und Produktionsökonomie entworfen wird, eine *oeconomia perrennis*, die solange laufen muß, bis die Appropriation der ganzen Erde gelungen ist; dann würde die Geschichte aufhören und ein klassischer Zustand des *post-histoire* (Lyotard) beginnen, nämlich die Ewigkeit für die Auserwählten im Paradies, was zugleich aber das Ende der Welt bedeutet. Noch bei Adam Smith und bei Ricardo kommen solche eschatologischen Motive vor, z.B. als das Ende der Ökonomie bzw. das Ende ihrer Wachstumspotentiale, das an den ›Grenzböden‹ erreicht ist[14].

Wir befinden uns, aus einer Interpretation der Verwendung der Schuld/Erlösungs-Topik kommend, bereits in einer Rekonstruktion dessen, was Benjamin Kapitalismus nennt.

Zu konstatieren ist, daß erst in der Neuzeit, der Zeit des Naturrechts, die zweite Moses-Geschichte – die Auftragsgeschichte als Zivilisationsgeschichte – hervorgehoben wird, vor allem bei John Locke. Naturrecht dynamisiert die Aneignung der ganzen Welt. Vorher dominiert die erste Geschichte, die Geschichte der Verschuldung der Menschen, die nur durch göttliche Gnade erlöst werden können, obwohl sie sich durch Buße von einem Teil der Schuld freikaufen dürfen. Jacques Le Goff beschreibt, wie dazu im Mittelalter das Fegefeuer erfunden und eingeführt wurde.[15] Es geht um *deals* zwischen Himmel und Erde, die später im Kapitalismus nicht mehr so einfach möglich werden, weil die Auszahlungen nicht mehr im Himmel, sondern auf Erden erfolgen müssen.

Die calvinistische Doktrin wertet Arbeit und Kapitalbildung als Investition in spätere Himmelsauszahlungen auf. Luther verweist streng auf den gnädigen Gott, mit dem nicht zu handeln ist; Gnade ist kein Handelsobjekt. Grob gesagt spannt sich die Differenz zwischen der katholischen und der evangelischen Version der abendländischen monotheistischen *religiositas* entlang der Frage der Mitarbeit an der Entschuldung auf: Sowohl in der (kontingenten) lutherischen, dann aber besonders auch in der (nicht-kontingenten) calvinistischen Diktion geht es um Arbeit, die transzendenten Lohn bekommt. Hier wird die Schuld, die die Menschen Gott gegenüber haben, in eine Kreditschuldterminologie übertragen: Entschuldung durch Arbeit als moderne Form des Gebets wird möglich. Es handelt sich hierbei nicht um ein direktes Abarbeiten, sondern um das Ansammeln von Optionen für spätere bessere Beurteilungen (vor dem ›letzten‹, dem ›jüngsten Gericht‹) auf dem Konto der Schuld/Güter-Bilanzen.

In der so reformulierten *oeconomia divina*, der Heilsökonomie, bereitet sich die Legitimation der säkularen Ökonomie vor. Denn bevor ein Mensch genügend Kapital hat, hat er gute Taten, Werke und Gehorsam zu leisten, also *transcendentales Kapital* zu akkumulieren, das ihm *holy earnings* sichert (also *Früchte der Gnade*, um in alten Produktionsmetaphern zu bleiben: ein Platz im Himmel). Das Muster wird theologisch vorbereitet, bevor es Geschichte macht.

Das Naturrecht dynamisiert die Entschuldungsthematik: Indem die Menschen den Auftrag Gottes erfüllen, eignen sie sich die ganze Welt an (Legitimation des Fernhandels und der Kolonisation). Wenn alles Land der Erde in Besitz genommen ist, entfaltet sich darüber hinaus der unendliche Möglichkeitsraum der Nutzungsrechte (*property rights*) über alle mobilen Sachen (nicht nur, wie bisher, über die immobilen). Das Naturrecht, insbesondere wie es John Locke formuliert, nimmt das Mandat Gottes in seinem zweiten Teil wichtig: Seid fruchtbar und mehret euch. Bald bricht die Diskrepanz zwischen Land und Leuten auf: Es wird mehr Menschen geben, als Land da ist. Locke löst das Versorgungsproblem, das sich für ihn als lokales darstellt, theoretisch durch internationalen Handel und Kolonisation – nicht nur Besetzung, sondern auch Expansion.[16]

Locke war sich im klaren darüber, daß er eine neue Ökonomie skizzierte, ohne die effektive Dynamik des Kapitalismus zu beschreiben; das blieb neben den Physiokraten (Steuart u.a.m.) 1776 Adam Smith vorbehalten.

Adam Smith stellt das Produktionssystem von Land/Arbeit auf Arbeit/Arbeit um: Werte entspringen nicht nur agrarischen Produktionen, sondern *allen* Arbeitstransformationen. Wenn aber die Ökonomie in der Lage ist, aus *jeder* Substanz, aus jedem Stoff der Erde durch Trans-Formation neue Formen zu erzeugen, die Wert haben (Wertformen), dann ist die Grenze der Kultivierung nicht durch die Grenze der Aneignung der Erde, nicht durch ›Landnahme‹ bestimmt. Es ist durch eine

Produktion in einem neuen Sinne, die neue Formen erfindet und herstellt, mehr Entwicklung möglich als durch die Aneignung aller Länder der Erde. Die neue Ökonomie gruppiert sich als Produktionswerttheorie um einen *poietischen Kern*, der allerdings die Idee der Verwandlung der rohen Materie in eine unendliche Formenvielfalt bereits in sich birgt.[17]

Der Kapitalismus, der bei Smith noch nicht so heißt, ist ein Modell der Entschuldung der Ursünde durch Neuverschuldung als Anreiz zur Beschleunigung des Gottesauftrages. Nicht mehr Arbeit, sondern mehr Kapital ist vonnöten, um die Erde schneller in Besitz zu nehmen. Die Übernahme der Erde als Gottesauftrag des Kapitalismus, hängt nicht mehr von der Fruchtbarkeit der Menschen ab, auch nicht von ihrer Zahl, Physis und Fertilität, sondern von der Produktivität, die Kapitalinvestitionen hervorbringt, und der intelligenteren Organisation der Arbeit bzw. der Verfügbarkeit von Geld (Kredit) etc. Wenn dann später die Investition von Kapital in Maschinerie, in intelligent formatierte Produktivität beginnt, entkoppelt sich das System der kapitalistischen Wirtschaft völlig von der Menge der arbeitsfähigen Menschen wie von der Größe des bebaubaren Landes.

Der Gottesauftrag ›Machet Euch die Erde untertan!‹ war als limitierter Prozeß verstanden worden: Machet alle Äcker fruchtbar und ernähret Euch von den Früchten. In dem Moment, in dem der Appropriationsprozeß der Erde – die Aneignung und Bewirtschaftung der Immobilien – in einen zweiten Prozeß übergeht, der an der terrestrischen Grenze nicht halt macht, sondern den imaginären Raum aller möglichen Mobilien bzw. modernen Kapitalien zu erobern beginnt, ist die natürliche Grenze, die dem ersten Gottesauftrag noch gegeben war, gesprengt.[18]

Die bei Hobbes und Locke entwickelte Unterscheidung zwischen *natural* und *civil state* der Menschheitsentwicklung wird nun innerhalb des *civil state* in zwei Stadien zu differenzieren sein: Auf das Stadium der Aneignung aller fruchtbaren Böden folgt ein Stadium der Aneignung des Wissens um die Erweiterung der Aneignungsmöglichkeiten über die Böden hinaus. Dieses Stadium wird sich als ›Kapitalismus‹ mächtig entfalten. Es hat keine natürliche Begrenzung: weder durch die Menge der fruchtbaren Böden (Grenzböden) noch durch die Menge an Arbeitskräften (die Größe der Population). Das zweite Stadium des *civil state*, später »Kapitalismus« genannt, ist eine Akkumulationswirtschaft *ad libitum*, ohne inhärentes Maß.

Die alte Welt der Agrarökonomie, die alteuropäische *oeconomia*, ist endgültig zu Ende gegangen: Die Wirtschaft entkoppelt sich vom Haus (*oikos*) und wird zur Weltwirtschaft, ungeregelt durch die despotischen und später managermäßig regelbaren Usancen des Zusammenlebens im Hause. Die Einheit von Haus und Wirtschaft wird als Differenz von Markt und Unternehmung reordiniert. Um diesen Unterschied zu markieren, heißt die neue oder Marktökonomie auch *political economy*.

Die Physiokraten haben eine eigene physiko-theologische Vorstellung vom Gottesauftrag: den *ordre naturel*.[19] Eine Verfehlung des *ordre naturel* hat die Verschuldung durch Nichtproportionalität und verfehlte Grenzziehung zur Folge. Der Ordnungsgedanke bleibt virulent. Ordnung herzustellen ist die Maxime. Das neue Thema der neuen Ökonomie heißt *Wachstum*, das wieder ein neues Thema gebiert: *Design der Ordnung dieses Wachstums*. Es geht nicht mehr um eine Zunahme der Inbesitznahmen, sondern um eine Vervielfältigung der Produktionsmöglichkeiten, was einer Selbstordnung des Marktprozesses durch eine *invisible hand* bedarf, die noch theologische Anklänge hat.[20]

Adam Smiths *invisible hand* antwortet auf eben jene Maßfrage damit, daß sich der Kapitalismus über die Marktwettbewerbsordnung selber ein Maß setze. Der Wettbewerb mendelt diejenigen Akteure aus, die zu hohe Profite machen; das System hat eine Tendenz zum Durchschnittsprofit. Benjamins Skepsis ist die Skepsis Marx', ob das System, bei allem Reichtum, den es erzeugt, nicht die Menschen, die in ihm arbeiten, verarmen läßt. Es geht nicht um die ökonomische Diskrepanz zunehmend divergenter Einkommensverteilungen, sondern um geistige Verarmung und Ent-bildung. Benjamins Hinweise sind zwar vage, aber eindeutig in ihrer Dimension: Sie sprechen von der Entkapitalisierung sozialer Beziehungen als menschliche Optionen (Entwertung von *social capital*).

Denn wenn die Selbstorganisation des kapitalistischen Marktes, unsichtbar von der Hand Gottes gelenkt, in die Hybris der kapitalistischen Weltentwicklung übergeht, dann verschuldet sich der Gott, dessen lenkende Hand falsch lenkt. Benjamin führt Gott in der Hoch-Zeit des Kapitalismus zu Beginn des 20. Jahrhunderts wieder ein.

Der werdende, reifende Gott, den Benjamin ins Spiel bringt, ist der Gott, den Adam Smith noch benannt hatte, wenn auch als Hintergrundakteur. Wohl in den Hintergrund getreten, blieb er dennoch existent. Die Projektion des in den Hintergrund getretenen Gottes war die Selbstordnung der Wirtschaft.[21] Wenn Benjamin in Marx' Schatten die Krise des Kapitalismus weiterdenkt, bezweifelt er die Selbstordnungskraft des Wirtschaftssystems. Die Projektion des in den Hintergrund getretenen Gottes flackert, wird unklar, so daß der Gott selber wieder vortreten muß. So beschreibt es Benjamins Bild.

Hier hilft keine Moral, denn sie bietet keine humanistische Erlösung an. Der Humanismus ist ein Versuch, Schuldfragen als moralische zu lösen. In dem Moment, in dem in der Renaissance der Humanismus eingeführt wurde, begann man in Kirchenkreisen die Wucherfrage von theologischen Schuldfragen zu entkoppeln.[22] Schuld und Schulden werden getrennt. Denn Schuld einzulösen bedeutet jetzt, Menschen im Hinblick auf ihre Freiheit der ›Selbststellung‹ zu überantworten und sie so aus Abhängigkeiten zu erlösen.

Die Theorie der ›Selbststellung‹, anders gesagt der Individualität, wird im Naturrecht expliziert. Die Menschen verschulden sich neu, nun nicht mehr bei Gott, sondern beieinander in Verfehlung ihres Auftrags. Das ist Benjamins Position. Als Referenzmaß fungieren die Menschen selbst: Es geht also um eine moralische Dimension, die *more politico* zu lösen ist.

Denn erst in der Moderne wird die Moral parallel zur Ökonomie so bedeutsam. Vordem war Moral eingebettet in Theologie und Kosmologie. Sie wird so modern wie notwendig, weil die Supraordnungen, deren eine den Namen ›Gott‹ trägt, verschwinden. Was Ökonomie anonym ordnen will, übernimmt Moral qua Adressierung und Diskurs. Beide ergänzen sich, wenn sie in Balance gehalten werden. Die neue Verhandlungsarena dieser Balance, zuletzt schlicht ›Verfahren‹ (und seine Gerechtigkeit) genannt, ist die Politik (plus unzensiert öffentlicher Meinung).

Doch Benjamin denkt eschatologisch, jedenfalls in dem hier verhandelten Fragment. Der Kapitalismus ist ihm Zeichen einer Verstrickung in Schuld, die nicht mehr menschlich, sondern nur noch durch Hoffnung aufzulösen ist. Das ist das Ende der Politik, aber es ist anders, als Marx es sah. Hoffnung auf welchen Gott? Welche *religiositas*?

Das Schuldthema ist der Kern des Benjaminschen Fragments. Indem die Menschen den Kapitalismus einführten, haben sie sich, nach seiner Diktion, zu verschulden begonnen in einem Maße, das sie nicht mehr freikommen läßt: sie sind verstrickt.[23] Verstrickt sind sie, weil sie in Verhältnisse eintreten, die ihnen bereits Schulden zuschreiben, die sie selber nicht verauslagt haben; zudem machen sie, indem sie das System fortführen, selber Schulden: Sie verschulden sich an sich selber, ohne abzahlen zu können. Schulden, die nicht abzahlbar sind, werden zur Schuld.

Auf die Doppeldeutigkeit der Schuld/Schulden-Thematik hat Benjamin selber hingewiesen. Wir geraten in Schuld, werden Schuldige. Zugleich laden wir uns Schulden auf. Wenn wir uns ent-schulden, d.h. in irgendeiner Form abzahlen könnten, bräuchten wir nicht von Schuld zu reden; das Wort ›Schulden‹ würde reichen. Schuld ist jene Form der Verstrickung und Beladung, die wir nicht abzahlen können. Schulden hingegen sind abtragbar.

Wenn der Kapitalismus als eine Form der Verschuldung betrachtet wird, fehlen ihm jegliche Ab- und Auszahlungsmodalitäten. Wir können Schuld nicht abarbeiten. Unsere eigene Macht hört hier auf. Schuld wird durch Gnade beantwortet, oder eben nicht. Sie ist der Name für das Ende der Hybris der Weltbemächtigung.

Benjamin entfaltet die Dialektik der Schuld/Schulden-Relation nicht. Er spielt nur auf sie an: »... Funktion der Schuld (siehe die dämonische Zweideutigkeit dieses Begriffs)« (Benjamin, S. 101 f.). Aber indem er darauf hinweist, weist er auf eine Oszillation hin, nicht auf eine eindeutige Veranschlagung. Die Schulden, die man auf sich nimmt, weil man Kredit bekommen hat, sind abarbeitbar. Schuld hingegen ist nur in seltenen Fällen durch eigene Reue abwendbar; vielmehr ist Schuld ein Bereich der eigenen Unfähigkeit, sich zu ent-schuldigen. Schuld muß ›von anderen für einen auf sich genommen‹ werden, ist nicht selbst behebbar. *Deshalb ist Schuld mit Gnade korreliert, nicht mit Rückzahlung.*

Wenn der Kapitalismus, der als großes historisches Projekt der Verschuldung (= Investition) mit der Chance künftiger höherer Erträge (= Profit) Entschuldung projektiert, als Unterfangen angesehen wird, das uns in Schuld treibt, dann versagt der Kapitalismus als autokatalytisches System und macht auf eine Leerstelle aufmerksam, die nur *ex negativum* beschrieben werden kann: als das Fehlen von jemandem, der Gnade erwirken kann. Gleichsam logisch taucht wieder ein Gott auf, und zwar nicht in theologischer Reminiszenz, sondern aufgabendefiniert: Jeder kann dieser Benjaminsche Gott werden, der fähig ist, uns, die wir in Schuld stehen, durch seine Gnadenkompetenz zu erlösen. In der Matrix

Schulden	Rückzahlung
Schuld	Gnade

ist ›Rückzahlung‹ die Vokabel für ›Kapitalismus‹ und ›Gnade‹ die für einen Gott, der, da er so lange nicht vorkam, ein ›reifender‹ sein muß. Man kann die Matrix in eine metaphorische Gleichung umformen:

Schulden : Rückzahlung = Schuld + x (x steht für: gnadenkompetent)

Wenn man den Kapitalismus als eine kreditbasierte Investitionswirtschaft beschreibt, in der Vorleistungen erbracht werden in Hinblick auf künftige Erträge, die die Vorleistungen wertmäßig übertreffen, dann bewegen wir uns im Spannungsfeld zweier Grundformen: Einerseits Erfolg, d.h. die Ent-schuldung des Kredits durch Erfolg, andererseits Mißerfolg, d.h. der Verbleib der Schuld.

Ich wage eine folgenreiche Formulierung: Schuld ist das, was nicht abzahlbar ist. Es gilt folgende Paradoxie: *Wer zahlt, zahlt seine Schulden ab, nicht aber seine Schuld.*

Schuld ist schwerwiegender; früher mußte man sein Leben dafür geben oder zumindest einsetzen (extrem im Sinne der Blutschuld, weniger extrem, aber doch heftig: als Schuldknechtschaft, d.h. gleichzusetzen mit partieller Selbstversklavung).

Wenn aber Schuld ein Rest ist, der bleibt, wenn alles abbezahlt ist, dann haben wir *prima facie* transkapitalistische Verhältnisse: Der Kredit ist zurückgezahlt, *niemand schuldet jemandem noch etwas, doch die Schuld bleibt.*

Die Formel: *Schulden : Rückzahlung = Schuld* ist nicht auflösbar, da es nicht um Rückzahlung geht, sondern um *Unbezahlbares*. Die Erweiterung der Formel: *Schuld + x* ist kein selbst zu schaffendes Kompensat, sondern die Hoffnung darauf, daß wir erlöst werden können.

Das ist Benjamins *grundlegende Trope*: der Kapitalismus als sachliches System der Begleichung aller Tausche und Kredite, das bei jedem Ausgleich etwas Unbeglichenes beläßt, scheinbar *à fond perdue*, aber anwachsend, ein immer größer werdender Fonds der Schuld, der nicht kapitalisiert ist, nicht kapitalisierbar und damit auch nicht ausgleichbar, sondern als *Sekundärakkumulat* ein *ungeheures Unausgleichbares darstellt.*

Das ist im Verhältnis zur Wohlfahrtserwartung des Kapitalismus eine ungeheure Asymmetrie, die *wealth* gegen *virtue* neu eintauscht. Adam Smith hatte in seiner *Lecture on Jurisprudence* die Vorteile der neuen *political economy* angepriesen, die auf Kosten gewisser Tugendansprüche den *comfort of life* und damit die Wohlfahrt erhöhen.[24] Benjamin erinnert an die Kosten dieser Entscheidung, wenn er sie als Kosten der Diminution der *virtue* als ›geistige Verarmung‹ verrechnet.

Benjamin nimmt das Smithsche Versprechen zurück, klappt die Asymmetrie zur anderen Seite und weist auf eine Akkumulation hin, die als negative Externalität der kapitalistischen Marktwirtschaft die Dominanz des *Wealth*-Aspektes zu einem Tugendstau geführt hat, der zivilisatorisch nicht mehr ohne weiteres aufholbar ist. Ganz ähnlich der Situation, unfähig zu sein und aus seiner Verschuldung selbständig und ohne weitere Kredite wieder herauszukommen. Diese Unfähigkeit transformiert die Situation in Schuld. Man wird verantwortlich gemacht, ohne selber noch in der Lage zu sein, sich der Verantwortung zu stellen, d.h. zu antworten. Diese Antwortlosigkeit ist das, was Benjamin, nun allgemeiner, die Zunahme der Schuld nennt.

Die Alternative: das Geschenk

Wo Schuld wächst, ohne daß sie abgezahlt werden kann, muß jemand anderes zahlen, der zahlungsfähig ist. Wenn die Menschen in ihrer Schuld an Unverfügbarkeit gekettet sind, dann können nur ›Transmenschen‹, also Götter Geschenke machen, die die Konten ausgleichen. Nur Götter machen Geschenke ohne Gegenverpflichtung. Die Götter, die hier ins Spiel kommen, sind erst einmal nur Genien der verschwundenen Tauschverpflichtung. Sie spielen das Kapitalismusspiel nicht mit, weil sie aus anderen Sphären kommen, weil sie aus den Vorräumen des Kapitalismus kommen. Sie geben nicht, weil sie bekommen haben, sondern geben einfach so: sie schenken. Schenken sie dem Menschen das Menschliche zurück? Das wäre allerdings schon wieder eine Ökonomie, wenn auch transzendental angelegt.

Der 1844er-Kommunismus, erinnern wir uns, stellte sich als eine Geschenk-Ökonomie vor: Ich schenke dir, daß ich dich produziere, so wie du mir schenkst, daß du mich produzierst. Derrida spricht – in anderem Zusammenhang – von einer »Gabe ohne Zweideutigkeit«: »eine Gabe mithin, die kein *pharmakon* oder *gift* im doppelten Sinne wäre, sondern etwas Gutes, ein Gut, das kein Objekt wäre (kein als Ding gegebenes Gut), sondern das Gut der Gabe, des Gebens und der Gebung selber.«[25] Niemand hat Anrechte, und begründet damit keinen Tausch, sondern gegenseitiges Schenken. Doch ist das Schenken nicht einfach ›Geben‹, sondern wird explizit als ›Produktion‹ bezeichnet. Es ist Bildung: Reichtum, Überschuß, Potenz (Potentialität). Die Marxsche ›Gabe‹ – im Marxschen Kommunismus der Mill-Exzerpte – ist Herstellung (*productio, poiesis*) des Anderen und seines Vermögens, ebenfalls geben zu können.

Derrida unterscheidet in Anlehnung an Marcel Mauss die Gabe vom Kredit. Beide haben gleiche Ursprünge. Aber *der Kredit ist ein Geschenk mit Gedächtnis*, das später plus Zins zurückgegeben werden muß. Die Gabe hingeben, das Geschenk als Geschenk, ist »der Wahnsinn der gedächtnislosen Verausgabung« (Derrida, Falschmünzer, S. 67).

Der Kommunismus als schuldlose/unschuldige Formation der Gesellschaft ist das Ideal einer Kreditfreiheit, die Aristoteles als *Nonplusultra* einer gerechten Ökonomie anpries. Nicht Markt, Preise und Tausch sind die Kritikinstanzen, sondern der Kapitalismus selbst, d.h. eine Wirtschaftsgesellschaft, die ›Geld-Ware-mehr Geld‹-Tauschketten (G-W-G') *ad libitum* legitimiert.

Doch ist für Marx Aristoteles' Oikos-Gebrauchswertwelt W-G-W kein anstrebenswerter Zustand, da die Eigentumsrechtsförmigkeit der Waren nicht verhinderte, daß man Verhältnisse eingehen mußte, die einen ›verschuldeten‹. Marx denkt radikal eine warenlose Gesellschaft der unmittelbaren Dienstleistungen, eine – es klingt trivial, ist aber systematisch richtig – *service society*. Diese Welt ist nicht produktlos, aber keine Waren-Tausch-Gesellschaft, sondern – zumindest 1844 – eine unmittelbare Auftragswelt: ›Was brauchst du; ich mache es dir – weil ich, wenn ich etwas brauche, es von dir gemacht bekomme.‹ Diese Reziprozität beruht nicht auf Tauschwert-Symmetrien, sondern ist durchaus asymmetrisch, als *Potlach*: *Ich schenke dir, weil ich weiß, daß du mir schenken wirst. So wird mir an nichts mangeln.*

Ricœur nennt dies, weniger in bezug auf Marx, sondern vielmehr in bezug auf die jesuanische Liebesethik, einen Zustand, in dem »jeder sich als *Schuldner* des anderen fühlt.«[26]

Ricœur sei hier zitiert, um eine andere Lesart der Schuldfrage ins Spiel zu bringen, an die Marx in seinem Mill-Exzerpt als erinnerte Alternative des Abendlandes neu erinnert und die er ›Gemeinwohl‹ nennt. In der Lesart Ricœurs ist Marx' Kommunismus eine Umkehrung der wechselseitigen Verschuldungen: Man ist frei in den wechselseitigen Produktionen, weil Schuld kein Verschulden mehr ist, sondern die Freiheit, den anderen in Anspruch zu nehmen. Dahinter verbirgt sich aber auch eine Verantwortung dem Anderen gegenüber.

Lévinas radikalisiert die Schuld-Topik als Verantwortung. Verantwortung sei die grundlegende Struktur der Subjektivität, schreibt er, als Verantwortung für den Anderen.[27] Intersubjektive Beziehungen sind asymmetrisch: Man ist verantwortlich für den Anderen, ohne Gegenseitigkeit zu erwarten. Das ist Tauschstörung, weil es eine Art von Gebe-Unternehmertum evoziert.

Hier verknüpft sich Lévinas' Konzept mit Derridas Gabe. Lévinas' radikale Interpretation des Subjekts ist eine Grenzdefinition, die zudem mit Benjamins Verzweiflung in dem Punkt zusammengeht, in dem Benjamin einem verborgenen Gott alle Schuld aufträgt. Die Verzweiflung ist übrigens die darüber, daß der Mensch es selber, aus sich heraus, nicht schafft. Es ist die Verzweiflung am Projekt der Aufklärung. Ist der reifende Gott die Drohung, daß der Mensch nur Mensch ist?

Der Gott, den wir vorhin einen zweiten Jesus nannten, büßt für die Menschen, die in der Religion des Kapitalismus das Büßen verlernt haben. Er sammelt die ungebüßte(n) Schuld(en), die er *en bloc* ent-schuldigt. Es geht nicht mehr um einzelne Schuldigkeiten, sondern um die Systematik der Schuld im Kapitalismus, um die Verletzung der Balance von *wealth and virtue*, wie wir bei Smith lasen.

Der Benjaminsche Gott tauscht nichts, sondern schenkt: Gnade. Gnade ist etwas, was man nicht erarbeiten kann, was kein Kapitalismus erwirtschaftet. Gnade erlangt man, weil ein Gott sie gewährt. *No other way.*

Um Gnade gewähren zu können, muß eine Kompetenz eingeführt werden, die dazu in der Lage ist. Benjamin muß einen Gott werden lassen. Ohne ihn keine Gnade, keine Erlösung, die Benjamin ›Heilung‹ nennt.

Die Konstruktion des reifenden Gottes ist keine theologische Erfindung, sondern ein Komplementärkonstrukt zur Konzeption des Kapitalismus als Verschuldungsfalle. Wenn Benjamin Schuld einführt, muß er, wenn er nicht hoffnungslos werden will, komplementär Erlösung definieren. Das tut er in der Figur des werdenden Gottes, der in dem Maße, wie die Verschuldung der Menschen zunimmt, gnadenfähig wird. Schuld/Gnade ist ein Komplementärsystem. Benjamin führt es lediglich neu bzw. reanimiert eine ältere Trope. Die Hybris des Kapitalismus führt in Regionen seiner Bändigung, die vor ihm definiert waren: nämlich in eine Falle.

Welche Formen der Bändigung sind angemessen? Welche Transformation denkt Benjamin?

Lévinas, Ricœur etc.: Sein und Schuld II

»Die Gerechtigkeit hat nur dann einen Sinn, wenn sie den Geist der Selbstlosigkeit behält, der die Idee der Verantwortung für den anderen Menschen belebt. Im Prinzip reißt sich das Ich von seiner ›ersten Person‹ nicht los; es trägt die Welt. Die Subjektivität, indem sie sich in der Bewegung selbst konstituiert, in der ihr aufgetragen wird, für den Anderen verantwortlich zu sein, reicht bis zur Stellvertretung für den Anderen. Sie nimmt die Bedingung – oder die Unbedingtheit – des Geisel-Seins auf sich. Die Subjektivität als solche ist ursprünglich Geisel-Sein; sie geht bis dahin, für die anderen zu büßen.«[28]

Was aber soll der verborgene Gott, der im Zenit der Verzweiflung überhaupt erst angesprochen werden darf und der sich für alle Menschen im Kapitalismus verschuldet, anderes leisten können als Buße? Geht der werdende Gott, der ›Heilung‹ bringt, wie Benjamins eschatologische Formel lautet, bis dahin, ›für die andern zu büßen‹, wie wir mit Lévinas ergänzen können?

Lévinas nimmt ohne direkten Bezug zu Benjamin implizit dessen Kapitalismusinterpretation als wachsende Verzweiflung auf. »Doch die Menschlichkeit des Menschlichen – das wahre Leben – ist abwesend. Die Menschlichkeit im historischen oder objektiven Sein, der eigentliche Durchbruch des Subjektiven, des menschlichen Psychismus in seiner ursprünglichen Wachsamkeit oder in seiner Ernüchterung, das ist das Sein, das sich seiner eigenen Seinsbedingungen entledigt: Selbstlosigkeit (dés-inter-esse-ment).« (Lévinas, S. 77)

Das Sein, das sich seiner eigenen Seinsbedingungen erledigt, erwähnte Benjamin im Zusammenhang mit der »Zertrümmerung« des »Seins«. Die Zertrümmerung des Seins, die der Kapitalismus als zur Seinsreform unfähige Religion bewirkt, steht bei Benjamin im Kontext der »Ausweitung der Verzweiflung zum religiösen Weltzustand aus dem Heilung zu erwarten sei« (Benjamin, S. 101). Die Heilung, die Lévinas denkt, könnte eine Spur sein zur Vorstellung der Heilung, auf die Benjamin anspielt, die er aber nicht nennt: *autrement qu'être* – »Anders-als-Sein«.[29]

»Nicht nur ein ›Anders-als-Sein‹; anders sein ist immer noch Sein. Das ›Anders-als-Sein‹ hat in Wahrheit kein Verb, welches das Ereignis seiner Un-Ruhe, seiner Selbstlosigkeit, des Infragestellens dieses Seins – oder dieser Seinsweise – des Seienden bezeichnen würde.«[30]

Lévinas verbindet diese Analyse mit einer schwierigen Figur der Verantwortung für den Anderen, die soweit geht, daß sie »selbst für die Verantwortlichkeit des Anderen verantwortlich« ist (Lévinas, S. 76). Doch was Lévinas – in der Interpretation Ricœurs – als supramoralische Aussetzung von Ethik einführt[31], ist die *Einführung des substitutionslosen Subjekts*:

»Ich bin es, der den Anderen trägt, für ihn verantwortlich ist. [...] Meine Verantwortlichkeit ist nicht übertragbar, niemand könnte mich ersetzen. Faktisch muß man die eigentliche Identität des menschlichen Ich von der Verantwortlichkeit her benennen, das heißt ausgehend von diesem Setzen oder diesem Ab-Setzen des souveränen Ich im Selbstbewußtsein – Ab-Setzen, das gerade in seiner Verantwortung für den Anderen besteht. [...] Diese Last ist eine höchste Gnade des Einzigen. Ich, nicht-auswechselbar, ich bin ich einzig in dem Maß, indem ich verantwortlich bin. Ich kann mich allen substituieren, aber niemand kann sich mir substituieren. Das ist meine nicht entfremdbare Identität als Subjekt« (Lévinas, S. 78 f.).

Lévinas bietet Benjamin – imaginär – an, in der Entfremdung, in der Verzweiflung im Kapitalismus, eine Identität auszubilden: eine nicht entfremdbare Identität als Subjekt. In Benjamins eschatologischer Figur wäre das eine Subjektwerdung, eine erst zu erlangende Identität im Zustand der Nichtentfremdung, für die Lévinas die Bedingung nennt: verantwortlich zu sein. Menschlich zu sein, bedeutet also »so zu leben, als wäre man nicht ein Seiendes unter Seienden«, sondern »nicht-auswechselbar«, individuell, einzigartig (vgl. ebd., S. 78).

Was Lévinas dem Menschen zuschreibt, wäre bei Benjamin gleichzusetzen mit der Überschreitung des Übermenschen, den er sich von Nietzsche leiht als den »ohne Umkehr angelangte[n], [...] durch den Himmel durchgewachsne[n], historische[n] Mensch[en]. Diese Sprengung des Himmels durch gesteigerte Menschhaftigkeit, die religiös (auch für Nietzsche) Verschuldung ist [...]. Und ähnlich Marx ...« (Benjamin, S. 101). Der überwundene Übermensch wird wieder Mensch.

Diese »nicht entfremdbare Identität als Subjekt« erweist sich als Modell des gewordenen Gottes, der alle Schuld auf sich nimmt. »In Wahrheit bin ich für alle schuldig und vielleicht schuldiger als alle«, zitiert Lévinas Dostojewskis Jesusmodell[32]. Was Lévinas als die Essenz des Menschlichen entfaltet, ist bei Benjamin die Essenz des werdenden Gottes. Denn der, der bei Benjamin alle Schuld auf sich nimmt, ist der, der bei Lévinas für alle verantwortlich zeichnet. Der erlösende Gott, der ›Heilung‹ bringt, ist bei Benjamin der Mensch als Mensch – auf »daß der Mensch (homo) menschlich (humanus) werde«, wie wir mit Derrida schon einmal ergänzten[33]. Der Mensch allerdings – in der Interpretation von Lévinas – als *homo novus*: als der, der nicht schuldig *werden* kann, weil er von vornherein schuldig *ist* in der Verantwortung für alle.

Das erinnert an Heideggers »Sein als Präsenz«, wie Derrida es nennt.[34] Das bereits zweimal verwendete Zitat Derridas, »daß der Mensch (homo) menschlich (humanus) werde«, stammt von Heidegger.[35] Es ist nicht ohne Belang, in Heideggers Philosophie des menschlichen Wesens die »Herrschaft einer ausgedehnten Metaphorik der Nähe, der einfachen und unmittelbaren Präsenz, die der Nähe des Seins die Werte von Nachbarschaft, Behausung, Haus, Dienst, Bewahrung, Stimme und Gehör verknüpft«,[36] vorzufinden. Und es ist nicht weniger von Belang, diese Metaphorik, aus idealistischem Holz geschnitzt, bei Marx in den Mill-Exzerpten vorgefunden zu haben, vornehmlich im Topos der Unmittelbarkeit und Gemeinsamkeit. Inwieweit Marx hier vorgreift auf das, was Heidegger ›Nähe zum Sein‹ als ›Wesen des Menschen‹ nennt[37], ist ebenso bemerkenswert wie unerheblich, weil weder die Frage Heideggers nach dem Wesen des Menschen hier weiter erörtert werden soll noch die nach der Unzulänglichkeit der idealistischen Formation der Unmittelbarkeit bei Marx.[38]

Es wird aber deutlich, daß Benjamin nicht endgültig weiß, wer ›Heilung‹ bringt. Wohl ist der Text ein Fragment. Benjamin meint zu wissen, daß das, was ›Heilung‹ bringt – *re-volutio*, wie wir es interpretierten, weil Benjamin ›Umkehr‹ schreibt –, eine Überwindung von Nietzsches Übermensch darstellt: »Die Sprengung des Himmels durch gesteigerte Menschhaftigkeit« ist und bleibt »Verschuldung« (vgl. Benjamin, S. 101). Wenn der werdende Gott alle Schuld auf sich nimmt, nimmt er auch die Schuld auf sich, die dem Übermensch zuzuschreiben ist. Der Übermensch ist das Thema Benjamins: Wieviel Mensch ist hier über? Zuviel? Welcher Mensch läßt sich zwischen Mensch und seinem Über konzipieren? Es geht um die Form Mensch, zwischen *Hybris* und *Nur-Mensch*.

Nietzsche verstand, jedenfalls in Derridas Interpretation, seinen Übermenschen anders: Er »erwacht und geht fort, ohne sich nach dem umzusehen, was er hinter sich läßt. Er verbrennt seinen Text und verwischt die Spuren seiner Schritte. Sein Lachen birst auf eine Wiederkehr hin, die nicht mehr die Form metaphysischer Wiederholung des Humanismus haben wird und noch viel weniger, ›jenseits‹ der Metaphysik, die des Eingedenkens oder der Wahrung des Sinnes von Sein, die des Hauses oder der Wahrheit des Seins. Er wird, außerhalb des Hauses, jene ›aktive Vergeßlichkeit‹ und jenes ›grausame Fest‹ tanzen, von denen die Genealogie der Moral spricht.«[39]

Das ist nicht Benjamins Sicht. Nietzsche ist für ihn ein Prophet der Religion des Kapitalismus, kein *Heraustänzer* wie für Derrida. Was für Benjamin die Quintessenz des Kapitalismus, ist für Derrida eine neue Formation. In der Notation des »Durchgang(s) des Planeten Mensch durch das Haus der Verzweiflung« taucht das Haus auf, diesseits der Metaphysik des Hauses.

Wer wie Benjamin vom Haus der Verzweiflung spricht, das den Menschen als bewegten Planeten auf seiner Bahn einsam wohnen läßt, entfaltet einen Kontrast zum *oikos*, der Hauswirtschaft des gemeinschaftlichen Wohnens und Lebens. Das sind – als *oikonomia* – abendländische, agrarisch-adelige Phantasien über die Unmittelbarkeit der reinen Gebrauchswertökonomie, deren Sklavenunterbau man gerne vergißt.[40] Derridas Hinweis auf den metaphysischen Humanismus des Eingedenkens und der Wahrung des Sinns des Hauses bei Heidegger verweist auf die Semantik bei Benjamin, die die ›Umkehr‹ als Verlassen des Hauses der Verzweiflung vorstellt. Aber wenn die Haus-Metapher eingeführt ist, in welches Haus geht es dann?

Kann Benjamin denken, ›außerhalb des Hauses‹ ›tanzen‹ zu gehen?

Das sind schwierige, womöglich ungerechte Vergleiche. Aber Benjamins Fragment bleibt dürftig an einer wichtigen Stelle: Was geschieht, wenn der werdende Gott alle Schuld auf sich nimmt?

»Ein teleologisch orientierter Fortschrittsglauben à la Hegel, Marx und Husserl«, sagt Derrida, »impliziert eine lineare zeitliche Dynamik und verweist die real existierenden Mißstände in den Rang des Übergangs.« ›Das einende Humanum‹, das der Marxist Ernst Bloch noch als ›das Eschaton im Zielpunkt des Fortschritts‹ zu entdecken glaubte, gilt Derrida als metaphysischer Trost. »Die Rede vom Ende der Geschichte meint im Grunde das Verblassen dieses ›Zielpunkts‹, in der Konsequenz die alleinige Verantwortung des Menschen für die Irrungen und Wirrungen des ungerichteten zeitlichen Verlaufs. Deswegen kommt [...] die Ethik wieder ins Spiel: ›Die Kontrolle über den Fortschritt liegt in der Verantwortung des Menschen‹.«[41]

Wenn wir für Benjamin bei Lévinas herauslasen, den werdenden Gott als das wahre Subjekt anzusehen, das alle Schuld auf sich nimmt, weil es verantwortlich wird, würde das in Benjamins Text den werdenden Gott, der »ins Menschenschicksal einbezogen« (vgl. Benjamin, S. 101) ist, als einen Gott zeigen, der um so stärker wird (um so erlösender?), wenn mehr und mehr Menschen sich in die Verantwortung begeben, die sie zu Subjekten macht. Der »reifende Gott« bei Benjamin wäre dann im Zenit der Verzweiflung aussprechbar, weil es Menschen gäbe, die Verantwortung für andere übernähmen.

Den Menschen von der Verantwortlichkeit her zu konzipieren, »daß jeder sich als *Schuldner* des anderen fühlt«[42], unterscheidet sich vom liberalen Individuum wie vom Marxschen Intersubjekt des Kommunismus von 1844. Liberale Individuen, die sich den Anderen über Verträge nähern, fühlen sich nicht als Schuldner, sondern proaktiv als Geber; eine verbleibende Schuld wäre eine Defektion des Vertrages (außer bei Kreditverträgen o.ä.). Das Maß ihrer Gabe hätte seine Äquivalenz im Tausch.

Marxsche Intersubjekte vollziehen wie liberale Individuen Transaktionen, nur nicht mehr in der Form des Äquivalententausches, sondern im *Potlach*-Modus des überschießenden Schenkens. Um etwas zu bekommen, muß ein ›Marxakteur von 1844‹ die Bildung des Anderen betreiben, d.h. ihn produzieren bzw. sein Gebevermögen mitherstellen. Es ist eine Konzeption der Bildung/Produktion von Transaktionalität.

Ricœur weist an diesem Punkt auf die Umkehrung des römischen Gerechtigkeitsgrundsatzes ›do ut des‹ in seiner moralisch-strategischen Interpretation »Gebe, damit dir gegeben wird!« (wie sie in der Konzeption von John Rawls eine Rolle spielt) in eine andere Variante der Lukàcsschen goldenen Regel« Gib, weil dir gegeben wurde«.[43]

Das ›Gebe, damit dir gegeben wird‹ ist für das liberale Individuum gewiß, für das Marxsche Intersubjekt jedoch ambivalent. Benjamins Hinweis – und nichts weiter kann ein Fragment dieser Kürze liefern – läuft vermutlich darauf hinaus, daß das Marxsche Intersubjekt nur dann ein erlösendes Versprechen enthält, wenn es die Lukàcsschen Bedingungen erfüllt. Wenn das Intersubjekt sagen könnte: ›Gib, weil dir gegeben wurde‹, würde es sich innerhalb der Anerkennung einer Schuld bewegen, die der Kapitalismus akkumuliert hätte. Es würde die Verantwortung tragen, die Schuld abzugleichen, was nur gelänge, wenn es sie anerkennen würde.

Das aber bedeutet die Ent-optionalisierung menschlichen Tuns. In der Anerkennung der Schuld zu handeln ist eine Form des Erinnerns. *Der »Wahnsinn der gedächtnislosen Verausgabung«*[44] *im Handeln würde beendet durch eine Form des Erinnerns einer Schuld, die demütiger macht gegenüber der schier unübersehbaren Mannigfaltigkeit von Alternation.* Wenn der ›Zielpunkt des Fortschritts‹ verschwimmt, wird die Zukunft vergangenheitsoffener. Die Schuld bekommt einen Namen: die eigene Geschichte. Die ›Heilung‹, die Benjamin wünscht, ist eine andere Umkehr/*revolutio* als Marx sie im *progressus* der linearen Fortschrittsdynamik noch sah – eine Umkehr in die Schuld unserer Geschichte, die zu erinnern die Demut der Verantwortlichkeit erzeugt. Das käme, in Benjamins therapeutischer Intention, der Behandlung der ›Geisteskrankheit‹ der einseitigen Progression, die ständig ›Sorge‹ erzeugt, gleich.

Wenn die ›Geisteskrankheit‹ der ›Sorge‹ dominiert, haben wir es mit einer negativen Religion zu tun, als die Benjamin den Kapitalismus bezeichnet. Denn Sorge ist ein fataler Glaube; Glaube aber muß einer Religion zueignen. Dem ›Kapitalismus als Religion‹ fehlt das Zentralste der Religion, der Glaube. Anders gesagt: Als Sorge ist der Glaube in der Religion des Kapitalismus ein Zustand der Ambivalenz von Glaube/Hoffnung und Sorge/Enthoffnung.

Der werdende Gott ist die Rekonsolidierung der Hoffnung im Glauben, der epistemischen Klärung der Welt und der Position der Menschen darin. Rekonsolidierung des Glaubens bedeutet, daß die Welt über die Moral epistemisch geklärt wird.

Das wäre aber auch ein von Lévinas modifizierter Deutungsansatz für Derridas Vorschlag, die Ethik wieder ins Spiel zu bringen: Ethik nicht als »Verpflichtung gegenüber anderen zu verstehen, vermittelt durch formale und prozedurale Universalisierung von Maximen oder durch Anrufung eines Bewußtseins des Guten, sondern [...] Ethik lebt in der Sensibilität einer gemeinschaftlichen Verpflichtung gegenüber anderen.« (obligation toward the other mediated through the formal and procedural universalization of maxims or some appeal to good conscience, rather (...) ethics is lived in the sensibility of a corporeal obligation to the other.)[45] Das neue Selbst, das Lévinas ›psyche‹ nennt, »ist in eine Verantwortungsbeziehung eingefaßt bzw. in einer Verantwortlichkeit anderen gegenüber. Die Psyche ist der Andere im Selben, der Andere in mir, anstelle meiner, mich zur Verantwortung rufend.« (is structured in a relation of responsibility or responsivity to the other. The psyche is the other in the same, the other within me in spite of me, calling me to respond.)[46]

Der Gott erlöst aus der Ambivalenz des Glaubens, der zum Teil Glaube der Sorge ist. Wo ein solcher Gott wird, wird mehr Glauben bzw. der Glaube wird mehr und fester, gewisser. Es ist dann nicht mehr der Glaube der Sorge, ob man maximiert hat, sondern der Glaube an einen Gott, der klärt.

Denn wenn der Gott gekommen ist, seine *certitudo* – als Glaubensgewißheit – eingeführt hat, ist der Kapitalismus keine Religion mehr. Hierin liegt Benjamins schärfster Kritikpunkt: daß der Kapitalismus als Religion deren Funktion nicht erfüllt, aber simuliert. Er bietet Optionen über Optionen an, aber keinen Glaubens- oder Gewißheitsgrund. Pragmatisch gesehen ist der Kapitalismus als Religion gleichzusetzen mit epistemischer Unsicherheitszunahme: *disorder*.

Sollte es das sein? Sollte sich zum Schluß erweisen, daß Benjamin nur einen Fingerzeig gibt auf Aristoteles' altes Diktum: ›Unbegrenztheit erzeugt Unordnung‹?

Schuld als Religion

William Rasch

Ist Kapitalismus Religion? Als Bezeichnung für das moderne ökonomische System oder, ganz einfach und allgemein, für die Moderne selbst, wird Kapitalismus nicht als Religion gesehen. Vielmehr sollte er gerade das große *Andere* der Religion sein. Er sollte frei sein von Religion und aller religiöser und moralischer Kontrolle, wie z.B. dem Verbot des Wuchers, das die katholische Kirche im Mittelalter aussprach. Ist es dann nicht angemessener zu fragen, ob Kapitalismus *säkularisierte* Religion ist? Kapitalismus mag durchaus religiöse Askese sein, die auf eine innerweltliche Ebene übertragen wurde. Wie die Religion mag er sich von ausschweifendem Genuß lossagen – allerdings nicht um der Seele ein ewiges Leben zu sichern. Vielmehr kann auch der Genuß und seine Verleugnung im Kapitalismus eine neue Gestalt bekommen, denn der zerstreuende Exzeß von libidinösem, luxuriösem und höfischem Vergnügen könnte in die verfeinerte bürgerliche Befriedigung mit ihrer nüchternen Anhäufung von produktivem Vermögen umgewandelt werden, und auf diese Weise würde die religiöse Verdammung des Genusses säkularisiert und für die rationalisierte Konsumgesellschaft verwertbar gemacht. Laut der puritanisch inspirierten Redewendung heißt es schließlich: »Time is money.« Deshalb: »Waste not, want not.«

Wenn das der Fall ist, dann könnte, was Carl Schmitt 1922 über den modernen Staat sagte – nämlich: »Alle prägnanten Begriffe der modernen Staatslehre sind säkularisierte theologische Begriffe«[1] – auch von der modernen Wirtschaft gesagt werden und tatsächlich *wurde* es schon von Max Weber gesagt, der natürlich die Entwicklung des kapitalistischen Ethos aus dem psychologischen Terror extremer protestantischer Prädestinationslehren entwarf.[2] Wie man sich vielleicht erinnern wird, kann laut Webers These die Angst der calvinistischen Puritaner angesichts der Tatsache, daß man nichts zur Förderung der eigenen Seelenrettung tun kann, weder in der öffentlichen Arena guter

Taten noch im privaten Reich des Glaubens, nur dadurch gut gemacht werden, daß man sein ehrlich erworbenes und pflichtbewußt erspartes irdisches Vermögen als materielles – nicht garantierendes, aber tröstliches – Zeichen göttlicher Gnade sieht. Je mehr das Heil weiter und weiter hinter dem entfernten Horizont verschwindet, wird dieses verschlüsselte Zeichen, dieses Ethos des wohlverdienten Reichtums, zum eigentlichen Ziel. Folglich werden schließlich, zum Besseren oder Schlechteren, solche Übertragungen und Umwandlungen von Praktiken und Zeichen als Dienst an der modernen, säkularisierten, befreiten und völlig immanenten Welt betrachtet. Wenn man folglich behauptet, wie Schmitt es tut, daß eine Analogie zwischen dem rechtlichen Ausnahmezustand und dem religiösen Wunder besteht (S. 43), heißt das *nicht*, daß das rechtliche System auf göttlicher Intervention in weltliche Affären basiert oder daß Gott der endgültige Rechtsgeber ist, sondern eher und ganz einfach bedeutet es, in Begriffen funktionaler Äquivalenzen zu sprechen. Theologie stellt vielleicht die Wendungen bereit, aber nicht mehr die Basis für andere soziale Praktiken oder Systeme. Weder Gesetz noch Gott folgen einem rationalen Entwurf. Deshalb müssen sowohl Gesetz als auch Gott dem Paradox ihres eigenen Ursprungs auf dem Wege einer Entscheidung – Luhmann würde Unterscheidung sagen – entkommen. Einer Entscheidung, von deren Folgerichtigkeit sich sowohl Gesetz als auch Gott selbst ausschließen. Das Gesetz schafft Gesetze, aber nicht die Gesetzlichkeit an sich. Die Souveränität jedes autonomen, operationell geschlossenen, sich selbst reproduzierenden Systems ist genauso und genauso paradox wie Gottes eigene Souveränität. Sobald das einmal erkannt ist, verschwindet Gott – er hat seinen Job erledigt. Das nennen wir Säkularisation.

Aber wenn Walter Benjamin uns sagt, daß wir Kapitalismus *als* Religion sehen sollen, daß wir die Moderne nicht als von der Religion emanzipiert, sondern als ein Beispiel von ihr sehen sollen,[3] dann würde Säkularisation als gescheitertes oder im besten Falle als ein unvollendetes Projekt erscheinen. In Benjamins fragmentarischer Abhandlung scheint Religion nicht die Haut der Schlange zu sein, die abgeworfen und zurückgelassen wird, sondern die Schlange selbst. Eine Schlange, die mit der Gewalt des Verdrängten wiederkehrt. Vielleicht sollten wir dann, anstatt anzunehmen, daß der Säkularisationsprozeß irgendwie final ist, ein historischer Pfad mit der Moderne als Ziel und Erbe, eine verehrte, uns von der Frankfurter Schule vererbte Wendung wiederbeleben und überarbeiten und von der »Dialektik der Säkularisation« sprechen. Wenn wir das machen würden, müßten wir zwei Momente dieser eigentümlichen Dialektik unterscheiden: das erste wäre, wenn die absolute Transzendenz der monotheistischen Religion in die absolute Immanenz der durch und durch rationalisierten, säkularisierten Welt übergeht; und das zweite wäre, wenn im Gegenzug diese absolute Immanenz ihre eigene Transzendenz wird, wie es der Fall wäre, wenn sie ihre eigene Religion würde. In den Begriffen, die von Weber eingeführt wurden und die in Benjamins Fragment ihren Widerhall finden, beschreibt die scheinbare Dialektik *zuerst* die Entstehung des psychologischen und ideologischen Geistes des Kapitalismus aus der kalten, kalten Asche einer sehr kalten protestantischen Arbeitsethik, die zunächst entwickelt wurde, um den Auswirkungen der trostlosen Doktrin unentrinnlicher Prädestination entgegenzuwirken; und dann, als ihr *zweites* Moment, beschreibt die Dialektik die Transformation des kapitalistischen Geistes zurück in eine führende Ethik, eine Art Ersatzreligion, die aber doch mit universalem Anspruch auftritt, und die sich die eng geschnürte Selbstdisziplin einer diesseitigen Askese gewinnbringenden Reichtums nutzbar macht. Gott ist tot! Es lebe Gott! Lassen Sie uns erst jetzt diese Gottheit »Mensch« nennen, oder noch besser, nennen wir sie einfach »Geld«.

Wenn wir das Bild von der Dialektik der Säkularisation beibehalten wollen, dann müßte der historische Prozeß der Säkularisation, strukturell gesehen, eine paradoxe Intensivierung radikaler Transzendenz sein, bis er sich, als ob dafür eine logische Notwendigkeit bestünde, verwandelt in sein absolut Anderes, eine radikale Immanenz. Genauso sieht Marcel Gauchet die Säkularisation in seiner Studie »Le désenchantement du monde« (Die Entzauberung der Welt).[4] Darin betrachtet er die großen monotheistischen Religionen, insbesondere Judentum und Christentum, weniger als Verkörperungen oder Kulminationen religiöser Entwicklungen, sondern er betrachtet den Monotheismus, mit seiner absoluten Transzendenz und seinem deshalb absoluten Gott vielmehr als ein letztes Stadium der totalen Säkularisation der Welt. Das Wesen der Religion, schreibt Gauchet, liegt in ihrem Ursprung, und dieser Ursprung ist charakterisiert durch das, was er radikale Enteignung nennt. Unter Enteignung versteht er, daß wir Menschen alles, was wir haben, unsere Art zu leben, unsere Regeln, unsere Gebräuche und was wir wissen, Wesenheiten unterschiedlicher Natur verdanken – unseren Vorfahren, Helden oder Göttern. Alles, was wir tun können, ist nachzufolgen, nachzuahmen und zu wiederholen, was sie uns gelehrt haben. Mit anderen Worten, alles wurde uns überliefert (Gauchet, S. 23-24). Dieser existentiell religiösen Anschauung folgend, ist die Welt nichts, was wir schaffen, sondern etwas, was wir erben, und die, von denen wir es erben, obwohl sie gänzlich anders sind als wir, sind immer noch in unserem Leben gegenwärtig – sie diktieren Praxis und Glauben unseres Alltags. Die existentielle religiöse Unterscheidung ist dann die zwischen der menschlichen Gemeinschaft auf der einen Seite und den Wesen auf der anderen Seite, die als grundlegende Macht allen menschlichen Lebens fungiert. Wenn man die formale Figur des »re-entry« verwenden möchte, die uns George Spencer-Brown hinterlassen hat und die von Luhmann popularisiert wurde,[5] ist es nicht schwer zu erkennen, daß diese ursprüngliche Unterscheidung wieder in die menschliche Gemeinschaft eingeführt wird und dadurch eine Gruppe von der anderen unterscheidet. Laut Gauchet spiegelt sich seit dem Auftauchen des antiken Staats (wie z.B. dem ägyptischen) die Unterordnung der menschlichen Gemeinschaft unter die göttliche Ordnung in der Unterjochung einer Gesellschaftsgruppe, die Beherrschten, durch eine andere, die Herrscher, die gleichsam als Repräsentanten des göttlichen Prinzips agieren.

Mit dem Auftauchen des europäischen Christentums wird schließlich diese soziale Hierarchie überwunden, jedoch auf eine extrem unintuitive Weise, nämlich durch die absolute Transzendenz des göttlichen Prinzips. Mit der Etablierung der totalen Trennung von göttlicher und irdischer Stadt, so behauptet Gauchet, sind alle Versuche, ein hierarchisches Verhältnis zwischen diesen aufrechtzuerhalten, zum Scheitern verurteilt. Es ist wahr, daß das Verlangen, das die Dichotomie der beiden Städte begleitete, das Verlangen danach war, die menschliche Stadt nach den Prinzipien der transzendenten Stadt Gottes zu errichten. Das Ziel der »wahren christlichen Gemeinschaft«, so schreibt Gauchet, war es, »alle Gläubigen in einer Stadt-Welt zu vereinigen, wo die vollstreckenden Mechanismen und die Räder der Autorität den ewigen Zielen untergeordnet wären, unter der Führung eines einzelnen Hirten, der selbst Gott am nächsten wäre.« Doch »sobald einer der zwei möglichen hegemonialen Ansprüche – in diesem Fall das Primat des Spirituellen – öffentlich durchgesetzt war, provozierte es buchstäblich den Ausdruck einer gegenteiligen Behauptung, die Autonomie des Zeitlichen. Das strukturelle Resultat war, daß der Wunsch, alles dem Jenseitigen zu unterwerfen, die nicht mehr rückgängig machbare Unabhängigkeit des Diesseitigen enthüllte; genau dieses Verlangen rechtfertigte sein Gegenteil« (Gauchet, S. 153). Mit anderen Worten, es taucht ein letztes »re-entry« auf, eines, das eine Trennung nicht *zwischen* den Menschen, also nicht zwischen Herrschern und Beherrschten, sondern *innerhalb* des *einzelnen* Menschen schafft. Diese letzte Unterscheidung, dieser »innere Spalt«, so behauptet Gauchet, »eröffnet einen *Bruch im Sein*, der einen erhellenden Zugang von innen ermöglicht, zu größerer Wahrheit als sie im gemeinen Dasein gegeben ist, und zwar so, daß »Bedeutung« nicht länger das Produkt von Schicksal ist, sondern »nun im Diesseits auf einer Reise innerer Entdeckungen gefunden werden kann« (S. 47). Die absolute Trennung der zwei Städte stellt einen Raum für menschliche Reflexion und menschliche Befreiung zur Verfügung, eine menschliche Wieder-Aneignung von Gedanke und Autonomie. Als Resultat davon ist ein absolut unbekannter und unsichtbarer Gott scheinbar in den unbezeichneten Raum (»unmarked space«) zurückgestoßen, den wir einfach »absolute Transzendenz« nennen, weil wir keine andere Möglichkeit mehr haben uns vorzustellen, was oder wo diese Gottheit möglicherweise sein könnte. Das ist dann das extreme dialektische Moment, der Punkt, wo die These – absolute Transzendenz – umkippt und ihre eigene Negation wird – absolute Immanenz. »Das Paradox«, um Gauchet ein letztes Mal zu zitieren,

> ist, daß eine Zunahme von figurativer oder erfahrener Andersheit mit einer Abnahme einer tatsächlich vorhandenen Andersheit einhergeht; die Verstärkung des Bildes vom Anderen geht einher mit einer tatsächlichen Verkleinerung der Abhängigkeit von ihr [...] Man könnte sich fast ein auf diese Situation anwendbares Gesetz ausdenken, ein Gesetz menschlicher Emanzipation durch göttliche Bestätigung. Man könnte es folgendermaßen zusammenfassen: je größer die Götter, desto freier sind die Menschen« (S. 51).

Deshalb entläßt uns Gottes unendlich entfernte Andersheit zu unseren eigenen Werkzeugen und wir lernen eine Welt entsprechend unseren eigenen Bildern und Bedürfnissen zu schaffen.

Gauchets Geschichte der Säkularisierung, jedenfalls die hier dargestellte, ist eindeutig eine triumphierende, der Aufklärung verpflichtete Darlegung der menschlichen Emanzipation. Wie es in einer amerikanischen Besprechung seines Buches heißt: »Es gibt hier einen harten Kern von Wahrheit. Und zwar der, daß alle liberalen Ordnungen in der Religion einen Freund finden mögen, weil es Gottes Andersheit ist, die uns frei macht: frei, zu glauben und frei, nicht zu glauben. Die Geschichte des Westens ist die Entfaltung dieser Ironie« (Jean Bethke Elshtain).[6] Unter diesem Blickwinkel wird Gott dafür benutzt, um das liberale politische System besser funktionieren zu lassen. Wir dienen nicht ihm, sondern er dient uns. Man könnte aber auch die Geschichte der Säkularisation als eine tragische betrachten, denn das hieße, daß sie den Verlust unserer gemeinsamen Grundlage repräsentiert. Mit Heidegger ließe sich z.B. sagen, daß die absolute Andersheit und Transzendenz Gottes, sein Rückzug in den unbezeichneten Raum, nichts weniger bedeutet als unsere Seinsvergessenheit. Mit Heidegger und mit Heideggers Hölderlin, könnten wir dann das Schicksal unserer Zeit als nichts anderes betrachten als das Schicksal, das auf die Rückkehr der Götter wartet, diese Helden und Vorfahren, die die Grundlagen der menschlichen Gemeinschaft legen, in der wir unseren rechtmäßigen und angemessenen Platz finden. Die Frage, die wir an Benjamins Fragment zu stellen haben, ist, ob seine Darlegung des Kapitalismus als Religion in irgendeiner Weise zum triumphierenden oder tragischen Modell der Moderne paßt. Wenn Kapitalismus eine Religion ist, heißt das, daß die Götter zurückgekehrt sind, oder daß sie nie fortgegangen sind? Und wenn sie zurückgekommen und noch oder wieder unter uns sind, sollten wir dann an ihrer fortgeführten Anwesenheit Gefallen finden?

* * *

Obwohl Max Webers *Die protestantische Ethik und der Geist des Kapitalismus* der klare Impuls für Benjamins Spekulationen über das Wesen und die Struktur des Kapitalismus ist, präsentiert sich sein Fragment, »Kapitalismus als Religion«, nicht als Verbesserung von Webers These, sondern als deren Widerlegung. Kapitalismus ist nicht nur ein »religiös bedingt[es] Gebilde«, wie Weber betont, sondern »ein[e] essentiell religiös[e] Erscheinung« und hat deshalb eine »religiöse Struktur«.[7] Es ist diese Struktur, die Benjamin befragen möchte. Und wenn wir Benjamins

Behauptung ernst nehmen, dann ist unsere erste Aufgabe zu fragen: Zu welcher, wenn überhaupt, der drei oben skizzierten Strukturen religiösen Lebens gehört Kapitalismus?

Benjamin behauptet, daß er drei Aspekte der Struktur des Kapitalismus abgrenzen kann. Tatsächlich identifiziert er vier Merkmale, aber alle vier können auf zwei vorherrschende Kategorien reduziert werden: das kultische Wesen des Kapitalismus und die zentrale Stelle, die die Idee der Schuld innerhalb dieses Kults einnimmt. Ich werde die Diskussion der Schuld für später aufsparen und mich zunächst darauf konzentrieren, was Benjamin unter »Kult« versteht.

Für Benjamin organisiert ein Kult jeden Aspekt eines Lebens einer Person, keine Zeit und kein Raum bleibt davon unberührt. Obwohl, wie er sagt, ein Kult kein einzelnes Dogma oder keine einzelne Theologie hat, stellt er die zentrale Bedeutung bereit, auf die jedes Mitglied sich beziehen muß. Und diese Bedeutung stellt der Kult zu jeder Zeit bereit. Es gibt keinen *Wochentag*, sagt er, sondern nur die bedrückende Ewigkeit des *Festtages*. Folglich verlangen Kulte »die äußerste Anspannung des Verehrenden« (Benjamin, S. 100). Es gibt kein Entkommen. Diese Charakterisierung des Kults könnte direkt von der Eröffnungspassage von Webers klassischem Text genommen sein, in dem er den calvinistischen Versuch beschreibt, die Kontrolle der Kirche über alle Aspekte des Lebens und seiner Mitglieder zu bestätigen. Die Reformation, erinnert uns Weber, war nicht daran interessiert, die Kontrolle der Kirche über unser privates und öffentliches Leben abzuschaffen, sondern eher daran, die Kontrolle zu verstärken, indem sie gar eine ältere, hauptsächlich formelhafte und eher laxe Form der Kontrolle mit einer weit härteren und untragbareren Form ersetzte, getrieben von den internen Schmerzen des Gewissens und durchgeführt von der äußeren Autorität einer, wie wir heute sagen würden, totalitären, theokratischen Gesellschaft.[8] Man muß nur an die Geschichte der Massachusetts Bay Colony des 17. Jahrhunderts denken, mit ihren Inquisitionen, religiösen Verfolgungen und des »double bind« ihrer Hexenjagden, um zu verstehen, wie solch eine puritanische Gesellschaft aussah. Dennoch, trotz oder gerade aufgrund dieser psychologischen Ernsthaftigkeit, gab es, wie Weber anerkennt, eine Art seltenen Heroismus einer Selbstdisziplin des Mittelstands, einen Mut und ein Durchhaltevermögen, das das sogenannte heroische Zeitalter des Frühkapitalismus herbeiführte. Mit Beginn des 20. Jahrhunderts aber war dieser Heroismus routinemäßig, ja zwingend geworden. »Der Puritaner *wollte* Berufsmensch sein«, schreibt Weber, »wir *müssen* es sein«.[9] Freiwillige Selbstüberwindung wird zu unfreiwilliger Selbstbetäubung. Heute bleiben wir letztendlich zurück mit den roboterhaften Subjekten von Webers bekanntem, nach Nietzsche klingenden Satz: »Fachmenschen ohne Geist, Genußmenschen ohne Herz«.[10] Diese nach-heroischen Berufsmenschen sind die Bewohner von Benjamins Kult des Kapitalismus.

Es ist wichtig, Benjamins Kult von dem zu unterscheiden, was Weber eine Sekte nennt. Eine Sekte, schreibt Weber, die »ein Verein der religiös voll *Qualifizierten* und nur ihrer [sic] sein will, nicht wie eine Kirche eine Gnadenanstalt, die ihr Licht über Gerechte und Ungerechte scheinen und gerade die Sünder am meisten unter die Zucht des göttlichen Gebots nehmen will. Die Sekte hat das Ideal der *›ecclesia pura‹* (daher der Name ›Puritaner‹), der *sichtbaren* Gemeinschaft der heiligen, aus deren Mitte die räudigen Schafe entfernt werden, damit sie Gottes Blick nicht beleidigen.«[11] Benjamins Kult hat keine solchen Ansprüche. In der Tat ist es interessant zu sehen, wie Benjamin im letzten Abschnitt seines Fragmentes Kapitalismus ausdrücklich mit der Religion der ersten Heiden gleichsetzt, mit dem, was Benjamin »das ursprüngliche Heidentum« nennt, das heißt mit den Menschen, deren Interessen praktisch waren und die noch nicht eine Ebene der Selbstreflexion oder Selbstbeobachtung erreicht hatten, die zu moralischen oder transzendentalen Idealen führen würden. Die Religion dieser ersten Heiden, schreibt Benjamin, »[sah] im irreligiösen oder andersgläubigen Individuum seiner Gemeinschaft genau in dem Sinne ein untrügliches Mitglied derselben, wie das heutige Bürgertum in seinen nicht erwerbenden Angehörigen« (Benjamin, S. 103). Alle sind mit einbezogen, genau deshalb weil dogmatische Einheit unwichtig ist. Was wichtig ist, ist die Mitgliedschaft in der Gemeinschaft. Neben den untätigen Armen und den Arbeitslosen, das heißt denen, deren Mangel an Erfolg ihren fehlerhaften Glauben und die Abwesenheit der Gnade anzeigt, könnte man zu der Liste der Ungläubigen zahlreiche andere hinzuaddieren – ausgesprochene Gegner inbegriffen, die, wie Benjamin möglicherweise, nach Alternativen suchen, oder akademische Marxisten, die mit ihren Gehältern, Rentenplänen, Hypotheken, Autokrediten, Kreditkartenschulden und Privatschulgeldern für ihre Kinder bis ins Detail genauso freiwillig oder unfreiwillig Mitglieder im Kult des Kapitalismus sind wie irgendein Investmentbanker. Der Ungläubige mag sich vielleicht keiner Sekte anschließen, aber er oder sie kann dem Kult nicht entfliehen.

Als Kult, als ununterbrochenes sakrales Fest, ist der Kapitalismus eine Gemeinschaft, der man nicht entfliehen kann. Er leitet und kontrolliert unser Leben, ob wir an seinen Mechanismus glauben oder nicht. Hängen wir, konfrontiert mit sogenanntem Warenfetischismus und Massenkonsum, dennoch an Vorstellungen von Authentizität, Gebrauchswert, nicht-entfremdeter Arbeit? Wie dem auch sei, jedes Mal, wenn wir unsere Gehaltsüberweisung bekommen, Geld vom Bankautomaten holen oder der Bedienung ein paar Euro mehr Trinkgeld geben, opfern wir am Altar des Tauschwerts. Als Name für die moderne Geldwirtschaft und als Name für die soziale Ordnung, in der diese Wirtschaft funktioniert, kommandiert Kapitalismus »die äußerste Anspannung jedes Verehrenden«, und jedes Mitglied der modernen Gesellschaft beteiligt sich am Kult, ob er oder sie es will oder nicht. Ist das Säkularisierung? Nicht laut Benjamin. In der Tat wird uns jetzt klar, daß Kapitalismus für Benjamin Religion in ihrer reinsten Form, in ihrer Urform, ist. Die Auflösung der Transzendenz, von Gauchet geschildert und von Weber mit Bezug auf den calvinistischen Protestantismus dokumentiert, ist keine Auflösung in die gottlose Immanenz, sondern ein Rückfall in die urzeitliche Immanenz, die von Göttern beherrscht ist – diesen mysteriösen Wesen, die uns sagen, wie die Welt funktioniert. Diese neuen, aber immerhin heidnischen Götter zu hinterfragen, ihre Offenbarungen zu hinterfragen, wie sie im Wall Street Journal oder in der Frankfurter Allgemeinen Zeitung erscheinen, heißt nicht, eine alternative Vision oder Philosophie der Geschichte anzubieten, sondern Wirklichkeit selbst zu hinterfragen.

* * *

Wenn der Kult des Kapitalismus kein Dogma hat, was ist es dann, was auf die Gemeinschaft eine solche Macht ausübt, daß es die Gemeinschaft zusammenhält? Benjamins Antwort lautet: *Schuld*, eine alles durchdringende Schuld, die vom Kult geschaffen ist und die Gott verdächtigt. Es sei nur daran erinnert, wie Benjamin Schuld und ihre Beziehung zum Kapitalismus charakterisiert: »Der Kapitalismus,« schreibt er, »ist vermutlich der erste Fall eines nicht entsühnenden, sondern verschuldenden Kultus.« Deshalb:

> Ein ungeheures Schuldbewußtsein das nicht zu entsühnen weiß, greift zum Kultus, um in ihm diese Schuld nicht zu sühnen, sondern universal zu machen, dem Bewußtsein sie einzuhämmern und endlich und vor allem den Gott selbst in diese Schuld einzubegreifen, um endlich ihn selbst an der Entsühnung zu interessieren. Diese ist hier also nicht im Kultus selbst zu erwarten, noch auch in der Reformation dieser Religion [...] noch in der Absage an sie. (Benjamin, S. 100 f.)

Es ist verführerisch, in der Tat scheint es unvermeidbar, daß man sowohl auf die historische Einmaligkeit des Kapitalismus als auch auf die doppelte Bedeutung des deutschen Begriffes »Schuld« aufmerksam wird. »Schuld« bedeutet im Deutschen sowohl das, was wir im Englischen »guilt« als auch das, was wir »debt« nennen. Also zum einen eine Schuld im theologischen Sinne, basierend auf der Last der Erbsünde, und zum anderen eine Form der wirtschaftlichen Schuld, die auf dem Mangel an Glaubwürdigkeit, dem materiellen Zeichen guten Glaubens, beruht – was eine gleichermaßen universelle Bürde ist, denn ohne Schulden gäbe es kein Wachstum, keine kapitalistische Expansion. In anderen Worten, wenn man der Säkularisationsthese folgte, und den Geist des Kapitalismus als eine Form säkularisierten Calvinismus sähe, könnte man »debt« (Schulden) als säkularisierte Sünde sehen, eine Version von »guilt« (Schuld), die vom Geld in alle Ecken der Welt und alle Ecken der Seele getragen wird. Und Geld könnte im Gegenzug sowohl als Ursache von des Schuldners Schuld als auch als das Mittel, durch das der Schuldner möglicherweise erlöst werden kann, angesehen werden. Und im Englischen jedenfalls könnte man dieses Begriffsspiel weiterverfolgen, indem man sowohl die wirtschaftliche wie auch die theologische Bedeutung des Wortes »redemption« (Erlösung) mit einbezieht: einlösen und erlösen. Gott in die Schuld der Welt einzubeziehen würde natürlich bedeuten, Gott in unsere Schuld zu stellen. Es ist, wie gesagt, verführerisch, Benjamins Fragment auf diese Weise zu lesen – aber es macht erstaunlich wenig Sinn, es zu tun.

Abgesehen von der Geschichtlichkeit des Phänomens »Kapitalismus« – auf der Weber zum Beispiel besteht, wenn er die traditionelle Wirtschaft mit ihrer verschwenderischen Haltung gegenüber Reichtum von Kapital, das heißt diszipliniertem, gar züchtigendem Reichtum, den man für sich arbeiten läßt, abgrenzt – scheint Benjamin den Begriff unpräzise und eher unhistorisch zu benützen, ganz ähnlich wie Horkheimer und Adorno den Begriff des bürgerliches Subjekts in ihrer *Dialektik der Aufklärung*. Obwohl Benjamin darauf besteht, daß Kapitalismus etwas unerhört Eigenartiges ist, behauptet er auch, daß Kapitalismus, durch die Tatsache, daß er eher Schuld schafft als kompensiert, »im Sturz einer ungeheuren Bewegung [steht]« (Benjamin, S. 100). Was diese große Bewegung sein könnte, ist nicht weiter ausgeführt. Historisch könnte es einfach identifiziert werden als »Moderne«, aber dann wäre der Begriff »Kapitalismus« eingeschränkt auf seinen Gebrauch als Beschreibung des modernen Wirtschaftssystems, und man müßte sich fragen, wie sich Benjamin 1921 die Integration des Kapitalismus in dieses größere Ganze vorstellt, insbesondere wenn man den Status seines Kultes bedenkt. Es scheint deshalb sinnvoller, diese Bewegung strukturell mit der Schaffung von Schuld selbst zu identifizieren. Es mag sein, daß der Kapitalismus die Schuld verehrt, aber das ist nicht die einzige Kraft, die Schuld schafft. In anderen Worten: ein Schlüssel, um diesen Text zu verstehen, ist zu begreifen, was Benjamin für das richtige Verständnis des wahren Ursprungs von Schuld in der menschlichen Welt hält.

Benjamins Hinweis auf Sorels *Réflexions sur la violence*, das erste Zitat in einer Reihe von literarischen Quellen am Ende des Texts, mag uns in die richtige Richtung weisen, denn hier erinnert uns Benjamins Hinweis auf den »heidnischen Charakter des Rechts« (S. 102) an seine ähnliche Charakterisierung des Kapitalismus im letzten Abschnitt – dem Abschnitt, der die Ähnlichkeit des Kapitalismus mit der Religion der »ersten Heiden« hervorhebt. Es bedeutet keinen Mangel an Vorstellungskraft, wenn man sich dann bei einem sehr viel berühmteren, öfter diskutierten Text, im selben Jahr geschrieben und publiziert (1921), Hilfe holt, nämlich Benjamins »Zur Kritik der Gewalt«[12].

Benjamins »Kritik« ist um eine Gruppe von Unterscheidungen mit klaren positiven und negativen Werten strukturiert. Die Hauptunterscheidung ist die zwischen einer negativ konnotierten mythischen Gewalt und ihrem positiven Anderen, der göttlichen Gewalt. Wie bereits oben gesagt wurde, ist mythische Gewalt mit Gesetz gleichgesetzt. Sie ist sowohl rechtsetzend als auch rechterhaltend. In Carl Schmitts Begriffen könnte man sagen, daß mythische Gewalt sowohl Legitimität als auch Legalität ist. Um ein modernes, liberales Beispiel zu geben: mythische Gewalt ist sowohl die legitimierende Macht, die eine Verfassung etabliert – eine politische Revolution, zum Beispiel – und die rechtliche Macht – der Code der Gesetze –, die diese Verfassung garantiert. Daraus folgt, daß mythische Gewalt eine rechtspolitische Ordnung schafft (S. 197-199). Aber Benjamin verurteilt eine solche rechtliche und politische Ordnung völlig, da er die mythische Gewalt, die diese Ordnung konstituiert, sowohl als eine »schaltende« als auch als eine »verwaltete Gewalt« ansieht, das heißt als völlig »verwerflich« und bedarf der Zerstörung (S. 203). Die Macht, die mit entgegengesetzter, gar zerstörerischer mythischer Gewalt belastet wird, und die Ordnung, die sie etabliert, ist die reine und unmittelbare Gewalt, die als »göttlich« bezeichnet wird. In einem berühmten und oft zitierten Abschnitt, kontrastiert Benjamin die zwei Manifestationen der Macht folgendermaßen:

Ist die mythische Gewalt rechtsetzend, so die göttliche rechtsvernichtend, setzt jene Grenzen, so vernichtet diese grenzenlos, ist die mythische verschuldend und sühnend zugleich, so die göttliche entsühnend, ist jene drohend, so diese schlagend, jene blutig, so diese auf unblutige Weise letal. (S. 199)

Mit anderen Worten, göttliche Gewalt und ihre Auswirkungen können nicht positiv definiert, sondern nur ex negativo beschrieben werden. Sie ist einfach zerstörerisch der gegebenen Ordnung gegenüber, ohne irgend etwas Neues zu versprechen, abgesehen vom Versprechen des Neuen selbst.

Abgesehen vom religiösen Vokabular ist es wichtig, sich daran zu erinnern, daß das Vorbild für diese Unterscheidung, zwischen einer mythischen oder rechtlichen Gewalt auf der einen Seite, und einer quasi-utopischen, außerrechtlichen und außerpolitischen, göttlichen Gewalt auf der anderen Seite, Sorels Unterscheidung zwischen politischem Generalstreik, der einfach eine politische Ordnung durch eine andere ersetzt, und dem revolutionären oder proletarischen Generalstreik ist, mit einem einzigen und unmittelbar zerstörerischem Ziel. Was Benjamin an der mythischen Gewalt beunruhigt, ist das, was Sorel an der zwingenden Gewalt des politischen Streits beunruhigte, nämlich daß sie politische Macht von einer Elitegruppe auf eine andere überträgt, ohne das Wesen der politischen Macht als solcher zu verändern. Mythische Gewalt reproduziert einfach die Struktur von Macht und Gewalt, während von göttlicher Gewalt, indem sie wesentlich anarchisch ist, behauptet wird, sie leite eine neue historische Epoche ein, die potentiell das Versprechen einer Ordnung, die nicht auf der Wiederkehr rechtlicher oder irgendeiner anderen Form von Macht beruht, mit sich bringt. In anderen Worten, mythische Gewalt *produziert* Schuld; göttliche Gewalt entbindet uns von ihr. Die Beziehung von mythischer Gewalt und Schuld ist in folgendem rätselhaften und philosophisch schwierigen Abschnitt angedeutet:

> Denn Blut ist das Symbol des bloßen Lebens. Die Auslösung der Rechtsgewalt geht nun, wie hier nicht genauer dargelegt werden kann, auf die Verschuldung des bloßen natürlichen Lebens zurück, welcher den Lebenden unschuldig und unglücklich der Sühne überantwortet, die seine Verschuldung »sühnt« – und auch wohl den Schuldigen entsühnt, nicht aber von einer Schuld, sondern vom Recht. Denn mit dem bloßen Leben hört die Herrschaft des Rechtes über den Lebendigen auf. Die mythische Gewalt ist Blutgewalt über das bloße Leben um ihrer selbst, die göttliche reine Gewalt über alles Leben um des Lebendigen willen. Die erste fordert Opfer, die zweite nimmt sie an. (S. 200)

Für Benjamin und aus jüngerer Zeit für Giorgio Agamben, von dessen Buch *Homo Sacer* behauptet werden kann, es sei eine erweiterte Ausarbeitung von Benjamins Aufsatz, umfaßt die blutige Gewalt, der das bloße Leben ausgeliefert ist, den Ausnahmezustand, auf dem die souveräne Regel der Gesetze gegründet ist. Das heißt, daß der Bereich des bloßen Lebens und der Bereich des Politischen, der auf rechtliche Gewalt gegründet ist, aufs engste miteinander verbunden sind. Bloßes Leben ist nicht die Bedingung für vorpolitische Unschuldigkeit, zu der man zurückkehrt, sondern die Bedingung von politisch veranlaßter Schuld, die überwunden werden muß. Die Bedingung bloßen Lebens anzunehmen, heißt die Bedingung einer sozial und historisch begründeten Schuld anzunehmen; deshalb bedeutet Annahme der Schuld, die darin besteht, den bloßen Menschen mehr als »das Nochnichtsein des gerechten Menschen« (S. 201) zu schätzen, eine Bejahung des Nihilismus. Die bestehende politische Ordnung vom Innern der bestehenden politischen Ordnung her zu denken, sogar wenn man versucht, diese Struktur zu verändern, heißt nihilistisch denken, denn wenn man das tut, kann man sich nie von der politisch reproduzierten Schuld befreien. Wie Agamben schreibt, »bezieht sich Schuld nicht auf Übertretung, das heißt auf die Bestimmung des Legalen und des Illegalen, sondern auf die reine Kraft des Gesetzes, einfach darauf, daß das Gesetz auf irgend etwas verweist.« Deshalb: »Bis eine vollkommen neue Politik – das heißt eine Politik, die nicht länger auf den *Ausschluß* des bloßen Lebens gegründet ist – zur Verfügung steht, wird jede Theorie und jede Praxis eingesperrt und unbeweglich bleiben und dem ›schönen Tag‹ des Lebens wird Bürgerrecht gegeben nur durch Blut und Tod oder durch die perfekte Bedeutungslosigkeit, zu der die Vergnügungsgesellschaft ihn verdammt.«[13] Aber die »vollkommen neue Politik« kann nicht geplant oder antizipiert werden, sie kann nur als das Ergebnis der absoluten Zerstörung der gegenwärtigen Ordnung durch eine völlig unmittelbare und blutlose göttliche Gewalt auftauchen.

Wenn wir diese mythisch, diese rechtlich, politisch und gesellschaftlich und diese menschlich herbeigerufene Schuld im Hinterkopf behalten, können wir, denke ich, sehen, daß auch in Benjamins »Kapitalismus als Religion« eine Form göttlicher Gewalt ihre Gegenwärtigkeit spürbar macht. In der Tat, um das, was ich weiter oben eher scherzhaft die »Dialektik der Säkularisation« genannt habe, zu vermeiden, um das offenbare Oszillieren von Immanenz und Transzendenz, das Gauchet beschreibt, zu vermeiden, in dem Religion sich von ihrer ursprünglichen, immanenten Bedingung zu einer von einer Staatsautorität vermittelten, quasi transzendenten und schließlich zu einer absoluten Transzendenz bewegt, die quasi automatisch zurück in die ursprüngliche Immanenz der Götter und ihrer Allgegenwärtigkeit fällt – um all das zu vermeiden, würde die pure Katastrophe der göttlichen Gewalt notwendig scheinen. Benjamin stellt ausdrücklich fest, daß Kapitalismus als ein Kult der Schuld nicht einfach weggewünscht werden kann. Der Kult macht Schuld universal, dennoch kann keine Reformation oder gar Entsagung dieses Kults, keine *politische Gewalt*, Reform oder Revolution diese Schuld sühnen. Angesichts solcher Macht wird selbst Gott impotent. Aber das ist genau der Punkt. Die Universalität der Schuld, die der Kapitalismus auferlegt, ist in ein solches Extrem gedrängt, daß sich Verzweiflung in Hoffnung verwandelt, die Hoffnung auf eine vollkommene Destruktion der Welt, wie wir sie kennen.

Es liegt im Wesen dieser religiösen Bewegung, welche der Kapitalismus ist, das Aushalten bis ans Ende, bis an die endliche völlige Verschuldung Gottes, den erreichten Weltzustand der Verzweiflung auf die gerade noch *gehofft* wird. Darin liegt das historisch Unerhörte des Kapitalismus, daß Religion nicht mehr Reform des Seins sondern dessen Zerstörung ist. (Benjamin, S. 101)

Gott ist das Mittel dieser Zerstörung, aber er kann sie nur mittels der Selbstauslöschung vollbringen. Er ist weder der allmächtige wütende Gott, der die Sintflut verursacht, noch der sich opfernde Gott, der sein eigenes Leben für unsere Sünden hingibt. Er ist der Gott, der auf die Ebene menschlicher Aktivität reduziert ist, der Gott, der auch von der in seinem Namen ausgeübten Gewalt zerstört wird. Was bleibt, wird erst bekannt sein, wenn es so weit ist, aber offenkundig ist es noch nicht so weit.

* * *

Ist dann Benjamins Kritik des Kapitalismus eine Kritik am Säkularisationsprozeß oder ein Versuch, ihn neu zu denken? Mit anderen Worten, schlägt Benjamin eine theologische, in der Tat eine erstklassig messianische Alternative zum gescheiterten Projekt der Säkularisation vor? Ich möchte eine Antwort zu diesen Fragen andeuten, indem ich einen kurzen Abschnitt aus einem zweiten Buch Agambens, *Die kommende Gemeinschaft*, zitiere. Hier gibt Agamben eine Beschreibung vom Limbo, dem Platz, wo die toten Seelen, die niemals von Gott gehört haben, ihre Tage verbringen: Laut Thomas von Aquin, schreibt Agamben, kann die Bestrafung ungetaufter Kinder, die mit keiner anderen als der Erbsünde starben, keine schmerzende Bestrafung wie die Höllenstrafe sein, sondern nur eine Bestrafung durch Entbehrung, die im fortwährenden Entzug der Schau Gottes besteht. Im Gegensatz zu den Verdammten fühlen die Einwohner von Limbo diesen Mangel nicht: da sie nur natürliches und kein übernatürliches Wissen haben, das man mit der Taufe bekommt, wissen sie nicht, daß sie dem höchsten Gott entzogen sind [...] Die größte Bestrafung – der Entzug der Schau Gottes – wendet sich so in eine natürliche Freude: Unerlösbar verloren, beharren sie weiter ohne Schmerzen in Gottverlassenheit. Gott hat sie nicht vergessen, sondern eher ist es so, daß sie Gott immer schon vergessen haben.[14]

In dieser Beschreibung vom Limbo haben wir die Vision einer Gemeinschaft, die die Götter nie von ihren Mächten enteignete; eine Gemeinschaft, die nie von den Göttern gehört hat und deshalb nie von Teufeln versucht wurde; eine Gemeinschaft, die keine Freundschaft kennt, keine Freundschaft braucht, weil sie nie Feinde kannte; eine Gemeinschaft, die sich nie Unschuldigkeit vorstellt, weil sie nie Schuld erfahren hat. Ich kann mir kein besseres Bild vorstellen, um die aufgeklärte Säkularisation darzustellen. Es gibt allerdings eine antiteleologische Wendung in dieser Geschichte. Säkularisation ist nicht der Höhepunkt einer historischen Entwicklung; eher erscheint sie als eine Leugnung jeglichen Prozesses, als die Abwesenheit von Geschichte. Emanzipation von den Göttern taucht auf, kann nur auftauchen, bevor die Götter je erscheinen, in einem Raum, der von einer absoluten und absolut reinigenden Zerstörung eröffnet wird. Nur dann kann die neue historische Ära beginnen.

Diese Ausführungen entsprechen in etwa der Vorstellung, wie sich Benjamin das Überleben nach der glorreichen Katastrophe, die eine blutleere göttliche Gewalt wäre, vorgestellt haben mag. Ob solch fröhliches Nichtkennen Gottes und deshalb solch freudiger Mangel an Schuld wirklich eine *politische* Vision ist, eine Vision, die mit dem Leben in der menschlichen Stadt übereinstimmt, oder ob es nur noch ein weiteres in einer langen Reihe theologischer Märchen ist – das möchte ich Ihrer Entscheidung überlassen.

Aus dem Amerikanischen von Christine Lehleiter

Volkszählung

Dirk Baecker

Die Religion als Spielverderber

Walter Benjamin hat angesichts seiner Diagnose der religiösen Struktur des Kapitalismus davor gewarnt, daß, wer ihr folge, »auf den Abweg einer maßlosen Universalpolemik« geraten könne. Die Diagnose blieb Fragment und wurde erst posthum veröffentlicht.[1] Daraus läßt sich auf einen Bedarf an Theorie schließen. Im Folgenden soll Benjamins Diagnose deshalb im Lichte eines differenzierungstheoretischen und eines medientheoretischen Arguments zum Verhältnis von Religion und Kapitalismus diskutiert werden. Diese Diskussion nimmt der Diagnose nichts von ihrer Brisanz.

Allerdings fordert sie zu einer gewissen Vorsicht bei der Vermutung auf, der Kapitalismus sei die Religion, die jede andere Religion, vor allem das Christentum, beerben und also auch ersetzen könne. In dieser Vermutung verbinden sich bei Benjamin und einigen seiner Leser schärfste Kapitalismuskritik und radikale Aufklärungshoffnung zur Paradoxie einer Gesellschaftstheorie, die hier, und vielleicht nur hier, von einer gewissen Geschichtsphilosophie nicht lassen kann. Sie will die Bahn, auf der man sich befindet, sowohl unter Dekadenzgesichtspunkten als auch unter Fortschrittsgesichtspunkten deuten können.

Es könnte sein, daß ausgerechnet die Religion hier als Spielverderber auftritt. Es könnte sein, daß sie sich noch nicht einmal vom Kapitalismus, und gerade von diesem nicht, ersetzen läßt. In den Augen einer wirklichen Religion ist der Kapitalismus zu zivil. Für die religiöse Unterscheidung zwischen Gut und Böse und für die Kenntnis *beider* Seiten der Unterscheidung, wie sie vielleicht nur in der Religion, wenn auch weniger in ihren theologischen als vielmehr in ihren populären, zuweilen von Theologen mitbedienten Varianten betrieben wird, hat er keinen Sinn.

Das differenzierungstheoretische Argument wird bereits von Max Weber verwendet. Demzufolge bedingt die protestantische Ethik die Entstehung oder zumindest die Durchsetzung des Kapitalismus nicht etwa kausal, so wie eine Ursache eine Wirkung nach sich zieht, sondern kontingent: Die protestantische Ethik ist die »andere Seite« der kapitalistischen Wirtschaft, die deren Durchsetzung in der Gesellschaft sowohl vorbereitet als auch trägt, begleitet und absichert.[2] Die Trennung von Haushalt und Betrieb, die Einführung von Berufen, die Entstehung von Arbeitsmärkten, die Erwartbarkeit von Produktinnovationen und die Werbung um Kunden, ganz zu schweigen von Konkurrenz, Kooperation und Vertrauen in Geschäftspartner, sind keine Angelegenheit der Wirtschaft allein, sondern betreffen die Gesellschaft in ihren Motivlagen, Lebenshaltungen, Erwartungen und Befürchtungen, so daß diese Art der Wirtschaft nur stattfinden kann, wenn die Gesellschaft sich auf diese Wirtschaft einstellt. Max Weber unterschied zwischen der »Form« und dem »Geist« des Kapitalismus. Heute würde man eher davon sprechen, daß zur wirtschaftlichen Innenseite des Kapitalismus eine gesellschaftliche Außenseite gehört, die Politik, Wissenschaft, Erziehung und Religion ebenso umfaßt wie Familie, Intimität und Persönlichkeit.

Die protestantische Ethik und darüber hinaus jede Religion, die in Termini von Schuld und Erlösung rechnet,[3] sind Strukturen, die es der Wirtschaft ermöglichen, sich in die sie umgebende Gesellschaft einzupassen beziehungsweise, wie man seit Karl Polanyis einschlägigen Studien sagt, sich in diese »einzubetten«.[4] So ermöglichen sie es der Gesellschaft, sich mit einem bislang ungewohnten Zugriff auf soziale Umgangsformen, sachliche Ressourcen und Zeithorizonte nicht nur abzufinden, sondern diesem Zugriff mit eigenen politischen, rechtlichen, erzieherischen und motivationalen Innovationen entgegenzukommen. Daß dies ein Prozeß ist, der alles andere als reibungslos abläuft, versteht sich von selbst, wenn man bedenkt, daß die Gesellschaft Anpassungen dieser Art in einer Situation vornehmen muß, in der Politik, Recht, Erziehung und Motivation bereits prekär und riskant einander angepaßt sind[5] und daher mit jeder Änderung bisherige Balancen in Frage gestellt werden.

Darüber hinaus sind die protestantische Ethik und ähnliche Formen von Religion jedoch auch Strukturen, in denen sich die Religion gemessen an ihren eigenen Forderungen auf die Gesellschaft einstellt, in der sie sich als Differenz behaupten muß. So wie sich die Wirtschaft in die Gesellschaft wieder einbetten muß, in der (nicht etwa: aus der) sie sich ausdifferenziert, so muß auch die Religion ihre Wiedereinbettung überprüfen, wenn genügend Irritationen auftreten, die darauf hinweisen, daß sich in der Gesellschaft Strukturen verändert haben, auf die sich diese Wiedereinbettung bislang gestützt hat. So verändern die beiden wichtigsten Struktureigenschaften der kapitalistischen Wirtschaft, nämlich die Warenabstraktion und die Kapitalverwertung,[6] als Formen des Zugriffs auf die Schöpfung Gottes die Fragen, die an die Religion gestellt werden und die sich die Religion im Gebet, in der Gemeinde und in der Theologie selber stellt. Nach wie vor, um nur das bekannteste Beispiel zu nennen, sucht die Religion nach einer Möglichkeit, den Zins (den »Wucher«) zu rechtfertigen, der nach dem 5. Buch Mose, Kapitel 23, Verse 19-20, von Brüdern nicht, von Fremden aber wohl genommen werden darf. Benjamin Nelson hat gezeigt, wie der Versuch, mit dieser seit der Auflösung der Hauswirtschaft in die Marktwirtschaft wirtschaftlich nicht mehr praktikablen Forderung zurechtzukommen, zur Entstehung einer »universalistischen« Ethik führte, in der vom Anderen, den man als Nächsten liebt, gleichwohl Zins gefordert werden darf, weil die Bibel diesen ja nicht generell verbietet.[7] Mit dieser Figur wird der Bruder zum Fremden, ohne daß der Fremde zum Bruder werden kann, so daß seither jede fundamentalistische Religion den Verlust der Brüderlichkeit beklagen kann, jede eher weltliche Religion jedoch genau daran ihre ethische Herausforderung und einen ihrer Katalysatoren hat.

Das differenzierungstheoretische Argument läuft darauf hinaus, nachzuvollziehen, wie es der Gesellschaft gelungen ist, die unwahrscheinliche Ausdifferenzierung einer kapitalistischen Wirtschaft in der Gesellschaft sowohl für die Wirtschaft als auch für die Gesellschaft, in der sich die Ausdifferenzierung abspielt, wahrscheinlich, das heißt strukturell tragfähig zu machen. Die Rede vom »Kapitalismus« als Stichwort einer »Kritik der politischen Ökonomie« ist dabei bereits das Ergebnis der Beobachtung dieser Ausdifferenzierung, denn sie formuliert keine ökonomische Theorie der Wirtschaft, sondern eine Gesellschaftstheorie der Wirtschaft.[8] Eine ernst genommene Theorie des Kapitalismus läuft daher nicht auf eine Theorie des kapitalistischen Systems hinaus, sondern auf eine Theorie der kapitalistischen Differenz: nämlich des Unterschieds, den die Warenabstraktion und die Kapitalverwertung auf beiden Seiten der Differenz der Wirtschaft, auf ihrer Innen- und auf ihrer Außenseite, in der Gesellschaft machen. Das ist auch der Sinn des Begriffs »Struktur«, den ich hier nur scheinbar bedenkenlos verwendet habe. Unter einer Struktur ist hier eine aufrufbare Erwartung zu verstehen, die es ermöglicht, innerhalb eines Systems wie der Wirtschaft oder der Religion oder der Gesellschaft insgesamt Handlungen und Kommunikationen anzuschließen, die mit der Umwelt außerhalb dieses Systems und damit mit dem Unterschied, den das System in der Gesellschaft macht, abgestimmt sind.[9]

Medientheorie

Schon das differenzierungstheoretische Argument zeigt, daß die gesellschaftlichen Verhältnisse auch im Kapitalismus nicht im Handstreich zu sortieren sind. Das medientheoretische Argument macht die Dinge noch etwas komplizierter, denn es greift die Beobachtung struktureller Anpassungen auf und formuliert die Frage, wie es um das Dauerproblem der Religion, über kein eigenes symbolisch generalisiertes Kommunikationsmedium zu verfügen, in dem Moment bestellt ist, in dem in der Gesellschaft die Reichweite des Kommunikationsmediums Geld unter dem Gesichtspunkt seiner kapitalistischen Selbstheckung immer mehr zum Phänomen und zum Problem wird.

Ein symbolisch generalisiertes Kommunikationsmedium, so lautet die zugrundeliegende Theorie und Entdeckung von Talcott Parsons und Niklas Luhmann,[10] ermöglicht in ausdifferenzierten, das heißt ebenso unwahrscheinlichen wie strukturell empfindlichen gesellschaftlichen Lagen Sondertypen von Handlungen und Kommunikationen, indem die Art und Weise der Selektion dieser Handlung und Kommunikation selbst zu deren Motivation beiträgt.

Medien motivieren Kommunikation, indem sie deren Reichweite zuspitzen und begrenzen. Mithilfe von Medien können strukturelle Probleme gelöst werden, weil die Kommunikation, die ein Medium in Anspruch nimmt, mitkommuniziert, auf *welche* Anschlußkommunikationen sie abstellt und welche Erwartungen sie *nicht* ins Spiel bringt, das heißt mehr oder minder ausdrücklich ausgrenzt. So kommuniziert die Politik im Medium der Macht und bringt damit zum Ausdruck, daß es ihr um bestimmte Handlungsbereitschaften geht (»Gehorsam«), sie damit jedoch nicht darauf abstellt, daß die entsprechend Handelnden auch einverstanden sein müssen. Darauf legt dann nur, in typischer Verkennung und damit Ermöglichung der Zirkularität der Macht, das »demokratische« Verständnis von Politik wert. Umgekehrt kommuniziert die Wissenschaft im Medium der Wahrheit und bringt damit zum Ausdruck, daß es ihr darum geht, anderen ähnliche Inhalte des Erlebens (der Einsicht in das heliozentrische Planetensystem, in die Abstammung des Menschen vom Affen oder in die Machtlosigkeit des Bewußtseins über das Unbewußte) zur Verfügung zu stellen, damit aber gerade nicht den Anspruch erhebt, daß entsprechend dieser Einsicht auch gehandelt werden müsse. – Deswegen muß die Anwendungsorientierung der Wissenschaft immer hinterhergetragen werden.

Luhmann spricht von der Asymmetrisierung von Handeln und Erleben im Verhältnis zwischen Ego und Alter ego durch ein Medium und davon, daß es die verschiedenen Möglichkeiten dieser Asymmetrisierung jeweils erlauben, spezifische Medienkonstellationen auszudifferenzieren, mit denen die Unwahrscheinlichkeit, daß man sich überhaupt auf Kommunikationsangebote einläßt, abgebaut werden kann. So kommuniziert als letztes Beispiel die Liebe die Erwartung, daß das Ego sein Handeln auf das Erleben von Alter ego einstellt, und verbietet damit zum einen durch Liebe eben nicht zu legitimierende Forderungen von Handlungen, und ermöglicht es zum anderen, das eigene Erleben eigener Handlungen durchaus strategisch engzuführen, zum Beispiel auf Verführung einzustellen, solange der andere dieses Erleben nicht seinerseits als Handlung von Ego erlebt.[11]

Der Religion ist es aus Gründen, die soziologisch unklar sind, bisher nicht gelungen, ein eigenes Kommunikationsmedium auszubilden, in dem die Unwahrscheinlichkeit der Religion im gesellschaftlichen Kontext durch die Motivation zur Selektion bestimmter Kommunikationen, Erlebnisse und Handlungen abgebaut werden kann. Eine mögliche Begründung für dieses Fehlen eines eigenen Kommunikationsmediums könnte darin liegen, daß die Religion das psychische System im Selbstgespräch und in der inneren Überzeugung anders in Anspruch nimmt als Wirtschaft, Politik oder Wissenschaft, die sich leichter auf Effekte im jeweiligen sozialen System, also auf Kommunikation eingrenzen lassen. Luhmann diskutiert drei Möglichkeiten, ein Kommunikationsmedium anzunehmen, zeigt sich aber von keiner überzeugt.[12]

Auf der Hand liegt die Idee, den Glauben als Medium zu vermuten und anzunehmen, daß jede religiöse Kommunikation, die sich darauf beschränkt, Anforderungen an den Glauben zu stellen und durchaus auch ins Virtuose zu schrauben, schon deswegen angenommen werden kann, weil Wissen und Vernunft damit eben nicht angesprochen werden. Aber, so Luhmanns Einwand, wie soll man einen Glauben kommunizieren, wenn dieser Sache des Einzelbewußtseins ist, weder im Erleben noch im Handeln kommunikativ zur Verfügung gestellt werden muß und im Gegenteil als »Hoffart« und »Bigotterie« fragwürdig wird, wenn er zur Verfügung gestellt, das heißt kommuniziert wird?

Eine zweite Vermutung, die Luhmann diskutiert, betrifft die Idee des »Seelenheils«, die bereits in medial günstiger binärer Codierung in Heil und Verdammnis vorliegt. Könnte man nicht annehmen, daß religiöse Kommunikation sich dadurch motiviert, daß sie Aussichten auf das Seelenheil steigert und Aussichten auf Verdammnis reduziert? Darauf könnten sich Formen der Religion kaprizieren, ohne je Gefahr zu laufen, etwa moralisch, ethisch oder politisch in die gesellschaftliche Umwelt der Religion auszugreifen und dort unmöglich zu erfüllende Forderungen in die Welt zu setzen. Luhmanns Einwand gegen das Medium Glauben paßt auch hier: Wie soll man die Idee des Seelenheils aus der typisch religiösen Forderung herausnehmen, den »ganzen Menschen«, also sein Erleben *und* sein Handeln, in Anspruch zu nehmen, und wie soll man dieses Erleben und dieses Handeln andernorts als im Kloster und in der Wüste, also in der »außerweltlichen« Askese, auf religiös motivierbares Erleben und Handeln einschränken können? Religion kann gar nicht anders, als nicht nur auf den »ganzen Menschen«, sondern auch auf die »ganze Gesellschaft« zu zielen.

Eine Form der »ganzen Gesellschaft«, der ihre eigenen Bedingungen ihre eigenen Grenzen diktieren, ist denn auch das Medium, dem Luhmann noch die größten Chancen einräumt. An die Stelle eines Kommunikationsmediums im engeren Sinne tritt ein funktionales Äquivalent, nämlich die Organisation der

Kirche als Gemeinde, die mit Hilfe ihres Codes von Inklusion und Exklusion darüber entscheidet, wer ihr angehört und wer nicht, und dann alle weiteren Fragen der Motivation zu religiöser Kommunikation der Selbstselektion der Gläubigen, dieser Kirche angehören zu wollen oder nicht, überläßt. Luhmanns Einwand gegen dieses Medium ist, daß religiös nicht dazu motiviert werden kann, die religiösen Fragen der Angst vor dem Tod, des Verlangens nach Trost oder der Aussicht auf Erlösung aus dem Jammertal des Lebens, die Fragen aller Menschen sind, auf Fragen der eigenen Kirchenmitglieder zu beschränken.

In dieser Situation der mangelnden medialen Unterstützung kann es dazu kommen, daß die Religion, die sich ebenso wie jede andere Sinnleistung der Gesellschaft auf die funktionale Differenzierung der Gesellschaft einstellen muß, das heißt ihren universalen Anspruch auf den Umgang mit Transzendenz unter den partikularen Bedingungen eines dafür vorgesehenen Funktionssystems realisieren muß, auf die Idee kommt, an den Kommunikationsmedien der anderen Systeme zu partizipieren, um nicht zu sagen: zu parasitieren. Verständlich wäre dies, denn so lange es keine Gesellschaftstheorie der Kommunikationsmedien gibt, die deren Funktion und Systembindung beschreibt, kann die Innovation eines Mediums schon deswegen, weil sie erfolgreich ist, zur Imitation beziehungsweise Inkorporation auffordern.

Dann kann es dazu kommen, daß die Religion »jesuitisch« mit der Politik liebäugelt und deren Medium der Macht dazu verwendet, nur noch auf religionskompatible Handlungen (»Gehorsam«) abzustellen und in der Gestalt von Riten, Kulten, Gebeten und Gesängen zwar die Chance zu erhöhen, daß das Heilige und Göttliche auch entsprechend erlebt werden, genau dieses letztlich aber auf keinen Fall zu überprüfen. Wie jede Politik müßte sich dann auch die Religion evaluationsindifferent verhalten, also das Erleben den Gläubigen auch als möglicherweise abweichendes anheimstellen und dies wie immer »zynisch«, also machtorientiert, für gleichgültig halten.

Oder es kommt dazu, daß die Religion sich »pietistisch« der Liebe annähert und nur noch darauf abstellt, zu Handlungen zu motivieren, die das Entzücken aller Beobachter finden. Sie landet dann jedoch in der liebestypischen Falle, auch dann zu glauben, wenn der Glauben nicht erwidert wird, und kann genau dafür auf Dauer keine Motivation beschaffen, beziehungsweise muß sich auf kleine Gemeindekreise beschränken, in denen es durch entsprechend zugespitzte Personenkenntnis (und -überwachung) möglich ist, sich der wechselseitigen Liebe beziehungsweise des gleichen Glaubens überzeugend zu versichern.

Natürlich kann die Religion versuchen, ihren Glauben im Medium der Wahrheit zu kommunizieren. Dies ist eine Versuchung, der nicht zuletzt die Theologie leicht erliegen könnte, deren Wissenschaftsnähe sie auch in Berührung mit Wahrheitsfragen bringt. Gerade das scheint die Theologie umgekehrt jedoch davor zu bewahren, dieser Versuchung zu erliegen. Interessanterweise scheint die Auslegung des Glaubens als Wahrheit nur in Ausnahmefällen gelungen zu sein. Im Regelfall hat ein theologisch begründeter Glauben weder im Vergleich mit dem Volksglauben, der sich auf die Evidenz des sichtbar Unsichtbaren beruft, noch im Vergleich mit dem Heiligen, der als Virtuose der Religion auf die Evidenz der eigenen Handlungen verweist, eine Chance. Größere Aussichten auf Erfolg scheint eine gleichsam wissenschaftlich medialisierte Religion allenfalls dann zu haben, wenn sie sich nicht auf den Präferenzwert der Wissenschaft, die Wahrheit, sondern auf deren Reflexionswert, die Unwahrheit, kapriziert. Denn dann kann sie, wie die Wissenschaft auch und gerade aus ihren Unwahrheiten lernt, sobald es ihr gelingt, sie aufzudecken, jede Unwahrheit als Offenbarung des verborgenen und nicht zu bezeichnenden, also durch keine Wahrheit einzukreisenden Gottes interpretieren und daraus eine elaborierte Mystik gewinnen.

Oder die Religion versucht, von den medialen Leistungen des Geldes zu profitieren. Dies ist, wenn auch in der Form der Vermutung, daß der Kapitalismus das Christentum beerbt, also ablöst, die These Benjamins. Und in dieser Form findet die These auch bei Christoph Deutschmann Unterstützung, der darauf hinweist, daß der Kapitalismus in seinem Umgang mit der Ware, mit der Arbeit, mit dem Kapital und dank seines Rückgriffes auf das Medium Geld die Funktion erfüllt, die Luhmann der Religion zugemessen hat: unbestimmbare Komplexität in bestimmbare Komplexität zu überführen.[13] Benjamins faszinierte Beobachtung, daß der Kapitalismus ebenso auf die Verwicklung in Schuld abstellt wie die (christliche) Religion, hat ihren durchaus nicht offenkundigen Anlaß in der paradoxen Eigenschaft des Geldes, nicht nur Vermögen (des Geldbesitzers) zu sein, sondern auch Schuld (des Geldemittenten gegenüber dem Geldbesitzer). Kaum eine Handlung scheint daher religiöser, das heißt angewiesener auf einen Glauben an Transzendenz, als die Kreditaufnahme, die nicht nur Geld schöpft, sondern sachlich, zeitlich und sozial auf einen Glauben an die Qualität von Versprechungen angewiesen ist, der wirtschaftlich zwar so tut, als könne er kalkuliert werden, gesellschaftlich jedoch auf das Unkalkulierbare verweist. Tatsächlich ist die Grundlage für das wirtschaftliche wie gesellschaftliche Kalkül keine andere als jene, die jeden Geldbesitzer daraufhin zu beobachten erlaubt, wem er in welchem Umfang und zu welchen Konditionen verschuldet ist. Denn verschuldet zu sein, macht berechenbar – solange sich die Schuld in jenen Grenzen hält, die noch eine Rückzahlung erwarten lassen.

Selbst wenn diese Konstitution durch Verschuldung am Medium Geld nicht immer sichtbar ist, liegt sie im Kapital deutlich vor Augen. Das Geld funktioniert längst ohne Erinnerung an seine Herkunft aus der Schuld, an die denn auch theoretisch mit nicht unerheblichem Aufwand immer wieder eigens erinnert werden muß.[14] Das Kapital ist schon buchungstechnisch immer nur als ein Haben zu haben, dem ein Soll gegenübersteht, das sachlich (Einnahmen), sozial (Kapitalgeber) und zeitlich (Fristen) spezifiziert ist.[15] Es ist darüber hinaus nicht anders zu denken, denn als Kategorie, die »ökonomisch«, »kulturell« und »sozial«, um die Unterscheidung von Pierre Bourdieu zu zitieren,[16] auf das Netzwerk an Personen, Organisationen, Motivlagen, Ideologien, politischer Unterstützung und technologischer Absicherung aufmerksam macht, in dem ein Kapital mobilisiert, eingesetzt und verwertet werden kann.

So hätte denn die Religion, zumindest die christliche, im Kapitalismus ihren eigentlichen Vollstrecker einer Verstrickung in die Schuld und damit einer Verschränkung in die soziale Bindung und Rückbindung gefunden, die sicherer und auswegloser gar nicht sein kann. Religiös würde danach bereits handeln, wer zahlt. Denn er erlöst sich zwar durch die Zahlung (lat. »solutio«) aus einer Schuld, in die er sich durch den Erwerb einer Leistung begeben hat, bringt sich dadurch jedoch nur um so sicherer in die Lage, seine durch diese Zahlung herbeigeführte Minderung an Zahlungsfähigkeit andernorts, sei es durch einen Verkauf oder eine Kreditaufnahme, wieder auszugleichen. Dabei »verschuldet« (im Sinne einer »Vergesellschaftung«) der Verkauf so sicher wie die Kreditaufnahme, kann man doch nur verkaufen, was andere zu kaufen bereit sind, so daß man deren Zahlungsbereitschaften zum Maßstab der eigenen Handlungen machen muß.

Eine unsichtbare Religion?

Der Kapitalismus erübrigt die Religion, wenn Religion je auf eine Wiedereinbindung (lat. »religio«) von jenseitigen Erlösungshoffnungen in diesseitige Handlungen (et vice versa) abstellt und dort ihre Götter postuliert, wo hienieden niemand mehr bereit oder fähig ist, es sei denn stellvertretend, die Absolution zu erteilen. Man müßte umgekehrt eine Theorie einer wenn nicht schuldfreien, so doch verschuldungsindifferenten Gesellschaft formulieren, um der Religion wieder zu ihrem Recht zu verhelfen.[17] Oder man müßte nach weder auf Schuld noch auf Erlösung angewiesenen Religionen suchen, um der Religion gegenüber dieser Versuchung der Absorption durch die verschuldende Differenz des Kapitalismus noch eine Chance einzuräumen.

Deutschmann jedenfalls sieht im Anschluß an Detlef Pollack hier einen Einwand gegen die Theorie Luhmanns, die gegenüber allen gesellschaftlichen Phänomenen den Gedanken der funktionalen Äquivalenz, der Ersetzbarkeit im Falle besserer oder passenderer Lösungen des jeweils vorliegenden Problems, zur Geltung bringt, jedoch ausgerechnet die Funktionssysteme für unersetzbar, genauer: für ersetzbar nur durch sie selbst (im Sinne selbstsubstitutiver Ordnungen) hält.[18] Die Religion, der Beweis sei hier geführt, kann durch den Kapitalismus ersetzt werden, der dann zwar noch eine religiöse Struktur (Benjamin) beziehungsweise eine religiöse Natur (Deutschmann) aufweise, aber selbst keine Religion mehr sei.

Damit wäre immerhin die Religionskritik der Marxschen Theorie zu einem Abschluß gebracht und die Gesellschaft zu sich und über sich aufgeklärt. Dennoch scheint dies zu kurz zu greifen. Die Lage ist ernster. Der Kapitalismus ist ja selber die Religion, die er ablöst, sonst würde die Rede von seiner religiösen Struktur beziehungsweise Natur keinen Sinn machen. Die Religion hat sich das Geldmedium in seiner Eigenschaft der Verstrickung in die Schuld nicht nur angeeignet, sondern sie hat sich in dieses Geldmedium komplett investiert. Die Fülle der Motive menschlichen Handelns, die bislang in der Idee eines Gottes begründet waren, ist jetzt im Geld, dem neuen »god-term«, aufgehoben.[19] Verbleibende Restfragen können auf die Macht, die Wahrheit und die Liebe verwiesen werden. Und was von Religion rituell, institutionell und familiär etwa noch übrig ist, kann privatisiert und dort zum Gegenstand eines nicht enden wollenden Gesprächs der Seelen untereinander werden.[20] Wir hätten es nicht mehr nur mit dem Fetisch der Warenabstraktion, sondern darüber hinaus mit einem Systemfetisch des Kapitalismus zu tun, dem auch dadurch nicht zu begegnen ist, daß dieses System auf die Differenz der Wirtschaft in der Gesellschaft zurückbuchstabiert wird. Die Religion triumphiert, indem sie unsichtbar geworden ist – und kann dann, das ist nur konsequent, als Struktur des Kapitalismus allenfalls von außen, von konkurrierenden Religionen, noch erkannt werden.

Eine demographische Funktion

Der Einwand gegen dieses allzu reibungslose Bild eines Aufgehens der Religion im Kapitalismus kommt aus der Religion selbst. Aus dem fast perfiden Argument, das da lautet, letztlich zivilisiere sich der Kapitalismus selber, weil er aus dem moralischen und religiösen Protest gegen ihn nicht nur die Notwendigkeit, sondern auch die Kraft zur Mobilisierung und Durchsetzung aller Arten von Skrupeln ziehe,[21] schließt die Religion scheinbar auf die gegenläufige Notwendigkeit, sich nicht in diese humanitäre Rolle zu bescheiden. Die Religion kann mehr und sie will mehr. Nicht umsonst spricht sie vom Guten und vom Bösen. Ihre vielleicht allzu theologische Zivilisierung (Zweitcodierung) in die Differenz von Immanenz und Transzendenz muß nicht zwangsläufig ihr letztes Wort sein.

Anders formuliert: Es könnte sein, daß die Religion in ihre eigene Reduktion auf Kultur in jenem modernen Sinne des Vergleichs mit anderen Möglichkeiten und der mehr oder minder gelassenen Pflege der jeweiligen Besonderheiten nicht einwilligt.[22] Statt dessen könnte sie dazu neigen, in jenem älteren und politischen Sinn zur Kultur zu werden, in dem es auf die Fähigkeit ankam, zwischen den eigenen Leuten (den »Menschen«) und den Barbaren zu unterscheiden und diese

Unterscheidung »Wächtern« (Platon) an die Hand zu geben, die jederzeit in der Lage sein müssen, das Gemeinwesen gegen die Barbaren zu verteidigen, ohne deswegen die Fähigkeit zu verlieren, freundlich und sanft gegenüber den eigenen Leuten zu sein.[23] Die Unterscheidung zwischen Gut und Böse eignet sich auf eine geradezu fatale, durch den Zivilisationsprozeß immer wieder mühsam vergessene Art und Weise dafür, auf die Unterscheidung zwischen den eigenen Leuten und den Barbaren aufgeblendet zu werden und so der Kultur als der selbstgewissen Identität eines Volkes auch noch »die Kraft (zu geben), das, was man tut, für gut zu halten.«[24]

Wenn diese Vermutung zutrifft, hat die Religion nicht zuletzt die im wahrsten Sinne des Wortes »demographische« Funktion, ihre Schäfchen zu zählen und die eigene Herde von der anderen zu unterscheiden. Dann hätte die Religion sich nie ganz auf die Versuchung eingelassen, den so viel erfolgreicheren und zivileren Kommunikationsmedien der Macht, der Liebe und des Geldes (»Demokratie«, »Familie«, »Marktwirtschaft«) das Feld zu überlassen, sondern hätte den von Luhmann erwogenen Kirchencode der Inklusion und Exklusion unter dem Gesichtspunkt der Unterscheidung von Seelenheil und Seelenverdammnis immer in der Hinterhand behalten. Dann würde die Religion immer noch durchaus atavistische Züge aufweisen, was einer Gesellschaft nicht unwillkommen sein kann, die sich bei aller Fortschrittsemphase nicht sicher sein kann, wie lange die Komplexität des freien Spiels der ausdifferenzierten Politik, Wirtschaft, Wissenschaft und Erziehung angesichts der ökologischen, also unkontrollierbare System/Umwelt-Verhältnisse betreffenden Selbstgefährdung gehalten werden kann.

Auf diese mögliche demographische Funktion spielt Jacques Derrida in seinen Überlegungen zur Religion in der Textstelle an, wo er sich Gedanken über die Rolle des Glaubens beim Knüpfen jener sozialen Bindungen macht, die nur unter dem Gesichtspunkt ihrer möglichen und drohenden Auflösung Sinn machen und ihre Qualität gewinnen.[25] Jede Religion habe es mit der Frage zu tun, was geschehe, wenn zu der Anzahl der eigenen Leute *n* noch einer hinzutrete, $n + 1$. Wird dadurch Berechenbarkeit oder Unberechenbarkeit des »lien social«, oder nicht vielmehr beides zugleich, eingeführt? Der Eine stört, was sich an Beziehungen bereits ergeben haben mag. Doch er garantiert auch, daß sich die anderen auf ihn als für alle

Denselben beziehen. Und in dieser Form kann eine Gemeinde es zulassen, daß es andere gibt, die dann freilich immer in der prekären Lage des Fremden, des möglichen Opfers[26], gehalten werden, weil sie nur so gegenüber allen anderen singularisiert werden können.

Deswegen ist Gott, der eine Gott, die Figur, die Option zwischen Inklusion und Exklusion eröffnet, das heißt eine Gemeinde über den Stammeszusammenhang als Familienzusammenhang hinaus in der Frage der Zugehörigkeit disponibel macht. Sie kann jetzt ausschließen, wer ihren geheiligten Bedingungen nicht genügt. Und sie kann aufnehmen, wer sich ihnen unterwirft. Sie wird zur Kirche und sie motiviert durch die Aufnahme in die Kirche, die das Heil verspricht und vor der Verdammnis rettet.

Zwei Gründe sprechen dafür, diese demographische Funktion der Religion ernst zu nehmen. Der erste Grund ist die demographische Explosion, in der sich die moderne Gesellschaft bewegt und in der es nicht nur zu chaotischen Bewegungen des Bevölkerungssystems kommt, um den physikalisch unmöglichen Punkt der Explosion doch noch zu vermeiden, sondern auch zu einer vorwegnehmenden Anpassung der Gesellschaft an jene eigenen Ordnungszustände, die nach der Katastrophe eventuell noch möglich sind.[27] Die Gesellschaft erprobt Möglichkeiten der Volkszählung, die wehrhafte Gemeinden in der Auseinandersetzung mit anderen Gemeinden zu kultivieren erlauben. Sie versucht schon jetzt, die Spreu vom Weizen zu trennen. Und sie schafft damit Risikobünde, die in dem Maße stärker werden, wie die Befürchtung, aufeinander angewiesen zu sein, nicht mehr von der Hand zu weisen ist.

Längst ist der Code von Inklusion und Exklusion als gesellschaftlicher Supercode in genau diesem Sinne der Unterscheidung der eigenen Leute von den Barbaren wieder ins Spiel gebracht worden.[28] Das war noch aus der Perspektive der erfolgreichen Weltgesellschaft gedacht, die es schlicht hinnimmt, daß alle Erfolglosen sich mangels Erfolg aus der Teilnahme an den Segnungen der Funktionssysteme ausschließen. Und damit gegen das Programm der Inklusion der Gesamtbevölkerung in die Gesellschaft verstößt, das die Französische Revolution (»Freiheit, Gleichheit, Brüderlichkeit«) propagiert hatte. Vielleicht rechtfertigt nur noch dies es, mit Jürgen Habermas vom »unvollendeten Projekt der Moderne« zu sprechen. Es wäre allerdings genauso auch aus der Perspektive der Erfolglosen zu denken, die eben nicht stillhalten, sondern, weil sie bereits exkludiert sind, gar nicht anders können, als ihren Exklusionsbereich ebenfalls nach der Unterscheidung von Inklusion und Exklusion zu ordnen.

Genau hier wäre der Ansatzpunkt für eine weltgesellschaftliche Religion. Sie begründet den Mut der Inkludierten, an ihren Exklusionen festzuhalten, ebenso wie die Notwendigkeit der Exkludierten, eine Moral zu entwickeln, die der Unterscheidung von Inklusion und Exklusion standhält. Dies wäre eine weltgesellschaftliche Religion, weil sie beide Seiten, die Seite der Inklusion und die Seite der Exklusion, übergreift. Diese Religion beruht auf einem mal lockeren, mal forcierteren Kirchenverständnis, das im Seelenheil seinen gleichsam symbiotischen Mechanismus zur Einbindung von Leib und Gemüt der Gläubigen gesucht und gefunden hat.[29] Sie bezieht ihre Moral aus der Beobachtung der Unterscheidung von Inklusion und Exklusion. Und sie zögert nicht, mit Blick auf die demographische Rivalität, in der es Position zu beziehen und zu halten gilt, auch die Unterscheidung von Gut und Böse wieder in Anschlag zu bringen. Gut ist, wer der exkludierenden Inklusion gute Seiten abgewinnen kann. Böse ist, wer diesen kriegerischen Frieden stört.[30]

Der zweite Grund, die demographische Funktion der Religion ernst zu nehmen, liegt auf derselben Linie wie der erste, bringt jedoch ein zusätzliches gesellschaftstheoretisches Argument ins Spiel. In diesem Argument geht es abhängig oder unabhängig von der Frage der Bevölkerungsexplosion um die Beobachtung, daß die Gesellschaft gegenwärtig neben ihrem Differenzierungsmodus der Unterscheidung von Funktionssystemen (wie Politik, Wirtschaft, Recht, Religion usw.) auch den Differenzierungsmodus des Schemas von Zentrum und Peripherie betreibt, wie man ihn aus alten Hochkulturen kennt.[31] In diesem Schema kommt es nicht nur darauf an, Inklusion und Exklusion zu unterscheiden, sondern zusätzlich darauf, den Exklusionsbereich zu ordnen und dergestalt zumindest in ausgewählten Hinsichten und mit deutlich reduzierten Kontrollmöglichkeiten in die gemeinsame Gesellschaft zu inkludieren.

Die Religion wäre hier das Zünglein an der Waage, weil in ihrem Kirchencode die beiden Optionen der Exklusion der Exkludierten aus dem Inklusionsbereich der Gesellschaft und der

Inklusion der Exkludierten in die zentral geordnete Peripherie der Gesellschaft so entschieden werden können, daß man weiß, ob und wie die Exkludierten kommunikativ erreichbar sind. Im Schema der Inklusion und Exklusion zählt eine Religion nur das eigene Volk. Im Schema von Zentrum und Peripherie zählt sie auch die anderen Völker. Im Schema von Inklusion und Exklusion fällt sie zurück auf das Kriterium der tribalen Brüderlichkeit, das außerhalb der Grenzen des eigenen Stammes nur Barbaren kennt. Im Schema von Zentrum und Peripherie hält sie am Gedanken des universellen Andersseins fest, der auch außerhalb der eigenen Kultur schon deswegen Menschen kennt, um zu wissen, wem zu mißtrauen und wer deswegen abzuschrecken und zu unterwerfen ist.

Vor allem jedoch wäre der Religion die zivilisatorische Funktion zuzuschreiben, die Tempel der Peripherie mit den Tempeln des Zentrums in eine Beziehung zu setzen. »Gut« wäre alles, was dieser Beziehung nutzt, und »böse« alles, was sich ihr etwa auch zugunsten einer Dramatisierung der Unterscheidung von Inklusion und Exklusion entzieht. Selbst an diesem Bösen wäre gut, daß es vom Unterschied spricht und in diesem Sprechen die Exkludierten jener Peripherie annähert, die zwar fern vom Zentrum, aber immerhin Teil desselben Systems ist. Und am Guten wäre böse, daß es jederzeit vom Differenzierungsschema zwischen Zentrum und Peripherie in den Supercode von Inklusion und Exklusion umkippen kann.

Das bringt die Religion mit Politik und Wirtschaft, Erziehung und Wissenschaft wieder in ein enges und unvermeidbares Gespräch. Sie ködert mit den moralischen Ressourcen, die sie freisetzen kann und für die auch auf der anderen Seite der eigenen Kultur nur sie ein wirkliches Verständnis hat. Sie weiß etwas und spricht von der Hölle, die sie den Menschen auf Erden bereiten kann. Sie ist selbst, das vor allem muß sie wissen und das vor allem macht sie für alle anderen interessant, böse. Aber auf der anderen Seite ist sie das Gegengift, das die Gesellschaft für dieses Gift entwickelt hat. Sie weiß etwas und spricht eben auch vom Guten. Die Religion wäre, mit anderen Worten, aus ihrer pietistischen und humanitären Sackgasse zu befreien und wieder als jene Kultur der Gesellschaft zu begreifen, die sie mit einem Monopol auf der Kenntnis der Unterscheidung zwischen Gut und Böse immer war.[32] Andernfalls müßte man vermuten, daß der Religion die Entschärfung der Differenz zwischen Gut und Böse durch die Einführung der Lehre von der Erbsünde und durch die Einführung der Unbestimmtheit der Aussicht auf Erlösung (Beides macht es unmöglich, hienieden die Schäfchen nach gut und böse zu sortieren!) so gut gelungen ist,[33] daß sie an ihre eigene Leistung zuallererst wieder erinnert werden muß.

Oszillation in der Form der Unterscheidung

Derrida spricht vom »mal d'abstraction«, das zu bedenken sei, wenn die Religion bedacht wird.[34] In dem Moment, in dem religiös gedacht oder geglaubt wird, kommen eine Transzendenz, eine Unsichtbarkeit, eine Unbeobachtbarkeit, ein Geheimnis ins Spiel, die sich dazu eignen, wie Derrida Henri Bergson zitiert,[35] »Maschinen« zu fabrizieren, mit denen Götter gemacht werden können. Die Religion lenkt nicht nur den Blick auf das irdische Jammertal des Menschen, sondern auch auf den Himmel, der ihm bei angemessenem Lebenswandel vergönnt ist. Aus diesem Unterschied wird die Möglichkeit gewonnen, so oder anders mit diesseitigen Optionen umzugehen und den jeweiligen Umgang jenseitig, aber im Diesseits und in der Auseinandersetzung mit dem Diesseits zu begründen und durchhaltefähig zu machen. Das heißt, die Religion ist eine Technik, die so erfolgreich wie keine andere gegen Einwände gewappnet ist, also nur intern, nur theologisch beziehungsweise in der Konkurrenz der Religionen untereinander, mit einer Technikfolgenabschätzung ausgestattet werden kann.[36]

Dieses »Übel« der Abstraktion – jeweils abgesichert in der Gegenbewegung der Verschuldung gegenüber dem Konkreten, von dem gerade abstrahiert wurde, weil es nur von diesem seinen Ausgangspunkt nehmen und nur dort zur Bewährung kommen kann – findet in der kapitalistischen Fortsetzung der Religion sein optimales Betätigungsfeld. Es bringt das Geld als den sparsamsten und konzentriertesten aller Götter hervor.[37] Soweit stimmt die These Benjamins von der religiösen Struktur des Kapitalismus. Im Kapitalismus wiederholt sich strukturell, was bisher nur aus der Religion bekannt war, nämlich die »Befriedigung derselben Sorgen, Qualen, Unruhen, auf die ehemals die sogenannten Religionen Antwort gaben.«[38] Geld beruhigt nachhaltiger als jeder Gott, obwohl man auch hier eine Restunruhe bemerkt, die wieder dazu zwingt, die Gesellschaft im Auge zu behalten, in der das eigene Geld etwas gelten soll. Allenfalls muß man die These Benjamins mit Derrida dahingehend ergänzen, daß auch im Machtkalkül der Politik, in der Theoriefähigkeit der Wissenschaft, in den curricularen Heroismen der Erziehung und in den ästhetischen Experimenten der Kunst religiöse Strukturen der Abstraktion, das heißt der Wiedereinführung transzendenter Momente in die Immanenz, zu finden sind, so daß die Religion sich auch hier technisch leichter reproduziert als auf eigenem Terrain.

Insofern kann die Gesellschaft als die Oszillation ihrer eigenen Strukturen in der Form ihrer Unterscheidung begriffen werden.[39] Jede ihrer Differenzen wiederholt auf ihren beiden Seiten, was sie unterscheidet, so daß man die Religion in der Wirtschaft und die Wirtschaft in der Politik wiederfinden kann, wenn man nur sucht. Aber das hebt die Differenzierung nicht auf, sondern bestätigt, ja vollzieht sie. Denn diese Oszillation geht nicht etwa in identischen Termini vor sich, sondern läßt »cross« und »marker« miteinander oszillieren:[40] die Unterscheidung als Operation mit ihren Anschlüssen und Ausschlüssen (»cross«) und die Unterscheidung als Beobachtung mit ihren andersartigen Anschlüssen und Ausschlüssen (»marker«).

Einfacher gesagt, der Kapitalismus übernimmt schon deswegen religiöse Strukturen, weil er gar nicht umhin kommt, sich in seiner Wirtschaft auf die Religion, aber auch auf die Politik, die Wissenschaft, die Erziehung und die Kunst der Gesellschaft, in der diese Wirtschaft stattfindet, einzustellen. Genau das formuliert der Begriff der »Ausdifferenzierung«. Aber das heißt gerade nicht, daß die Religion auch ihre »Natur« an den Kapitalismus ausliefert.[41] Ihre Natur behält die Religion für sich, wenn »Natur« heißen darf, daß sie das Monopol auf Unterscheidungen wie Gut und Böse, Transzendenz und Immanenz, Sakral und Profan behält, die zwar von anderen Funktionssystemen zu ihren Gegenständen (der Herrschaftstechnik, der Vermarktung, der erzieherischen Ambition, der künstlerischen Repräsentation oder der wissenschaftlichen Forschung) gemacht werden können, aber gerade nicht zu ihren, sei es auch nur ergänzenden (mit Derrida: »supplementierenden«) Codes, weil sie damit die Trennschärfe der eigenen Codes aufs Spiel setzen würden.[42]

Damit bleibt die Religion, wie nachlässig auch immer sie mit ihren Unterscheidungen umgehen zu können und sich vielleicht vorschnell einem dann auch von ihr selbst propagierten humanitären Zivilisationsmodell der Gesellschaft anpassen zu müssen glaubt, dennoch im Besitz von Unterscheidungen, die in dem Moment, in dem sie angewendet werden, Religion als eine sich selbst einsetzende, sich selbst definierende (also abschließende und aufschließende)[43] Form konstituieren. Und es bedarf nur einer entsprechenden und möglicherweise anders nicht zu behandelnden Lage der Gesellschaft, um diese Religion in der nicht-zivilisierten Version ihrer selbst wieder auf den Plan zu rufen.

Anmerkungen

Priddat, Geist der Ornamentik (S. 19-34)

1 Im 19. Jahrhundert bestanden Münzen aus Zahl, Text und Symbol, bei höherwertigen Münzen mit dem Abbild des Herrschers. Die ausgefeilten Symbolräume des 15.-18. Jahrhunderts waren meistenteils nüchterner Funktionalität gewichen; nur noch den Medaillen blieb ein gewisser symbolischer Reichtum vorbehalten.

2 Marx, Das Kapital, Bd. 1.

3 Als exakte Abbildungen tauchen die Germanendrapierungen nur auf den Reichsbankscheinen nach 1874 auf: Hier muß eine Regie walten. Es geht nicht um irgendein allgemeines Germanisieren, sondern um eine Verengung der Romantik, die von einer Mittelalterverherrlichung zu Beginn des 19. Jh. in eine Heroisierung der archaischeren Zeiten Germaniens um die Mitte des 19. Jh. (im wesentlichen entlang der Auseinandersetzung römisches versus germanisches Recht, freie Männer etc.) umschlägt.

4 Dike, griechische Gerechtigkeitsgöttin, wie die römische Justitia mit verbundenen Augen, um gerecht und ohne Ansehen der Person zu richten.

5 Der 5-Deutsche-Mark-Schein vom 9.12.1948 (Bank Deutscher Länder) zeigt eine halbnackte Europa auf dem Stier, die in ihrer rechten Hand eine Sonnenkugel hält. Der 10-Deutsche-Mark-Schein vom 22.8.1949 wird noch ›klassischer‹: Die zur Dike verwandelte alte Germania steht in der Mitte, rechts unten eine Frau mit einem Gebäudemodell im Arm, umlegt mit Bauplänen und Zeichengerät. Sie ist eher Frau als Göttin, höchstens aber eine ›Wiederaufbaugöttin‹. Links sitzt ein Arbeiter, dem Zahnrad und Handwerkszeug, unten aber auch ein Ährenbündel beigelegt sind. Um die Aufbauleistung, die Deutschland erwartete, erbringen zu können, brauchte man Götterbeistand, der in den Banknoten von 1960 an entfallen konnte.

6 Industriebilder finden wir fast nur auf Aktien, dort aber massiv.

7 Aktien aus dieser Zeit bedienen sich durchschnittlich ebenfalls der Handelsallegorik, aber es gibt zunehmend auch Abbildungen von Fabriken und Werksanlagen der Emittenten: Bilder des Investitionsobjektes, gleichsam als Nachweis der Immobilien- und Vermögenswirklichkeit.

8 Vgl. Birger P. Priddat, Deus Creditor: Walter Benjamins ›Kapitalismus als Religion‹, in diesem Band.

Steiner, Die Grenzen des Kapitalismus (S. 35-59)

1 Max Weber: »Vorbemerkung«, in: *Gesammelte Aufsätze zur Religionssoziologie*, 3 Bde., Tübingen: J.C.B. Mohr/UTB, 9. Aufl. 1988, Bd. I, S. 12.

2 Walter Benjamin: »Kapitalismus als Religion«, in: *Gesammelte Schriften*, unter Mitwirkung von Theodor W. Adorno und Gershom Scholem, hrsg. von Rolf Tiedemann und Hermann Schweppenhäuser. 7 Bde. und Suppl., Frankfurt a. M. 1972-1989, Bd. VI, S. 100. Im Text verweist die Sigle GS

auf diese Ausgabe. Dem Beitrag liegt ein früher verfaßter Kommentar des Benjaminschen Fragments zugrunde, den ich im folgenden aufgreife, ergänze und erweitere; vgl. Uwe Steiner: »Kapitalismus als Religion. Anmerkungen zu einem Fragment Walter Benjamins«, in: *Deutsche Vierteljahrsschrift für Literaturwissenschaft und Geistesgeschichte* 72 (1998), S. 147-171.

3 Max Weber: »Wissenschaft als Beruf«; in: *Gesammelte Aufsätze zur Wissenschaftslehre*, Tübingen: J.C.B. Mohr/UTB, 7. Aufl. 1988, S. 604.

4 Ebd., S. 605.

5 Ebd., S. 608.

6 Ebd., S. 605, S. 612 und S. 613.

7 Vgl. Max Weber: »Die protestantische Ethik und der Geist des Kapitalismus«, in: *Gesammelte Aufsätze zur Religionssoziologie*, a.a.O., Bd. I, S. 94 f.

8 Ebd., S. 204 f.

9 Weber: »Vorbemerkung«, in: *Gesammelte Aufsätze zur Religionssoziologie*, ebd., Bd. I, S. 4.

10 Weber: »Die protestantische Ethik«, a.a.O., S. 55 f.

11 Vgl. Max Weber: *Wirtschaft und Gesellschaft. Grundriß der verstehenden Soziologie*, hrsg. von Johannes Winckelmann, Tübingen: J.C.B. Mohr, 5. Aufl. 1980, S. 245. Entsprechend heißt es in den von Benjamin in seinem Fragment genannten *Gesammelten Aufsätzen zur Religionssoziologie*: »Mit der nur teilweisen Ausnahme des Christentums [...] waren [...] die Heilsgüter aller, der urwüchsigen wie der kultivierten, prophetischen oder nicht prophetischen, Religionen zunächst ganz massiv diesseitige: Gesundheit, langes Leben, Reichtum«. (Max Weber: »Die Wirtschaftsethik der Weltreligionen. Vergleichende religionssoziologische Versuche«, in: *Gesammelte Aufsätze zur Religionssoziologie*, a.a.O., Bd. I, S. 249.) In der »Zwischenbetrachtung« greift Weber diesen Gedanken auf: »Alle urwüchsige, sei es magische oder mystagogische Beeinflussung der Geister und Götter im Interesse von *Einzel*interessen erstrebte, neben langem Leben, Gesundheit, Ehre, Nachfahren, und, eventuell, Besserung des Jenseitsschicksals, den Reichtum als selbstverständliches Ziel, die eleusischen Mysterien ebenso wie die phönikische und vedische Religion, die chinesische Volksreligion, das alte Judentum, der alte Islam und die Verheißungen für die frommen hinduistischen und buddhistischen Laien«. (Max Weber: »Zwischenbetrachtung: Theorie und Stufen religiöser Weltablehnung«, in: *Gesammelte Aufsätze zur Religionssoziologie*, a.a.O., Bd. I, S. 544.)

12 Weber: *Wirtschaft und Gesellschaft*, a.a.O., S. 258 f.

13 Weber: »Zwischenbetrachtung«, in: *Gesammelte Aufsätze zur Religionssoziologie*, a.a.O., Bd. I, S. 571.

14 Johann Wolfgang von Goethe: Faust. Eine Tragödie, in: Sämtliche Werke. Briefe, Tagebücher und Gespräche, I. Abt. Bd. 7/1, hrsg. von Albrecht Schöne, Frankfurt am Main: Deutscher Klassiker Verlag, 1999, S. 235, Vers 5569. Die Versangaben im folgenden beziehen sich auf die Zählung dieser Ausgabe.

15 Benjamin Hederich: *Gründliches mythologisches Lexikon, Reprographischer Nachdruck der Ausgabe Leipzig, 1770*, Darmstadt: Wissenschaftliche Buchgesellschaft, 1996, Sp. 2026 f.

16 Die Maskenzug-Szene finde ich konzise und überzeugend interpretiert in Jane Browns insgesamt höchst lesenswertem Faust-Buch. Vgl. Jane Brown:

Goethe's Faust. The German Tragedy, Ithaca, London: Cornell UP, 1986, S. 154-161.

17 Johann Wolfgang von Goethe: *Wilhelm Meisters Wanderjahre*, in: *Goethes Werke. Hamburger Ausgabe*, hrsg. von Erich Trunz, München: C.H. Beck, 1973, Bd. VII, S. 289.

18 Art. »gelten«, in: *Deutsches Wörterbuch von Jacob und Wilhelm Grimm, Fotomechanischer Nachdruck der Erstausgabe 1897-1984*, München: Deutscher Taschenbuchverlag, 1991, Bd. V, Sp. 3067.

19 Vgl. Art. »Geld«, *Deutsches Wörterbuch*, a.a.O., Bd. V, Sp. 2891.

20 Vgl. ebd., Bd. V, Sp. 2891 bzw. Art. »gelten«, *Deutsches Wörterbuch*, a.a.O., Bd. V, Sp. 3067.

21 Art. »Wergeld«, *Deutsches Wörterbuch*, a.a.O., Bd. XXIX, Sp. 320-322.

22 Art. »Schuld«, *Deutsches Wörterbuch*, a.a.O., Bd. XV, Sp. 1878 und Sp. 1979.

23 Vgl. Georg Simmel: *Philosophie des Geldes*, Frankfurt am Main: Suhrkamp, 1994, S. 482 ff.

24 Georg Simmel: »Philosophie des Geldes (Selbstanzeige)«, in: *Philosophie des Geldes*, a.a.O., S. 722.

25 Vgl. GS VI, S. 100-101. Wenn im Abdruck des Fragments in diesem Zusammenhang von der Feier eines Kultes »sans *rêve* et sans merci die Rede« [meine Herv.] ist, so beruht dies höchstwahrscheinlich auf einer Fehllektüre des handschriftlichen Originals. Benjamin hat wohl mit einer gängigen französischen Redewendung einen Kult »sans *trêve* et sans merci« gemeint, also einen Kult ohne Rast und Gnade, einen unbarmherzigen Kult.

26 Vgl. Weber: *Wirtschaft und Gesellschaft*, a.a.O., S. 259-261.

27 Ebd., S. 250.

28 Sigmund Freud: *Geschichte der psychoanalytischen Bewegung*, in: *Gesammelte Werke*, hrsg. von Anna Freud, Frankfurt am Main: Fischer, 1961-1968, Bd. X, S. 54.

29 Vgl. Sigmund Freud: »Über Psychoanalyse. Fünf Vorlesungen, gehalten zur zwanzigsten Gründungsfeier der Clark University in Worcester, Mass., September 1909«, in: *Gesammelte Werke*, a.a.O., Bd. VIII, S. 21; vgl. Sigmund Freud: »Die Verdrängung«, in: *Studienausgabe*, hrsg. von Alexander Mitscherlich, Frankfurt am Main: Fischer, 1975, Bd. III, wo es auf S. 112 heißt: »Die Erhaltung einer Verdrängung setzt also eine beständige Kraftausgabe voraus, und ihre Aufhebung bedeutet ökonomisch eine Ersparung«. Die Lektüre der sogenannten Clark-Vorlesungen Freuds vermerkt das von Benjamin geführte Verzeichnis der gelesenen Schriften unter der Nr. 609. Ein Vergleich des Eintrags mit benachbarten Eintragungen macht eine Lektüre kurz vor oder im angenommenen Entstehungszeitraum des Fragments wahrscheinlich.

30 Sigmund Freud, »Totem und Tabu«, *Studienausgabe*, a.a.O., Bd. IX, S. 442.

31 Vgl. Jacob Taubes, »Religion und die Zukunft der Psychoanalyse«, in: Jacob Taubes: *Vom Kult zur Kultur. Bausteine zu einer Kritik der historischen Vernunft. Gesammelte Aufsätze zur Religions- und Geistesgeschichte*, hrsg. v. Aleida und Jan Assmann u.a., München: Fink 1996, S. 371-378. Als »just-so story« hatte, wie Freud berichtet, ein »nicht unliebenswürdiger englischer Kritiker« die Hypothese von der gewaltsamen Tötung des Urvaters

bezeichnet; vgl. Sigmund Freud: »Massenpsychologie und Ich-Analyse«, *Studienausgabe*, a.a.O., Bd. IX, S. 114.

32 Freud: »Massenpsychologie und Ich-Analyse«, *Studienausgabe*, a.a.O., Bd. IX, S. 115. Der Aufsatz erschien zuerst 1921, also im Jahr der vermutlichen Niederschrift des Fragments.

33 Friedrich Nietzsche: *Zur Genealogie der Moral*, in: *Werke. Kritische Gesamtausgabe*, hrsg. von Giorgi Colli und Mazzino Montinari, Berlin: de Gruyter, 1964, VI. Abt. Bd. 2, S. 313.

34 Karl Marx, Friedrich Engels: *Manifest der Kommunistischen Partei*, Stuttgart: Reclam, 1999, S. 25.

35 Ebd., S. 33.

36 Weber: »Vorbemerkung«, in: *Gesammelte Aufsätze zur Religionssoziologie*, a.a.O., Bd. I, S. 9. Vgl. hierzu auch David Frisby: »Die Ambiguität der Moderne: Max Weber und Georg Simmel«, in: Wolfgang J. Mommsen, Wolfgang Schwentker (Hrsg.): *Max Weber und seine Zeitgenossen*, Göttingen: Vandenhoeck & Ruprecht, 1988, S. 585.

37 Erich Unger: *Politik und Metaphysik*, Würzburg: Königshausen + Neumann, 1989, S. 44. Vgl. hierzu und zum folgenden ausführlich Uwe Steiner: »›Der wahre Politiker‹. Walter Benjamins Begriff des Politischen«, in: *Internationales Archiv für Sozialgeschichte der deutschen Literatur*, 25 (2000), S. 48-92.

38 Vgl. Manfred Gangl: »Mythos der Gewalt und Gewalt des Mythos. Georges Sorels Einfluß auf rechte und linke Intellektuelle der Weimarer Republik«, in: Manfred Gangl, Gérard Raulet (Hrsg.): *Intellektuellendiskurse in der Weimarer Republik. Zur politischen Kultur einer Gemengelage*, Frankfurt am Main, New York: Campus, 1994, S. 174.

39 Vgl. Gustav Landauer: *Aufruf zum Sozialismus*, Berlin: Cassirer, 2. Aufl. 1919, S. 23.

40 Ebd., S. 42.

41 Ebd., S. 48.

42 Ebd., S. 144 f. Die Etymologie von ›Gott‹ ist nicht so eindeutig, wie Landauer unter Berufung auf Mauthner annimmt. Das *Deutsche Wörterbuch* konstatiert, daß die zahlreichen Erklärungsansätze »ein formal zwingendes und bedeutungsmäszig voll befriedigendes ergebnis bis heute nicht gezeitigt« haben. Zu den ernsthaft diskutierten Versuchen gehöre auch die Rückführung auf die Bedeutung »das, dem geopfert wird«, im Zusammenhang mit »›gieszen‹ in der [...] anwendung auf das trankopfer«; dagegen sei die Assoziation »gegossenes Bild« nicht angängig. Vgl. Art. »Gott«, *Deutsches Wörterbuch*, a.a.O., Bd. VIII, Sp. 1017 f. Ebenfalls ungeklärt ist dem *Deutschen Wörterbuch* zufolge die ältere Wortgeschichte von »Götze«. Der entsprechende Artikel verweist auf Forschungen, nach denen die bisherige Ableitung aus »gießen« und die darauf sich gründende Assoziation mit »gegossenes Bildwerk« abzuweisen sei; vgl. Art. »Götze«, *Deutsches Wörterbuch*, a.a.O., Bd. VIII, Sp. 1430 sowie die Paraphrase der Befunde zu »Geld« oben im Text. Weder an dieser noch an anderer Stelle gibt Benjamin zu erkennen, ob ihm Marx' Aufsatz *Zur Judenfrage* bekannt war, in dem zwar nicht der Kapitalismus als Religion beschrieben, aber der Geldhandel als ein spezifisch jüdischer, säkularer Kultus denunziert wird. Bei Marx heißt es: »Welches ist der weltliche Kultus der Juden? Der

Schacher. Welches ist sein weltlicher Gott? Das *Geld*.« Und weiter: »Der Gott *des praktischen Bedürfnisses und Eigennutzes* ist das *Geld*. Das Geld ist der eifrige Gott Israels, vor welchem kein andrer Gott bestehen darf«. Vor diesem Hintergrund konstatiert Marx: »Das Christentum ist aus dem Judentum entsprungen. Es hat sich wieder in das Judentum aufgelöst«. (Karl Marx: »Zur Judenfrage«, in: *Karl Marx, Friedrich Engels, Werke*, Berlin: Dietz, 1960 ff., Bd. I, S. 372 bzw. S. 374.) Wenn Benjamin auch Marx nicht im Original gelesen hat, so fand er die Hauptthesen des Aufsatzes doch ausführlich in Hugo Balls Pamphlet *Zur Kritik der deutschen Intelligenz* referiert, das er gut kannte. (Hugo Ball: *Zur Kritik der deutschen Intelligenz*, Frankfurt am Main: Suhrkamp, 2. Aufl. 1991, S. 195 ff.)

43 Georges Sorel: *Über die Gewalt*, Frankfurt am Main: Suhrkamp, 1981, S. 207. »Recht der Schuldverhältnisse« für »droit des obligations«. »Obligation« bezeichnet im Französischen eher einen ökonomisch-juristischen Zusammenhang, eine Verpflichtung, die freilich auch eine moralische Dimension haben kann. »Schuld« im ethisch-religiösen Sinne wäre »coulpe«. Im französischen Original, nämlich in der Ausgabe: Georges Sorel: *Réflexions sur la violence, Cinquième édition avec plaidoyer pour Lénine*, Paris: Rivière, 1921 (= Études sur le devenir social IV), lautet die entscheidende Passage (S. 262): »Aujourd'hui les économistes sont peu disposés à croire que le respect de ces lois naturelles s'impose en raison du respect dû à la Nature: ils voient bien qu'on est parvenu tardivement au régime capitaliste, mais ils estiment qu'on y est parvenu par un progrès qui devrait enchanter l'âme des hommes éclairés. Ce progrès se traduit, en effet, par trois faits remarquables: il est devenu possible de constituer une science de l'économie; le droit peut atteindre ses formules les plus simples, les plus sûres, les plus belles, puisque le droit des obligations domine tout capitalisme avancé; les caprices des maîtres de l'État ne sont plus aussi apparents et ainsi on marcherait vers la liberté. Tout retour au passé leur semble être un attentat contre la science, le droit et la dignité humaine«.

44 Sorel: *Über die Gewalt*, a.a.O., S. 208.

45 Vgl. ebd., S. 203 f. sowie S. 208 f.

46 Ebd., S. 173; vgl. S. 220.

47 Ebd., S. 138.

48 Ebd., S. 252.

49 Ebd., S. 248.

50 Ebd., S. 305 f.

51 Vgl. Walter Benjamin an Hugo von Hofmannsthal vom 13.1.1924, in: *Gesammelte Briefe*, hrsg. vom Theodor W. Adorno Archiv, 6 Bde., hrsg. von Christoph Gödde und Henri Lonitz, Frankfurt am Main: Suhrkamp, 1995-2000, Bd. II, S. 409.

52 Peter Garloffs Versuch, der dekonstruktivistischen Lektüre von Benjamins Aufsatz durch dessen historische Neuverortung in der ›rechtskulturellen Sattelzeit‹ der Frühphase der Weimarer Republik eine kulturwissenschaftlich gegründete Alternative entgegenzustellen, wartet mit einer Fülle interessanten historischen Materials auf, scheint sich aber mit dem Gedanken schlecht abfinden zu können, daß Benjamin sich in der Tat zwischen den Fronten »im politisch-literarischen Niemandsland der Anarchie« bewegte und also von den nachgezeichneten Debatten relativ unberührt blieb, die deshalb

auch nur bedingt zur Klärung seines Standorts beitragen. Von dem bei dieser Gelegenheit erwähnten Glückwunschtelegramm übrigens, mit dem Carl Schmitt Benjamin angeblich zur Publikation seines Aufsatzes gratuliert haben soll, scheint außer Derrida niemand Kenntnis zu haben; Peter Garloff: »Monarchie, Demokratie, Dekonstruktion. Eine kulturwissenschaftliche Neulektüre von Benjamins *Zur Kritik der Gewalt*«, in: *Deutsche Vierteljahrsschrift für Literaturwissenschaft und Geistesgeschichte*, 75 (2001), S. 329-359, hier S. 354.

53 Vgl. Benjamin an Ludwig Strauss vom 10.10.1912, in: *Gesammelte Briefe*, a.a.O., Bd. I, S. 71.

54 Vgl. Immanuel Kant: *Die Metaphysik der Sitten*, in: *Werkausgabe*, hrsg. von Wilhelm Weischedel, Frankfurt am Main: Suhrkamp, 4. Aufl. 1982, S. 628, wo ein wenig anderslautend das Formale aller Religion erläutert wird als der »Inbegriff aller Pflichten als [...] göttlicher Gebote«.

55 Vgl. Benjamin an Carla Seligson vom 4.8.1913, in: *Gesammelte Briefe*, a.a.O., Bd. I, S. 164.

56 Vgl. Benjamin an Martin Buber vom 17.7.1916, in: *Gesammelte Briefe*, a.a.O., Bd. I, S. 326 f.

57 Vgl. Gangl: »Mythos der Gewalt und Gewalt des Mythos«, a.a.O., S. 174 f.

58 Gegen einen Gott nur ein Gott. (Goethe, Dichtung und Wahrheit, lateinisch)

59 Benjamin an Carla Seligson vom 4.8.1913, in: *Gesammelte Briefe*, a.a.O., Bd. I, S. 163. Benjamin zitiert aus dem Gedicht »Der Deutsche dankt« (im »Buch Hafis«), einer Zwiesprache zwischen dem deutschen Divan-Dichter und seinem persischen Anreger, die Zeilen: »Denn das wahre Leben ist des Handelns / Ew'ge Unschuld, die sich so erweiset / Daß sie niemand schadet als sich selber«, in: *Goethes Werke. Hamburger Ausgabe*, a.a.O., Bd. II, S. 22.

60 Vgl. Benjamin an Martin Buber vom 23.3.1927, in: *Gesammelte Briefe*, a.a.O., Bd. III, S. 232; vgl. auch Benjamin: »Moskau«, GS IV/1, 317.

61 Vgl. Georg Simmel: *Goethe*, Leipzig: Klinkhardt & Biermann, 4. Aufl. 1921, S. 134 f. In einem Nachtrag zu seiner Schrift über den *Ursprung des deutschen Trauerspiels* bekennt Benjamin, daß ihm beim Studium von Simmels Darstellung des Goetheschen Wahrheitsbegriffs deutlich geworden sei, daß sein eigener Begriff des Ursprungs eine »strenge und zwingende Übertragung dieses goetheschen Begriffs aus dem Bereich der Natur in den der Geschichte« sei (GS I/3, 953 f.).

62 Vgl. Benjamin an Gershom Scholem vom 29.5.1926, in: *Gesammelte Briefe*, a.a.O., Bd. III, S. 159.

63 Vgl. Georg Wilhelm Friedrich Hegel: *Wissenschaft der Logik*, in: *Theorie Werkausgabe*, hrsg. von Eva Moldenhauer und Karl Markus Michel, Frankfurt am Main: Suhrkamp, 1969, Bd. V, S. 136.

64 Vgl. ebd., S. 139 und S. 140 f.

Ryklin, Der Topos der Utopie (S. 61-75)

1 Im Text steht »sans rêve«, aber das dürfte ein Druckfehler sein.

2 Walter Benjamin, *Kapitalismus als Religion*. Gesammelte Schriften. Bd. VI. Frankfurt a.M.: Suhrkamp 1985, S. 100-103, hier: S. 100.

3 Ebd., S. 101.
4 Ebd.
5 Ebd.
6 Ebd., S. 102.
7 Walter Benjamin, *Moskauer Tagebuch*. Frankfurt a.M. 1980, S. 108 (Interpunktion sic).
8 Von Trotzki 1923 geprägte Bezeichnung für Nicht-Bolschewiken, die mit der Oktoberrevolution sympathisierten. (A.d.Ü.)
9 Ebd., S. 70.
10 Ebd., S. 45.
11 Ebd., S. 103.
12 Ebd., S. 39.
13 Ebd., S. 46.
14 Ebd., S. 99.
15 Ebd., S. 161 f. Interpunktion sic.
16 Ort in Rußland.
17 Ebd., S. 108.
18 Ebd., S. 49.
19 Ebd., S. 106.
20 Vgl. ebd., S. 107.
21 Walter Benjamin, »An Jula Radt-Cohn. Moskau, 26.12.1926«. *Gesammelte Briefe*. Bd. 3. 1925-1930. Frankfurt a.M. 1997, S. 221-223, hier: S. 222.

Soosten, Schwarzer Freitag (S. 121-143)

1 Zur Metaphorik des Freitags in der Kontamination verschiedener symbolisch aufgeladener Geschichten vgl. Günther Hirschfelder, Freitag der 13. – ein Unglückstag?, in: Zeitschrift für Volkskunde Bd. 97 (2001), Heft 1, 29-48; zur christentumsgeschichtlichen Bedeutung vgl. Josef Andreas Jungmann, War der Karfreitag einstmals gebotener Feiertag?, in: Gestalt und Vollzug. Hg. von Walter Düring, München 1963, 147-153. – In dem religionsmoralischen Erbauungstraktat *Robinson Crusoe* (1719) von Daniel Defoe wird der schwarze Bruder »Freitag« genannt. Er stirbt in Hingabe an seinen weißen Bruder. Legendär in *Robinson Crusoe* ist die Geldthematik in der Szene, in der unser Held im Wrack des gestrandeten Schiffes Geldmünzen findet, sie als »kahle Ware«, die keiner Rettung wert ist, verflucht, sie aber dennoch in ein Stück Segeltuch einwickelt und mitnimmt. Zum religionskapitalistischen Hintergrund bei Defoe vgl. Klaus P. Hansen, Erfolgsphilosophien amerikanischer Unternehmer, Frankfurt/New York 1992, 46-53.
2 Walter Benjamin, Einbahnstraße, Berlin 1928 (Faksimile der Erstausgabe Berlin 1983), 53.
3 Vgl. das allerdings raffinierte dialektische Zugeständnis von Benjamin an diese Möglichkeit in »Ursprung des deutschen Trauerspiels« (GS I/1, 350). Dahinter steht die Auffassung, daß die Welt nicht an einem Zuwenig an Wahrheit leidet, sondern an einem Zuviel an Bedeutung. Zu Benjamins Allegoriebegriff vgl. Marleen Stoessel, Aura. Das vergessene Menschliche. Zu Sprache und Erfahrung bei Walter Benjamin, München 1983, 97 ff.; Bettine Menke, Sprachfiguren. Name-Allegorie-Bild, München 1991; vgl. auch Stéphane Mosès, Der Engel der Geschichte, Frankfurt am Main 1992, 87-160.

4 Benjamin: Einbahnstraße, 19.

5 Walter Benjamin: Kapitalismus als Religion, in: Ders., Gesammelte Schriften VI. Hg. von Rolf Tiedemann und Hermann Schweppenhäuser, Frankfurt am Main 1985, 100-102. Zitate aus dem Fragment werden im Folgenden im Text in Klammern nachgewiesen. – Zum Fragment im Kontext der Benjaminschen Denkbewegung vgl. Uwe Steiner, Kapitalismus als Religion. Anmerkungen zu einem Fragment Walter Benjamins, in: Deutsche Vierteljahrsschrift 72 (1998), 147-171.

6 Ernst Bloch, Thomas Münzer als Theologe der Revolution (1921), Frankfurt am Main 1976, 122; zur Formel »Kapitalismus als Religion« vgl. 123. – Benjamin spricht in seinem Fragment – wie als Antwort auf Bloch – davon, daß es keinen »›Wochentag‹« gäbe, »keinen Tag der nicht Festtag in dem fürchterlichen Sinne der Entfaltung allen sakralen Pompes, der äußersten Anspannung des Verehrenden wäre« (100).

7 Mene Mene Tekel: Daniel 5, 25-28, aramäische Wandinschrift im Palast des Königs Belsazar, die dem König Tod und die Aufteilung seines Reiches ankündigt, übersetzt etwa »gezählt, gewogen und geteilt«.

8 Exodus 32. Die Attraktion des Goldenen Kalbs hängt in dieser Szene wahrscheinlich an der sinnlichen Konkretion der höchsten Macht, die über sinnliche Konkretion das Heilsbegehren auf sich zu ziehen vermag, während der Gott Israels notorisch unsichtbar bleibt. Vgl. dazu Hans Günter Holl, Zaster. Von höchster Einheit und vom emotionalen Wert des Geldes, in: Lettre 52 (2000), 32 (32-35).

9 Die Urszene des kultischen Tanzes um das Goldene Kalb wirkt in Benjamins These über die religiöse Struktur des Kapitalismus nach, die den Kapitalismus als »reine Kultreligion« (100) ohne »spezielle Dogmatik« (ebd.) oder »Theologie« (ebd.) charakterisiert.

10 Vgl. Max Weber, Die protestantische Ethik und der »Geist« des Kapitalismus. Textausgabe auf der Grundlage der ersten Fassung von 1904/05 mit einem Verzeichnis der wichtigsten Zusätze und Veränderungen aus der zweiten Fassung von 1920. Hg. von Klaus Lichtblau und Johannes Weiß, Bodenheim 1993.

11 Friedrich Nietzsche, Zur Genealogie der Moral (Kritische Studienausgabe 5. Hg. von Giorgio Colli und Mazzino Montinari), München 1988, 330.

12 Die Formel »non posse non peccare« (es ist nicht möglich, nicht zu sündigen) kennzeichnet nach Augustin die Lage des geschichtlichen Menschen und kann als Kurzformel der Augustinschen Erbsündenlehre gelten. Allerdings ist die Formel in einen chiastisch formulierten geschichtstheologischen Rahmen eingefügt, nämlich den vorausgehenden Urzustand, für den gilt »posse non peccare« (das Vermögen, nicht zu sündigen) und den nachfolgenden Endstand, für den das »non posse peccare« (das Unvermögen zu sündigen) gilt. Der soteriologische Gedanke macht sich an der Christologie fest, da Christus und nur Christus mit der Fähigkeit des »non posse peccare« ausgestattet ist. Vgl. dazu Aurelius Augustinus, De correptione et gratia Cap. XII, 33 (Zurechtweisung und Gnade. Lat.-Dt., in: Ders., Schriften gegen die Semipelagianer, Würzburg 1955, 213 ff.).

13 Nietzsche, Genealogie der Moral, 330. – Die Metapher der »zweiten Unschuld« besitzt ihren Vorläufer im Bild der »second Childishness« bei Shakespeare. Benjamin hätte gefallen, daß die Metapher in der Rede über

den Schauspielcharakter der Welt (»All the world's a stage«) begegnet, denn auch der Kapitalismus ist nach seinem Fragment Schauspiel (Kultus); vgl. Shakespeare: As you like it, Zweiter Akt, Scene VII. – Hermann Melville hat in seinem Weißen Wal die Stufentheorie, die zur zweiten Unschuld führt, gegen die darin implizierte Fortschritts- oder Steigerungsfigur in das Schema eines ewigen Kreislaufs umgedeutet. Die Stufen sind nicht Stufen, sondern Stationen, die, nachdem sie durchwandert sind, von neuem durchlaufen werden müssen (*Moby Dick*, Kapitel 114). Der Zusammenhang zur Geldthematik besteht darin, daß Melville über goldenen Glanz (das Kapitel ist »Gilder« getitelt – der holländische Gulden) schreibt, dessen Schein (»leuchtende Lichtungen«) den Kreislaufcharakter des Lebens überblendet – ganz im Gegensatz zu Ahabs Golddublone, die er an den Mast des Schiffes nagelt (Kapitel 36), um das Begehren der Walfängergemeinde in seiner diabolischen Jagd des Bösen sinnbildlich zu fesseln. Der Leviathan trägt die Farbe der Unschuld: Weiß, Symbol des Nichts (Kap. 42). – Unschuld ist einer der Topoi der christlichen Soteriologie: Einer für alle (pars pro toto, die realgeschichtliche Figur der rhetorischen Synekdoche): der Unschuldige (traditionell biblisch: das Lamm) für die Schuldigen.

14 Rudolf Bultmann, Die Geschichte der synoptischen Tradition (1921), Göttingen 1967, 214.

15 Über protestantische Vorbehalte gegenüber »abenteuerlichen« Sinnvervielfältigungen vgl. die Grundschrift des Protestantismus von Philipp Melanchthon, Elementa rhetorices (CR XIII, 417-506. Ausgabe »letzter Hand« von 1542). Gegenüber der »Bettelarmut«, in die die Selbsttäuschung rationalistischer Meisterexegeten führt, hatte Franz Overbeck darauf beharrt, daß es für die allegorische Interpretation keinen Ersatz gäbe. »Alle theologische Exegese ist allegorisch, verschämt oder unverschämt.« (Franz Overbeck, Christentum und Kultur, in: Ders., Werke und Nachlaß Band 6/1. Hg. von Barbara von Reibnitz, Stuttgart/Weimar 1996, 124 [122-124].

16 Alle Zitate finden sich in einem Brief von Walter Benjamin an Hugo von Hofmannsthal vom 13.1.1924, abgedruckt in: Walter Benjamin, Gesammelte Briefe Bd. II 1919-1924. Hg. von Christoph Gödde und Henri Lonitz, Frankfurt am Main 1996, 409-412.

17 Zur Produktivität »flacher Diskurse« vgl. Hans Ulrich Gumbrecht/K. Ludwig Pfeifer (Hg.): Materialität der Kommunikation. Frankfurt am Main 1988, 914-923.

18 Das Verhältnis von Allegorie und Wirklichkeit beschäftigt den schon mehrfach angemerkten Protestanten (Calvinistische Reformed Dutch Church, New York City) Herman Melville, Moby-Dick oder Der Wal, Kap. 45. Das Spiel mit allegorischen Sinnverschiebungen ist das literarische Bauprinzip in Melvilles »The Confidence Man. His Masquerade« (1857), eine abgründige Abrechnung mit der amerikanischen Zivilreligion.

19 Über die Strategien der Allegorisierung des Geldes im Zeitraum der Inflationserfahrung vgl. Bernd Widdig, Culture and Inflation in Weimar Germany, Berkeley 2002, über Benjamin vgl. 61 ff. und 129 ff.

20 Vgl. Friedrich Schleiermacher, Der christliche Glaube. Auf Grund der zweiten Auflage neu herausgegeben von Martin Redecker, Berlin 1960, § 17.2.

21 Vgl. die hierfür wegweisende Studie von Gerd Theißen: Soteriologische Symbolik in den Paulinischen Schriften, in: Kerygma und Dogma 20 (1974),

282-304, und den außergewöhnlichen Ansatz von Günter Bader, Symbolik des Todes Jesu, Tübingen 1988, dem meine Studie wesentliche Hinweise verdankt.

22 Damit sind in der christlichen Ökonomie des Heils die Doppelstrukturen des Tausches ineinander verschränkt und werden metaphorisch zusammengeballt – die friedensstiftende Form der Gabe und der antagonistisch-destruktive Typus, wie man nach Marcel Mauss sagen müßte. Vgl. Ders., Essai sur le don (1925), Dt. in: Ders., Soziologie und Anthropologie Bd. II: Hg. von Wolf Lepenies und Hennig Ritter, München 1975, 9-144.

23 Martin Luther hat dieses Paradox im Sinne seiner Interessen in den Satz gebracht: »Et in hac translatione [gemeint ist die *translatio* der Schuld auf Christus und die damit ermöglichte Über-Setzung vom Unheil zum Heil] non solum est verborum [nicht allein eine sprachliche Nachstellung], sed et rerum metaphora [sondern ebenfalls ein tatsächlich-realer Vorgang]« (Rationis Latomiae confutatio. 1521. WA 8, 87, 6-7). Das Sagbare und das Unsagbare sind nach diesem Vorschlag paradoxal ineinander verschränkt; die Metapher ist die Aussprache einer Paradoxie. – Zum Problem dieser Paradoxie von Unsagbarkeit und Metaphorologie, bemerkenswerterweise mit Bezug auf die Themen »Offenbarung« und »Inkarnation« vgl. Hans Blumenberg, Ausblick auf eine Theorie der Unbegrifflichkeit (1979), abgedruckt in: Anselm Haverkamp (Hg.), Theorie der Metapher, 2. erw. Auflage Darmstadt 1996, 444 ff. (438-454) mit der schönen Pointe, daß auch die »Klasse des Unsagbaren nicht leer ist« (444).

24 Vgl. Enno Littmann, Morgenländische Wörter im Deutschen, zweite vermehr. Aufl. Tübingen 1924, 30; zum kanaanäischen Lehnwort »Mammon« vgl. Hans Peter Rüger, »Mamonas«, in: ZNW 64 (1973), 127-131. – In Miltons »Paradise Lost« (1667) führt »Mammon« eine der Truppen an, die für Satan den Himmel zurückgewinnen sollen. Die Namen der Kriegsführer sind von Milton nach den kanaanäischen Göttern ausgewählt. Nach dem verlorenen Krieg gegen den Himmel, als sich die Kriegsführer zur Beratung über das weitere Vorgehen zurückziehen, läßt Milton Mammon eine bemerkenswerte Friedensrede halten, deren Pointe darin besteht, daß man mehr Macht gewinne, wenn man das Gute an sich selber sucht und dafür das Licht des Himmels nachahmt, wenn man es eben braucht. Mammon plädiert für den Glanz, für den man auch selbst sorgen könne. Freilich: Sein Friedensrat wird verworfen (vgl. Zweites Buch, 289-382).

25 Ausführlicher hierzu und zu den Hintergründen der Metaphoriken des »Loskaufs« und des »Lösegeldes«: Gerd Theißen, Soteriologische Symbolik, 286 f.; Joachim Jeremias, Das Lösegeld für Viele, in: Ders., Abba. Göttingen 1966, 216-229; Bernd Janowski, Auslösung des verwirkten Lebens. Zur Geschichte und Struktur der biblischen Lösegeldvorstellung, in: Ders., Gottes Gegenwart in Israel, Beiträge zur Theologie des Alten Testaments, Neukirchen-Vluyn 1993, 5-39; Walter Haubeck, Loskauf durch Christus. Herkunft, Gestalt und Bedeutung des Paulinischen Loskaufmotivs, Stuttgart 1985; Bader, Symbolik, 136-148. – Auf den in der Metaphorik implizierten Machtwechsel unter Bedingungen einer Eigentumsübertragung (von der in der Metaphorik angespielten Sklaverei zum Übergang in das Eigentum Gottes) läßt Hans Blumenberg aufmerken: Ders., Matthäuspassion, Frankfurt am Main 1988, 51-59 (Der metaphorische Horizont. Das Lösegeld).

[26] Niklas Luhmann, Die Religion der Gesellschaft, Frankfurt am Main 2000, 336.

[27] Bader, Symbolik, 147.

[28] Vgl. Bernhard Laum, Heiliges Geld. Eine historische Untersuchung über den sakralen Ursprung des Geldes, Tübingen 1924. – Zum zivilitätsstiftenden Charakter des Trinitätsdogmas der Ökonomik (Tausch, Wertaufbewahrung, Recheneinheit) vgl. allerdings Dirk Baecker, Geldfunktion und Medienkonkurrenz, in: Ders. (Hg.), Viele Gelder, Berlin 2003.

[29] Vgl. dafür Georg Simmel, Philosophie des Geldes (1900/07) (Gesamtausgabe Bd. 6, hg. von Ottheim Rammstedt), Frankfurt am Main 1989, 306.

[30] Vgl. dazu Kenneth Burke, »Money as Substitute of God«, in: A Grammar of Motives, Berkeley and Los Angeles 1969, 108-117.

[31] Zur Metaphorik des Parasiten vgl. Ulrich Enzensberger, Parasiten, Frankfurt am Main 2001.

[32] In dieser Hinsicht spricht die im Folgenden skizzierte Station für die Medientrilogie von Jochen Hörisch. Über Thomas von Aquin vgl. Ders., Kopf oder Zahl. Die Poesie des Geldes, Frankfurt am Main 1996, 125 ff.

[33] Vgl. Thomae Aquinatis, Commentum in Libros IV Sententiarum (Opera Omnia Vol. 39, Paris Edition Vives, 1878, 609 f. (De Sacramentis. Liber Quartus, Dist. I Quaest. I. Art. IV). Zum parallelen Argument der Abendmahlslehre vgl. auch Summa Theologia III q. 62 a.1.

[34] Über Bleimünzen vgl. A. Luschin von Ebengreuth, Allgemeine Münzkunde und Geldgeschichte des Mittelalters und der neueren Zeit, München/Wien 1976, 45 f. – In Shakespeares »Kaufmann von Venedig« steht das wertlose und magere Blei im Liebestest bekanntlich für »Liebe«.

[35] Vgl. ausführlicher William J. Courtenay, The King and the Leaden Coin: The Economic Background of ›Sine qua non‹ Causality, in: Translatio 28 (1972), 185-209.

[36] Zur Geldtheorie des Nominalismus vgl. Heiko Augustinus Oberman: Oeconomia moderna, in: Ders., Wesen und Wertung der Reformation, Tübingen 1977, 161-200. – Der Nominalismus ist eine der Nahtstellen, an denen der von Jochen Hörisch behauptete Medienübergang vom Abendmahl zum Geld, im Nominalismus noch in Parallele (Formähnlichkeit) gefaßt, gedanklich vorbereitet wird.

[37] Und von der Forschung erbracht: vgl. die Arbeiten von Raymond de Roover (1904-1972) in: Ders., Business, Banking, and Economic Thought in Late Medieval an Early Modern Europe. Ed. by Lulius Kirshner, Chicago/London 1974. Vgl. auch Ders., The Concept of the Just Price: Theory and Economic Policy, in: Readings in the History of Economic Theory. Ed. by Ingrid H. Rima, New York u.a. 1970, 9-21.

[38] Simmel, Philosophie des Geldes, 200.

[39] Ebd. – Der der Metaphorologie verpflichtete Hans Blumenberg, eher in der Klasse der Nominalisten zu vermuten, meldet im Namen des »Realismus« in der Geldthematik Vorbehalte gegen den Nominalismus an. Vgl. Ders., Matthäuspassion, 54 (vgl. Anm. 23) und Ders., Ausblicke auf eine Theorie der Unbegrifflichkeit (vgl. Anm. 25), 447.

[40] Der wirtschaftsethische Konflikt, an dem sich innertheologische mit geldtheoretischen Fragen berühren, ist natürlich das Zinsproblem. Vgl. dafür die maßgebliche Arbeit von Benjamin Nelson, The Idea of Usury. From

Tribal Brotherhood to Universal Otherhood (1949), Chicago and London 1969.

41 Aristoteles, Nicomachische Ethik, 5. Buch; Ders., Politik I, Kap. 8-13. – Nachwirkungen in der Theologie schildert Jacques Le Goff, Wucherzins und Höllenqualen. Ökonomie und Religion und Mittelalter, Stuttgart 1988, 27-31.

42 Thomas, Summa Theologia II, II q.78 art. 1. (»De peccato usurae, quod comittitus in mutius«); über Thomas vgl. Friedrich Beuter, Thomas von Aquin, in: Klassiker des ökonomischen Denkens. Erster Band. Hg. von Joachim Starbatty, München 1989, 56-75. – Luther: »Denn Geld ist eine unfruchtbare Ware, trägt und heckt nicht wieder Geld, da mans gleich säet, wie Getreide tut, das kann ich verkaufen durch meine Geschicklichkeit. Darum sind die jetzigen Händel mit dem Gelde unrecht und wieder Gott, die Land und Leute verderben und aussagen.« – Über Luthers eingeschränkte Sicht, der in Geldangelegenheiten dem Nahrungsprinzip folgt (vgl. sein Beispiel über Joseph den Ernährer in »Von Kaufhandlung und Wucher« (1524), WA 15, 305-307 (279-322) vgl. Karl Bosl, Staat, Gesellschaft, Wirtschaft im Mittelalter, in: Gebhardt, Handbuch der Deutschen Geschichte. 9. neu bearb. Aufl. hg. von Herbert Grundmann Bd. 1, Stuttgart 1973, 817 ff.; Wolfgang Zorn, Moralische Probleme des »Frühkapitalismus«, in: Handbuch der Deutschen Wirtschafts- und Sozialgeschichte. Hg. von Hermann Aubin und Wolfgang Zorn Bd. 1, Stuttgart 1962, 486-491; Hans-Jürgen Prien, Luthers Wirtschaftsethik, Göttingen 1992, 31-68. – Luther hält sich hinsichtlich des gehorteten Geldes (Habsucht – Reichtum) weitgehend in der Tradition der biblischen Rost-Metaphorik auf (Matthäus 6, 20: »Sammelt euch aber Schätze im Himmel, wo sie weder Motten noch Rost zerfressen und wo die Diebe nicht einbrechen und stehlen.«).

43 Belege und Einordnung in die lange Linie bei Karl Holl, Die Frage des Zinsnehmens und des Wuchers in der reformierten Kirche, in: Ders., Gesammelte Aufsätze zur Kirchengeschichte. Bd. III. Der Westen, Tübingen 1928, 385-405.

44 Ernst Troeltsch, Die Soziallehren der christlichen Kirchen und Gruppen, 3. Neudruck der Ausgabe Tübingen 1922, Aalen 1977, 708 f. – Benjamin formuliert umgekehrt: Nicht daß der Kapitalismus sich in das Christentum »hineingestohlen« hätte, sondern vielmehr müsse das Fazit gezogen werden, daß das Christentum sich in den Kapitalismus »umgewandelt« hätte (102).

45 Troeltsch, Soziallehren, 708.

46 Vgl. Johannes Calvin, Institutio Christianae Religionis II, 13.4 und IV 17.30 (Unterricht in der christlichen Religion. 4. Aufl. nach der letzten Ausgabe übersetzt und bearb. von Otto Weber, Neukirchen-Vluyn 1986). Zum Extra Calvinisticum vgl. vor allem E. David Willis, Calvin's Catholic Christology, Leiden 1966; Heiko Augustinus Oberman, Die »Extra-Dimension in der Theologie Calvins (1966), in: Ders., Die Reformation. Von Wittenberg nach Genf, Göttingen 1986, 253-282; Christian Link, Die Entstehung der Christologie Calvins und ihre theologische Bedeutung. Das sogenannte Extra-Calvinisticum, in: Evangelische Theologie 47 (1987), 97-119.

47 Ausführlicher dazu Joachim von Soosten, Religion und symbolische Kommunikation. Wittenberger Inventionen, in: Klaus Tanner (Hg.), Religion

und symbolische Kommunikation, Leipzig 2003 (i.E.).

48 Der Bezug des Calvinismus zum Kapitalismus ist nicht nur auf seiner wirtschaftsethischen Seite zu vermuten, nicht nur in der Mentalität, der Lebensführungspraxis, mit der auf das Dogma der doppelten Prädestination reagiert wurde. Theologisch ist auch das *Extra Calvinisticum* in bezug auf seine Formähnlichkeit zur Symbolik des Geldes zu diskutieren. Die historische Schnitt, an der sich Altkalvinismus und neukapitalistischer Calvinismus scheiden, ist von Claudius Salmasius (1588-1653) mit seiner Schrift »De usuris« (1583) vorgenommen: die früheste Verteidigung des Kapitalzinses.

49 Auf diese Konvertibilität spielt Jochen Hörisch beständig an. Vgl. zuletzt sein Spiel »Konversi«, in: Deutscher Evangelischer Kirchentag Frankfurt am Main 2001. Dokumente. Hg. von Christoph Quarch und Dirk Rademacher, Gütersloh 2001, 692-705.

50 Burke, Grammar of Motives, 112.

51 Zum Doppelgänger-Motiv vgl. Jacques Lacan, Schriften I, Olten und Freiburg im Breisgau 1973, 65 (63-70); Karl Barth sieht in Christus einen »Doppelgänger« Gottes, vgl. Kirchliche Dogmatik I.1, 333.

52 Seit diesem Zeitpunkt laufen zwei Prozesse an. Zum einen beginnt eine Reformulierung von Religion unter der Absehung von religiösen Herkunftstraditionen im Zeichen einer »Zivilreligion des Geldes« (vgl. dafür Benjamin Franklin (1706-1790), Autobiographie, München 1983, 114 f., und seine Articles of Belief and Acts of Religion (The Works of Benjamin Franklin. Ed. by Jon Bigelow. Volume I, New London and London 1904, 319-321). Die Zivilreligion des Geldes führt im 19. Jahrhundert zur Gespensterkritik: der Kritik der vielleicht besser: Doppelnatur des Geldes, die trotz religionskritischer Tarnung ebenfalls religiöser Traditionen zu verdanken ist. Prominent dafür Karl Marx. Vgl. zur Exegese Jacques Derrida, Marx' Gespenster, Frankfurt am Main 1995. – Ob die Konvertibilitätsthese, die Jochen Hörischs Medientrilogie trägt, zutreffend ist, wäre zu hinterfragen. Das Thema »Medienkonkurrenz« wird souverän vernachlässigt.

53 Vgl. Friedrich Nietzsche, Zur Genealogie der Moral, 2. Abh. 4. (197 f.). Nietzsche unterstellt, der Begriff der moralischen Schuld leite sich genealogisch vom ökonomischen Schuldbegriff her. Davon sei auch noch die Vorstellung berührt, »Schulden gegen eine Gottheit zu haben« (2. Abh. 20, 329). – Trotz seiner philologischen Versiertheit wird Nietzsches Befund nur zu gewissen Teilen durch den Sprachbefund gedeckt. Der Wortschatz ist reicher organisiert (in unterschiedlichen Begriffen für rechtliche, ökonomische, moralische und religiöse »Schulden«), als der deutsche Begriff Schuld (von gotisch ›skulan‹) nahezulegen scheint. Vgl. dafür Emile Benviste, Indogermanische Institutionen. Wortschatz, Geschichte, Funktionen (1969), Frankfurt am Main, New York, Paris 1993, 142-159. Nietzsches kompromißlose Ableitung, vor allem seine christentumstheoretischen Invektiven, verdankt sich eher dem Handel mit dem Schuldbegriff im Christentum seiner Herkunftstradition.

54 Radikalisierung von Ausweglosigkeit als Konstitutionsmoment von Erlösung und die Problematik von Schuld und Schicksal sind das Leitmotiv der Benjaminschen Arbeiten zwischen 1919 und 1928 (1919: Schicksal und Charakter [vgl. GS II. 1, 175]; 1921: Zur Kritik der Gewalt [vgl. GS

II. 1, 199]; 1922: Wahlverwandtschaften [GS I.1, 138 und 201]; 1925: Trauerspiel [vgl. GS. 1, 343]).

55 Hermann Cohen, Ethik des reinen Willens, 2. rev. Aufl. Berlin 1907. – Ausführlich zur Beziehung von Cohen und Benjamin vgl. Astrid Deuber-Mankowsky, Der frühe Walter Benjamin und Hermann Cohen: Jüdische Werte, Kritische Philosophie, vergängliche Erfahrung, Berlin 2000.

56 Cohen, Ethik reinen Willens, a.a.O., 365.

57 A.a.O., 366.

58 Als Datum dieser Ablösung nennt Cohen das Bibelbuch *Ezechiel*, vgl. a.a.O., 365 und 299: »Und in der Sünde ist das Individuum zur Entdeckung gekommen.«

59 Das hatte schon Nietzsche in seiner »Genealogie der Moral« unterstellt. Zum Opferkomplex der christlichen Theologie kommt man an dem Diktum von Falk Wagner nicht vorbei, daß der Christus zugeschriebene Versöhnungszweck durch das Mittel desselben Todes (Opfer) »konterkariert« wird: »Der Tod Christi kommt folglich von dem Makel nicht los, der Aufhebung einer Verletzung zu dienen, die durch eine erneute Verletzung inszeniert wird.« (Falk Wagner, Die christliche Revolutionierung des Gottesgedankens als Ende und Aufhebung menschlicher Opfer, in: Richard Schenk [Hg.], Zur Theorie des Opfers. Ein interdisziplinäres Gespräch, Stuttgart-Bad Canstatt 1995, 268 [251-278]). Wagner schlägt zur Lösung des Problems den für christliche Theologie einzig gangbaren Weg ein, diese Aporie als eine Aporie in Gott selbst (seine Lösung: der Karfreitag als Untergang der unmittelbaren Selbstbestimmung Gottes) thematisierungsfähig zu machen. Für den »Untergang« Gottes in seiner Inkarnation als Anfang christlicher Theologie vgl. Ders., Geld oder Gott? Zur Geldbestimmtheit der kulturellen und religiösen Lebenswelt, Stuttgart 1984, 139.

60 Gustav Landauer, Aufruf zum Sozialismus (1919), Frankfurt am Main und Wien (hg. und eingeleitet von Heinz-Joachim Heydorn) 1967. Heydorns Einleitung berichtet von den religiösen Quellen der Kapitalismuskritik Landauers (Spinoza, Meister Eckhart).

61 A.a.O. 173. – Bemerkenswert ist die Feststellung Landauers, das Kapital sei weder Tauschmittel noch Zeichen, sondern eine *Möglichkeit* (vgl. a.a.O., 172).

62 Vgl. Augustins frühe Bestimmung des Nichts: »nihil est enim omne, quod fluit, quod solvitur, quod liquescit et quasi semper perit.« (»Ein Nichts ist nämlich all das, was fließt, was sich auflöst, was verströmt, was gleichsam dauernd sich verliert.« Augustinus, De beata vitae 2.8) – Im Gegensatz zur liquidierenden Liquidität des Nichts, das Gustav Landauer offenbar mit dem Geld gleichsetzt, verstanden sich die Kathedralbauten des Mittelalters als ein »Kristall in einer Umwelt von Amorphen« (So Friedrich Ohly mit Bezug auf Hugo von St. Viktor [gest. 1141] in: Die Kathedrale als Zeitenraum, in: Frühmittelalterliche Studien 6 [1972], 156 [94-158]). Hugo von St. Viktor favorisierte das Meer als Metapher des Nichts, der Sintflut, gegen die einzig die Kathedralen Schutz bieten (vgl. »De arca Noe morali«, »De arca Noe mystica«, »De vanitate mundi«; alle in: Hugonis de S. Victore. Opera Omnia, in: Patrologiae Latinae Tomus 176).

63 A.a.O., 177.

64 Ebda.

65 Entsühnung ist »*nicht im Kultus* selbst zu erwarten, *noch auch in der Reformation* dieser Religion, die an etwas Sicheres in ihr sich müßte halten können, *noch in der Absage* an sie« (Fragment: 101). Ähnlich der von Benjamin angeführte Erich Unger: »Der Sturmlauf gegen das ›kapitalistische System‹ muß ewig vergeblich sein am Orte seiner Geltung [...] Um gegen den Kapitalismus überhaupt etwas auszurichten, ist es vor allem unerläßlich, aus seinem Wirkungsbereich herauszutreten, denn innerhalb dessen vermag er jede Gegenwirkung aufzusaugen.« (Erich Unger, Politik und Metaphysik 1921, 44). Während Unger an das »räumliche Heraustreten aus dem Geltungsbereich des Kapitalismus« denkt (sozialistischer Zionismus), denkt Benjamin in einer eschatologischen Zeitperspektive, die für seinen Satz verantwortlich ist: »Wir können das Netz, in dem wir stehen, nicht zuziehen. Später wird dies jedoch überblickt werden.« (Fragment 100).

66 Vgl. Ludwig Wittgenstein: Tractatus logico-philosophicus (1918/21), These 1. Die Lösung des »Falls« aus der Klammer soteriologisch ausgerichteter Erlösungssoziologie bietet Niklas Luhmann in seiner Bielefelder Abschiedsvorlesung an (»Was ist der Fall?« und »Was steckt dahinter«, in: Zeitschrift für Soziologie 22 [1993], 245-260). Vgl. Luhmanns heitere, aber abgründige Antwort auf die Fragen am Ende seiner Vorlesung.

67 Martin Heidegger, Sein und Zeit (1927), Tübingen 1986, 281. »Schuldigsein gehört zum Sein des Daseins.« (306). Zur Analyse vgl. Susanne Lettow, Die Macht der Sorge, Tübingen 2001.

68 Heidegger weist die Aufgabe, die alte Erbsündenlehre zu reformulieren, der Theologie zu, um selbst einen anderen Weg einzuschlagen. Vgl. Sein und Zeit 180 und 306.

69 Heidegger, Sein und Zeit, 288 (Hervorhebung JvS).

70 Vgl. parallel die Allegorie »Historia in nuce: der verlorene Posten« von Ernst Jünger im eng benachbarten Zeitraum (Ernst Jünger, Das abenteuerliche Herz [1929/1938]; Berlin 1982, 99-102).

71 Heidegger, Sein und Zeit, 277. Vgl. auch »Der Spruch des Anaximander« (1946), in: Ders., Holzwege, Frankfurt am Main 1950, 6. Aufl. 1980, 317-368.

72 Manfred Schneider würde dies eine Form von Recycling von abendländischen Grundmotiven nennen, vgl. Ders., Der Barbar der Bedeutungen: Walter Benjamins Ruinen, in: Norbert Bolz, Wilhelm van Reyen (Hg.), Ruinen des Denkens, Frankfurt am Main, 215-236.

73 Vgl. zur Einordnung des Gestus Marcel Mauss, La prière et les rites oraux (1909), in: Œuvres I. Ed. de Victor Karady, Paris 1967, 357-477.

74 Diesen Punkt hat Karl Löwith zur nervösen Stelle erklärt, an der sich der ganze Unterschied zwischen Heidegger und seinen Zeitgenossen aus dem Geiste jüdischer Grundmotive auftut. Vgl. Ders., M. Heidegger und F. Rosenzweig. Ein Nachtrag zu »Sein und Zeit« (1942/43), in: Ders., Gesammelte Abhandlungen, 2. Aufl. 1969, 68-92.

75 Das Motiv der »annihilatio mundi« entstammt Lehrbildungen der sogenannten »Gnosis«, in den Häresiearchiven des Christentums aufzufinden unter dem Namen von Valentin, greifbar bei Irenäus (um 130 – um 200). Bei Valentin bedingen sich die Vollendung des Heils der Erwählten und die Vernichtung der Welt einander. Der Protest dagegen ist theologisches Leitmotiv der Scholastik. Vgl. Petrus Lombardus, Sententiae in IV Libris

Distinctae, Liber IV. Dist. XLVII Cap. IV (Edition Groffaferta 1981, 540 f.). Der Protestantismus in der Nachfolge der Probleme, die Luthers Streit mit Zwingli über das Problem der Realpräsenz Gottes in seiner Aufzehrung aufgeworfen hatte, kokettiert mit dem Motiv, weil sich im Blick auf die Abendmahlslehre die Aufhebung der Räumlichkeit zugunsten von Anwesenheit (Ubiquität und Präsenz) thematisieren läßt, so Flacius in »Clavis scriptura sacrae«, 1567.

76 Benjamin, Trauerspiel, GS I.1, 405 f.

77 Vgl. die Schauspielvorstellung bei Ernst Jünger (»In solchen Schauspielen tritt die Geschichte in ihre höchste Bildhaftigkeit ein oder in das Zentrum der Zeit.« Jünger, Das abenteuerliche Herz, 101). – Für Benjamins Schauspielbegriff im Umfeld des Welttheatermotivs im Zeitraum der Weimarer Republik vgl. Irene Pieper, Modernes Welttheater, Berlin 2000. Für Heideggers Einstellung zum Schauspiel vgl. vor allem die Abschnitte in »Sein und Zeit« zum »Man« (§ 27) und zum »Gerede« (§ 35).

78 Zur Theatermetapher und zum Fiktionsverdacht vgl. die Besprechung des Topos bei Alexander Demandt, Metaphern für Geschichte. Sprachbilder und Gleichnisse im historisch-politischen Denken, München 1978, 356-363.

79 Benjamin, Einbahnstraße, 72.

80 Fortgesetzt in der These von dem Ganzen als Unwahren. – Die sakramentstheologischen Passagen zur Diabolik des Leviathans finden sich in dem bereits erwähnten »Der Wal« von Herman Melville im Kap. 36 (Abendmahl) und Kap. 113 (Taufe). Zur politiktheoretischen Bedeutung Melvilles vgl. Niels Werber, Die ewige Jagd auf den weißen Wal. Zur Geschichte eines politischen Symbols, in: Frankfurter Rundschau, 22. September 2002, S. 21.

81 Vgl. zur Allegorisierung des Geldes Bernd Widdig, Culture and Inflation in Weimar Germany, Berkeley; für Benjamin speziell Anson Rabinbach, In the Shadow of Catastrophe. German Intellectuals between Apocalypse and Enlightenment, Berkeley, Los Angeles, London 1977; Messianismus zwischen Mythos und Macht. Jüdisches Denken in der europäischen Geistesgeschichte. Hg. von Eveline Goodman-Thau und Wolfdietrich Schmied-Korwarzik, Berlin 1994; Hans Dieter Hillige, Generationskonflikt, Selbsthaß und die Entstehung antikapitalistischer Positionen im Judentum, in: Geschichte und Gesellschaft 5 (1979), 476-518.

82 Vgl. den Entwurf zum Feierabendmahl auf dem Frankfurter Kirchentag 2002, der die Abendmahlsfeier liturgisch mit Ex 32 (Tanz um das Goldene Kalb) verbindet und für die Authentizität des Abendmahls den Exorzismus des Geldes rituell zur Voraussetzung erhebt (dokumentiert in epd-Dokumentation Nr. 22/01 vom 28. Mai 2001, 11-22).

83 Luhmann, Die Wirtschaft der Gesellschaft, 240. – Zum Topos des Mammonismus unter Berufung auf Benjamin statt weiterer Belege vgl. jüngst Carl Améry, Global Exit. Die Kirchen und der Totale Markt, München 2002. Auch Georg Simmel bedient diesen Topos, vgl. Ders., Deutschlands innere Wandlung (1914), in: GA 16, Frankfurt am Main 1999, 17 f.

84 A.a.O., 242 f. – Dieser Linie folgt Traugott Jähnichen, »... nicht mit Gold oder Silber«. Was gilt: Gott, Geld und deren Geltung, in: Zeitschrift für Evangelische Ethik 44 (2000), 123-132.

85 Luhmann, Die Wirtschaft der Gesellschaft, Frankfurt am Main 1988, 268.

86 Anthony Giddens, Konsequenzen der Moderne, Frankfurt am Main 1996, 37.

87 Jorge Luis Borges, Der Zahir, in: Ders., Das Aleph (1949), Frankfurt am Main 1992, 93.

88 Im Schema des »Gott oder Geld-Komplexes« taucht hier das »potentia absoluta«-Motiv auf. Gott – de potentia absoluta – hätte sich auch, nach scholastischer Denkart, in einer creatura irrationalis inkarnieren können, in einem Stein (Duns Scotus) oder in einem Esel (William von Ockam).

89 Vgl. Adam Müller: Zwölf Reden über die Beredsamkeit und deren Verfall in Deutschland, Leipzig 1816, 52-54. – Über die Auswirkungen der Buchhaltung vgl. Dirk Baecker, Die Beobachtung der Paradoxie des Geldes, in: Hans Ulrich Gumbrecht, K. Ludwig Pfeiffer (Hg.), Paradoxien, Dissonanzen, Zusammenbrüche. Situationen offener Epistemologie, Frankfurt am Main 1991, 174-186.

90 Vgl. dafür nochmals Luhmann, Die Wirtschaft der Gesellschaft, 271.

91 Karl Marx, Ökonomische Manuskripte und Schriften 1858-1861 (MEGA. Zweite Abt. Bd. 2, Berlin 1980), 35 f. Da Luther, hierin ganz mittelalterlich, die Geldtheorie fremd bleibt, dürfte das Urteil von Marx sich eher auf das Protestpotential der Theologie Luthers beziehen als auf den tatsächlichen Stand der wirtschaftsethischen Einsichten Luthers.

92 Vgl. Karl Marx, Auszüge aus James Mills Buch (1944), in: MEW: Ergänzungsband 1, Berlin 1981, 446 ff.

93 Die menschliche Natur wird darin zur *Anhyposthasie* des Geldes, so die Version der Zweinaturenlehre des Geldes bei Marx. Anhypostatisch argumentiert auch Georg Simmel: »So ist der Mensch gleichsam aus sich selbst entfernt« (Philosophie des Geldes, 674).

94 In der Nachfolge dieser Kontradiktion stehen die Dualismen Handlung und System, System und Lebenswelt und der – das Produktivitätsschema »Arbeit« überwindende – Dual Arbeit und Interaktion. Religionssystematisch sind sie als inkarnationschristologische Protestvarianten zu lesen. Mit dem Gegensatz von Geld und Blut argumentiert bekanntlich Oswald Spengler, Der Untergang des Abendlandes. Umrisse einer Morphologie der Weltgeschichte, München 1922, 633 ff.; vgl. auch Pierre Klossowski, Die lebende Münze, Berlin 1998. – Unter religionsphilosophischen Gesichtspunkten wäre über den »Fluch der Konkretion« zu sprechen als Aktion um »jeden Preis« (der »Wille zum Opfer«). Die Geldthematik berührt den Grundkonflikt der Affektion des Abstrakten mit dem Konkreten (die Paradoxie der Begegnung des Abstrakten mit dem Konkreten).

95 James Joyce, Ulysses, Frankfurt am Main (Wollschläger-Ausgabe) 1981, 822, (Ithacaepisode 840-939).

96 Die »Wasser« des Finanzverkehrs sind eine deutliche Anspielung auf »Lethe«, den Strom des Vergessens, der verfestigte Erinnerung (markierte Münzen) liquidiert und so von Erinnerungen erlöst. Bloom allerdings bleibt zurück im Da-Sein. Auf die soteriologische Dimension von Lethe spielt Milton in *Paradise Lost* an, vgl. II, 761-766: »Weitab von diesem wälzt ein andrer Strom, / Lethe, die Fluten des Vergessens schweigend / Mäandergleich in trägem Laufe fort; / Wer davon trinkt, vergißt fortan zugleich / Sein früher Selbst und seinen frühren Stand, / Vergißt Verdruß und Freude, Schmerz und Lust.«

Die Wasser des Finanzverkehrs machen vergessen; nur Bloom selbst kann das nicht.

97 Das Betriebsklima der Assoziationsketten, die Allegorien auslösen, bestimmt die Kontroverse zwischen Robert Misik und Christoph Deutschmann über Deutschmann, Die Verheißung des absoluten Reichtums. Zur religiösen Natur des Kapitalismus, Frankfurt am Main/New York 1999. Die Kontroverse ist dokumentiert in: Leviathan 27 (1999), 501-517.

98 Vgl. Georg Simmel, Philosophie des Geldes, 171 f. Simmel hält allerdings fest, daß die Entwicklung des Geldes zum reinen Symbol nur eine Richtung der Entwicklung bestimmt; vgl. auch Ders., Fragmente und Aufsätze aus dem Nachlaß. Hg. von Getrud Kantorowicz, München 1923, Geld ist das einzige Kulturgebilde, das reine Kraft ist, das den substantiellen Träger völlig von sich abgetan hat, indem er absolut nur Symbol ist.« (44). Über Simmel vgl. Hans Blumenberg, Geld oder Leben, in: Ästhetik und Soziologie um die Jahrhundertwende: Georg Simmel. Hg. von Hannes Böhringer und Karlfried Gründer, Frankfurt am Main 1976, 121-134. Von der Potenzierung der Symbolisierungsleistung des Geldes spricht Assen Ignatow, Die Bedeutung des Symbols für die moderne Philosophie, in: Manfred Lurker (Hg.), Beiträge zu Symbol, Symbolbegriff und Symbolforschung (Bibliographie zur Symbolik, Ikonographie und Mythologie. Ergänzungsband 1), Baden-Baden 1982, 49-59, hier 54.

99 Vgl. dafür Franz Vonessen, Der Symbolbegriff im griechischen Denken. Zur philosophischen Grundlegung einer Symbolwissenschaft, in: Lurker (Hg.), Beiträge, a.a.O., (vgl. Anm. 98), 9-27.

100 Daher der Eindruck, der in den bekannten Topos einmündet »Zeit ist Geld« (Benjamin Franklin, Advice to a young tradesman, 1748).

101 Luhmann, Die Wirtschaft der Gesellschaft, 271.

102 Vgl. dafür auch Luhmann, Die Zukunft kann nicht beginnen: Temporalstrukturen in der modernen Gesellschaft, in: Peter Sloterdijk (Hg.), Vor der Jahrtausendwende: Berichte zur Lage der Zukunft, Frankfurt am Main 1990, 119-150.

103 Vgl. dazu die Schilderung bei Adolf Wuttke, Handbuch der christlichen Sittenlehre. Zweiter Band, 2. Aufl. Berlin 1865, 486. Während Wuttke das Börsenspiel als unchristliches Spiel mit der Vorsehung kritisiert, kommt er für die Versicherungen zu dem Urteil, daß Versicherungen eine »geordnete Sicherheit« bieten, für die zu sorgen sittliche Pflicht sei, weil, so die Begründung, sie »wirkliche Noth und Bedürftigkeit durch Ordnung mindert« (486). Vgl. auch Eckhard Wandel, Banken und Versicherungen im 19. und 20. Jahrhundert (Enzyklopädie Deutscher Geschichte 45), München 1998, 59 ff.

104 Daraus folgt allerdings nicht, daß, wenn überhaupt, ›der‹ Kapitalismus »milder beurteilt« werden könnte. Die Probleme müssen nur anders, und können besser thematisiert werden, wenn sie aus der Belastung des »Gott-oder-Geld-Komplexes« herausgelöst sind.

105 Dt.: »Die Gegenwart hinwieder, wenn sie stetsfort Gegenwart weise und nicht in Vergangenheit überginge, wäre nicht mehr Zeit, sondern Ewigkeit.« – Freilich gelangt man auf dem Pfad des legendären und oft bemühten Augustinzitats (Augustinus: Confessiones, XI, 14) ganz in die Nähe des Annihilatio-Motivs (siehe oben Anm. 75). Wollte man diesem

Vorstellungskomplex gegenüber auf Distanz bleiben, wäre verlangt, die Präsenz der Erlösung von der Zeit in der Zeit selbst auszusagen (vgl. die Wendung von Michael Theunissen von einer negativitätstheoretischen Fassung des Erlösungsbegriffs zur Entdeckung der »poetischen Zeit«, in: Ders., Pindar, München 2000). Damit käme man aber zurück auf das Problem der »Verkörperung« (die Übersetzung der christdogmatischen Metapher der »Inkarnation«) als Inversion von Transzendenz. *Potentia absoluta* (Autopoiesis) und *potentia ordinata* vertauschen die Rollen, chiastisch verspannt. – Daß in aller »Verkörperung« eine Hintergrundstrahlung von Resonanzlosigkeit erhalten bleibt (bekannt in den Worten aus dem Erlösungsdrama: »Mein Gott, warum hast du mich verlassen«) akzentuiert George Steiner, Grammatik der Schöpfung, München 2001.

Deutschmann, Die Verheißung (S. 145-174)

1 Einen Überblick geben z. B. C. Seyfarth und W. Sprondel (Hrsg.): Seminar: Religion und gesellschaftliche Entwicklung. Studien zur Protestantismus-These Max Webers, Frankfurt 1973; und W. Schluchter: Religion und Lebensführung. Studien zu Max Webers Kultur- und Werttheorie, 2 Bde., Frankfurt/M 1988.

2 W. Benjamin: Kapitalismus als Religion, in: W. Benjamin: Gesammelte Schriften, hg. unter Mitwirkung von T. W. Adorno, H. Schweppenhäuser und G. Scholem, Vol. VI, Frankfurt 1991, S. 100-103; vgl. auch U. Steiner: Kapitalismus als Religion: Anmerkungen zu einem Fragment Walter Benjamins, in: Deutsche Vierteljahresschrift für Literaturwissenschaft und Geistesgeschichte, Bd. 72 (1998), S. 147-171.

3 W. Benjamin, a.a.O., S. 100.

4 M. Weber: Wirtschaft und Gesellschaft: Grundriß der Verstehenden Soziologie, 5. Aufl. Tübingen 1972, S. 245 f.

5 Vgl. T. Luckmann: Die unsichtbare Religion, 2. Aufl., Frankfurt/M 1993 (Original: The Invisible Religion, New York 1967); H. Knoblauch: Religionssoziologie. Berlin 1999.

6 So F. H. Tenbruck: Die Religion im Maelstrom der Reflexion, in: J. Bergmann, A. Hahn, T. Luckmann (Hrsg.): Religion und Kultur. Sonderheft 33 der Kölner Zeitschrift für Soziologie und Sozialpsychologie. Opladen 1993, S. 31-67.

7 Vgl. auch J. Matthes, Was ist anders an anderen Religionen? Anmerkungen zur zentristischen Organisation des religionssoziologischen Denkens, in: A. Hahn, J. Bergmann, T. Luckmann (Hrsg.): Religion und Kultur. Sonderheft 33 der Kölner Zeitschrift für Soziologie und Sozialpsychologie. Opladen 1993, S. 16-30.

8 Tenbruck a.a.O., S. 67.

9 N. Luhmann: Die Religion der Gesellschaft, Frankfurt/M 2000.

10 N. Luhmann: Funktion der Religion. 3. Aufl., Frankfurt/M 1992 (1. Aufl. 1977), S. 33.

11 Weber, a.a.O., S. 45.

12 N. Dodd: The Sociology of Money: Economics and Reason in Contemporary Society. Cambridge 1994.

13 N. Luhmann: Die Wirtschaft der Gesellschaft. Frankfurt/M 1988, S. 247.

14 S. Smelt: Money's Place in Society, in: British Journal of Society, Vol. 31, No. 2 (1980), S. 204-223.

15 R. Swedberg: The ›Battle of Methods‹: Towards a Paradigm Shift? in: A. Etzioni and P. R. Lawrence (eds.): Socio-Economics. Toward a New Synthesis. New York 1991, S. 13-34.

16 G. Simmel: Philosophie des Geldes. Gesamtausgabe, hg. v. O. Rammstedt, Bd. 6, Frankfurt/M 1989, S. 11.

17 Ebd., S. 298.

18 Ebd., S. 305 und 307.

19 Ebd., S. 276 f.

20 Ebd., S. 254 f.

21 G. Heinsohn, O. Steiger: Eigentum, Zins und Geld. Ungelöste Rätsel der Wirtschaftswissenschaft. Reinbek 1996.

22 Simmel, a.a.O., S. 375 f.

23 Ebd., S. 696 f.

24 Ebd., S. 663.

25 Ebd., S. 276.

26 N. Luhmann: Die Wirtschaft der Gesellschaft. Frankfurt/M 1999; D. Baecker: Information und Risiko in der Marktwirtschaft, Frankfurt/M 1988.

27 C. Castoriadis: Gesellschaft als imaginäre Institution: Entwurf einer politischen Philosophie, Frankfurt/M 1984, S. 246.

28 Simmel, a.a.O., S. 276.

29 Vgl. W. M. Reddy: Money and Liberty in modern Europe: A critique of historical understanding. Cambridge: Cambridge University Press 1987; H. Ganßmann: Geld und Arbeit. Wirtschaftssoziologische Grundlagen einer Theorie der modernen Gesellschaft, Frankfurt/M 1996.

30 P. v. Flotow: Geld, Wirtschaft und Gesellschaft: Georg Simmels Philosophie des Geldes, Frankfurt/M 1995.

31 Karl Marx: Grundrisse der Kritik der Politischen Ökonomie (Rohentwurf 1857-58), Berlin (DDR) 1953, S. 129f.

32 Karl Polanyi wird bekanntlich später hier von der »Great Transformation« sprechen.

33 K. Marx, a.a.O., S. 132.

34 Benjamin, a.a.O., S. 102.

35 Zur ausführlichen Kritik an Marx vgl. C. Deutschmann: Die Verheißung des absoluten Reichtums: Zur religiösen Natur des Kapitalismus. Frankfurt/M 1999 (2. Aufl. 2001), S. 95 f.

36 J. A. Schumpeter: Theorie der wirtschaftlichen Entwicklung: Eine Untersuchung über Unternehmergewinn, Kapital, Kredit und Zins. 5. Aufl., Berlin 1952 (erste Ausgabe 1911), S. 228.

37 Ebd., S. 130.

38 Ebd., S. 138.

39 J. Werner: Das Verhältnis von Theorie und Geschichte bei Joseph A. Schumpeter, in: A. Montaner (Hrsg.): Geschichte der Volkswirtschaftslehre. Köln 1967, S. 277-295.

[40] Zum Beispiel K. Thomas: Die betriebliche Situation der Arbeiter. Stuttgart 1964.

[41] J. Beckert: Grenzen des Marktes. Die sozialen Voraussetzungen wirtschaftlicher Effizienz, Frankfurt/M 1997.

[42] So N. Fligstein: Markets as politics: A political-cultural approach to market institutions, in: American Sociological Review, Vol. 61 (1996), S. 656-673.

[43] G. Dosi: Technological Paradigms and technological trajectories: The determinants and directions of technical change and the transformation of the economy, in: C. Freeman (Hrsg.): Long Waves in the World Economy. London: Pinter Publishers 1983, S. 78-101; C. Freeman, C. Perez, Structural crises of adjustment, business cycles and investment behaviour, in: G. Dosi et al. (Hrsg.): Technical Change and Economic Theory. London 1988.

[44] P. Mambrey, M. Pateau, A. Tepper: Technikentwicklung durch Leitbilder: Neue Steuerungs- und Bewertungsinstrumente. Frankfurt/M 1995.

[45] Dosi, a.a.O., S. 83.

[46] So J. W. Meyer, B. Rowan: Institutionalized Organizations: Formal Structure as a Myth and Ceremony, in: American Journal of Sociology, Vol. 83, No. 2 (1977), S. 340-363.

[47] Mambrey et al., a.a.O., S. 52 und 54.

[48] M. Dierkes, U. Hoffmann, L. Marz: Visions of Technology: Social and Institutional Factors Shaping the Development on New Technologies, Frankfurt/M-New York 1996, S. 33 f.

[49] J. Halfmann: Die Implementation von Innovationen als Prozeß sozialer Einbettung, in: D. Bieber (Hrsg.): Technikentwicklung und Industriearbeit. Industrielle Produktionstechnik zwischen Eigendynamik und Nutzerinteressen. Frankfurt/M 1997, S. 87-110.

[50] G. Scherhorn: Das Ganze der Güter, in: K. M. Meyer-Abich et al.: Vom Baum der Erkenntnis zum Baum des Lebens: Ganzheitliches Denken der Natur in Wissenschaft und Wirtschaft. München 1997, S. 162-253, S. 177.

[51] Derartige Zyklus- oder Prozeßmodelle der Genese, Verfestigung und Krise institutioneller Strukturen sind vor allem aus dem Kreis der »institutionalistischen« Schule der Organisationsforschung heraus entwickelt worden. P. Tolbert, L. G. Zucker: The Institutionalization of Institutional Theory, in: S.R. Clegg, C. Hardy, W.R. North (Hrsg.): Handbook of Organization Studies. London 1996, S. 175-190, hier: S. 180 f., etwa charakterisieren die Phasen als »Innovation – Habitualization – Objectivation – Sedimentation«. Vgl. auch die ähnlichen Ansätze bei P. Anderson, M. L. Tushman: Technical Discontinuities and Dominant Designs: A Cyclical Model of Technical Change, in: Administrative Science Quarterly 35 (1990), S. 604-633; J. Beckert: Agency, Entrepreneurs, and Institutional Change. The Role of Strategic Choice and Institutionalized Practices in Organizations, in: Organization Studies, Vol. 20, No. 5 (1999), S. 777-799; und W. Rammert: Technik aus soziologischer Perspektive II. Opladen 2000). Vgl. C. Deutschmann: Die Mythenspirale: Eine wissenssoziologische Interpretation industrieller Rationalisierung, in: Soziale Welt 47 (1997), S. 55-70, hier: S. 147 f.

[52] Rammert, Technik aus soziologischer Perspektive II. Opladen (2000), S. 80.

[53] J. Asdonk, U. Bredeweg, U. Kowol: Innovation als ein rekursiver Prozeß: Zur Theorie und Empirie der Technikgenese am Beispiel der Produktionstechnik, in: Zeitschrift für Soziologie 20 (1991), S. 290-304; Rammert, a.a.O.

[54] P. J. DiMaggio, W. M. Powell: The Iron Cage Revisited: Institutional Isomorphism and Collective Rationality in Organizational Fields, in: American Sociological Review, Vol. 48 (1983), S. 147-160.

[55] S. Furusten: The Creation of Popular Management Texts, in: J. L. Alvarez (Hrsg.): The Diffusion and Consumption of Business Knowledge. London 1998, S. 141-163, hier: S. 160, vgl. auch C. Mazza: The Popularization of Business Knowledge Diffusion: From Academic Knowledge to Popular Culture, in: J. L. Alvarez, a.a.O., S. 164-181; N. Nohria, R. G. Eccles: Where does Management Knowledge come from? In: J. L. Alvarez, a.a.O., S. 278-304; M. Faust: Warum boomt die Managementberatung – und warum nicht zu allen Zeiten und überall? In: Soziologisches Forschungsinstitut Göttingen (SOFT), Mitteilungen, Nr. 28, 2000.

[56] Freeman und Perez, a.a.O., S. 38-66.

[57] Siehe z.B. die Beschreibung der Rolle von Rudolf Diesel bei Dierkes et al., a.a.O.

[58] B. Ernst, A. Kieser: In Search of Explanations for the Consulting Explosion Paper prepared for the SANCOR Workshop »Carriers of Management Knowledge«, Stanford University, 16-17. Sept. 1999; M. Faust: Die Selbstverständlichkeit der Unternehmensberatung, in: J. Howaldt, R. Kopp (Hrsg.): Sozialwissenschaftliche Organisationsberatung: Auf der Suche nach einem neuen Beratungsverständnis. Berlin 1998, S. 146-182; M. Faust: Warum boomt die Managementberatung?, a.a.O.

[59] J. A. Schumpeter: Kapitalismus, Sozialismus und Demokratie. 7. Auflage, Tübingen 1993, S. 139.

[60] F. Nietzsche: Also sprach Zarathustra, in: Sämtliche Werke, hrsg. von G. Colli und M. Montinari, Bd. 4, München 1980, S. 15.

[61] H. C. Binswanger: Geld und Magie: Deutung und Kritik der modernen Wirtschaft anhand Goethes ›Faust‹. Mit einem Nachwort von Iring Fetscher, Stuttgart 1985.

[62] D. S. Landes: Der entfesselte Prometheus: Technologischer Wandel und industrielle Entwicklung in Westeuropa von 1750 bis zur Gegenwart. Köln 1973 (Original: The Unbound Prometheus, Cambridge 1969), S. 36.

[63] Benjamin, a.a.O., S. 99.

[64] Ebd., S. 103.

[65] Manuel Castells: The Information Age. Economy Society and Culture, Vol. I. The Rise of the Network Society, 2nd edition. Oxford 2000, S. 355.

[66] R. Sennett: Der flexible Mensch: Die Kultur des neuen Kapitalismus. Berlin 1998.

[67] S. Neckel: Blanker Neid, blinde Wut: Sozialstruktur und kollektive Gefühle, in: Leviathan 2/27 (1999), S. 145-65.

[68] Weber, a.a.O., S. 348.

Haverkamp, Geld und Geist (S. 175-186)

1 Walter Muschg, Gotthelf: Die Geheimnisse des Erzählers (München: Beck 1931, 1967), S. 157 ff.

2 Jacques Derrida, La carte postale: De Socrate à Freud et au-delà (Paris: Flammarion 1980).

3 Umberto Eco, Arte e belleza nell'estetica medievale (Mailand: Bompiani 1987, 1994), S. 95-98.

4 Vgl. Michel de Certeau, La fable mystique (Paris: Seuil 1982), Bd. I, S. 123f.

5 Vgl. Pierre Legendre, »Id Efficit, Quod Figurat (It is the Symbol which Produces Effects): The Social Constitution of Speech and the Development of the Normative Role of Images«, übers. von Peter Goodrich, Legal Studies Forum 20 (1996/97), S. 233-260, hier: S. 250 f.

6 Vgl. Anselm Haverkamp »Enchantment of the Heart: Joyce's Portrait« Das Imaginäre des Fin-de-Sciècle, hg. von Christine Lubkoll (Freiburg: Rombach 2001), S. 269-288.

7 Hans Blumenberg, »Geld oder Leben: Eine metaphorologische Studie zur Konsistenz der Philosophie Georg Simmels« (1976), Ästhetische und metaphorologische Schriften, Auswahl und Nachwort von Anselm Haverkamp (Frankfurt/M: Suhrkamp 2001), 177-192: 177; weitere Zitatnachweise im Text.

8 Hans Blumenberg, »Nachahmung der Natur« (1957), Ästhetische und metaphorologische Schriften, S. 9-46. Anselm Haverkamp »Die Technik der Rhetorik,« Nachwort, S. 435-454, hier: S. 452

9 Jacques Derrida, Ulysse gramophone: Deux mots pour Joyce (Paris: Galilée 1987).

10 Alfred Sohn-Rethel, Geistige und körperliche Arbeit: Zur Theorie der gesellschaftlichen Synthesis (Frankfurt/M: Suhrkamp 1970, 1972), S. 72.

11 Émile Benveniste, Le vocabulaire des institutions indo-européennes (Paris: Minuit 1969), Bd. II, S. 271.

Bolz, Der Kapitalimus – eine Erfindung von Theologen? (187-206)

1 So Walter Benjamin, Kapitalismus als Religion, Gesammelte Schriften, Bd I: Abhandlungen. Frankfurt am Main: Suhrkamp, 1997, S. 90-109, hier: S. 100.

2 Walter Benjamin, Falsche Kritik, Gesammelte Schriften, Bd VI, Frankfurt am Main: Suhrkamp, 2001, S. 161-185, hier: S. 178.

3 Walter Benjamin, Passagenwerk, a.a.O., Bd V, S. 596.

4 Ebd., S. 1023.

5 Ebd., S. 1000.

6 Walter Benjamin, Theologisch-politisches Fragment, Gesammelte Schriften, Bd II, Frankfurt am Main: Suhrkamp, 1999, S. 203-204, hier: S. 203.

7 Walter Benjamin, Materialien über den Begriff der Geschichte, a.a.O., Bd I, S. 1241.

8 Walter Benjamin, Zentralpark, a.a.O., Bd I, S. 655-690, hier: S. 661.

9 Walter Benjamin, Materialien über den Begriff der Geschichte, a.a.O., S. 1246.

[10] Ebd., S. 1243.
[11] Walter Benjamin, Über das Programm der kommenden Philosophie, a.a.O., Bd II, S. 157-171, hier: S. 170.
[12] Walter Benjamin, Passagenwerk, a.a.O., S. 573.
[13] Walter Benjamin, Zentralpark, a.a.O., S. 668 f.
[14] Walter Benjamin, Passagenwerk, a.a.O., S. 541.
[15] Ebd., S. 309.
[16] Walter Benjamin, Franz Hessels »Heimliches Berlin« (Berlin 1927), Gesammelte Schriften, Bd III, Frankfurt am Main: Suhrkamp, 1991, S. 82.
[17] Walter Benjamin, Ursprung des deutschen Trauerspiels, a.a.O., Bd I, S. 205-430, hier: S. 395.
[18] Ebd., S. 399.
[19] Walter Benjamin, Gottfried Keller, a.a.O., Bd II, S. 283-295, hier: S. 289.
[20] Walter Benjamin, Einbahnstraße, Gesammelte Schriften, Bd IV, Frankfurt am Main: Suhrkamp, 2001, S. 83-148, hier: S. 142
[21] Walter Benjamin, Passagenwerk, a.a.O., S. 470.
[22] Ebd., S. 494.
[23] Walter Benjamin, Shaw: Frau Warrens Gewerbe, a.a.O., Bd II, S. 613-615, hier: S. 614.
[24] Walter Benjamin, Friedrich Heinrich Jacobi, »Die Schriften« (Berlin: 1926), a.a.O., Bd III, S. 58.
[25] Walter Benjamin, Goethes Wahlverwandtschaften, a.a.O., Bd I, S. 123-202, hier: S. 163.
[26] Walter Benjamin, Eine neue gnostische Liebesdichtung, a.a.O., Bd III, S. 101.
[27] Walter Benjamin, Passagenwerk, a.a.O., S. 50 f.
[28] Ebd., S. 86.
[29] Ebd., S. 222.
[30] Ebd., S. 109.
[31] Walter Benjamin, Einbahnstraße, a.a.O., S. 139.
[32] Walter Benjamin, Eine neue gnostische Liebesdichtung, a.a.O., S. 103.
[33] Walter Benjamin, Shaw: Frau Warrens Gewerbe, a.a.O., S. 613.
[34] Walter Benjamin, Kapitalismus als Religion, a.a.O., S. 100 f.
[35] Ebd., S. 101.
[36] Walter Benjamin, Welt und Zeit, Gesammelte Schriften, Bd VI, a.a.O., S. 90-109, hier: S. 99.
[37] Walter Benjamin, Kapitalismus als Religion, a.a.O., S. 101 f.
[38] Niklas Luhmann, Zum Begriff der sozialen Klasse, in: Ders. (Hrsg.), Funktionale Differenzierung: Zur Geschichte einer Idee. Opladen: Westdeutscher Verl., 1985, S. 119-162, hier: S. 149 f.
[39] Walter Benjamin, Passagenwerk, a.a.O., S. 819.
[40] Kenneth Burke, Grammar of Motives. Reprint Berkeley: University of California Press, 1969, S. 54.
[41] Ebd., S. 92.
[42] Ebd., S. 112.
[43] Niklas Luhmann, Das Phänomen des Gewissens und die normative Selbstbestimmung der Persönlichkeit, in: F. Böckle und E. W. Böckenförde (Hrsg.), Naturrecht in der Kritik. Mainz 1973, S. 223-243, hier: S. 241.
[44] Kenneth Burke, a.a.O., S. 114.

Priddat, Deus Creditor (S. 209-247)

1 Vgl., J. Derrida, Gesetzeskraft. Der ›mystische Grund der Autorität‹, Frankfurt a.M. 1991, S. 124.

2 W. Benjamin, Kapitalismus als Religion, in: Derselbe, Gesammelte Schriften VI, hg. v. R. Tiedemann, und H. Schweppenhäuser, Frankfurt a.M. 1985, S. 100-103, hier: S. 100.

3 Vgl., J. Derrida, Finis Hominis, in: Derselbe: Randgänge der Philosophie, Frankfurt a.M. 1976, S. 88-123, hier: S. 114.

4 Vgl. K.H. Haag, Der Fortschritt in der Philosophie, Frankfurt a.M. 1985, S. 181.

5 Zitiert in: J. Derrida, »Es ist an der Zeit, daß Politiker denken«: Ein Gespräch mit Jacques Derrida über die Biopolitik, von K. Englert, FAZ, Nr. 243 (10.10.2001), S. 60, Sp. 2.

6 Vgl. K. Marx, J. Mill: »Élémens d'économie politique«, in: K. Marx/F. Engels, Exzerpte und Notizen, 1843 bis Januar 1845. Marx/Engels Gesamtausgabe, IV. Abteilung, Band 2, Berlin 1981, S. 428-470, hier: S. 445 ff. Auch der nächste Abschnitt nimmt auf diesen Aufsatz Bezug.

7 Marx, James Mill, a.a.O., S. 465.

8 Marx, Grundrisse, Berlin 1974, S. 599

9 Vgl. M. Heidegger, Brief über den Humanismus, in: Derselbe, Wegmarken, 2. erw. Aufl. Frankfurt a.M. 1978, S. 338.

10 Ebd.

11 Vgl. Derrida, Finis Hominis, a.a.O., S. 101.

12 H. Weinstock, Die Tragödie des Humanismus, Heidelberg 1953, S. 191.

13 Vgl. B.P. Priddat, Das Geld und die Vernunft: Über John Lockes Versuch einer naturrechtlich begründeten Ökonomie, Frankfurt a.M. et al. 1986; Ders., Theologie, Ökonomie, Macht: Eine Rekonstruktion der Ökonomie John Lockes, Marburg 1998.

14 Die ›letzten Böden‹ sind so schlecht, daß der Einsatz an Arbeit größer ist als das Produkt. Wenn Grenzböden bearbeitet werden, versagt der Überschuß, der die Industrie über die Agrikultur anwachsen lassen könnte.

15 J. Le Goff, Wucherzins und Höllenqualen: Ökonomie und Religion im Mittelalter, Stuttgart 1988.

16 Vgl. B.P. Priddat, Theologie, Ökonomie, Macht, a.a.O., S. 39f. und 47f.

17 Vgl. B.P. Priddat, Natur-Stoff und Wert-Form. Zur Modernisierung des Naturbegriffs in der Ökonomie des 18. und 19. Jahrhunderts, in: G. Figal und R.P. Sieferle (Hrsg.), Selbstverständnisse der Moderne: Formationen der Philosophie, Politik, Theologie und Ökonomie, Stuttgart: Metzler 1991, S. 67-99.

18 Vgl. B.P. Priddat, Theologie, Ökonomie, Macht, a.a.O. (s. Anm. 16).

19 Vgl. B.P. Priddat, Le concert universel: Die Physiokratie, Marburg 2001.

20 Vgl. B.P. Priddat, Alternative Interpretationen einer ökonomischen Metapher: die ›invisible hand‹ bei Adam Smith, in: Ethik und Sozialwissenschaften 8 (1997).

21 Vgl. ebd.

22 Vgl. A.M. Knoll, Zins und Gnade, Neuwied und Berlin 1967.

23 Verstrickung als *modus negativus* von Vernetzung.

24 Vgl. B.P. Priddat, Alternative Interpretationen einer ökonomischen Metapher, a.a.O.

[25] J. Derrida, Falschgeld. Zeit geben I, München 1993, S. 52 ff.
[26] Vgl. P. Ricœur, Liebe und Gerechtigkeit, Tübingen 1990, S. 39.
[27] Vgl. E. Lévinas, Ethik und Unendliches, hg. v. P. Engelmann, Graz/Wien 1986, S. 72.
[28] Ebd., S. 77.
[29] Lévinas, Autrement qu'être ou au-delà de l'essence, den Haag 1974.
[30] Lévinas, Ethik und Unendliches, a.a.O., S. 78.
[31] Ricœur, Liebe und Gerechtigkeit, a.a.O., S. 65.
[32] Lévinas, Ethik und Unendliches, a.a.O., S. 79.
[33] Derrida, Finis hominis, a.a.O., S. 114.
[34] Vgl. ebd., S. 112.
[35] Vgl. M. Heidegger, Brief über den Humanismus, in: Derselbe, Wegmarken, Frankfurt a.M. 1962, S. 151.
[36] Derrida, Finis Hominis, a.a.O., S. 115.
[37] Vgl. ebd., S. 117 und Fn. 1, S. 117 f.
[38] Vgl. dazu Haag, Der Fortschritt in der Philosophie, a.a.O., S. 180 ff.
[39] Derrida, Finis Hominis, a.a.O., S. 123.
[40] Vgl. R. Nickel, Das Begriffspaar Besitzen und Gebrauchen, Diss. Phil., Berlin 1970.
[41] Derrida, »Es ist an der Zeit, daß Politiker denken«, a.a.O., S. 60.
[42] Ricœur, Liebe und Gerechtigkeit, a.a.O., S. 39.
[43] Ebd., S. 59.
[44] Vgl. Derrida, Falschgeld, a.a.O., S. 67.
[45] S. Critchley, Prolegomena to Any Post-Deconstructive Subjectivity, in: S. Critchley, P. Dews (Hrsg.): Deconstructive Subjectivities, New York: State University of New York Press 1996, S. 13-45, hier: S. 30.
[46] Ebd., S. 31.

Rasch, Schuld als Religion (S. 249-264)

[1] So Carl Schmitt, Politische Theologie: Vier Kapitel zur Lehre von der Souveränität. 7. Aufl. Berlin 1996, S. 43.
[2] Max Weber, Die protestantische Ethik I: Eine Aufsatzsammlung. Hrsg. Johannes Winckelmann. Hamburg 1991.
[3] Walter Benjamin, Kapitalismus als Religion. In: Gesammelte Schriften. Band VI. Frankfurt a.M. 1980, S. 100-103.
[4] Zitiert nach Marcel Gauchet, The Disenchantment of the World: A Political History of Religion. Trans. Oscar Burge. Princeton 1997.
[5] George Spencer-Brown, Laws of Form. New York 1979.
[6] Zitiert auf dem Umschlag des Buches von Gauchet.
[7] Walter Benjamin, Kapitalismus als Religion. A.a.O., S. 100.
[8] Max Weber, Die protestantische Ethik I. A.a.O., S. 30-31.
[9] Ebd., S. 188.
[10] Ebd., S. 189.
[11] Ebd., S. 348.
[12] Walter Benjamin, Zur Kritik der Gewalt. In: Gesammelte Schriften. Band II. 1. Frankfurt a.M. 1980, S. 179-203.
[13] Giorgio Agamben, Homo Sacer: Sovereign Power and Bare Life. Trans. Daniel Heller-Roazen. Stanford 1998, S. 11.

14 Giorgio Agamben, The Coming Community. Trans. Michael Hardt. Minneapolis 1993, S. 5 und 6.

Baecker, Volkszählung (S. 265-282)

1 Siehe Walter Benjamin, Kapitalismus als Religion. In: Gesammelte Schriften, hrsg. von Rolf Tiedemann und Hermann Schweppenhäuser, Band VI. Frankfurt am Main: Suhrkamp, 1985, S. 100-103. Siehe zur Rekonstruktion des Diskussionszusammenhangs, auf den sich Benjamin bezog, Uwe Steiner, Kapitalismus als Religion: Anmerkungen zu einem Fragment Walter Benjamins. In: Deutsche Vierteljahresschrift für Literaturwissenschaft und Geistesgeschichte 72 (1998), S. 147-171.

2 Siehe Max Weber, Die protestantische Ethik I: Eine Aufsatzsammlung. Hrsg. von Johannes Winckelmann, 4. Aufl., Hamburg: Siebenstern, 1975.

3 Siehe dazu Alois Hahn, Religion und Welt in der französischen Gegenreformation. In: Dirk Baecker u.a. (Hrsg.), Theorie als Passion: Niklas Luhmann zum 60. Geburtstag. Frankfurt am Main: Suhrkamp, 1987, S. 84-106

4 Siehe Karl Polanyi, The Great Transformation: Politische und ökonomische Ursprünge von Gesellschaften und Wirtschaftssystemen. Aus dem Englischen von Heinrich Jelinek, Frankfurt am Main: Suhrkamp, 1978; und neuerdings viel wirtschaftssoziologische Forschung im Anschluß an Mark Granovetter, Economic Action and Social Structure: A Theory of Embeddedness. In: American Journal of Sociology 91 (1985), S. 481-510.

5 Theoretisch korrekt müßte man formulieren, daß Politik, Recht, Erziehung und Motivation jeweils *an sich selbst* angepaßt sind, denn dieses »Selbst« ist die gesellschaftliche Differenz zwischen den Systemen beziehungsweise Lagen auf der einen Seite und ihrer Umwelt auf der anderen Seite.

6 So Karl Marx, Das Kapital: Kritik der politischen Ökonomie, Bd. 1. Berlin: Dietz, 1980.

7 Siehe Benjamin Nelson, Über den Wucher. In: René König, Johannes Winckelmann (Hrsg.), Max Weber zum Gedächtnis. Sonderheft 7 der Kölner Zeitschrift für Soziologie und Sozialpsychologie, Opladen: Westdeutscher Verl., 1963, S. 407-447.

8 So auch der Tenor bei Theodor W. Adorno, Spätkapitalismus oder Industriegesellschaft? In: Ders., Soziologische Schriften 1. Frankfurt am Main: Suhrkamp, 1972, S. 354-370.

9 Dabei ist es richtig, daß dieser Begriff der Struktur, der in seiner Konsequenz auf den Begriff der »strukturellen Kopplung« hinausläuft, letztlich mit dem Begriff des »Systems« zusammenfällt, wie Jean Clam, Probleme der Kopplung von Nur-Operationen: Kopplung, Verwerfung und Verdünung. In: Soziale Systeme 7 (2001), S. 222-240, aufzeigt.

10 Siehe Talcott Parsons, Zur Theorie der sozialen Interaktionsmedien, hrsg. von Stefan Jensen. Opladen: Westdeutscher Verl., 1980; Niklas Luhmann, Die Gesellschaft der Gesellschaft, Frankfurt am Main: Suhrkamp, 1997, S. 316 ff.; daß es bei Motiven auf »scope, reduction, and dramatism«, also Reichweite, Engführung und Stilisierung ankommt, behauptet und zeigt auch Kenneth Burke, A Grammar of Motives. Reprint Berkeley: California UP, 1969, S. 59 ff.

[11] Siehe dazu Niklas Luhmann, Liebe als Passion: Zur Codierung von Intimität. Frankfurt am Main: Suhrkamp, 1982. Daraus resultiert jedoch der vom Verführer erlebte Konflikt, das eigene Handeln in wesentlichen, das eigene Selbst charakterisierenden Dimensionen nicht für das Erleben durch das Gegenüber präparieren zu können. Siehe dazu Sören Kierkegaard, Das Tagebuch des Verführers. In: Ders., Entweder / Oder. Erster Teil, Bd 2, Gütersloh: Gütersloher Verlagshaus, 1979; ferner Jean Baudrillard, De la séduction. Paris: Galilée, 1979.

[12] Siehe Niklas Luhmann, Die Religion der Gesellschaft. Frankfurt am Main: Suhrkamp, 2000, S. 205 ff.

[13] So Christoph Deutschmann, Die Verheißung des absoluten Reichtums: Zur religiösen Natur des Kapitalismus. Frankfurt am Main: Campus, 1999, etwa S. 108, mit Verweis auf Niklas Luhmann, Funktion der Religion. Frankfurt am Main: Suhrkamp, 1977. Auch in Luhmann, Die Religion der Gesellschaft. A.a.O., S. 127, heißt es: »Religion garantiert die Bestimmbarkeit allen Sinnes gegen die miterlebte Verweisung ins Unbestimmte.« Daß dies einen aufklärenden, ja resignativen, ins »Unbehagen in der Kultur« einstimmenden Tonfall hat, macht die Formulierung ebd., S. 122, deutlich: »Religion scheint immer dann vorzuliegen, wenn (...) man einzusehen hat, weshalb nicht alles so ist, wie man es gerne haben möchte.«

[14] Siehe etwa Hajo Riese, Geld – das letzte Rätsel der Nationalökonomie. In: Waltraud Schelkle, Manfred Nitsch (Hrsg.), Rätsel Geld: Annäherungen aus ökonomischer, soziologischer und historischer Sicht. Marburg: Metropolis, 1995, S 45-62; Gunnar Heinsohn und Otto Steiger, Eigentum, Zins und Geld: Ungelöste Rätsel der Wirtschaftswissenschaft. Reinbek: Rowohlt, 1996; außerdem John G. Gurley und Edward S. Shaw, Money in a Theory of Finance. Washington, DC: Brookings Institution, 1960.

[15] Siehe zur Bedeutung der doppelten Buchführung für die Entstehung und Durchsetzung des Kapitalismus Werner Sombart, Der moderne Kapitalismus, 3 Bände. Reprint, München: dtv, 1987, Bd 2, S. 112 ff.; und vgl. Dirk Baecker, Die Schrift des Kapitals. In: Hans Ulrich Gumbrecht und K. Ludwig Pfeiffer (Hrsg.), Schrift. München: Fink, 1993, S. 257-272.

[16] Siehe Pierre Bourdieu, Ökonomisches Kapital, kulturelles Kapital, soziales Kapital. In: Reinhart Kreckel (Hrsg.), Soziale Ungleichheit. Soziale Welt, Sonderband 2, Göttingen: Schwartz, 1983, S. 183-199.

[17] Darauf zielt der »Fundamentalinnozentismus«, den Peter Sloterdijk der Theorie Luhmanns nachsagt. Siehe Peter Sloterdijk: Der Anwalt des Teufels: Niklas Luhmann und der Egoismus der Systeme. In: Soziale Systeme 6 (2000), S. 3-38.

[18] So Deutschmann, Die absolute Verheißung des Reichtums. A.a.O., S. 109, im Anschluß an Detlef Pollack, Möglichkeiten und Grenzen einer funktionalen Religionsanalyse: Zum religionssoziologischen Ansatz Niklas Luhmanns. In: Deutsche Zeitschrift für Philosophie 39 (1991), S. 957-975.

[19] So Burke, A Grammar of Motives. A.a.O., S. 108 ff.

[20] So im Anschluß an Kenneth Burke: Niklas Luhmann, Die Wirtschaft der Gesellschaft. Frankfurt am Main: Suhrkamp, 1988, S. 242 f.; ferner Helmut Schelsky, Ist die Dauerreflexion institutionalisierbar? In: Zeitschrift für Evangelische Ethik 1, Heft 4 (1957), S. 153-174.

[21] So noch einmal Burke, A Grammar of Motives. A.a.O., S. 111.

22 Siehe dazu Niklas Luhmann, Religion als Kultur. In: Otto Kallscheuer (Hrsg.), Das Europa der Religionen. Frankfurt: S. Fischer, 1996, S. 291-315 und 337-340.

23 Nur darauf läuft die *paideai* in Platons Republik hinaus. Siehe Platon, Politeia, in: Sämtliche Werke 3. In der Übersetzung von Friedrich Schleiermacher mit der Stephanus-Numerierung, hrsg. von Walter F. Otto, Ernesto Grassi und Gert Plamböck, Reinbek bei Hamburg: Rowohlt, 1958, S. 67-310. Noch im Ersten Weltkrieg, so berichten A. L. Kroeber und Clyde Kluckhohn, Culture: A Critical Review of Concepts and Definitions. Reprint New York: Vintage Books, 1963, S. 52 f., fürchteten die Alliierten die Kultur als eine »schreckliche« Waffe der Deutschen – bis sie herausfanden, daß diese unter »Kultur« etwas verstanden, was andernorts als »Zivilisation« beschrieben wurde. Aber vielleicht hat es damit doch nicht so ganz sein Bewenden.

24 So eine Formulierung von Niklas Luhmann, Wirtschaftsethik – als Ethik? In: Josef Wieland (Hrsg.), Wirtschaftsethik und Theorie der Gesellschaft. Frankfurt am Main: Suhrkamp, 1993, S. 134-147, hier: S. 146.

25 Siehe Jacques Derrida, Foi et savoir: Les deux sources de la »religion« aux limites de la simple raison. In: Ders. und Gianni Vattimo (Hrsg.), La Religion: Séminaire de Capri. Paris: Seuil, 1996, S. 9-86, hier: S. 72 f. und 83 f.

26 So auch René Girard, Le bouc émissaire. Paris: Grasset, 1982.

27 Für die Diagnose der demographischen Explosion berufe ich mich auf Heinz von Foerster, Patricia Mora und Lawrence W. Amiot, Doomsday: Friday, 13 November, A.D. 2026. In: Science 132 (1960), S. 1291-1295. Danach wird das hyperbolische Wachstum der Weltbevölkerung im Jahr 2026 den Punkt erreichen, an dem die Verdopplungsrate der Bevölkerungszahl unendlich wird – ein physikalisch unmöglicher Punkt, der das System des Weltbevölkerungswachstums im Vorfeld zu chaotischen und katastrophalen Vermeidungsbewegungen zwingt. Siehe dazu auch Stuart A. Umpleby, The Scientific Revolution in Demography, in: Population and Environment 11 (1990), S. 159-174.

28 Siehe Niklas Luhmann, Inklusion und Exklusion. In: Ders., Soziologische Aufklärung 6: Die Soziologie und der Mensch. Opladen: Westdeutscher Verl., 1995, S. 237-264; und Ders., Jenseits von Barbarei. In: Ders., Gesellschaftsstruktur und Semantik: Studien zur Wissenssoziologie der modernen Gesellschaft, Bd 4. Frankfurt am Main: Suhrkamp, 1995, S. 138-150. Siehe mit Bezug auf die mögliche Rolle der Religion als »Werben um Inklusionsbereitschaften« in der Konkurrenz lokaler Kulturen in der Weltgesellschaft auch: Rudolf Stichweh, Die Weltgesellschaft: Soziologische Analysen. Frankfurt am Main: Suhrkamp, 2000, S. 98.

29 Der Begriff des »symbiotischen Mechanismus« zur Beschreibung des Rückgriffs von Kommunikation auf Körper und Bewußtsein stammt von Niklas Luhmann, Symbiotische Mechanismen. In: Otthein Rammstedt (Hrsg.), Gewaltverhältnisse und die Ohnmacht der Kritik. Frankfurt am Main: Suhrkamp, 1974, S. 107-131.

30 Es war alles andere als ein Zufall oder gar eine politische Ungeschicklichkeit, daß der amerikanische Präsident George W. Bush auf die Attentate des 11. September 2001 mit der Unterscheidung von »gut« und »böse« und mit

einem Appell an den »großen Glauben« der Amerikaner (nämlich: an ihre Wirtschaftskraft) reagierte. Siehe die Frankfurter Allgemeine Zeitung vom 13. und 18. September 2001.

31 Vgl. Luhmann, Die Gesellschaft der Gesellschaft. A.a.O., S. 663 ff., und die dort angegebene Literatur.

32 Ob andere Religionen hier dem Christentum etwas voraus haben, wäre eigens zu diskutieren. Am Buddhismus zum Beispiel fällt auf, daß er sich in seiner dezidiert paradoxen Präferenz für die Gleich-Gültigkeit einen Sinn auch für die Gleich-Gültigkeit des Guten und des Bösen und damit auch für diese Unterscheidung bewahrt hat. Siehe zur Präferenz für die Gleich-Gültigkeit François Jullien, Über das Fade – eine Eloge: Zu Denken und Ästhetik in China. Aus dem Französischen von Andreas Hiepko und Joachim Kurtz, Berlin: Merve, 1999.

33 Siehe dazu den Beitrag von Joachim von Soosten in diesem Band.

34 So Derrida, Foi et savoir. A.a.O., S. 10.

35 Ebd., S. 56, mit Verweis auf Henri Bergson, Les deux sources de la morale et de la religion. Paris: PUF, 1932.

36 Man müßte sich unter diesem Gesichtspunkt die inneren und äußeren Religionskämpfe der Vergangenheit und Gegenwart noch einmal anschauen ...

37 Auf dem Feld der sozialen Motive leiste das Geld, was Occam's Razor auf dem Feld der Physik leistet, sagt Burke, A Grammar of Motives. A.a.O., S. 95.

38 So Benjamin, Kapitalismus als Religion. A.a.O., S. 100.

39 Mit einer Anspielung auf die Begrifflichkeiten und Fragestellungen von George Spencer-Brown, Die Gesetze der Form. Aus dem Englischen von Thomas Wolf. Lübeck: Bohmeier, 1997.

40 Wieder in der genannten Terminologie von Spencer-Brown, ebd.

41 So die im Untertitel des Buches von Deutschmann, Die absolute Verheißung des Reichtums. A.a.O.: »Zur religiösen Natur des Kapitalismus«, formulierte Annahme.

42 Eine andere Formulierung wäre, daß die anderen Funktionssysteme die Codewerte der Religion zwar in ihre *Programme* (des Machterwerbs, der Investition, der Ausbildung, der Darstellung und der Theoriebildung) aufnehmen können, aber nicht in ihre *Codierungen*. Siehe zu dieser Unterscheidung Luhmann, Die Gesellschaft der Gesellschaft. A.a.O., S. 359 ff.

43 Siehe noch einmal Luhmann, Die Religion der Gesellschaft. A.a.O., S. 14 f.